國語學叢書 65

국어 파생 접사의 생산성과 저지에 대한 계량적 연구

이광호 저

태학사

머리말

국어학 공부를 시작하면서부터 제일 먼저 눈에 들어왔던 것은 선학과 선배들의 업적이었고, 그때마다 필자가 했던 생각은 '내가 이 거대한 성과에 뭔가 새로운 것을 과연 보탤 수 있을까?'하는 의문이었다. 새로운 것을 밝혀내는 것이 학문이고 그것을 논문으로 발표하여 학문 발전에 기여하는 것이 학자의 임무라고 수업 시간마다 늘 배웠기 때문에 이런 의문은 시간이 갈수록 인생의 큰 고민거리가 될 수밖에 없었다. 뭔가 흥미로운 주제를 잡았다고 생각해서 관련 연구를 찾아보면, 필자의 아이디어를 부끄럽게 만드는 탁월한 업적이 그것도 20~30년 전에 이루어져 있다는 사실을 확인한 것만 수차례였다. 여러 번의 허탈한 체험을 하면서 학문에 기여는 고사하고 계속 공부하는 것이 과연 옳은 선택인가를 고민한 적도 많았다. 그 고민에 대한 당시의 잠정적 결론은 '능력 없으면 부지런하기라도 하자.'였고 지금도 그때의 결심대로 살려고 노력하고 있다.

새로운 연구 업적을 생산해내려면 선배들이 다루지 않았던 영역을 찾아야만 했는데, 대학원 과정 내내 이것이 말처럼 쉬운 일이 아니라는 것을 깊이 체험했다. 논문을 읽고 그 내용을 정리하는 것까지는 어느 정도 할 수 있었지만 빈틈을 찾아서 내 주제로 키워나가는 일이 필자에게는 무척 어려운 일이었기 때문이다. 그러던 중 우연히 코퍼스 공부 모임에 나가게 되면서 이전까지 국어 연구에는 없었던 아주 새로운 영역을 만나게 되었다. 90년대 후반인 당시에는 공개된 국어 코퍼스도 없었고 검색 도구도 없었기 때문에 영어권 코퍼스 연구서를 읽고 '코퍼스가 이런 것인가 보다.'하는 수준의 얕은 이해밖에는 할 수 없었다. 그리고 국어 코퍼스로 실습하면서 공부하는 것이 아니었기 때문에 공부를 할수록 의문만 더 생기고 점점 더 막연해질 뿐이었다.

그렇지만 그냥 포기하기보다는 이 분야에 도전해봐야겠다는 생각이 더 강하게 들었다. 이런 생각을 한 이유는 딱 두 가지였다. 하나는 이 영역은 선행 연구가 거의 없을 것이기 때문에 우수하고 방대한 선행 업적에서 오는 깊은 좌절감은 최소한 없을 거라고 생각했기 때문이었고, 다른 하나는 corpus라는 단어가 어려서부터 성당에서 보아왔던 라틴어 성가의 매우 익숙한 단어여서 막연하기는 해도 왠지 이걸 하면 중간에 포기하지는 않을 것 같다는 안도감이 있었기 때문이었다. 결코 학문적이지 않은 이유, 지극히 개인적인 이유로 학문의 방향을 정한 것이다.

연구자로서 매우 부끄러운 고백이지만 98년 석사 과정에 입학해서 오늘까지 지난 11년을 돌아보면 이것이 필자의 솔직한 모습이다. 필자는 박사 과정을 마치고 매우 늦게 사병으로 군복무를 해야만 했다. 열정적으로 광범위하게 공부하지 못했기 때문에 아는 것도 많이 부족한데 성실하게 공부할 기회도 잃은 것이었다. 제대 후 학업에 복귀했지만 한동안은 남들과 내가 자동적으로 비교되면서 무기력해질 때가 많았다. 자꾸자꾸 솟아오르는 '내가 과연 할 수 있을까?'라는 의문이 날뛰지 못하게 한 것은 주변의 격려와 우연처럼 이루어진 조건 덕분이었고, 또 '공부 이외에 더 신통하게 잘 할 수 있는 일이 없을 것 같다.'라는 필자의 판단 때문이었다.

지도 교수이신 송철의 선생님께서는 필자가 학문을 시작한 이후 지금까지 학문적으로나 인간적으로나 줄곧 필자에게 인자한 아버지와 같은 분이셨다. 필자가 공부를 지속할 수 있는 군복무 방법 찾기에 최종 실패한 후, 입대 하루 전날 찾아뵈었을 때 선생님께서는 마음 속 깊이 안타까워하시면서 '건강하게 제대하면 그것으로 목표 완성이다.'라는 말씀을 해주셨다. 뿐만 아니라 앞으로 필요할 거니까 받아두라고 하시며 당시로서나 지금으로서나 거금인 용돈도 주셨다. 휴가 나왔을 때도 그리고 제대를 앞두고도 똑같이 용돈을 주셨는데 '사병은 돈 필요 없는데…' 생각하며 받아서 모아두었던 그 돈이 제대 후 다시 공부를 시작하는 데 정말 필요한 발판이 되었다. 그 후에도 송철의 선생님은 제자가 공부를 다시 시작해서 본 궤도에 오를 수 있도록 격려와 조언을 아끼지 않으셨다.

박사 과정 중 송철의 선생님의 박사 논문인 '국어의 파생어 형성 연구'를 읽으면서 생산성이나 저지의 문제를 양적인 방법론으로 해결해 보고 싶다는 생각이 있었지만, 이 주제가 필자의 박사 논문 주제가 되리라고는 생각하지 못했다. 당시에는 충분한 양의 주석 코퍼스도 검색 도구도 없었기 때문이었다. 그런데 필자가 군에 있었던 2년 동안 세상에 많은 변화가 있었다. 형태분석 코퍼스의 상당한 분량이 공개되었고 또 언어 정보 추출을 위한 다양한 방법도 일반화되어 있었던 것이다. 생소하고 어렵기는 했지만 2년 전에는 시도할 방법조차 보이지 않았던 주제들이 이제는 손에 잡힐 것만 같았고, 이것이야말로 능력 없는 후발 주자가 선택할 수 있는 유일한 출구라는 생각이 들었다. 필자에게 이것은 하늘이 만들어준 기회였던 것이다. 그래서 나온 것이 필자의 박사 논문인데 그 내용은 지도 교수님의 '국어의 파생어 형성 연구'의 생산성과 저지의 부분을 자료 중심적 방식으로 재검토하여 보완한 것이다. 선생님의 업적에 비하면 떳떳하게 내보이기 부끄러운 급조물이지만 선생님께서는 초고를 꼼꼼하게 읽으시고 부족한 점들을 지적해 주셨다.

필자는 자신이 여러 모로 매우 부족한 사람이라는 것을 너무도 잘 안다. 미비한 박사 논문이 국어학 총서로까지 선정될 수 있었던 것도 실은 삶의 곳곳에서 필자가 여러 좋은 분들로부터 받은 도움 덕분이고 보이지 않는 손길의 배려가 있었기 때문임을 확신한다. 필자가 공부와 일에 지칠 때마다 술잔을 채워주시면서 격려해주신 김성규 선생님과 정승철 선생님께 감사드린다. 이 두 분의 격려가 없었다면 필자는 학과에서의 조교 업무와 논문 집필을 결코 동시에 진행할 수 없었을 것이다. 그리고 거친 논문을 심사해 주신 임홍빈 선생님, 김창섭 선생님, 강범모 선생님, 김성규 선생님께도 감사드린다. 그리고 이 논문을 국어학 총서로 선정해 주신 국어학회의 심사 위원께도 감사의 말씀을 드린다. 이 책을 출판하는 데 수고해 주신 태학사의 관계자 여러 분께도 감사의 말씀을 드린다.

　이 책의 주제와 그 탐구 방법론은 필자가 노력해서 얻은 것이 아니라 모두 우연의 조화로 거저 얻은 것이다. 천주교 신자인 필자는 그 우연의 중심에 하느님이 계시다고 믿고 싶다. 하느님은 필자를 필자가 원하는 방식대로 이끌어주신 적이 거의 없었다. 그러나 한 번, 하느님은 필자로 하여금 김수환 스테파노 추기경님을 만나서 이야기할 수 있게 해 주셨다. 그 후 추기경님께서 99년 1월에 학생들의 기도 모임을 비공식적으로 직접 방문하시고 격려 축복해주셨고, 두 번에 걸쳐서 거금의 후원금도 주셨다. 그 후로도 두세 번 더 만나뵙고 인사드렸는데 그때마다 추기경님께서는 손을 들어 축복해 주셨다. 높은 위치에 계시면서도 작고 낮은 자들에게 깊은 관심과 사랑을 보여주셨던, 지금은 하느님 품에 계신 故 김수환 스테파노 추기경님께 이 책을 바친다.

2009년 11월

필자 씀

차례

머리말 ··· 3

제1장 서론 • 11

1.1. 연구의 목적 ·· 11
1.2. 연구 대상 ·· 13
1.3. 용어의 정리 ·· 15
1.4. 논의의 구성 ·· 18

제2장 선행 연구와 방법론 • 21

2.1. 기본적인 전제 ·· 21
  2.1.1. 확률적 개념으로서의 생산성 ······························· 21
  2.1.2. 자료 중심적 접근의 필요성 ································· 22
  2.1.3. 생산성에 대한 계량적 접근의 장점 ························· 25
2.2. 선행 연구 ··· 28
  2.2.1. 생산성에 대한 연구 ·· 28
  2.2.2. 저지에 대한 연구 ·· 34
2.3. 계량적 방법에 대한 재검토 ·· 38
  2.3.1. 파생어의 총수 비교 ·· 38
  2.3.2. '실제어 對 잠재어'의 비율 ·································· 40

2.3.3. '단발어 對 파생어 총수'의 비율 ································· 41

2.3.4. '단발어 對 파생어 총수의 비율'의 한계 ················· 43

2.4. 생산성 지표의 산출 ·· 46

2.4.1. 단발어에 대한 재검토 ·································· 46

2.4.2. 파생어 총수에 대한 재검토 ··························· 49

2.4.3. 생산성 지표 ··· 50

제3장 현대 국어 파생 접사의 생산성 • 52

3.1. 도입 ··· 52

3.2. 현대 국어 파생 접두사의 생산성 ······························· 54

3.2.1. 명사와 결합하는 접두사 ······························· 54

3.2.2. 동사와 결합하는 접두사 '되-', '짓-', '치-', '처-', '휘-' ·· 78

3.2.3. 명사 및 동사와 결합하는 접두사 '늦-', '덧-', '맞-',

'빗-', '엇-', '헛-' ······································· 82

3.3. 현대 국어 파생 접미사의 생산성 ······························· 92

3.3.1. 명사 파생 접미사 ······································ 92

3.3.2. 동사 파생 접미사 ······································· 138

3.3.3. 형용사 파생 접미사 ····································· 160

3.3.4. 부사 파생 접미사 ······································ 170

3.4. 소결: 접두사와 접미사의 양적 특성 ························ 184

3.4.1. 요약 ··· 184

3.4.2. 접두사와 접미사의 양적 특성 비교 ····················· 184

제4장 생산성의 결정 요인 • 190

4.1. 도입 ··· 190
4.2. 생산성과 유형 빈도 ··· 193
4.3. 생산성과 파생어 집합의 빈도 분포 ······························· 198
  4.3.1. 접두 파생어 집합의 빈도 분포 ································ 198
  4.3.2. 접미 파생어 집합의 빈도 분포 ································ 208
4.4. 소결: 생산성의 조건 ·· 226

제5장 저지에 대한 재검토 • 229

5.1. 도입 ··· 229
  5.1.1. 생성 이론에서의 접근 ··· 229
  5.1.2. 생산성과 파생어 빈도 관점에서의 접근 ················ 232
5.2. 저지에 대한 자료 중심적 관찰 ······································· 236
  5.2.1. '不X'와 '非X' ·· 236
  5.2.2. 'X거리-', 'X대-', 'X이-' ·· 240
  5.2.3. 'X스럽-', 'X롭-', 'X的' ·· 254
5.3. 빈도 및 생산성의 관점에서 이해한 저지 ······················ 266
  5.3.1. 저지: 상보적 출현 對 빈도 및 생산성의 문제 ·········· 266
  5.3.2. 빈도 및 생산성의 관점에서 본 '不X'와 '非X' ·············· 267
  5.3.3. 빈도 및 생산성의 관점에서 본 'X거리-', 'X대-', 'X이-' 268
  5.3.4. 빈도 및 생산성의 관점에서 본 'X스럽-', 'X롭-', 'X的' 277
5.4. 소결: 동의적 파생어의 경쟁 양상 ··································· 287

제6장 결론 • 291

6.1. 요약 ……………………………………………………… 291

6.2. 의의 및 한계 ……………………………………………… 293

참고문헌 ……………………………………………………… 296

<부록> 본 연구의 조사 대상 코퍼스 목록 ……………………… 302

제1장 서론

1.1. 연구의 목적

본 연구의 목적은 코퍼스를 활용하여 파생 접사의 상대적 생산성과 저지(blocking)의 본질을 밝히는 것이다. 생산성과 저지는 언어 수행적 속성과 양적 속성을 강하게 가지는 형태론의 두 현상이다. 그런데 지금까지의 국어 연구에서는 대체로 생산성과 저지에 대한 직관적인 접근이 많았고, 자료 중심적 접근이라 해도 사전 목록 중심의 제한적 관찰인 경우가 많았다. 또한 생산성과 저지를 긴밀하게 연관시켜 이해한 논의도 매우 드물었다. 연구 방법론이 대상의 속성과 부합하지 않았기 때문에 생산성에 대한 이해가 깊어질 수 없었고, 저지가 접사의 생산성과 밀접하게 연관된 현상이라는 것도 심도 있게 밝혀지기 어려웠던 것이다.

본 연구는 기존 연구의 이러한 한계를 극복하기 위해 언어 사용의 대규모 집적(集積)이자 총화(總和)인 코퍼스를 적극적으로 활용하여 생산성 및 저지와 관련된 현상을 기술하고 설명한다. 이는 생산성과 저지의 본질에 도달하기 위한 방법론의 전환이라 할 수 있다. 동일한 문제 의식을 가지고 같은 주제에 접근하더라도, 그 속성을 가장 잘 드러내 줄 수 있는 방법으로 자료를 면밀히 관찰한다면 현상에 대한 새롭고 본질적인 설명을 제시할 수 있다. 이러한 차원에서 본 연구는 구체적으로 다음의 세 가지를 목적으로 연구를 진행한다.

① 파생 접사의 생산성을 계량하여 수치로 제시하고 그 상대성을 명

시한다.

② 개별 접사의 상대적 생산성을 결정하는 근본 조건을 계량적 근거
를 통해 밝힌다.

③ 생산성 및 파생어의 빈도와 관련을 맺고 나타나는 현상인 저지의
본질을 밝힌다.

본 연구가 지금까지의 연구와 가장 다른 점은 철저한 계량적 방법으
로 생산성과 저지에 접근한다는 점이다. 이러한 방법론을 취하는 이유
가 기존의 직관적 접근에는 오류가 있고 계량적 접근을 통해 그것을 바
로 잡아야 하기 때문은 아니다. 생산성에 대한 화자의 직관은 대체로 정
확하기 때문에 그 자체에 오류가 있다고 하기는 어렵다. 그러나 직관적
인 접근의 가장 큰 문제는 분명히 인식되는 생산성의 상대성을 명시할
수 없다는 점이다. 생산성의 정도적 특성이 명시될 수 없기 때문에 생산
성 연구는 생산성의 유무(有無)를 판단하는 수준에만 머무를 뿐, 상대적
생산성을 결정하는 근본 조건을 탐구하는 문제와 저지 및 그 예외로 보
이는 현상에 대한 연구로 확장될 수 없었다. 이는 빈도에 대한 직관이라
는 암묵적인 지식에 근거한 연구가 갖는 가장 큰 맹점이라고 할 수 있
다.1)

본 연구는 이러한 암묵적 지식을 명시화할 수 있는 계량적 방법으로
생산성과 저지에 접근한다. 그리하여 이전의 논의들에서는 다루어질 수
없었던 파생어의 양적 특성을 근거로 생산성과 저지를 설명한다. 이러
한 접근이 가능하게 된 이유는 지난 10여 년 동안 대용량 코퍼스가 구
축됨과 동시에 검색과 자료 처리를 위한 도구들이 개발되면서 국어 연

---

1) 화자의 언어 직관에는 즉각적이고 분명한 것들도 있고 즉각적으로 파악되기 어
려운 것도 있다. 문법성 판단에 대한 직관이 전자의 예라면 빈도에 대한 직관이
후자의 예라 할 수 있고 이처럼 명시적으로 서술되기 어려운 형태의 지식을 암묵
적 지식이라고 할 수 있다.

구에 국어 정보학 내지는 코퍼스 언어학이라고 불리는 새로운 연구의 지평이 열렸기 때문이다. 이러한 연구 여건이 갖추어짐에 따라 그동안 코퍼스에 기반한 계량적 연구가 적지 않게 등장했고, 그 결과 이전에는 접근하기 어려웠던 언어의 양적 속성과 관련된 성과들이 등장하기 시작했다. 그러나 그에 대한 평가는 '자료 정리 이외의 어떤 의미가 있는가?' 또는 '그런데 무엇이 달라졌느냐?'인 경우가 많았던 것이 사실이다. 일부에서는 손쉬운 자료 처리를 통해 기계적인 결과만을 산출해 놓기 때문에 전체 인문학 연구의 질과 수준을 떨어뜨린다는 비판과 우려의 목소리를 내기도 했다. 이는 새로운 연구 방법에 대한 편견에서 비롯된 것일 수도 있고, 새 방법론이 아직은 성숙하지 못해서 충분히 의미 있는 연구 결과를 내놓지 못했기 때문일 수도 있다.

본 연구에서는 계량적 연구가 받아 왔던 이러한 비판을 극복하고, 이론 언어학적 관점에서도 의미 있는 결과를 얻기 위한 작업을 진행한다. 즉, 질적인 연구가 가졌던 문제 의식을 계량적 방법론과 결합시켜 이전의 접근법만으로는 총체적 설명이 어려웠던 주제인 생산성과 저지에 대한 탐구를 시도하는 것이다. 본 연구는 철저하게 자료 중심적 방법으로 두 주제에 접근한다. 먼저 확률적 관점에서 생산성을 관찰·설명하여 생산성을 결정하는 조건을 밝히고, 생산성 격차와 파생어 빈도의 관점에서 저지를 설명한다.

1.2. 연구 대상

본 연구의 목적은 코퍼스를 활용하여 파생 접사의 상대적 생산성과 저지의 본질을 밝히는 데 있기 때문에 연구 대상을 두 가지로 나누어 이해할 필요가 있다. 하나는 계량의 직접적 대상이 되는 접사이고, 또 하나는 계량의 토대가 되는 코퍼스이다. 먼저 접사부터 살펴보기로 한다. 계량의 대상이 되는 접두사 24개와 접미사 32개는 아래와 같다.

〈표1-1〉 본 연구의 계량 대상 접사

접두사 24개	접미사 32개
'날-', '生-', '無-', '未-', '不-', '非-', '沒-', '개-', '군-', '맨-', '참-', '풋-', '한-', '되-', '짓-', '치-', '처-', '휘-', '늦-', '덧-', '맞-', '빗-', '엇-', '헛-'	'-꾼', '-장이', '-쟁이', '-性', '-化', '-的', '-개', '-투성이', '-질', '-매', '-발', '-이', '-거리-', '-대-', '-아-', 사동 접미사 ('-아-', '-히-', '-리-', '-기-'), 피동 접미사 ('-아-', '-히-', '-리-', '-기-'), '-스럽-', '-롭-', '-답¹-', '-답²-', '-껏¹', '-껏²', '-이¹', '-이²', '-이³/-히'

국어의 수많은 접사 중에서 계량의 대상이 되는 접사의 목록을 위와 같이 선정한 이유는 다음의 세 가지로 요약해 볼 수 있다. 첫째는 직관에 입각하여 생산성에 접근한 기존의 연구에서 생산성 판단이 비교적 분명했던 접사들의 생산성을 실제로 측정해 보기 위해서이다. 여기에는 상당히 생산적이라고 판단되었던 한자어 접미사 '-性', '-化', '-的' 및 고유어 접사 '-거리-', '-대-', '-질', '-스럽-' 그리고 부사 파생 접미사 '-이¹', '-이²', '-이³/-히'와 비생산적인 접미사 '-답¹-', '-롭-' 그리고 다수의 비생산적인 접두사가 포함된다. 둘째는 '어기와 접사가 결합하는 형태론적 과정이 살아 있는가?'에 대해 논란이 있었던 대상을 생산성의 관점에서 검증하기 위해서이다. 여기에는 사동 접미사와 피동 접미사가 포함된다. 셋째는 기존의 연구가 대체로 저지의 관점에서 언급하면서도 명확한 설명을 하지 못한 동의적 파생어들 사이의 경쟁적 속성을 밝히기 위해서이다. 여기에는 각 접사가 취하는 어기의 분포 및 각 접사의 생산성 그리고 각 파생어의 빈도를 면밀히 비교·대조해 보아야 하는 대상이 포함된다. '不-/非-'와 '-스럽-/-롭-/-的', '-거리-/-대-/-이-'가 그 대상이 된다.

다음으로 살펴 볼 것은 계량의 토대가 되는 코퍼스이다. 접사의 생산성은 시대에 따라 변하는 것이 일반적이다. 따라서 코퍼스를 구성하는 개별 텍스트의 생산 시기에 큰 차이가 있을 경우에는 특정 공시태의 생

산성이 정확하게 포착될 수 없다. 본 연구에서는 조사 대상 코퍼스를 세
종계획 기초자료 구축분과에서 2005년까지 구축한 형태 분석 코퍼스 중
출판 연도가 2000년 이후인 텍스트만으로 한정하였다. 자료의 공시적
균질성 확보를 위해 대상 자료의 시간적 범위를 한정한 것이다. 조사 대
상 코퍼스는 106개 텍스트로 구성되어 있으며 총 440만 어절이다.2) 본
연구의 조사 대상 코퍼스는 문어 코퍼스이다. 언어 사용의 모든 양상을
다양하게 반영하기 위해서는 모든 장르의 텍스트가 적절하게 배합되어
있어야 함은 물론 구어까지도 그 안에 포함되어야 한다. 그러나 본 연구
에서는 형태 분석된 구어 코퍼스를 확보하지 못한 관계로 구어 텍스트
가 연구 대상에 포함되지 않았다.

1.3. 용어의 정리

본 연구에서는 생산성과 관련된 논의를 하면서 어기와 접사 사이의
관계를 설명하는 다수의 용어를 사용한다. 대체로는 그 개념이 정리되
어 있기는 하지만 여러 논의에서 같은 의미로 사용되는 용어도 있고 또
논자마다 그 의미가 조금씩 달리 사용되는 용어도 있다. 현상에 대한 정
확한 기술과 설명을 위해서는 본 연구에서 사용할 용어의 개념을 명확
히 규정할 필요가 있다.

본 연구에서 제일 중요한 개념은 생산성이다. 생산성은 많은 연구자
들이 공통적으로 인정하듯이 한 접사가 새 어기와 결합하여 새로운 단
어를 만들어낼 수 있는 가능성이다. 즉, 어기와 접사의 새로운 결합 가
능성이 생산성을 확인하는 핵심 요소라 할 수 있다. 그런데 그 결합 가
능성에 대한 판단의 근거가 두 가지이기 때문에 생산성이라는 용어를

---

2) 조사의 대상이 되는 개별 텍스트들에 대한 자세한 정보는 부록에서 표로 제시하
   였다.

사용할 때 구별의 필요가 있다. 첫째는 직관적 판단에 입각한 결합 가능
성으로서의 생산성이고, 둘째는 특정 시점에 한 접사가 새 단어를 만들
어낸 결과에 근거하여 앞으로 그 접사가 새 단어를 만들어낼 확률·가능
성으로서의 생산성이다. 둘 모두가 결합 가능성에 중점을 두고 있지만
그 접근의 방식이 하나는 직관인 반면 다른 하나는 계량적 방법을 통한
실제 조어의 확인이라는 점에서 차이가 있다.

　본 연구에서는 생산성을 후자의 개념으로 이해하고 그 본질에 접근
하는 것을 원칙으로 하되, 경우에 따라서 직관에 입각한 생산성의 개념
을 이용한다. 이는 생산성의 본질을 밝히고 그 주변 현상을 탐구하는 데
계량적인 접근을 통해서 얻을 수 있는 이점(利點)이 매우 크기 때문이다.
계량적 접근에서는 개별 접사가 가지는 생산성 수치의 산출과 비교가
가능한데 이는 직관적인 접근이 갖기 어려운 계량적 접근만의 강점이
다. 그러나 본 연구는 맹목적으로 수치만을 추종하지는 않는다. 코퍼스
에 기반한 연구가 언어의 실제적인 모습을 보여주긴 하지만 자료가 가
지는 한계에 논의가 갇혀 버리는 단점도 동시에 가지기 때문이다. 이런
경우에는 생산성에 대한 직관적 접근의 도움이 필요하다. 생산성에 대
한 계량론에 입각한 접근과 직관에 입각한 접근은 생산성에 대한 상호
보완적 접근이라고 할 수 있다. 신어의 실제적 확인과 신어가 등장할 확
률을 바탕으로 접사의 생산성에 접근하는 본 연구에서는 양자를 구별하
여 생산성 및 그와 관련된 현상을 정밀하게 기술하고 설명할 것이다.[3]

---

3) 생산성에 대한 두 종류의 접근이 모두 결합 가능성과 관련을 맺고 있기는 하지만
　결합 가능성이 언제나 생산성과 등치의 개념은 아니다. 생산성에 대한 직관적 입
　장에서는 '결합 가능성 = 생산성'이라 할 수 있어서 잠재어(결합 가능성)가 많을
　수록 생산성이 높다고 할 수 있지만 생산성에 대한 계량적 입장에서는 그렇지 않
　은 것으로 생각된다. 여기서는 신어의 존재와 그 확인을 통해서 생산성이 계산되
　기 때문에 모든 잠재적인 결합 가능성이 생산성에 다 반영되는 것이 아니기 때문
　이다. 구본관(1998:20)에서도 이런 차이 때문에 결합 가능성과 생산성을 다소 다
　른 개념으로 사용함을 밝혔다. 결합력은 가능의 문제이고 생산성을 실제 조어의
　문제로 인식하였는데 양자의 구별이 필요하지 않은 경우에는 양자를 같은 개념으

다음으로 살펴볼 대상은 단어의 지위와 관련된 용어로 실제어, 잠재어, 임시어이다. 실제어란 어휘부에 등록되어 실제로 사용되는 단어이다. 출간된 사전에 등록된 단어들이 실제어의 대표적인 예라 할 수 있다. 잠재어는 실제로는 생성되어 사용되지는 않았지만 어기와 접사의 결합을 통해 만들어질 수 있는 단어를 뜻한다. 결합의 가능성을 보여주는 단어가 바로 잠재어라고 할 수 있고, 이를 다른 용어로 가능어라고도 할 수 있다. 잠재어의 의미에 대한 실세계의 필요가 있고, 어기와 접사가 결합하는 데 형태·음운론적 제약이 없으면서 같은 의미의 기존 단어가 존재하지 않을 때 잠재적인 '어기+접사'가 새로운 파생어로 나타날 수 있다. 임시어란 생산성 있는 접사가 만들어낸 단어로 이후 지속적인 사용을 통해서 어휘부에 등재되어 실제어가 될 수도 있고 또 사용되지 않아 발화 후 곧바로 사라질 수도 있는 단어를 말한다. 생산성과 가장 깊은 관련이 있는 대상이 바로 임시어라 할 수 있는데 생산성은 임시어를 통해서 확인할 수 있다.[4]

마지막으로 살펴볼 용어는 어휘화이다. 어휘화라는 용어는 언어학에서 서로 다른 두 현상을 가리키는 데 동시에 사용되는 용어이기 때문에 혼란의 여지가 있다. 첫째는 파생어가 형성되고 난 후, 어기와 파생어가 각기 다른 통시적인 변화를 겪게 되어 파생어와 어기 사이의 관계가 공시적으로 설명되지 않는 경우를 말한다.[5] 둘째는 어휘부에 하나의 단위로 등재되어 있지 않았던 단위가 어휘부에 하나의 단위로 등재 혹은 취급되는 현상을 가리킨다. 예를 들어, 생산적인 접사가 만들어낸 임시어가 그 이후 자주 사용되면서 더 이상 어기와 접사로 분석되어 처리되지

로 사용한다고 했다.

4) 3장과 4장에서 접사가 만들어낸 파생어의 계량 결과를 살펴보면 생산적인 접사가 만들어내는 저빈도 단어 안에 임시어가 많이 포함되어 있음을 확인할 수 있다.

5) 여기에는 음운론적 어휘화, 형태론적 어휘화, 의미론적 어휘화가 있는데 이에 대한 자세한 설명은 송철의(1992:31-49) 참조.

않고, 마치 단일어처럼 한 단위로 인식·처리되는 현상을 가리킨다. 본 연구에서는 어휘화라는 용어를 후자의 개념으로 사용한다. 이는 파생어를 어기와 접사의 복합형으로 인식하기보다는 단일어처럼 인식하고 처리하게 되는 현상을 가리키기 때문에 단일어화라고도 할 수 있다. 그러나 '단일어화'라는 용어는 이현희(1991)에서 어떤 복합어가 음운론적·형태론적·의미론적 변화를 입고 난 후, 시간이 지나면서 그 복합형을 더 이상 복합형으로 인식하지 못하게 되는 현상을 가리키는 용어로 사용된 바 있다. 본 연구에서 다루는 어기와 접사의 결합이 하나의 단위로 처리되는 현상에는 장시간의 통시적 변화가 전제되지는 않기 때문에 단일어화라는 용어 대신 어휘화를 사용한다. 그러나 두 가지 어휘화의 개념과 이현희(1991)의 단일어화의 개념이 서로 무관한 것은 아니다. 이 세 가지 개념은 연속적인 현상의 각 단계로 이해할 수 있다. 어기와 접사의 결합이 한 단위로 인식·처리되는 수준을 1단계라 한다면 어기와 접사의 관계가 공시적으로 파악되지 않는 수준이 2단계이고, 거기서 더 발전하여 '어기+접사'가 전혀 복합형으로 인식되지 않는 수준을 3단계라 할 수 있는 것이다.

1.4. 논의의 구성

본 연구는 국어 파생 접사의 생산성과 생산성의 조건 및 생산성과 밀접한 관련을 맺고 나타나는 저지의 본질을 밝히는 것에 목적이 있다. 생산성과 저지는 언어 수행적이면서 양적인 속성을 가지는 대상이기 때문에 본 연구의 목적을 효과적으로 달성하기 위해서는 각 접사가 만들어 낸 파생어 집합의 빈도 특성에 대한 면밀한 검토가 필요하다. 이를 위해서 본 연구는 아래와 같은 단계로 논의를 전개해 나간다.

2장에서는 선행 연구를 검토하고 본 연구에서 사용할 방법론을 정립한다. 여기서는 먼저 생산성과 저지의 문제를 다루었던 이전 논의들을 정리하여 선행 업적의 경향성과 한계를 확인한다. 그리고 생산성의 근본 속성을 밝히고 그 속성에 부합하는 연구 방법론을 제시한다. 생산성을 측정하고 비교하려고 했던 기존의 논의들을 자세히 다루면서 그 장단점을 확인하고, 본 연구에서 각 접사의 생산성 계량에 적용할 생산성 지표 산출 방식을 확립한다.

3장에서는 2장에서 확립한 생산성 지표 산출 방식을 각 접사에 적용하여 현대 국어 접두사와 접미사의 생산성을 계량하고 각 접두사와 접미사가 형성한 파생어 집합의 목록을 그 빈도와 함께 제시한다. 총 24개 접두사와 32개 접미사의 생산성을 측정하여 그동안 직관적으로만 언급되었던 생산성을 수치화하고, 그 상대적 특성을 구체화한다. 그리고 빈도가 표시된 각 접사별 파생어 목록을 이용해서 각 접사가 만들어낸 파생어 집합의 양적 특성을 확인한다. 3장은 파생어의 양적 특성을 계량적 방법을 통해 구체적으로 기술하는 단계인데 여기서 얻은 자료는 4장과 5장의 논의를 진행시킬 수 있는 기초적인 근거로 활용된다.

4장에서는 생산성의 결정 요인을 밝힌다. 3장에서 얻은 각 접사의 생산성과 파생어의 빈도순 목록을 바탕으로 생산성이 어디에서 근원하는가를 확인하는 것이다. 우선, 생산성과 유형 빈도의 상관 관계를 검토한다. 생산성에 대한 직관적인 판단의 주요 근거가 되어 왔던 유형 빈도가 생산성을 결정하는 데 어느만큼 영향을 미치는지 확인한다. 다음으로는 생산적인 접사와 비생산적인 접사가 각각 형성하는 파생어 집합의 빈도 분포를 검토하여 생산성을 결정하는 요인이 어디에 있는지 확인한다.

5장에서는 3장과 4장에서 얻은 계량적 정보를 바탕으로 저지를 총체적으로 재검토할 것이다. 저지란 기존 단어가 존재하면 같은 의미의 새 단어는 만들어지지 않는다는 언어 경제성의 원리 때문에 나타나는 현상으로 이해되어 왔다. 국어에서는 '-스럽-', '-롭-', '-的'이 각각 만들어내는 동의적 파생어가 저지에 속하는 대표적인 예로 설명되어 온 것이다.

그런데 3장에서 얻은 자료를 면밀히 관찰을 해 보면 저지의 예외가 상당수 확인된다. 여기서는 생산성 및 파생어의 빈도 격차의 관점에서 저지와 그 예외를 관찰하여 저지가 이분법적 원칙이 아니라, 오히려 그 예외가 나타나는 것이 매우 자연스러운 일종의 경향성일 뿐임을 설명한다.

6장은 결론으로 본론에 대한 요약과 함께 본 연구가 가지는 한계와 남은 문제를 언급한다. 본 연구의 구조를 도식으로 나타내면 다음과 같다.

〈표1-2〉 본 연구의 구조

제2장 선행 연구와 방법론

2.1. 기본적인 전제

2.1.1. 확률적 개념으로서의 생산성

단어 형성, 특히 파생어 형성은 문장 형성이나 굴절과는 달리 규칙이 주어지면 자동적으로 형성되는 과정(automatic formation)이 아니라 산발적인 과정(sporadic formation)이다(Matthew 1974:52). 새 단어를 만드는 데 빈번하게 사용되는 접사가 있는 반면 조금 적게 사용되는 접사도 있고 또 거의 사용되지 않는 접사도 있다. Aronoff(1976:35)도 이러한 형태론적 생산성의 상대성에 주목하면서 형태론에서 많은 것이 가능하긴 하지만 어떤 것은 다른 것에 비해 더 가능하다는 점을 지적한 바 있다. 그런데 모든 접사가 동일 정도의 생산 가능성을 가진 것이 아니라는 사실은 학자들만의 지식이 아니다. 일반 화자들도 이러한 생산성의 크고 작음의 정도를 직관적으로 알고 있다. 이는 형태론의 생산성이 질적 차원의 절대적 개념이 아니라 양적 차원의 상대적 개념이라는 것을 뜻하고, 그 상대성이 측정되어 비교될 수 있을 때 생산성에 대한 연구가 그 실체성을 가질 수 있음을 의미한다.

지금까지 많은 학자들은 형태론의 생산성을 새로운 단어를 만들어 낼 수 있는 능력이나 가능성으로 이해했다. Bauer(1983:18)는 단어 형성 과정이 새로운 형태를 생성하는 데 공시적으로 사용될 수 있을 때 생산적이라고 했고, Spencer(1991:49)는 규칙이 완전히 새로운 단어를 만드는

데 규칙적이고 역동적으로 사용될 때 생산적이라고 했으며, Plag(2003: 44)는 새로운 복합어를 만들어 내는 데 사용될 수 있는 접사의 특성을 생산성이라고 규정했다. 생산성을 규정하는 데 사용한 용어는 학자마다 조금씩 다르지만 생산성이 특정 공시태의 새로운 단어를 통해서 확인될 수 있다는 데는 견해의 차이가 없다고 할 수 있다.

이런 관점에서 볼 때, 생산성의 측정과 비교는 지금까지 만들어진 단어들을 접사별로 헤아리고 그 숫자를 단순 비교함으로써 이루어질 수 있는 것은 아니라는 것을 알 수 있다. 그것이 타당성을 갖기 위해서는 특정 공시태를 기준으로 그 이전에 없던 새로운 단어를 만들어 낼 수 있는 각 접사의 가능성을 수치로 표현할 수 있어야 한다. 그런데 생산성은 접사가 새 단어를 만들어낼 수 있는 가능성이고, 화자는 그 가능성에 대한 직관-어떤 접사가 새로운 단어를 많이 만들어 내고 있고 또 이를 바탕으로 판단할 때 앞으로도 그럴 것이라는 직관-을 가지고 있으며, 이 직관은 확률적 속성을 내포하고 있다. 연구 대상과 연구 방법론 사이의 정합성이 높을수록 대상의 속성을 명확하게 밝힐 수 있음을 고려할 때, 생산성의 정도에 대한 화자의 직관을 명시적으로 설명해 주기 위해서는 확률적 관점에서 생산성에 접근하는 것이 타당한 방법론이라고 할 수 있다.1) 본 연구는 생산성을 특정 시점에 접사가 새 단어를 만들어낼 가능성이라는 확률적 개념으로 이해하고, 코퍼스를 이용한 계량적 방법론에 근거하여 생산성에 접근한다.

2.1.2. 자료 중심적 접근의 필요성

확률적 관점에서 생산성에 접근하기 위해서는 파생어의 생성과 사용

---

1) 생산성을 확률적 개념으로 이해하고 그것에 접근하는 많은 논의들은 다음과 같다. Bolinger(1948), Aronoff(1976), Motsch(1977), Anshen & Aronoff(1988), Baayen(1989, 1991 etc), 차준경(1995), 강범모·차준경(1996) 등.

에 대한 철저한 자료 중심적 접근이 필요하다. 이는 언어에 대한 생성 이론적 접근에서 별로 중요하게 평가하지 않았던 언어 수행적 요소들이 언어 탐구의 중심으로 부상(浮上)하는 것을 의미한다. 언어학은 철저하게 화자의 머리 안에 존재하는 언어 능력에 대한 탐구가 되어야 하기 때문에 가능한 한 실제 발화는 언어 연구에서 배제되어야 한다는 생성 이론적 접근과는 정반대되는 방법론이 언어 탐구의 중심적 위치를 점하게 되는 것이다. 발화 자료를 배제하고 직관이나 내성(內省)만을 이용해서 언어 능력에 접근하는 탐구를 심리주의적 접근이라고 한다면, 그동안 외면 받았던 언어 수행적 요소들에 중점을 두어 언어 능력에 접근하는 탐구는 자료 중심적 접근이라 할 수 있다.

이 두 가지 접근 중 한 가지 방법만으로 모든 언어 현상을 기술하고 설명할 수 있는 것은 아니다. 그 각각이 효과적으로 설명할 수 있는 언어 현상이 따로 있는 것으로 생각된다. 양적인 접근법이 전혀 도움이 되지 않기 때문에 심리주의적 접근으로 설명해야만 하는 언어 현상도 있고, 심리주의적 접근이 주가 되고 양적인 정보가 보조적으로 활용되어야만 연구의 가치가 높아지는 언어 현상도 있다. 그리고 거의 전적으로 양적인 방법론에 의지해야만 총제적 기술과 설명이 가능한 언어 현상도 있다. 현상 자체가 가진 다양한 속성이 서로 다른 접근법을 필요로 하는 것이다. 이러한 점을 염두에 둔다면 같은 목적을 위해서 서로 다른 방법론이 선택되어야 하는 이유가 비교적 명백해진다.

문장의 형성 원리를 중점적으로 탐구했던 생성 이론이 언어 수행적인 요소들에 대한 깊은 고려 없이도 통사론적 현상들을 잘 설명할 수 있었던 이유는 문장을 형성하고 사용하는 인간의 능력은 생득적(生得的)인 것이기 때문이다. 그러나 단어의 형성 및 사용에는 문장의 형성 및 사용과는 상당히 다른 특성이 존재한다. 단어 형성 능력은 문장 형성 능력과 마찬가지로 생득적인 것일 수 있지만 개개의 단어는 타고나는 것이라기보다는 후천적인 학습을 통해서 익히게 되고, 한 번 생성된 문장은 저장되지 않지만 새로 생성된 단어는 어휘부에 저장되어 다른 단어들과의 다층적이고 복합적인 연결망을 형성하며 이후의 단어의 형성과 사용에 심대한 영향을 미친다.

문장과 단어 사이의 이러한 대조적인 특성을 고려해 볼 때, 심리주의적 접근과 자료 중심적 접근은 언어의 서로 다른 층위에서 언어에 대한 효과적이고 탁월한 설명을 할 수 있는 두 기제이면서 서로를 필요로 하는 상호보완적 접근이라고 할 수 있다. 또한 그렇게 자리매김 되어야 서로를 이롭게 하면서 언어의 본질에 접근하는 데 기여를 할 수 있으리라 생각된다. 심리주의적 접근은 우리에게 언어학이 성취해야 할 이상적인 목표를 제시하고, 이 이상적인 요소들은 언어학자에게 탐구의 목표를 일깨우는 매우 긍정적인 작용을 한다. 따라서 심리주의적 접근이 없다면 언어학이 새로운 주제를 발견하여 바른 방향으로 발전하기 어렵고, 자료를 통해 나타나는 현상을 올바로 해석하기가 어려워진다. 그러나 이 심리주의적 접근이 구체적인 언어 사용과 관련된 요소들을 외면한다면 언어학은 추상적 가정(假定)의 세계가 되기 쉽다.

언어학적 연구는 대체로 심리주의적 접근에서 시작된다고 할 수 있지만 이 방법론을 추구하다보면 누구나 반드시 심리주의적 접근과 자료 중심적 접근을 결합시켜야 할 연구 주제를 만나게 된다. 형태론의 생산성 그리고 동의적(同意的) 파생어들 사이에서 발생하는 경쟁의 문제인 저지(blocking)도 이런 주제에 속하는 대표적인 예이다. 이 두 문제는 양쪽의 방법론을 조화롭게 결합시켜야 그 탐구가 균형 있게 진행될 수 있는 주제이다. 어느 한 쪽으로만 치우쳤을 때 언제나 현상에 대한 정확한 파악이 어려웠다는 것을 고려해 보면, 심리주의적 접근과 자료 중심적 접근은 건강한 긴장 관계를 유지하는 상호보완적인 양자가 되어야 할 것으로 생각된다.

언어는 타고남과 길러짐 양자의 산물이기 때문에 심리주의적 접근뿐만이 아니라 자료 중심적 접근도 필요하다. 지금까지는 언어 전반에 심리주의적 접근이 우세했다. 생성 이론이 지배적 패러다임으로 언어학 전반을 통괄했고, 자료에 기반한 접근을 하기에는 그 여건이 충분히 갖추어지지 않았기 때문이다. 그러나 이제는 여러 측면에서 이전과는 다른 상황이 전개되고 있다. 이론적 측면에서도 단어 형성을 언어 능력의 차원만이 아니라 언어 수행의 측면과도 심도 있게 연결시켜 이해하려는 시도들이 등장하여 그 성과를 인정받았고,[2] 자료적 측면에서도 형태 분석 정보를 부착한 대규모 코퍼스가 구축되어 있어서 단어 형성과 관련된 정도성을 가진 정보를 실제적·경험적으로 추출할 수 있게 되었다. 자료 중심적 접근은 언어 능력에 대한 직접적인 탐구를 통해서만 언어의 본질에 접근할 수 있는 것이 아니라, 언어 수행적인 요소들에 대한 탐구를 통해서도 언어의 본질에 접근할 수 있다는 사실에 기반하여 출발한다. 본 연구는 코퍼스를 이용한 자료 중심적 방법론에 기반하여 현대 국어 파생 접사의 생산성 및 그것과 관련된 제반 현상들(생산성의 조건, 저지 등)에 대한 간결하면서도 합리적인 설명을 시도한다.

2.1.3. 생산성에 대한 계량적 접근의 장점

코퍼스란 해당 언어의 현실을 다양한 언어 변이를 포함하여 총체적으로 보여줄 수 있는 자료의 집합체로 살아 있는 언어 정보의 보고(寶庫)이다. 코퍼스에서 충분히 의미 있는 언어 정보를 얻기 위해서는 그 코퍼스가 일정 규모 이상의 크기를 갖추면서 그 안에 다양한 텍스트들이 균형 있게 모여 있어야 한다. 이러한 조건을 갖춘 코퍼스를 이용한 연구는 다음과 같은 두 가지 장점을 가진다. 첫째는 실제로 사용되는 언어 자료를 이용하는 연구이기 때문에 연구자의 선입견을 배제한 객관적인 연구가 가능하다는 점이다. 둘째는 직관이나 언어 능력만으로는 설명하기

---

2) 채현식(2000), 송원용(2002), 송원용(2005), Bybee(1985), Bybee(1988)

어려운 언어 현상을 자료를 통해 가시적으로 설명할 수 있다는 점이다.

본 연구는 코퍼스를 이용한 연구의 이러한 장점을 살려서 파생 접사의 생산성과 저지에 접근한다. 코퍼스를 이용한 연구는 사전 목록이나 직관에 기반한 생산성 및 저지 연구에 비해 다음과 같은 장점을 가진다.

첫째, 코퍼스를 이용하는 접근은 각 파생어의 실제적인 사용 빈도에 관한 정보를 제공해 줄 수 있다. 따라서 이 방법은 빈도와 매우 밀접한 관련을 맺고 나타나는 생산성과 저지의 속성을 밝히는 데 매우 유용한 접근이다. 형태론의 제반 현상들은 실제적인 언어 사용과 관련된 경우가 많아서 사용 빈도가 상당히 중요한 정보에 해당한다. 그러나 사전이나 직관을 통한 접근은 빈도 정보의 참조가 불가능하기 때문에 그 연구가 결정적인 한계를 가질 수밖에 없다. 그러나 언어 단위의 빈도를 생생하게 보여 줄 수 있는 코퍼스는 연구자로 하여금 현상의 본질에 접근할 수 있도록 해 준다.

둘째, 코퍼스는 사전에는 등재되어 있지 않은 파생어 목록을 제시해 줄 수 있다. 사전은 대체로 매우 생산적인 접사가 형성하는 파생어의 목록을 전부 제시하지는 않는다. 그 이유는 생산적인 접사가 형성하는 파생어는 합성성의 원리에 의해 그 의미를 예측할 수 있기 때문이기도 하고 또 생산적인 접사가 형성하는 모든 파생어 목록을 다 확보할 수도 없기 때문이기도 하다. 그런데 해당 접사의 생산성을 측정하고 설명하는 데는 사전에서 누락된 신어를 포함한 이러한 파생어들이 매우 중요한 역할을 한다. 코퍼스에서는 이러한 파생어들을 충분히 확보할 수 있기 때문에 각 접사의 실제적인 생산성을 왜곡 없이 파악할 수 있다.

셋째, 사전은 현재에 전혀 사용되지 않는 파생어도 상당수 그 목록에 포함하고 있어서 공시태로서의 생산성을 논의하는 데 오히려 장애가 되는 측면이 있다. 그러나 코퍼스는 실제로 사용되고 있는 파생어를 제시해 주기 때문에 생산성의 실제적인 모습을 보여 줄 수 있다. 사전의 파생어 목록은 특정 공시태의 산물이 아니라 해당 접사가 장시간 동안 형성해 온 파생어의 집합이다. 따라서 사전 목록을 중심으로 생산성에 접근한다면 해당 접사가 과거에 얼마나 많은 단어를 만들었는가는 확인할 수 있지만 특정 시점을 전제한 공시태로서의 생산성을 파악할 수는 없다.

2.2. 선행 연구

2.2.1. 생산성에 대한 연구

단어 형성과 관련된 논의를 하면서 생산성에 대한 언급을 하지 않은 연구는 하나도 없을 정도로 생산성은 많은 연구자들의 관심 주제였다고 할 수 있다. 생산성을 핵심 주제로 한 본격적 논의도 있지만 단어 형성이라든가 개별 접사에 대한 연구를 하면서 부수적으로 생산성에 대해 언급한 논의들이 더 많다고 할 수 있다. 여기서는 형태론의 생산성의 문제를 다룬 주요 선행 연구를 먼저 살펴보도록 한다.

본 연구의 연구 방법론과 동일하게 코퍼스에 기반하여 생산성을 연구한 대표 논의로 차준경(1995)를 들 수 있다. 차준경(1995)는 Baayen (1989)의 방법론을 그대로 수용하여 200만 어절의 현대 국어 코퍼스를 바탕으로 명사 파생 접미사('-이', '-음', '-기', '-질', '-장이', '-꾼'), 형용사 파생 접미사('-스럽-', '-롭-', '-답-'), 동사 파생 접미사('-거리-', '-대-', '-이-')의 생산성을 계량하여 제시한 연구이다. 국어 코퍼스가 구축되기 시작한 비교적 이른 시기에 계량적 방법론에 입각한 최초의 생산성 연구라 할 수 있다. 그 당시는 아직 형태소 정보가 부착된 코퍼스(tagged corpus)가 만들어지지 않았던 때이다. 차준경(1995)는 형태소 정보가 부착되지 않은 코퍼스(raw corpus)를 필요에 맞게 가공하여 정보를 추출하는 데 많은 노력과 정성이 들어간 연구라 할 수 있다.[3]

고영근(1972b)는 결합하는 어기의 수효에 따라 접미사를 매우 불규칙한 것, 다소 규칙적인 것, 매우 규칙적인 것으로 구분하였다. 불규칙한 접사에 속하는 예는 '-악서니(꼴-), -암/-엄(막-/묻-), -애(막-), -개(덮-), -데기

---

3) 본 연구는 코퍼스와 Baayen의 방법론을 바탕으로 생산성에 접근했다는 측면에서는 차준경(1995)와 동일하지만 본 연구에서는 Baayen의 방법론을 상당 부분 수정하여 각 접사별 생산성 수치를 산출했다. 그 수정의 자세한 내용은 2.4. 참조.

(부엌-), -사귀(잎-)’등이고, 다소 규칙적인 접사에 속하는 예는 ‘-이(높-, 깊-, 길-, 먹-), -음(얼-, 졸-, 믿-, 걸-), -이다(먹-, 뉴-, 덮-), -기다(남-, 웃-), -히다(막-, 먹-), -치다(놓-, 덮-), -추다(갖-, 낮-), -질(손-, 가위-), -군(짐-, 일-), -껏(힘-, 마음-), -거리다(움직-, 철렁-), -답다(꽃-, 어른-), -스럽다(탐-, 가긍-), -롭다(새-, 상서-, 까다-)’ 등이고, 규칙적인 접사에 속하는 예는 ‘-들, -쯤, -께, -게, -꼴, -짜리’ 등이다. 불규칙적인 것은 생산성이 결여된 것이고 규칙적인 것은 생산적이어서 어근과의 통합이 보편적인 것을 의미한다고 언급하고 있다. 대체로 파생어의 유형 빈도에 근거하여 규칙적인 접사와 불규칙적인 접사를 구분했다고 할 수 있다.

　김성규(1987)은 피동 접미사 이형태의 교체 조건 및 경음화 현상을 생산성과 결부시킨 논의다. 여기서는 이형태의 교체와 경음화 현상이 공시적인 음운 규칙으로 설명될 수 없으므로 피동 접미사의 공시적인 생산성을 인정할 수 없다고 주장했다. 김성규(1987)에서는 생산성을 확인할 수 있는 가장 확실한 방법인 신어의 자연스러운 출현을 기준으로 피동 접미사의 생산성을 논하지는 않았다. 그러나 이형태의 교체 조건이 불분명하다는 사실은 화자가 새로운 피동사를 만들어내기가 매우 어렵다는 것을 의미하고, 이는 피동 접미사의 생산성 상실과 직결된다고 할 수 있다. 김성규(1987)은 공시적 생산성을 확인할 수 있는 구체적 조건을 논했다는 점에서 의미 있는 연구라 할 수 있다.

　조남호(1988)은 생산성이 높은 8개의 접미사(-꾼, -장이, -질, -스럽-, -的, -거리-, -대-, -님)를 대상으로 각 접미사가 만드는 파생어와 신어를 중심으로 생산성을 논하였다. 이 연구에서는 객관성을 최대한 유지하기 위해 연구자가 새 단어를 만들기보다는 사전- 국어대사전(이희승 1982), 새 우리말 큰사전(신기철·신용철 1986)-과 1920년대부터 1980년대까지의 소설에서 추출한 파생어 목록을 자료로 사용하였다. 따라서 조남호(1988)은 생산성 연구를 위해 일종의 코퍼스를 구축하여 활용한 연구라 할 수 있다. 그러나 공시적 개념인 접사의 생산성을 포착하기에는 자료 수집 대상의

시대적 폭이 너무 넓다는 점과 생산성에 대한 객관적 기준을 제시하는
못했다는 점이 그 한계라 할 수 있다.

　김동찬(1987)은 생산성을 신어 생성의 관점에서 논의했다. 기존 파생
의 패러다임에 빈칸이 있을 때 그 빈칸을 채울 수 있는 가능성이 있으
면 그 접사가 생산적이라는 입장을 취했다.

　ㄱ. 곱다, 곱살하다, 곱살스럽다, 곱상스럽다, 고이
　ㄴ. 밉다, ------, 밉살스럽다, 밉상스럽다, ---

　ㄴ의 빈칸에 '*밉살하다', '*미이'가 생성될 때 생산성이 인정된다는
설명을 하였는데 파생 패러다임의 빈칸이 반드시 기계적으로 채워져야
하는 것이 아니기 때문에 이러한 접근이 생산성을 설명하는 합당한 방
식이라고 하기는 어렵다.

　하치근(1989)는 사전에 등재된 파생어 목록을 검토하면서 해당 접사
가 만들어낸 파생어의 수가 많으면 그 파생 규칙의 생산성이 높다고 판
단하였다. 파생 접사의 생산성을 측정하기 위해 몇몇 소설에서 나타난
형용사 파생 접미사 '-스럽-', '-롭-', '-답-'의 빈도를 조사하기도 하였으
나 기본적으로 이 논의는 생산성의 기준을 사전에 등재된 파생어의 목
록수에 두었다. 하치근(1989)는 생산성 측정의 주된 자료는 어휘 사전이
되어야 하고 간행물이나 일상 대화는 보조 자료에 불과하다는 입장을
취했다. 생산성을 측정하는 데 가능어를 대상으로 하게 되면 조사자의
직관이나 주관에 좌우되어 객관적인 결과를 기대하기 어렵다고 보았기
때문이다. 그러나 여기에는 몇 가지 심각한 문제가 있다. 사전에 등재된
파생어 목록이 해당 접사가 만든 파생어의 총 목록은 아니라는 점과 각
접사마다 결합할 수 있는 어기에 대한 제약이 달라서 결합 가능한 어기
의 수에 근원적인 차이가 있다는 점 그리고 사전 목록이 특정 공시태의
산물만은 아니라는 점 등이 그것이다. 이러한 결함을 고려해 보면 사전

의 목록수만으로 생산성에 접근하는 방법은 생산성의 실체를 드러내는 데 그 한계가 명확한 접근이라 할 수 있다.

구본관(1990)은 화자의 신어 생성 능력을 생산성을 확인할 수 있는 기준으로 삼아서 경주 방언 피동형의 생산성을 논의한 연구이다. 여기서는 제보자에게 능동형과 피동형을 숙지시킨 후 피동형이 잘 쓰이지 않는 능동형을 역질문하여 새로운 피동형을 만들어 낼 수 있는가를 확인하는 방식으로 조사가 이루어졌다. 생산성을 확인할 수 있는 가장 명확한 조건인 신어를 기준으로 삼으면서, 이형태의 교체 조건과 활용시 비음 뒤 경음화 여부를 고려하여 생산성을 논의한 점은 이전 연구들에 비해 진일보한 측면이라 할 수 있다. 그러나 특정한 상황에서 개인이 만들어낸 신어를 중심으로 생산성을 판단했다는 점에서는 한계를 가진다고 할 수 있다.

송철의(1992)는 국어의 파생어 형성 전반을 규칙의 차원에서 접근하면서 그 제약을 정밀하게 논한 연구이다. 이 연구의 중점이 생산성은 아니지만 생산성에 대해 한 절을 할애하여 그 개념과 측정 방법을 설명했다. 여기에는 파생어의 총수로 생산성 유무를 판단한 생산성에 대한 전통적 접근, 규칙에 대한 제약의 다과(多寡)로 생산성에 접근한 생성 형태론적 접근, '파생어 형성 규칙의 입력이 될 수 있는 단어의 총수 對 그 규칙에 의해 파생되어 나오는 단어의 수'로 생산성을 파악하려는 접근 등이 포함된다. 송철의(1992)에서는 위의 각 방법이 가진 한계를 언급하면서 생산성 판단의 객관적 기준을 확립하는 것이 매우 어려움을 지적하였다. 이와 같은 어려움 때문에 송철의(1992)에서도 생산성 판단의 객관적 기준을 제시하지는 않았지만 각 접미사와 그 파생어를 다루면서는 생산성 판단을 하기도 했다. '-이'에 의한 척도 명사 파생은 생산성이 없는 것으로 판단한 반면 '-이' 부사 파생은 생산성이 있는 것으로 판단한 것이 그 예이다. 이는 접사가 만들어내는 신어의 유무라든가 파생어의 유형 빈도 등을 고려한 직관적 판단이라 생각된다. 실질적인 검증이 요구되는 부분이라고 할 수 있다.

민현식·왕문용(1994)에서는 생산적 접사와 비생산적 접사를 다음과
같이 규정한다.

> 어근과 마찬가지로 접사도 그것이 다른 어형에서 접사로 쓰임, 즉 생산성
> 이 확인되어 결국 2개 이상의 어형에서 확인되면, 바꿔 말해 유일형태소 성
> 격의 접사만 아니면 생산접사 또는 규칙접사라고 하고 오직 유일형태소로서
> 하나만 확인되면 비생산접사 또는 불규칙접사라고 할 수 있다. 이때의 생산
> 성은 현재의 어형으로 존재하여 쓰이고 있는 분포에 따른 기생산성(旣生産性)
> 에 기준을 둔 것이지 장차 쓰일 잠재생산성이 있느냐를 기준한 것이 아니다.
> (민현식·왕문용 1994:72)

이 논의에서는 접사가 2개 이상의 어형에서만 확인되면 생산적인 접
사로 본다는 입장을 취했고 이런 관점에서는 '미덥다', '즐겁다'의 '-업-'
까지도 생산적인 접사에 포함된다. 물론 이것이 기생산성(旣生産性)에 기
준을 둔 것이라고 밝히기는 했지만 생산성에 대한 일반적인 인식과는
매우 다른 방식으로 생산성이라는 용어를 사용했다고 할 수 있다. 화석
화된 접사를 분석해내는 데는 이러한 접근법이 의미를 가질 수 있지만
2개 이상의 파생어를 가지는 접사가 모두 생산적인 접사로 인정되는 접
근법이기 때문에 공시적 생산성의 상대성을 밝히기에는 적합하지 않은
방식이라 할 수 있다.

노명희(1998)은 한자어 단어 형성에 대한 체계적 연구로 한자어가 조
어력이 뛰어나고 생산성이 있다는 일반적인 언급을 한자어의 신어 형성
의 관점에서 검증한 연구이다. 여기서는 국어의 단어 형성에 참여하는
한자어를 자립성 정도에 따라 의존 형식(약활성 어근, 강활성 어근, 접사), 자
립 형식, 제한적 자립 형식으로 구분하고 각각의 특성을 기술하였다. 어
근과 접사를 구별하는 여러 기준 중 생산성도 포함되는데 접두·접미 한

자어가 생산적일수록 어근보다는 접사에 가깝다고 보았다. 신어를 생산성의 문제와 긴밀하게 연관시켜 논의했다는 점에서 대체로 유형 빈도에 근거하여 생산성을 파악하려 했던 논의보다 생산성의 본질에 더 가깝게 접근했다고 할 수 있다. 계량적 접근을 하지는 않았기 때문에 신어 판별과 생산성의 정도 판단에서는 직관적인 측면이 많다. 그러나 철저한 자료 중심적 입장에서 신어의 확인과 유형의 다소를 기준으로 생산성에 접근하고 있기 때문에 그 판단이 대체로 정확한 것으로 생각된다.

고영근(1992)는 생산성에 대한 본격적인 탐구는 아니지만 생산성과 관련하여 기존의 형태소를 새롭게 규정해야 할 필요가 있음을 주장하였다. 새로운 단어의 형성에 적극적으로 참여하는 접사를 단어 형성소로 규정하였고, 새로운 단어를 형성하는 일이 없고 고립적으로만 사용되는 접사를 단어 구성소로 규정하였다. 이러한 접근이 나온 이유는 접사를 모두 동일하게 취급하기보다는 단어 형성에 기여하는 가치에 따라 구별하는 것이 단어 형성을 이해하고 설명하는 데 더 많은 이익이 있기 때문이다. 이와 같은 입장에서 기존 형태소의 개념을 해체하고 생산적인 접사와 비생산적인 접사를 달리 취급한 논의에는 김성규(1987)과 김동찬(1987)도 포함된다. 김성규(1987)에서는 생산적인 접사를 어휘소, 비생산적인 접사를 형태소로 구별하여 명명하였고, 김동찬(1987)에서는 생산적인 접사를 의미부, 비생산적인 접사를 형태부로 구별하였다. 이러한 논의들은 생산성의 상대성을 인식하고, 그 상대성에 근거하여 형태소를 구별하여 이해하고자 한 시도라고 할 수 있다.

국어 연구에서 생산성에 영향을 미치거나 생산성을 결정짓는 조건에 대한 연구는 상당히 드문 편인데 여기에 속하는 연구로는 채현식(2000)과 시정곤(2006)을 들 수 있다. 채현식(2000)에서는 생산성에 직접적인 영향을 미치는 요인으로 계열체의 유형 빈도를 들고 있다. 계열체를 구성하는 단어의 유형수가 많으면 많을수록 화자는 새로운 단어를 만드는 데 이 패턴을 쉽게 적용할 수 있기 때문에 유형 빈도가 높을수록 생산성도 높다는 것이 채현식(2000)의 입장이다. 이는 이론적인 타당성은 인정되지만 면밀한 계량의 결과 얻어진 결론은 아니기 때문에 검증이 필요한 가설이라고 할 수 있다. 시정곤(2006)에서는 시험적이긴 하지만 생산성을 결정지을 것으로 생각되는 여러 요인을 다각도로 검증했다. 생산성과 유형 빈도, 생산성과 단발어, 생산성과 토큰 빈도(token frequency) 등의 상관 관계를 코퍼스 안에서 확인했다. 그 결과 유형 빈도와 생산성은 밀접한 관계가 없고, 단발어를 바탕으로 생산성을 측정하는 데는 문제점이 많으며, 토큰 빈도는 생산성과 무관함이 밝혀졌다. 그러나 시정곤(2006)에서는 생산성과 관련이 없거나 적은 요인이 무엇인지가 명확히 밝혀졌을 뿐, 생산성을 결정짓는 주요 요인에 대해서는 구체적인 언급이 없다는 한계가 있다.

국어의 생산성 연구는 대체로 생산성이 그 유무(有無)를 논해야 하는 질적인 개념이라기보다는 정도성을 논해야 하는 양적인 개념이라는 데는 견해를 같이 하고 있다. 그러나 생산성을 확인할 수 있는 구체적이면서 객관적인 방법론은 아직 명확히 확립되어 있지는 않다. 파생어의 유형 빈도나 신어의 수, 이형태의 교체 조건 등이 생산성을 확인할 수 있는 지표로 이용되긴 했지만 차준경(1995)에서 제시한 '파생어의 총수 對 단발어의 비율'을 제외한 나머지 방법들은 그 상대성을 비교해 줄 수 있는 객관적 지표라고 하기에는 어려운 것이 사실이다. 개별 접사들의 생산성을 확인하여 그 상대성을 비교해 줄 수 있는 구체적인 방법론의 확립과 생산적인 접사와 비생산적인 접사의 대조적 특성을 밝혀줄 수 있는 객관적 지표의 발견이 필요하다고 생각된다.

2.2.2. 저지에 대한 연구

여기서는 저지에 대한 선행 연구를 살펴본다. 저지도 형태론의 논의에서 빠질 수 없는 매우 중요한 주제이다. 그러나 저지에 대한 연구는 생산성 논의에 비해 많지 않고, 저지를 생산성이나 파생어 빈도의 문제와 깊이 있게 연관시켜 논의한 연구도 쉽게 찾아보기 어렵다. 기존의 형태론이 언어 수행적 특성을 밝히는 데 중점을 둔 자료 중심적 연구라기보다는 다분히 심리적이고 이론 중심적 연구였기 때문이라 생각된다.

김규철(1980, 1981)은 저지를 새로운 단어가 만들어질 것으로 예상되지만 실제로는 만들어지지 못하는 경우로 파악했고, 단어 형성 규칙이 정밀화된다면 저지는 그 규칙 속에서 모두 해결될 수 있는 문제로 이해했다. 이는 규칙에 큰 위력을 부여하여 현상을 설명하려는 생성 이론적 입장이라고 할 수 있다.

김창섭(1984, 1996)은 저지를 정밀하게 다룬 업적이라 할 수 있다. 여기서는 국어의 형용사 파생 접미사인 '-스럽-', '-롭-', '-하-'와 그 기능이 형용사적인 한자어 접미사 '-的'이 만들어낸 파생어를 자료 중심적으로 관찰하여 '-스럽-', '-롭-', '-하-' 형용사끼리는 서로 배타적으로 분포하지 않으면서 '-的' 파생어에 대해서만은 그 출현을 저지한다고 결론을 내렸다. 'X스럽-', 'X롭-', 'X하-'의 경우 상호 간의 저지가 일어나지 않는 이유는 이들의 의미가 서로 달라서 하나의 의미칸에 들어가기 위해 경쟁하는 관계가 아니기 때문으로 설명했다. 그러나 이들과 'X的' 사이에 저지가 일어나는 현상에 대해서는 서로 유사하기는 하지만 독립된 의미칸을 가지는 파생어 사이에서도 저지가 일어나는 것으로 보아야 한다는 입장을 취했다. '-的'의 의미 특성이 그만큼 확고하지 못하기 때문에 나타나는 현상으로 해석한 것이다. 이 논의는 의미에 입각하여 저지를 설명하는 입장을 취했는데 그 의미의 기준이 일관적으로 적용되지 못한 측면이 있다. 'X스럽-', 'X롭-', 'X하-', '-的'의 의미가 서로 완전히 같지는 않지만 매우 비슷한 의미이고, 이를 명확히 구별하는 것이 어렵다는 점을 고려하면 의미를 기준으로 저지에 접근하는 방식에는 명확한 한계가 있다고 생각된다. 언어에서 완전히 동일한 의미의 단어가 존재하기는 어렵다. 이점을 고려하면 'X스럽-', 'X롭-', 'X하-', '-的' 사이에서 발

생하는 저지는 유사한 의미의 단어들 사이에서 발생하는 현상으로 파악
되고, 그 원인은 의미가 아닌 다른 쪽에 있는 것으로 생각된다.

　조현숙(1987)은 부정 접두어인 '無-', '不-', '未-', '非-'의 의미와 기능을
다루면서 부정 접두어들이 배타적으로 분포하는 현상을 지적하였다. 이
는 각각의 부정 접두어와 어기의 의미 특성에 기인하는 배타적 분포이
기 때문에 동의어 경쟁의 양상을 보여주는 본격적인 저지의 예라고 하
기는 어렵다. 조현숙(1987)에서도 배타적 분포의 경향성을 언급했고 이
현상을 저지의 입장에서 다루지는 않았다. 그러나 비슷한 의미를 가지는
'不X'와 '非X'의 경우는 저지의 관점에서 파악할 수 있는 것으로 보인다.

　송철의(1992)는 저지와 관련되는 파생의 예를 다수 다루었다. 척도 명
사에는 'X이'와 'X기'가 있음을 언급하면서 현대 국어의 새로운 척도
명사는 'X이'가 없을 때만 'X기'가 나타날 수 있고, 그 이외의 경우에는
'X기'가 저지됨을 언급했다. 그 이유를 척도 명사를 파생시키는 '-이'는
현대 국어에서 생산성을 상실한 반면 '-기'는 생산력이 증대되고 있기
때문으로 파악하여 저지를 생산성의 관점에서 설명하였다. 'X개' 도구
명사의 경우에는 기존의 도구 명사가 존재할 경우에는 같은 의미를 가
지는 'X개'의 출현이 저지되는 것으로 설명했다. 그러나 동사 파생 접미
사인 '-거리-'와 '-대-'가 형성하는 'X거리-'와 'X대-'는 대부분의 사전에
서 동의적인 것으로 처리할 만큼 그 의미가 유사함을 지적하면서도 양
자를 저지의 관점에서 다루지는 않았다. 'X거리-'와 'X대-'의 어기가 대
체로 교체 가능하고 어느 한쪽만 취할 수 있는 어기가 극히 제한되어
있어서 저지의 전형적인 모습이 'X거리-'와 'X대-'의 관계에서는 관찰되
지 않기 때문으로 생각된다.

　채현식(2000)에서는 '-거리-'와 '-대-'를 다루면서 그 기능과 의미가 비
슷한데도 이 두 접사가 만드는 파생어 사이에서 우선 관찰되는 사실은
전혀 저지가 나타나지 않는다는 점임을 언급했다. 'X거리-'와 'X대-' 사
이에서는 동의어를 회피하면서 언어의 경제성을 추구하는 전형적인 저

지의 예가 가장 많이 관찰될 것 같은데 그렇지 않은 것이 사실이다. 채현식(2000)도 이점에 주목하여 'X거리-'와 'X대-' 사이에 저지가 없음을 지적한 것이라 할 수 있다. 그러나 저지를 꼭 경쟁하는 단어의 상보적 출현의 관점에서만 이해해야 하는가에는 재고(再考)의 여지가 있다.

최형용(2003)에서는 저지를 생산성과 관련시켜서 설명하려는 시도를 확인할 수 있다. 척도 명사 'X이', 'X기'가 서로를 저지하는 현상과 파생 명사 'X이', 'X음'이 서로를 저지하는 현상은 불필요한 동의어를 여러 개 가질 필요가 없다는 경제성의 원리로 설명했다. 동일 어기를 가진 'X이', 'X기' 및 'X이', 'X음'이 존재하지 않기 때문이다. 그러나 두 접사가 동일 어기를 가져서 이중 단어를 형성하는 경우에는 다른 설명 방식을 택했다. 즉, 'X롭-'과 'X스럽-'이 모두 존재하는 경우와 'X거리-'와 'X대-'가 모두 존재하는 경우에는 생산성의 관점에서 이 현상을 설명한 것이다. 'X롭-'/'X스럽-'의 경우에는 '-스럽-'이 생산성을 늘려 가는 과정에서 '-롭-' 파생어를 침범한 결과 '-롭-'형과 '-스럽-'형이 모두 가능한 예가 존재하게 되었고, '-거리-'와 '-대-'는 모두 생산적이기 때문에 '-거리-'형과 '-대-'형이 모두 나타나는 잉여적인 단어 형성이 초래되었다고 해석한 것이 그 예이다. 저지와 그 예외에 해당하는 현상을 동의어 회피 원리나 언어의 경제성 추구 원리에서 벗어나서 생산성이라는 새로운 관점에서 설명했다는 점이 최형용(2003)이 가지는 장점이라 할 수 있다.

저지에 대한 선행 연구들은 최형용(2003)을 제외하고는 대체로 저지의 전형적인 예로 보이는 현상들에 대해서만 구체적인 언급을 하고 있고, 예외에 대해서는 경향성으로 설명하거나 별 다른 설명을 내놓지 않았다는 공통점이 있다. 예외가 적지 않게 존재하고 오히려 예외가 다수라면 그 다수를 합리적으로 설명하여 그 설명의 폭이 저지를 보이는 예들에까지 미칠 수 있는 방법을 모색해 보는 것이 필요하다.

2.3. 계량적 방법에 대한 재검토

본 절에서는 지금까지 파생 접사의 생산성에 계량적으로 접근한 연구들을 재검토하여 그 장단점을 파악한다. 파생어의 총수인 유형 빈도를 근거로 생산성을 측정한 방법, '실제어 對 잠재어'의 비율로 생산성을 측정한 Aronoff(1976)의 방법, '단발어 對 파생어 총수'의 비율로 생산성을 측정한 Baayen(1989)의 방법이 주요 검토의 대상이 된다. 이러한 검토는 어떤 방법론이 생산성의 확률적 속성을 가장 잘 반영할 수 있을 것인가를 고려하여, 본 연구의 생산성 지표 산출 방식 수립에 필요한 발판을 마련하기 위한 것이다.

2.3.1. 파생어의 총수 비교

한 접사가 만들어낸 파생어의 총 개수로 접사의 생산성을 측정하는 방법은 사전에 등재된 파생어의 수를 세어서 그 수가 많으면 생산적, 그렇지 않으면 비생산적이라는 결론을 내리는 접근법이다. 이는 직관에 입각한 대부분의 연구들이 취한 생산성 판별의 방법이라 할 수 있다. 고영근(1972b)와 하치근(1989)가 그 대표적인 예라 할 수 있는데, 이 방법은 생산성에 대한 경험적 접근이라는 데에는 의미가 있지만 여러 측면에서 문제점을 가진다.

첫째는 생산적인 단어 형성 과정을 통해 도출되는 단어는 사전에 등재되지 않는 반면 비생산적인 과정을 통해 도출된 단어는 오히려 사전에 등재되는 경향이 있다는 점이다.4) 이는 생산적인 과정을 통해 도출된 단어일수록 그 의미를 예측하기가 쉬워서 사전 편찬자가 등재의 필요성을 느끼지 않고, 또 그 목록을 총망라하여 확보하기도 어렵기 때문

---

4) 여기서의 사전은 인간의 정신 어휘부로서의 사전이 아니라 책의 형태로 출간되는 종이 사전을 의미한다.

에 발생하는 현상이다. 이런 이유로 사전은 생산적인 접사가 만들어낸 파생어 집합과 비생산적인 접사가 만들어낸 파생어 집합을 양적 차원에서 오히려 반대로 반영할 위험이 있다. 생산적인 접사가 만들어내는 파생어는 일부만 등재되고, 비생산적인 접사가 만들어내는 파생어는 모두 등재될 수 있기 때문이다.

둘째는 해당 접사가 만들어 낸 파생어의 수가 많다고 해서 결코 그 접사가 현 시점에서 생산적이라고 말할 수는 없다는 점이다. 현재에는 전혀 생산성이 없더라도 과거의 생산성 때문에 접사는 수많은 파생어를 가질 수 있기 때문이다. Bauer(2001:9, 181)는 영어의 접미사 '-ment'가 20세기 이후 전혀 새 단어를 만들지 못하지만 16～19세기 사이에 생산적이었기 때문에 현재도 수많은 파생어를 가지고 있음을 지적한 바 있고, Plag(1999:98)는 영어의 동사화 접미사 '-en'도 현재 많은 파생어를 가지고 있지만 1900년 이후에는 더 이상의 파생어를 생성하지 못함을 지적했다. 이런 사실은 시간의 차원에 대한 고려 없이 파생어 수의 단순 비교만으로는 생산성에 대한 실제적 접근이 어렵다는 것을 알려준다. 단어 형성의 생산성을 측정하기 위해서는 신어의 형성을 포착해야 하는데 이를 위해서는 특정 시점을 전제하는 공시적 차원의 접근이 필수적이다.

셋째는 어기에 대한 선택 제약이 고려되지 않은 파생어의 수만으로 생산성이 올바르게 측정될 수 없다는 점이다. 접사 중에는 결합 가능한 어기가 개방 집합인 경우도 있지만 형태·의미론적인 이유 때문에 결합할 수 있는 어기에 심한 제약이 있는 경우가 있기 때문이다. 결합 가능한 어기의 수에 대한 명백한 차이가 존재함에도 불구하고 접사의 생산성을 그 접사가 만들어낸 파생어의 총 개수로 판정하는 것은 합리적일 수 없다.

2.3.2. '실제어 對 잠재어'의 비율

2.3.1.에서 언급한 파생어 총수의 단순 비교를 통한 생산성 측정이 가지는 맹점을 보완할 수 있는 방법으로 Aronoff(1976)은 잠재어(possible words)에 대한 실제어(actual words)의 비율을 생산성의 지표로 제시하였다. 그 공식은 아래와 같다.

$$P = actual / possible$$

실제어란 해당 접사를 통해 형성되어 실제로 사용되고 있는 단어를 뜻하고, 잠재어란 원리적으로는 그 접사를 통해 만들어질 수 있는 단어이지만 실제로는 만들어지지 않은 단어를 의미한다. Aronoff(1976)의 방법에 의하면 '실제어 對 잠재어'의 비율이 높을수록 해당 접사의 생산성이 높다고 판정할 수 있다. 이론적으로는 생산성에 접근하는 합리적 방법으로 보이지만 여기에는 몇 가지 심각한 결함이 있다. 첫째는 이 모형이 우리의 직관과는 정반대되는 예측을 하는 경우가 있다는 것이다. 매우 생산적인 접사의 경우, 사실상 그 잠재적 어기가 무한대로 확장될 수 있다. 따라서 분모(잠재어)의 수가 무한대로 커지기 때문에 분자(실제어)가 크다 해도 생산성 지표는 0에 가까운 값에 이르게 된다. 반대로 상당히 비생산적인 접사의 경우, 잠재어와 실제어의 수가 비슷할 수 있기 때문에 오히려 생산성 지표가 1에 가깝게 된다. 이는 생산성에 대한 화자의 직관과 명백히 정반대되는 예측이다.[5] 그러나 이것보다도 더 큰 문제는 잠재적인 어기의 범위를 어떻게 확정할 것인가의 판단이다. 객관적인 기준을 마련하여 잠재적 어기를 구체적으로 정하는 것 자체가 사실상

---

5) Aronoff(1976)이 가지는 이러한 맹점은 Anshen & Aronoff(1981:64)에서 자세히 언급되어 있다.

불가능하다는 점이 이 방법이 가지는 가장 큰 맹점이라고 할 수 있다.

둘째는 이 방법이 단어 형성과 관계되는 시간의 차원을 고려하지 않았다는 점이다. 생산성은 특정 시점에서 새롭게 만들어진 단어를 통해서만 확인될 수 있는 공시적 개념인데 Aronoff(1976)의 공식은 시간성에 대한 고려가 없다. 현재의 모든 실제어가 특정 공시태의 산물은 결코 아니다. 현재의 실제어는 한 접사가 장시간 형성해 온 단어의 집합이다. 그런데 이 방법은 모든 실제어를 동일하게 취급하여 서로 다른 시간대에 생성된 단어들을 모두 분자(실제어)에 대응시키는 문제를 가진다. 이 공식을 통해서는 과거 생산성의 누적 지표만 확인할 수 있을 뿐, 특정 공시태에 해당 접사가 가진 생산성을 확인할 수는 없다. Aronoff(1976)의 공식은 단어 형성을 생성 이론적 시각에서 이해하여 모든 파생어를 공시적 규칙의 산물이라고 판단한 결과로 나온 생산성 지표이기 때문에 생성 이론의 관점에서는 체계 내적인 일관성을 가진다고는 할 수 있다. 그러나 단어 형성은 언어 수행적 특성과 통시적 특성을 강하게 가지는 과정이기 때문에 통사 규칙과 같은 차원에서 논의될 수 없다.[6] 이런 측면이 간과되었기 때문에 Aronoff(1976)의 생산성 지표는 실제화되기도 쉽지 않고 또 경우에 따라서는 직관과 정반대되는 예측을 할 수밖에 없는 것이다.

2.3.3. '단발어 對 파생어 총수'의 비율

Baayen(1989)는 특정 접사를 통해 형성된 단어 중 코퍼스에서 1회 출현하는 단어가 많을수록 그 접사의 생산성이 높다고 판정할 수 있다는 생각에 근거하여, 해당 접사를 가진 단어의 총수에 대한 단발어의 비율을 생산성 지표로 제시하였다. Baayen은 생산성을 확인할 수 있게 해 주

---

6) 단어 형성의 통시성과 언어 수행적 특성에 대해서는 Bauer(2001:28), 채현식 (2000:12), 송원용(2002:76-82), 이광호(2005:126) 참조.

는 요소로 단발어(hapaxlegomena)의 가치를 매우 중요하게 인정한 것이다. 그 공식은 아래와 같다.

$$P = n_1 / N$$

n_1: 단발어의 수
N: 그 접사가 만들어낸 파생어의 총수

　분자는 해당 접사가 만들어낸 단발어의 개수이다. 분모는 해당 접사가 만들어낸 파생어 빈도의 총합이다. 단발어는 어휘부에 저장되어 있다가 인출되는 단어가 아니라 필요에 의해서 즉시적으로 만들어지는 단어이기 때문에 생산성의 직접적인 증거가 된다고 할 수 있다. 즉, 이 공식은 해당 접사를 가진, 지금까지 관찰되지 않았던 새 단어를 만날 확률을 제시해 주는 것이다.

　모든 단발어가 신어는 아니지만 단발어가 많을수록 그 안에 포함된 신어가 많아지는 경향성이 있기 때문에 이 접근법은 생산성에 대한 화자의 직관에 가장 잘 부합하는 설명을 내놓을 수 있다. 또한 Baayen (1989)의 방법은 확률적 개념이면서 특정 시간의 차원을 고려해야만 하는 공시적 개념인 생산성의 특성을 가장 효과적으로 파악할 수 있는 방식이기도 하다. 이 방법에서는 코퍼스를 구성하는 텍스트의 생산 시기를 통제하여 생산성 논의를 특정 공시태의 현상으로 한정할 수 있기 때문이다.

　생산성을 이렇게 단발어 중심으로 이해할 때, 생산성에 대한 근원적인 의문이 생길 수 있다. 예를 들어, 어떤 단발어는 새로 형성된 단어가 아니라 언어 자체에서 매우 드문 단어일 뿐이라든가 아니면 관심을 끌어내기 위해 비정상적인 방법으로 급조된 단어일 수도 있고 또한 코퍼스의 크기가 작을 경우의 단발어는 모두가 이미 잘 알고 있는 단어일 수도 있기 때문이다.[7] 또한 코퍼스의 성격에 따라 단발어가 조금씩 달

리 나타날 수도 있는데 이런 이유 때문에 생산성 자체가 실체성이 없는
개념으로 이해될 수도 있는 것이다.

그러나 이는 코퍼스와 단발어를 기반으로 성립하는 생산성이 무의미
함을 의미하는 것이 아니라 생산성 자체가 코퍼스의 여러 속성(크기, 시
기, 장르 등)에 적지 않게 영향을 받는 유동적 개념이라는 것을 알려준다.
2.1.1.에서 언급한 바와 같이 생산성은 이론적 차원에서 그 유무를 확정
지을 수 있는 개념이 아니라, 정도성의 분명한 차이를 보이는 구체적 언
어 사용의 문제이기 때문에 이런 유동적 개념의 생산성이야말로 생산성
의 본래적 속성을 명확하게 반영하는 것이라고 할 수 있다. 생산성을 예
외 없는 원칙으로 이해하기보다는 강한 확률적 경향성으로 이해할 때
생산성에 대한 이해를 더 넓고 깊게 할 수 있다. 이런 측면에서 Baayen
의 방법론은 생산성을 실체화하는 데 상당한 타당성을 가졌다고 할 수
있다.

2.3.4. '단발어 對 파생어 총수의 비율'의 한계8)

2.3.3.에서 언급한 바와 같이 생산성 지표를 산출하는 Baayen의 방법
론은 생산성의 공시성과 확률적 속성을 파악하는 데 매우 유효한 방법
론이다. 그러나 이 방법론이 자체로 완전무결한 것은 아니다. 분자와 분
모에 코퍼스에서 수집된 단발어의 수와 해당 접사가 만든 파생어의 총
수가 언어학적 여과 과정 없이 대응되기 때문에, Baayen의 방법론은 생
산성 지표가 밝혀 주어야 하는 생산성의 본래적 속성을 정확하게 보여

---

7) Baayen의 방법론이 생산성에 접근하는 데 여러 측면에서 타당성이 있긴 하지만
지나치게 단발어에만 의존한다는 점과 접사가 형성하는 파생어의 계열체 전체 및
개별 파생어의 빈도적 속성 등을 깊이 고려하지 않는다는 점에서는 몇 가지 문제
점이 있다. 2.3.과 2.4.에서는 Baayen의 방법론이 가지는 한계를 언급하고 그 점을
보완하여 본고에서 생산성을 측정하는 방법을 제시한다.
8) 이 장은 Brown(2001)을 참조하였다.

주지 못하는 측면이 있다.

먼저 Baayen의 방법론에서 분자에 놓이는 단발어부터 살펴보기로 한다. 단발어란 말 그대로 해당 코퍼스에서 1회만 출현한 단어를 말하는데 여기에는 다음과 같은 세 가지 대상이 포함된다.

① 이전에는 없다가 새로 생성된 단어(신어)
② 본래 저빈도어(몇몇 사람의 어휘부에만 존재, 극히 제한된 문맥에서만 사용)
③ 코퍼스의 특성상 나타나는 단발어(통계적 우연)

신어를 통해서 접사의 생성력을 측정하려고 했던 Baayen이 본래 의도했던 것은 ①인데, ②와 ③까지 단발어에 포함되기 때문에 생산성 지표가 실제 생산성보다 커지는 오류가 발생한다.

이번에는 Baayen 공식의 분모를 살펴본다. 분모에는 그 접사가 생성한 파생어의 총수가 대응되는데 여기에는 다음과 같은 두 가지 대상이 포함된다.

① 어기와 접사가 분석적으로 인식·처리되는 저빈도 단어
② 단일체로 인식·처리되는 고빈도 단어

접사의 생산성과 관련이 있는 요소는 ①뿐이고 단일어처럼 처리되는 ②는 접사의 생산성과는 무관하다고 할 수 있다. 파생어의 빈도가 높을 경우, 그 파생어는 어기와 접사가 분석되어 처리되기보다는 그 전체가 어휘부에 저장되어 단일어처럼 인식·처리될 가능성이 높다. 이는 어기와 접사의 결합이 어휘화되면서 그 파생어를 인출할 때 더 이상 접사와 어기를 결합시키는 과정이 반복되지 않아 접사가 활성화되는 기회를 갖지 못함을 의미한다.[9] 이처럼 단일체로 처리되는 고빈도 파생어는 접사

---

9) Baayen & Lieber(1991:807)

의 생산성에 기여하는 바가 거의 없다.[10] 그러나 Baayen 공식에서는 개별 파생어의 빈도 특성에 대한 고려 없이, 모든 파생어의 빈도가 합산되어 분모에 대응되기 때문에 실제보다 생산성 지표가 더 낮게 산출되는 오류가 발생한다.

마지막으로 언급할 내용은 Baayen의 방법론에는 해당 접사가 형성한 파생어의 유형 빈도에 대한 고려가 전혀 없다는 점이다. 생산적인 접사일수록 그 접사가 만든 파생어의 유형 빈도가 높고, 비생산적인 접사일수록 그 접사가 만든 파생어의 유형 빈도가 낮은 경향성이 분명히 있다. 그러나 Baayen의 방법론에서는 이 점에 대한 고려 없이 파생어의 총수가 분모에 놓이기 때문에 유형 빈도가 매우 작은 극히 비생산적인 접사의 생산성 수치가 예상 외로 높게 나타날 수 있다.

지금까지 언급한 내용은 모두 코퍼스에서 산출되는 수치를 이론적인 측면에서의 충분한 고려 없이 사용했을 때 생기는 문제이다. 이는 양적연구가 자료에 기반한 접근이기 때문에 실증적인 결과물을 내놓을 수있기는 하지만, 계량의 과정에서 질적인 차원의 충분한 심사숙고를 거치지 않을 때 여러 오류 가능성을 스스로 내재할 수밖에 없음을 보여준다. 심리주의적 접근과 자료 중심적 접근이 건강한 긴장 관계를 유지하면서 상호 협력할 때 서로에게 상당한 이득을 줄 수 있는데 생산성의 문제가 그 대표적인 영역이라고 할 수 있다.

단어 형성 과정의 생산성이 있든 없든, 파생어는 그 개별 빈도가 높을수록 저장되기 쉽다는 가정을 할 수 있다. (필자 번역)

10) Hay(2001:1043)
　　고빈도 단어는 그 구성 성분인 어기와 접사를 통해서 접근되지 않는다. 따라서고빈도 단어는 해당 접사의 생산성에 기여하는 바가 없다. (필자 번역)

2.4. 생산성 지표의 산출

앞서 살펴본 바와 같이 Baayen의 방법론은 생산성의 확률적 속성을 파악하는 데 유용하기는 하지만 몇 가지 한계점도 동시에 가진다. 본 연구에서는 그 한계점의 원인을 최소화하는 방향으로 Baayen의 방법론을 수정하여 생산성 지표를 정립하고자 한다. 이는 생산성 산출 공식의 분자와 분모에 해당하는 각각의 요소를 수정·보완하여, 이론적 차원에서도 합리적이고 화자의 직관에도 부합하는 생산성 산출 방식을 제시함을 목적으로 하는 것이다.

2.4.1. 단발어에 대한 재검토

코퍼스에서 그대로 추출된 단발어에는 신어만이 아니라 해당 언어에서 본래 저빈도인 단어라든가 통계적 우연으로 단발어에 속하게 된 단어가 포함될 수 있다. 단발어이지만 신어가 아닌 단어들은 접사의 생산성과 무관하기 때문에 본 연구에서는 분자에 단발어의 수가 아니라 신어의 수를 대응시킨다. 이를 위해 본 연구는 각 접사가 만들어낸 1-2회 출현어의 목록에서 신어가 아닌 단어들을 제외하는 작업을 수행하였다.[11] 신어를 조사하는 범위를 단발어에만 한정짓지 않고 2회 출현어까지 확장하는 이유는 새로 생성된 단어이지만 상호적인 대화에서 상대방

---

11) 신어 추출의 대상 범위를 확장시키되 그 범위를 2회 출현어까지로 제한하는 이유는 Baayen & Renouf(1996:75-6)에 근거한다. 이 연구에서는 Time지에 나타난 1회에서 5회 출현어까지 각각의 유형 빈도와 그 유형 중에서 사전에 등재된 단어의 비율을 조사하여 밝혔다. 그 결과, 1회 출현어 중에서 사전에 등재되지 않은 가장 많은 신어가 관찰되었고 다음 순서로 갈수록 신어의 비율이 감소하면서 5회 출현어에서까지도 신어가 관찰되었다. 그러나 3회 출현어부터는 그 비율이 무시할 수 있을 정도로 작았기 때문에 본고에서는 이런 외국의 연구 결과를 근거를 바탕으로 작업의 편의를 위해 신어 관찰의 대상 범위를 2회 출현어까지 한정하였다.

이 처음 만들어 사용한 신어를 화자가 반복해서 사용할 가능성이 있고, 또 서로 다른 화자가 각각 같은 새 단어를 만들어 결국엔 빈도가 누적 될 수 있기 때문이다.

1-2회 출현어에서 신어가 아닌 단어를 제외하기 위해서 본 연구는 아 래의 네 방식을 차례로 적용하였다. 첫째는 코퍼스에서 추출된 1-2회 출 현어 목록을 사전의 목록과 비교하여 사전에 등재된 목록은 신어에서 제외하는 작업이다. 사전에 등재된 단어라면 단발어나 2회 출현어라도 신어가 될 수 없기 때문이다. 신어는 말 그대로 전에 없다가 새롭게 생 겨난 단어이기 때문에 기존 단어의 목록이 확정되어 있음을 전제하는 개념이다. 따라서 신어를 분별하기 위해서는 공신력 있는 기존 단어의 목록이 필요하다. 본 연구에서는 2000년 1월에 발간된 『표준국어대사전』

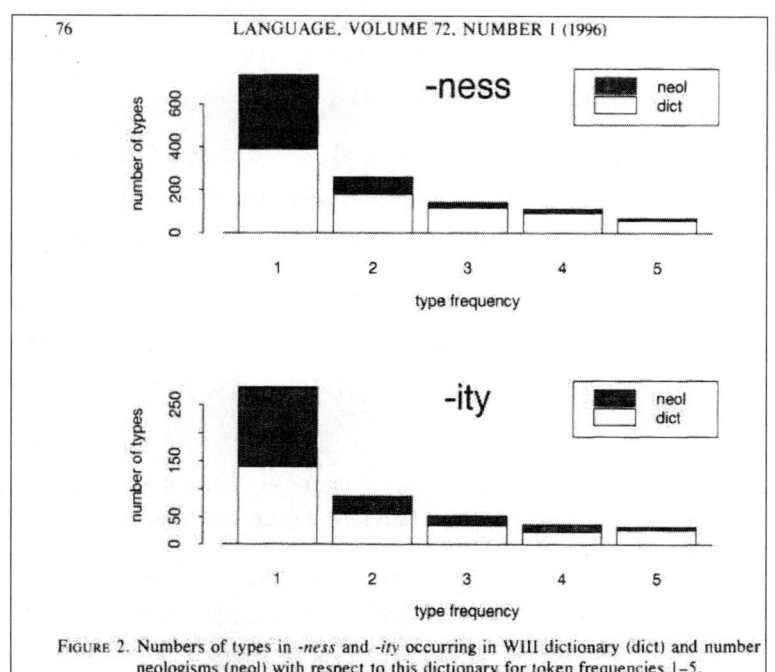

FIGURE 2. Numbers of types in -ness and -ity occurring in WIII dictionary (dict) and number neologisms (neol) with respect to this dictionary for token frequencies 1–5.

(이하 『표준사전』)을 기존 단어의 확정된 목록으로 삼아 코퍼스에서 추출된 1-2회 출현어 중 『표준사전』에 등재된 단어는 생산성 측정의 대상에서 제외하였다.12)

둘째는 『표준사전』 목록과의 비교를 통해서도 제거되지 않은 기존 단어를 제거하는 작업이다. 사전이 모든 기존 단어의 목록을 확보하고 있는 것은 아니기 때문에 이 작업이 꼭 필요한데, 이를 위해서 1-2회 출현어의 목록을 출판 연도가 1999년 이전인 형태 분석 코퍼스의 어절과 비교하여 그 출현이 확인될 경우 신어에서 제외하였다.13)

셋째는 위의 두 작업을 통해서 걸러진 파생어 중 어기의 빈도가 매우 낮거나 불분명한 단어를 제외하는 작업이다. 생산성은 어기와 접사가 분석되어 인식될 가능성이 클수록, 즉 어기의 빈도가 파생어의 빈도보다 높아서 접사가 쉽게 분석될 수 있을수록 크다고 할 수 있다. 그런데 어기가 매우 낮은 빈도의 단어일 경우에는 화자가 어기와 접사에 개별적으로 접근하여 양자를 결합시켜 새 단어를 만들었다고 하기보다는 이미 하나로 어휘부에 등록된 전체 어형을 그대로 인출해서 사용했다고 볼 가능성이 더 크다. 이런 경우의 1-2회 출현어는 생산성의 증거를 보이는 신어라고 할 수 없기 때문에 분자에서 제외되어야 하는 것이다.

넷째는 파생어 자체가 저빈도어이기 때문에 1-2회 출현어로 나타나는 단어를 제외하는 작업이다. 몇몇 사람의 어휘부에만 저장되어 있다가 극히 제한된 문맥에서만 출현하는 단어가 1-2회 출현어 안에 포함될 수 있기 때문이다. 과거에는 많이 사용되었지만 현재에는 거의 쓰일 일이

---

12) Baayen & Renouf(1996:75)에서도 Times에 나타난 새 단어를 확정짓는 데 영어 사전(Webster's third new international dictionary of the English language)을 판정의 기준으로 삼아 활용하였다.

13) 1999년부터 2005년까지 구축된 형태분석 코퍼스에서 해당 텍스트의 출판 연도가 1999년 이전의 텍스트들만(471개 텍스트, 10,814,408어절) 하나의 파일로 모아서 2000년 이후 형태 분석 코퍼스의 단발어 및 2회 출현어가 그 안에서 쓰이고 있는지 일일이 확인하는 작업을 하였다.

없는 단어들이 가끔 사용되는 경우가 여기에 해당된다고 할 수 있다.[14]

결국, 본 연구의 생산성 지표 산출 공식의 분자는 단발어가 아니라 신어의 총수가 된다. 위의 네 가지 절차를 통해서 2.3.4.에서 언급한 ②의 예(본래 저빈도어)와 ③의 예(코퍼스의 특성상 나타나는 단발어: 통계적 우연)가 분자에서 제외되는 동시에, 단발어만을 대상으로 했기 때문에 신어에서 제외되었던, 2회 출현어이면서 신어인 단어들이 계량의 범위 안에 속할 수 있게 된다.

2.4.2. 파생어 총수에 대한 재검토

분모에는 어기와 접사의 결합 과정이 살아 있다고 판단되는 파생어의 총수를 대응시킨다. 접사의 생성력을 유지시켜 주는 원동력은 어기와 접사의 분석적 처리를 반복하는 과정에서 나온다. 즉, 해당 파생어를 인출할 때 어기와 접사에 각각 접근하여 양자를 결합시키는 과정이 반복되어야 접사의 생성력이 유지·강화되는데, 이는 파생어의 개별 빈도(token frequency)가 높지 않을 때 발생하는 현상이다. 개별 빈도가 높은 파생어는 하나의 단위로 어휘부에 등재되어 있기 때문에 어기와 접사가 결합의 과정을 거치지 않고 인출될 가능성이 높다. 2.3.4.에서 언급한 바와 같이, 이는 어휘화되어 한 단위로 인식되는 고빈도의 파생어는 접사의 생산성에 기여하는 바가 거의 없다는 것을 의미한다. 따라서 생산성

---

14) 이런 유형의 단어에는 '밥풀질' 등이 포함될 수 있다. '밥풀질'은 밥알을 접착제 대신으로 사용했던 시대에는 자주 사용되었던 단어이지만 밥알을 접착제로 사용하는 경우가 거의 없는 지금에는 사용될 기회가 거의 없는 단어이다. 그러나 몇몇 사람의 어휘부 안에 존재하다가 극히 제한된 문맥에서 실제로 사용될 수 있는데 이런 경우 이 단어가 단발어로 관찰되고 신어로 오해되면서 생산성 산출 공식의 분자에 합산될 수 있는 위험이 있다. 이런 성격을 가지는 단어 대부분은 사전에 등재되어 있기 때문에 신어를 분별하기 위한 사전 목록과의 대조작업에서 모두 제외될 것으로 생각된다.

과 무관한 고빈도 파생어의 총수도 생산성 지표 산출 공식의 분모에서 제외되어야 할 필요가 있다. 몇 회 이상 사용되어 결합 과정이 반복되어야 하나의 단위로 등재되는가에 대한 명확한 기준을 찾기는 어렵다. 단어의 저장과 어휘부의 작동 원리에 대한 연구가 아직은 미진해서 저장의 임계점에 해당하는 빈도를 찾기 어렵기 때문이다. 본 연구에서는 일단 그 반복 횟수를 50회로 정하여 51회 이상 반복 출현한 파생어는 생산성 척도의 계량에서 제외하기로 한다.

2.4.3. 생산성 지표

본 연구에서는 생산성 지표를 산출하기 위해 대체적으로 Baayen의 방법론을 따르면서 그 계량의 방식에 몇 가지 중대한 수정을 가했다. 위에서 언급한 그 구체적인 내용을 공식으로 제시하면 아래와 같다.

P = N(신어) / N(어기-접사의 결합과정이 인정되는 파생어)

이 공식은 생산성의 본질에 더 가깝게 접근하기 위한 시도로 이론 언어학과 심리 언어학의 연구 성과를 계량의 방법론에 유기적으로 결합시킨 것이다. 이는 계량 언어학이 받아 왔던, 특정 언어 단위의 빈도를 나열하고 기계적인 연산을 통해 결과를 낸다는 비판을 극복하고, 언어학의 이론적인 측면과 계량적인 측면이 상호 협력할 때 한 쪽의 방법론만으로는 접근할 수 없었던 미지의 영역에 대한 탐구가 가능함을 보이기 위한 시도이다.

그러나 지금까지 형태론의 생산성에 접근해 왔던 논의들의 관점에서 위의 생산성 산출 방식을 보았을 때 한 가지의 의문이 제기될 수 있다. 어기에 대한 선택 제약의 고려 없이 생산성 지표를 산출해도 타당한 결과를 얻을 수 있는가의 문제가 그것이다. 이는 기존의 생산성 논의들이 대부분 제약 중심적 관점에서 생산성을 이해했기 때문에 자연스럽게 발생하는 의문이라고 할 수 있다. 생산성에 대한 제약 중심적 연구는 단어 형성 규칙을 상정하고 그 제약을 정밀하게 밝히는 길이 그 규칙의 생산성을 밝히는 방법이었기 때문이다.

그런데 생산성을 어기와 접사의 결합 과정이 인정되는 '파생어 對 신어의 비율'로 이해하는 관점에서는 어기에 대한 제약이 생산성을 판단하는 데 중요한 고려의 대상이 되지는 못한다. 어기에 대한 제약이 심해서 분모에 해당하는 파생어의 수가 적으면 그에 비례하여 분자에 해당하는 신어의 수가 적고, 어기에 대한 제약이 거의 없어서 분모에 해당하는 파생어의 수가 많으면 분자에 해당하는 신어의 수도 비례적으로 커지기 때문이다. 어기의 선택 제약에 대한 면밀한 고려가 없더라도 분자와 분모의 수가 어기에 대한 제약의 다과(多寡)를 스스로 반영한다고 할 수 있는 것이다. 따라서 본 연구의 생산성 지표 산출 방식은 각 접사가 가진 생산성의 상대성을 명시해 줄 수 있는 객관적인 지표를 합리적으로 산출할 수 있다.

제3장 현대 국어 파생 접사의 생산성

3.1. 도입

지금까지 접사의 생산성은 대체로 연구자의 직관이나 해당 접사가 만들어낸 단어의 총 가짓수인 유형 빈도 또는 해당 접사가 만들어낸 신어의 유무(有無)에 근거하여 판단되었다. 지금까지의 생산성 연구가 계량적인 방법을 사용하지는 않았지만 자료에 대한 면밀한 조사와 연구자의 직관을 결합시켜 생산성에 접근했기 때문에 생산성에 대한 판단은 비교적 정확하다고 할 수 있다. 생산성에 대한 기존의 접근만으로도 생산성 판단에 대과(大過)가 없다면 계량적 방법론이 그 필요성이나 정당성을 가질 타당한 이유가 없는 것이 사실이다. 그리고 이러한 이유 때문에 생산성에 대한 계량적 접근의 무용론(無用論)이 제기될 가능성은 언제나 있어 왔다. 쉽고도 정확하게 갈 수 있는 길이 있는데 같은 결론에 이르기 위해 힘을 들이면서 멀리 돌아갈 필요는 없기 때문이다.

계량적 방법을 이용하여 생산성에 접근하려는 목적이 생산성에 대한 직관을 검증하려는 것이라면 계량적 접근의 무용론이 타당할 수 있다. 그러나 본 연구가 방법론을 정교화하면서 계량적 입장에서 생산성에 접근하려는 이유는 직관만으로는 접근하기 어려운 언어의 양적 속성에서 시발(始發)하는 언어 현상이 있고, 이것이 형태론에서 차지하는 비중이 매우 크기 때문이다. 여기에는 생산성의 상대적 속성과 파생어 사용의 양적 특성 그리고 저지 등이 포함된다. 이러한 현상들은 계량적 접근을 통해서만 그 구체적 실체를 확인할 수 있는 대상이다. 물론 직관적인 접근에서도 생산성은 정도성을 띤 상대적 실체임이 파악되기는 했었다. 그러나 직관적인 접근에서는 그 상대성을 명시하여 비교할 수 있는 방법이 없었고, 파생어의 사용 빈도와 관련된 양적 특성도 명시될 수 없었기 때문에 생산성이 어디서 근원하는가의 문제와 동의적 파생어들 사이의 경쟁의 문제인 저지에 대해서는 충분한 설명을 제시해주지 못했다. 이는 생산성에 대한 직관적 접근이 가지는 한계로 계량적 방법론의 필요성이 여기에서부터 시작된다고 할 수 있다.

　본 연구는 계량적 방법론을 취하지만 생산성에 대한 화자의 직관을 불신하지는 않는다. 따라서 본 연구는 계량적 방법을 이용하여 생산성에 대한 화자의 직관을 검증하는 데에 목적을 두지는 않을 것이다. 오히려 계량의 결과가 직관과 크게 어긋날 때는 그 원인을 찾는 입장을 취할 것이다. 본 장에서는 접두사 24개와 접미사 32개의 생산성을 계량하고 각 접사가 만든 파생어 목록을 빈도순으로 제시하여 자료에 대한 정밀한 관찰과 기술을 시도할 것이다. 이런 작업에는 두 가지 목적이 있다. 첫째는 각 접사가 가지는 생산성의 상대성을 객관적으로 제시하여 명시적 비교를 가능하게 하는 것이고, 둘째는 생산성의 근원과 저지에 관한 논의의 기초 자료를 확보하기 위한 것이다.

3.2. 현대 국어 파생 접두사의 생산성

3.2.1. 명사와 결합하는 접두사

3.2.1.1. '날-', '生-'

명사와 결합하는 여러 접두사 가운데 '날-'과 '生-'을 독립시켜 다루는 이유는 양자가 거의 비슷한 의미를 지녔으면서 하나는 고유어이고 하나는 한자어이기 때문이다. 두 접사가 비슷한 의미를 가지기는 했지만 파생어의 형성과 사용의 측면에서 양자는 각각 다른 특성을 보일 것으로 생각된다. '날-'과 '生-'의 실제적 분포와 양 파생어의 사용상의 경합 그리고 동일 어기를 갖는 '날X'와 '生X'의 의미차 등을 확인해 볼 필요가 있다.

접두사 '날-'과 '生-'은 아래의 표가 보여주는 대로 각각 여러 의미를 지닌다.

〈표3-1〉『표준사전』에서의 접두사 '날-'과 '生-'의 뜻풀이

'날-'	'生-'
① 말리거나 익히거나 가공하지 않은: 날것/날김치/날고기/날두부/날기와/날장작	① 익지 아니한 : 생김치/생나물/생쌀
② 다른 것이 없는: 날바늘/날소일/날장구	② 물기가 아직 마르지 아니한: 생가지/생나무/생장작
③ 장례를 다 치르지 않은: 날상가/날상제/날송장	③ 가공하지 아니한: 생가죽/생맥주/생모시
④ 지독한 : 날강도/날건달/날도둑놈	④ 직접적인 혈연관계인: 생부모/생어머니/생아버지
	⑤ 억지스러운, 공연한: 생고생/생과부/생이별/생죽음/생떼/생트집/생초상
	⑥ 지독한, 혹독한: 생급살/생지옥

'날-'과 '生-'은 위의 여러 의미 중 '익히거나 가공하지 않은'(날고기/생고기)과 '지독한, 혹독한'(날건달, 생지옥)의 뜻을 공통으로 가진다. '날-'과 '生-'은 비슷한 의미를 지닌 접두사로서 고유어 계열과 한자어 계열이 공존하는 경우이기 때문에 그 실제적 사용에 어떤 차이가 있는지 살펴

볼 필요가 있다. 조사 대상 코퍼스에서 접두사 '날-'이 형성한 파생어와
그 빈도는 다음과 같다.[1]

〈표3-2〉 접두사 '날-'의 파생어와 빈도

연번	빈도	파생어	연번	빈도	파생어	연번	빈도	파생어
1	1	날소라	5	2	날강도	9	8	날건달
2	1	날계란	6	2	날밤	10	8	날벼락
3	1	날반죽	7	3	날고기	n<50:34, N:1		
4	1	날감자	8	7	날것	유형 빈도:10, n(1,2)=6		

'날-'이 만들어낸 파생어는 총 10가지인데 이중 1-2회 출현어는 6개이
고 신어는 1개이다. 접두사 '生-'을 비롯한 다른 접두사들에 비해 계량된
수치가 모두 낮은데 이는 현대 국어에서 접두사 '날-'의 사용이 상당히
제한적임을 의미한다. 1-2회 출현어의 비율이 전체 유형 빈도의 60%
(6/10)를 차지하지만 이들 대부분은 기존 단어가 드물게 사용된 결과 저
빈도로 나타난 단어들일 뿐, 생산성을 반영하는 저빈도어는 아니다. 『표
준사전』과의 목록 비교와 99년 이전 형태분석 코퍼스에서 그 출현을 확
인한 결과, 신어로 인정할 수 있는 단어는 '날소라' 한 개였다. 유형 빈
도도 작고 새롭게 생성된 단어도 1개밖에 없다는 사실은 접두사 '날-'이
현대 국어에서 생산적으로 사용되지 않음을 의미한다고 할 수 있다. 『표
준사전』에서 기술된 '날-'의 네 가지 의미 중 코퍼스에서 실제로 관찰된
것은 ①과 ④인데 ①의 의미에서는 새 단어가 생성되었지만 ④의 의미
에서는 그렇지 못했다.

다음은 접두사 '生-'을 살펴보기로 한다. 조사 대상 코퍼스에서 접두

---

[1] 1-2회 출현어 중 음영 처리된 파생어는 확인 결과 『표준사전』에도 등재되어 있지
않고 1999년 이전 텍스트를 형태 분석한 코퍼스 전체에서도 출현하지 않은 단어
이다. 이들 단어를 대체로 신어라고 할 수 있는데 어기가 불분명한 경우나 파생어
자체의 빈도가 매우 낮은 경우에는 ✔ 표시를 하여 신어에서 제외했다. 표 안의
n<50은 개별빈도가 50회 이하인 파생어 빈도의 총합이며, n(1,2)는 1-2회 출현어
의 개수이고 N은 신어의 개수이다. 이하 모든 접사와 파생어 정리도 이와 같은
방식으로 처리하였다.

사 '生-'이 형성한 파생어와 그 빈도는 다음과 같다.

〈표3-3〉 접두사 '生-'의 파생어와 빈도

연번	빈도	파생어	연번	빈도	파생어	연번	빈도	파생어	연번	빈도	파생어	연번	빈도	파생어
1	1	생새우	13	1	생죽음	25	1	생소바	37	3	생닭	49	16	생머리
2	1	생갈비	14	1	생전국	26	2	생면	38	3	생쓰레기	50	17	생악
3	1	생고생	15	1	생전분	27	2	생과부	39	3	생이별	51	18	생맥주
4	1	생탁주	16	1	생라면	28	2	생음악	40	4	생과일	52	21	생중계
5	1	생침	17	1	생로열제리	29	2	생돈	41	4	생매장	53	31	생방송
6	1	생난리	18	1	생보리	30	2	생부모	42	4	생사람	n〈50:220		
7	1	생냉면	19	1	생야채	31	2	생버섯	43	6	생목숨	N:11		
8	1	생뿌리	20	1	생야단	32	2	생두부	44	6	생나무	유형빈도:53		
9	1	생담배	21	1	생실과	33	2	생고무	45	6	생떼	n(1,2)=33		
10	1	생대구탕	22	1	생솔잎	34	3	생채	46	7	생땅			
11	1	생분해	23	1	생무명	35	3	생트집	47	8	생아편			
12	1	생동아	24	1	생솔	36	3	생고기	48	13	생크림			

'生-'이 만들어낸 파생어는 총 53가지인데 이중 1-2회 출현어는 33개이고 신어는 11개이다.[2] 1-2회 출현어가 전체 유형의 62%(33/53)를 차지하는데 이 중에는 우리에게 익숙한 기존 단어들도 있지만 신어도 11개가(32%=11/33) 포함되어 있다. 유형 빈도와 신어의 개수로 판단할 때, 접두사 '生-'은 '날-'에 비하여 생산적이라 할 수 있다. 『표준사전』에 기술된 '生-'의 여섯 가지 의미 모두가 실제 코퍼스에서 관찰되는데 이중 ①, ②, ③의 의미는 '가공하지 않은 있는 그대로의'로 통합하여 이해할 수 있고,[3] 신어는 모두 이 용법에서만 생성되었다. '생부모, 생아버지, 생어머니'에서의 '生-'은 대체로 '親-'으로 대체되는 경향을 보이고, '억지스

---

2) 본 연구의 계량 결과로 제시되는 '生-' 파생어 이외에도 접두사 '生-'은 더 많은 단어를 만들어내는 것으로 생각된다. 아래는 국어원에서 매년 간행하는 신어 연구에 제시된 '生-' 파생어 신어 목록이다.

2001년: 생대추, 생음악, 생중계
2001년: 생달걀, 생미끼, 생삼겹, 생소시지, 생야채
2002년: 생과즙, 생마늘, 생사료, 생소금, 생쇼, 생양아치, 생초짜
2003년: 생각시, 생점

3) 노명희(1998:92)에서도 『표준사전』에서 ①, ②, ③으로 나누어 의미를 기술한 '生-'의 의미를 '익히거나 가공하지 않은'의 하나로 파악했다.

러운, 공연한'의 의미를 가지는 '生-'도(생고생, 생난리, 생죽음, 생야단, 생트집, 생사람, 생떼) 기존의 단어들만이 반복되어 사용될 뿐 새 단어를 만들어내지는 못한다. 한자어에서 온 접두사 '生-'의 의미가 '가공하지 않은'으로 점차 굳어지게 되면서 이 의미의 '生-'은 생산적으로 사용되는 반면 이외의 의미를 가지는 '生-'은 생성력을 잃어 가는 것으로 생각된다.[4]

본 연구의 생산성 산출 방식에 따라 접두사 '날-'과 '生-'의 생산성을 계산하면 다음과 같다.

접두사 '날-'의 생산성	접두사 '生-'의 생산성
$\dfrac{1}{34} \times 100 = 2.941$	$\dfrac{11}{220} \times 100 = 5$

'날-'과 '生-'이 각각 생성한 파생어 집합의 양적 특성을 검토하면서 예상한 바대로 '生-'의 생산성이 '날-'의 생산성보다 높게 측정되었다. 그런데 유형 빈도도 작고 또 새로 생성한 단어도 1개밖에 없는 '날-'의 생산성이 예상보다 너무 높게 산출되었다는 문제가 있다. 이는 유형 빈도가 10으로 매우 낮은 상황에서 계량의 결과 신어로 인정된 한 단어로 인해서 발생한 결과이다. 이는 유형 빈도의 다과(多寡)를 고려하지 않는 본고의 생산성 산출 방식의 맹점이라고 할 수 있다.[5] 이 경우 '날-'의 생산성 수치가 '날-'의 생성력을 온당하게 반영해 주는 것으로 보기 어렵다.

접두사 '날-'과 '生-'은 앞서 언급한 것처럼 '가공하지 않은'과 '혹독한, 지독한'의 의미를 공통으로 가지며 이 의미 영역에서 사용상의 경합

---

4) 노명희(1998:93)에도 한자어 접두사 '生-'의 의미와 생산성에 대해 같은 입장의 언급이 나온다. 다만, 노명희(1998)에서는 '공연한, 억지스러운'의 의미를 가지는 '生-'은 생산성을 유지하는 것으로 파악했지만 본고의 계량 결과는 생산성이 없는 것으로 판정되었다.

5) 2.3.4.에서 언급한 Baayen의 생산성 산출 방식의 맹점인데 본고에서도 이 부분을 수정·보완하지는 못했다.

이 있는 것으로 생각된다. 양적인 측면에서는 '날-'보다는 '生-'이 생산적으로 사용되어 결합 가능한 어기의 폭이 넓은데 특히 '가공하지 않은'의 의미에서 '生-'의 결합력이 훨씬 더 우세하다.

(1) ㄱ. 생새우, 생갈비, 생탁주, 생크림, 생냉면, 생동아, 생젓국, 생전분, 생로열제리, 생보리, 생야채
    ㄴ. 날계란, 날감자, 날밤[生栗]
    ㄷ. 생고기~날고기

(1)ㄱ은 음식을 나타내는 대부분의 명사 앞에 '生-'이 사용되어 '가공하지 않은'의 의미를 더하는 예이고, (1)ㄴ은 '날-'이 사용되어 같은 의미를 더하는 예이다. 『표준사전』에서는 '날-'과 '生-'을 같은 의미를 가지는 접두사로 인정하여 '날X'와 '生X'를 동의어로 다루고 있는데[6] 위에서 확인한 바와 같이 실제 사용에서는 '生-'이 훨씬 선호되고 '날-'의 사용은 매우 제약적이다. (1)ㄷ은 '生-'과 '날-'이 동일 어기에 각각 결합하여 생성된 단어가 모두 사용되는 예인데 두 단어 사이의 의미차가 관찰된다. '날고기'는 '가공하거나 익히지 않은 고기'를 의미하는 반면 '생고기'는 '유통 과정에서 냉동시키지 않은 고기'를 의미한다.

'혹독한, 지독한'의 의미에서는 '날-'과 '生-'이 결합 가능한 어기를 각각 가지고 있는 것으로 생각된다.

(2) ㄱ. 날건달, 날강도, 날벼락
    ㄴ. 생지옥

(2)ㄱ은 접두사 '날-'과 결합하여 '혹독한, 지독한 X'의 의미를 가지는

---

6) 날감=생감, 날감자=생감자, 날고구마=생고구마, 날고기=생고기, 날김치=생김치, 날된장=생된장, 날밤=생밤, 날전복=생전복, 날콩=생콩. (『표준사전』)

파생어의 예이고, (2)ㄴ은 접두사 '生-'과 결합하여 '혹독한, 지독한 X'의 의미를 가지는 파생어의 예이다. '날-'과 '生-'이 교체된 '*날지옥', '*생건달', '*생강도', '*생벼락'의 단어들이 자연스럽지 않은 것으로 보아, 이 의미의 '날-'과 '生-'은 생산성이 없으며 각각 어기와 결합하여 어휘화된 형태로만 존재한다고 할 수 있다.

두 접미사가 만들어내는 파생어 집합의 양적 특성과 생산성을 비교하여 그래프로 제시하면 다음과 같다.

〈그래프 3-1〉 접두사 '날-', '生-'의 빈도 및 생산성 비교

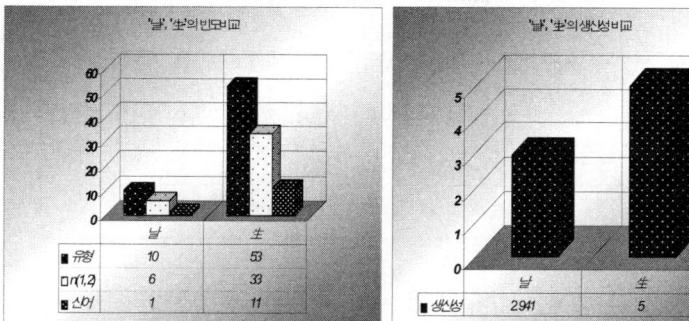

3.2.1.2. '無-', '未-', '不-', '非-', '沒-'

'無-', '未-', '不-', '非-', '沒-'은 국어에서 사용되는 대표적인 한자어 계열의 부정 접두사이다. 부정의 의미를 공유하지만 접두사의 의미가 각각 다르고 각 접두사와 결합 가능한 어기의 성격도 다르기 때문에 결합하는 어기는 대체적으로 배타적 분포를 보인다.[7] 5개 부정 접두사의 의미와 기능을 명확히 이해하기 위해서는 각 접두사의 분포적 특성 및 양적 특성을 정확히 파악하는 것이 필요하다.

'無-'는 대체로 명사와 결합하여 '-가 없음'의 뜻을 더하는 접두사이

---

7) 이들 부정 접두사의 배타적 분포에 대해서는 조현숙(1989:239)과 노명희(1998: 121) 참조.

다. '無-'는 결합했을 때 어기의 범주를 바꾸어주는 대표적인 한자어 접두사이기는 하지만 변화의 결과가 일률적이지는 않다. '無-'는 '-하다'의 결합이 가능한 동작성 명사와 결합하여 '-하다'의 결합이 불가능한 명사로 그 통사적 특성을 바꾸기도 하고, 서술성이 전혀 없는 명사에 결합하여 서술성을 부여하는 경우도 있다. 그리고 어기의 범주 자질을 바꾸지 않아서 '-하다'의 결합에 영향을 주지 않는 예들도 상당수 존재한다. 다음은 노명희(1998)에 제시된 '無X'의 예들이다.

〈표3-4〉 어기의 통사적 성격 변화에 따른 '無-' 파생어의 구분

[+하다] 동사	→	[-하다] -	무의식, 무비판, 무저항, 무경쟁, 무경험, 무방어, 무배당, 무소유, 무착륙, 무통제, 무투표
[-하다] -	→	[+하다] 형용사	무기력, 무질서, 무표정, 무책임, 무가치, 무관심, 무능력, 무자비, 무감각, 무성의
[-하다]	→	[-하다]	무소식, 무국적, 무면허, 무보수, 무방비, 무법칙, 무사고, 무소득, 무의지, 무조건, 무정부, 무감정, 무공해, 무규범, 무농약, 무목적, 무산소, 무생물, 무안타, 무이자
[+하다] 동사	→	[+하다] 형용사	무계획, 무근거, 무제한, 무작정, 무한정, 무기한

'無-'의 이러한 특성은 고유어 접두사에서는 전혀 관찰되지 않는 매우 특징적인 현상이다. 위에서 언급한 세 가지 특성을 가지는 '無X' 중 어느 것이 가장 생산적으로 나타나는지 검토해 보는 것은 부정 접두사 '無-'의 기능별 생산성을 파악하는 데 매우 중요한 요소라고 생각된다. 대상 코퍼스에서 접미사 '無-'가 형성한 파생어와 그 빈도는 다음과 같다.[8]

---

8) 동일한 한자라도 1음절 어기와 결합한 경우와 2음절 이상의 어기에 결합한 경우 그 기능적 가치가 다른 것으로 생각된다. 2자어는 대부분 2자어로 결합된 상태에서 국어에 유입된 것으로 생각되는데 이로 인해서 2자어를 구성하는 1음절 한자는 접사로서의 성격보다는 어근으로서의 성격을 더 강하게 갖는다. 그 의미와 기능이 완연히 구별되는 것은 아니지만 본 연구에서는 한자어 접사의 명확한 구분을 위해 1음절 어기와 결합하여 2자어를 형성하는 한자는 어근으로 보고, 2음절 이상의 어기와 결합하여 3자어 이상의 단어를 만드는 한자는 접사로 파악한다. (음절수에 따른 접사성 한자어의 구별에 대해서는 노명희 1998:50-4 참조) 따라서 본 연구에서 계량의 결과 포함된 2자로 구성된 '無-' 파생어를 논의의 대상에서

〈표3-5〉 접두사 '無-'의 파생어와 빈도

연번	빈도	파생어	연번	빈도	파생어	연번	빈도	파생어	연번	빈도	파생어
1	1	무가책	36	1	무물론	71	5	무실점	106	25	무면허
2	1	무회복	37	1	무반동	72	6	무차입	107	29	무한정
3	1	무행정	38	1	무반사증	73	6	무절제	108	37	무분별
4	1	무수익	39	1	무반성	74	6	무가치	109	38	무방비
5	1	무설탕	40	1	무자치	75	7	무담보	110	40	무자비
6	1	무개성	41	1	무반주	76	7	무반응	111	43	무차별
7	1	무경력	42	1	무소신	77	7	무산소	112	46	무호흡
8	1	무역사	43	2	무정란	78	8	무비판	113	52	무기력
9	1	무폭력	44	2	무배우자	79	8	무신경	114	59	무소속
10	1	무통장	45	2	무정물	80	9	무수축	115	71	무책임
11	1	무과실	46	2	무대책	81	9	무생물	116	73	무표정
12	1	무취향	47	2	무노동	82	9	무정자	117	74	무질서
13	1	무취미	48	2	무보험	83	10	무기명	118	93	무작정
14	1	무광택	49	2	무의지	84	10	무의탁	119	99	무의미
15	1	무규제	50	2	무증상	85	10	무소식	120	138	무의식
16	1	무삭제	51	2	무증자	86	11	무공해	121	141	무관심
17	1	무근력증	52	2	무계급	87	11	무관세	122	251	무조건
18	1	무착륙	53	2	무신론	88	11	무주택			
19	1	무외투성	54	2	무감동	89	11	무정위		n〈50: 800	
20	1	무비자	55	2	무시험	90	12	무중력		N:23,	
21	1	무낙하산	56	2	무학력	91	12	무안타		유형 빈도: 122	
22	1	무자녀	57	2	무목적	92	12	무자격		n(1,2): 57	
23	1	무농약	58	3	무계획	93	13	무긴장			
24	1	무주주	59	3	무소유	94	15	무허가			
25	1	무정형	60	3	무동력	95	16	무혐의			
26	1	무정책	61	3	무후각	96	16	무보수			
27	1	무자료	62	3	무저항	97	17	무제한			
28	1	무동기	63	3	무자책점	98	17	무기한			
29	1	무자식	64	3	무보증	99	18	무작위			
30	1	무등록	65	3	무임금	100	19	무승부			
31	1	무자질	66	3	무응답	101	19	무감각			
32	1	무점포	67	3	무사고	102	19	무성의			
33	1	무잠수함	68	4	무연고	103	20	무이자			
34	1	무발열	69	4	무정차	104	20	무정부			
35	1	무문자	70	4	무원칙	105	21	무능력			

제외하였다. 그 예는 아래와 같다.

무유(1), 무창(1), 무맥(3), 무당(無黨)(3), 무염(5), 무감(8), 무병(8), 무해(11), 무균(14), 무직(17), 무명(39), 무죄(40), 무형(48)

접두사 '無-'가 만들어낸 파생어는 총 122개인데 이중 1-2회 출현어는 57개이고 신어는 23개이다. 1-2회 출현어의 비율이 전체 유형 빈도의 46%(57/122)를 차지하는데 여기에는 기존 단어가 저빈도로 사용된 예도 있지만 생산성을 반영하는 저빈도어들도 상당수 포함되어 있다. '無-' 파생어에는 고빈도 단어가 많이 나타나지 않는데 50회 이상 출현한 단어는 10개, 100회 이상 출현한 단어는 3개에 불과하다. 접두사 '無-'가 생성한 파생어 중에서 소수의 단어에만 사용 빈도가 집중되고 나머지 대다수의 단어는 저빈도의 분포를 보인다. '無-' 파생어 집합은 전체적으로 다수의 저빈도 단어로 구성된다고 할 수 있다.

'무회복', '무등록'을 제외하면 신어는 모두 그 어기도 '-하다'와의 결합이 불가능하고 어기와 '無-'의 결합형인 '無X'도 '-하다'와의 결합이 불가능한 예들에서만 나타난다. 그리고 '無-'가 결합하여 통사적 기능이 바뀐 '無X'는 대체로 고빈도 단어로 나타나는 경향성을 확인할 수 있다. 예를 들어, [-하다]의 성격을 가진 어기에 '無-'가 결합하여 [+하다]의 '無X'가 된 '무능력'(21회), '무기력'(52회), '무책임'(71회), '무질서'(74회), '무관심'(141회) 등과 [+하다]의 어기에 '無-'가 결합되어 [-하다]의 '無X'가 된 '무허가'(15회), '무제한'(17회), '무방비'(38회), '무호흡'(46회), '무작정'(93회), '무의식'(138회) 등이 고빈도로 나타나는 것이 그 예이다. 이는 '無-'의 여러 기능 중에서 어기의 통사적 기능을 바꾸는 것은 생성력을 잃어서 기존 단어들이 반복되어 사용되는 반면, 어기의 통사적 기능을 바꾸지 않는 것은 그 생성력이 활발하게 살아 있음을 의미한다. 어기의 기능 변화는 없이 단순히 부정의 의미만을 추가하는 파생의 과정이 생산적으로 나타난다고 할 수 있다. 이는 새 단어를 만들어 내면서 기능적·의미적 투명성이 확보될 수 있기 때문으로 생각된다. 여러 기능을 가진 접사의 생산성을 논할 때는 각 기능별로 생산성을 검증해 보는 과정이 필요하리라 생각된다.

'未-'는 대체로 명사와 결합하여 '-가 아직 아님' 또는 '-가 아직 되지 않음'의 뜻을 더하는 접두사로 다른 부정 접두어에 비해 분포가 극히 제약되어 나타나면서 어기에 대체로 피동의 의미를 부가한다. 아래의 표에 제시된 '未-'는 고빈도의 '미성년'만 제외하면 대부분 서술성을 가진 어기와 결합하여 그 어기에 피동의 의미를 부가하는 용법으로 사용되었다. 대상 코퍼스에서 접미사 '未-'가 형성한 파생어와 그 빈도는 다음과 같다.[9]

〈표3-6〉 접두사 '未-'의 파생어와 빈도

연번	빈도	파생어	연번	빈도	파생어	연번	빈도	파생어	연번	빈도	파생어
1	1	미개척	14	1	미분류	27	3	미취급	40	13	미취업
2	1	미개최	15	1	미지급	28	3	미해결	41	21	미완성
3	1	미할인	16	1	미조정	29	3	미신고	42	21	미성숙
4	1	미포함	17	1	미전향	30	3	미확정	43	27	미공개
5	1	미대처	18	1	미실시	31	4	미충원	44	37	미성년
6	1	미등기	19	1	미수교	32	4	미납부			
7	1	미판매	20	1	미신청	33	4	미분화			
8	1	미탐험	21	2	미발효	34	5	미수정		n〈50: 222	
9	1	미발굴	22	2	미확산	35	6	미발달		N:15	
10	1	미취학	23	2	미타결	36	7	미발표		유형 빈도:44	
11	1	미체험	24	2	미수령	37	8	미등록		n(1,2): 26	
12	1	미청산	25	2	미조성	38	8	미확인			
13	1	미보유	26	2	미조직	39	12	미분양			

접두사 '未-'가 만들어낸 파생어는 44개인데 이중 1-2회 출현어는 26개이고 신어는 15개이다. 1-2회 출현어의 비율이 59%(26/44)로 매우 높은 편인데 여기에는 기존 단어가 적게 사용된 예보다는 즉시적 필요를 채우기 위해 만들어진 생산성을 반영하는 저빈도어가 많이 포함되어 있다. 빈도수 20회 이상의 단어는 4개에 불과한 것으로 판단할 때, '未-' 파생어 계열체는 전체적으로 저빈도 단어가 다수를 점하는 집합이라고 할 수 있다.

'不'은 대체로 명사와 결합하여 ① '-가 아님' 또는 '-지 아니함' ② '-에

---

9) 2자어로 구성된 '未-' 파생어는 논의의 대상에서 제외하였다. 그 예는 아래와 같다.
　　[미망]인(29), 미지(77)

서 '벗어남' 등의 뜻을 더하는 접두사이다. 다른 부정 접두어와는 달리 '不-'은 결합하는 어기의 의미 속성에 따라 그 의미가 달라지는 특성이 있다. '不-'도 '無-'와 마찬가지로 어기의 통사적 기능을 바꾸어서 '-하다' 와의 결합 양상에 영향을 주는데 그 예가 '無-'의 경우처럼 많지는 않다. 다음은 노명희(1998:127-9)에 제시된 '不X'의 예들이다.

〈표3-7〉 어기의 통사적 성격 변화에 따른 '不-' 파생어의 구분

[-하다] → [+하다]	불규칙, 불합리, 불연속, 부도덕, 불균형, 부자유, 부자연, 불명예
[-하다] → [-하다]	불경기, 불이익, 불포화, 부조화, 부동산
[+하다] → [+하다]	불가능, 불충분, 불완전, 불성실, 불친절, 불건전, 불공평, 불명확, 불분명, 불안정, 불유쾌, 불투명, 불평등, 불필요, 불확실, 불특정, 불만족, 불신임, 불구속, 불복종, 불이행, 불일치, 불출마

  접두사 '不-'의 위와 같은 특성도 '無-'의 경우과 마찬가지로 고유어 접두사에서는 관찰되지 않는 매우 특징적인 현상이다. '不-'의 이러한 특성이 양적으로는 어떻게 실현되며 기능별 생산성에 차이가 있는지 확인해 볼 필요가 있다. 대상 코퍼스에서 접미사 '不-'이 형성한 파생어와 그 빈도는 다음과 같다.[10]

〈표3-8〉 접두사 '不-'의 파생어와 빈도

연번	빈도	파생어	연번	빈도	파생어	연번	빈도	파생어	연번	빈도	파생어
1	1	불변화	14	1	불입건	27	3	불세출	40	6	불균등
2	1	불관용	15	1	불망언	28	3	불퇴전	41	6	불신임
3	1	불사음	16	1	부정직	29	3	부정합	42	7	부적응
4	1	불살생	17	2	불음주	30	3	불균일	43	7	불가시
5	1	불투도	18	2	불유쾌	31	3	부정기	44	9	불기소
6	1	불개입	19	2	불명료	32	4	불안전	45	9	불만족
7	1	불선명	20	2	불활성	33	4	불건전	46	10	불이행
8	1	불통일	21	2	불합치	34	4	불포화	47	10	불합격
9	1	불가역	22	2	불관여	35	5	부적정	48	11	부적격
10	1	불가변	23	2	불사용	36	5	불실행	49	11	불가지
11	1	불존재	24	2	불체포	37	5	부적당	50	12	부정맥
12	1	불연끽√	25	2	불인정	38	6	불복종	51	15	부자유
13	1	불인자	26	3	불간섭	39	6	불평형	52	16	불경기

연번	빈도	파생어	연번	빈도	파생어	연번	빈도	파생어	연번	빈도	파생어
53	17	불출마	64	24	불특정	75	44	불규칙	86	120	불안정
54	17	불명확	65	25	부적합	76	48	부자연	87	150	불평등
55	17	불명예	66	26	불공평	77	48	불분명	88	611	불가능
56	19	불수의	67	26	불연속	78	49	불이익			
57	20	불친절	68	30	부조리	79	50	불공정	n⟨50:1019, N: 5,		
58	21	부정확	69	32	불일치	80	56	부적절	유형 빈도:89		
59	22	부주의	70	32	부도덕	81	70	불완전	n(1,2): 25		
60	22	불성실	71	33	불충분	82	93	불균형			
61	22	불협화음	72	39	불구속	83	94	불필요			
62	22	부조화	73	40	불쾌감	84	106	불확실			
63	22	불확정	74	40	불합리	85	110	불투명			

접두사 '-不'이 만들어낸 파생어는 총 88가지인데 이중 1-2회 출현어
는 25개이고 신어는 5개이다.[11] 1-2회 출현어의 비율이 전체 유형 빈도
의 28%(25/88)로 다른 부정 접두사들에 비해 상대적으로 낮은 편인 반면
고빈도 단어는 많은 편이다. 접사의 생산성이 대체로 저빈도 단어에 반
영됨을 고려할 때, 이 현상은 접두사 '不-'이 단어 형성에 생산적으로 참
여하지 않고 기존 '不-' 파생어들이 반복 사용의 과정을 거치면서 어휘
화되고 있음을 보여준다.

신어는 '不-'이 어기의 성격을 변화시키지 않는 예에서만 5개가 확인
되었다. '관용-불관용'만 '-하다'와의 결합이 모두 불가능한 경우이고 나
머지 4개 단어는 어기와 '不X'가 모두 '-하다'와의 결합이 가능하다. '不-'
의 생산성이 매우 낮아서 새 단어를 활발하게 생성해내지는 못하지만
어기의 성격을 변화시키지 않는 기능에서 미약한 생산성이 확인된다고
할 수 있다. 화자들이 새 단어를 만드는 데 '不-'을 생산적으로 사용하지
않는 이유는 '不X'의 의미가 단일하지 않기 때문으로 생각된다. 새로 만

---

10) 2자어로 구성된 '不' 파생어는 논의의 대상에서 제외하였다. 그 예는 아래와 같다.

[불가]득(1), 불패(4),부덕(5), [부동]액(6), 불혼(7), 불감(10), [불가]해(11), [불
가]분(15), 불매(17), 불효(21), [불치]병(28), [불가]결(31) 불임(85), 불법(425)

11) '불연끽'도 신어로 판정될 수 있는 단어이지만 어기 '연끽'이 저빈도 단어이기 때
문에 신어로 판정하지 않았다.

든 단어의 의미를 확신할 수 있을 때, 화자들이 해당 접사를 이용해 새
단어를 생산적으로 만들게 되는데 '不-'의 경우는 이 조건이 충족되지
않는 것이다.

아래의 표는 '不-' 파생어를 '不-'의 3가지 의미별로 구분하여 제시한
것이다.

〈표3-9〉 '不-'의 의미에 따른 '不-' 파생어의 구분

	'不-'의 의미	파생어	비고
①	～아님, ～아니함	불변화(1), 불명료(1), 부정직(2), 불활성(2), 불체포(2), 부정합(3), 불균일(3), 불안전(4), 불건전(4), 부적정(5), 부적당(5), 불균등(6), 불신임(6), 불가시(7), 불기소(9), 불만족(9), 불이행(10), 불출마(16), 불명확(16), 부조화(22), 불확정(22), 불공평(26), 불충분(33), 불합리(40), 불합격(10), 불가능(611)	괄호안 숫자는 빈도
②	～에서 벗어남, ～에서 어긋남	부도덕(32), 불규칙(44) (cf 불법)	
③	기타의 의미	불경기(16), 부자연(48), 불이익(49)	

①은 합성성의 원리에 의하여 파생어의 의미가 결정되는 것으로 보
이는 예들이다. 이들은 대체로 그 빈도가 높지 않으면서 '不-' 파생어 집
합의 상당수를 차지한다. ②와 ③은 합성성의 원리에 의하여 파생어의
의미가 결정되기보다는 각 파생어가 의미의 특수화를 경험한 예들이다.
이들은 대체로 고빈도 단어들인데 자주 반복되어 사용되면서 어휘 강도
가 강해진 결과, 계열체 전체의 의미 패턴에서 분리되어 독자적인 의미
를 갖게 된 것으로 판단된다. 이처럼 '不X' 집합에서는 의미의 투명성이
확보되지 못하는 측면이 있기 때문에 접두사 '不-'이 새 단어를 만드는
데 생산적으로 참여하지 못하는 것으로 생각된다. 다른 부정 접두사에
비해 '不-'의 사용이 제한적이고 비생산적이라는 관찰은 노명희(1998:127)
에서도 확인할 수 있다.

접두 한자어 '불(不)'은 '무(無)'나 '비(非)'에 비해 어기에 대한 제약을 더 많이 가지는 것으로 보인다. 따라서 '무(無)'나 '비(非)'에 비해 상대적으로 비생산적이라고 할 수 있다. '불(不)'은 신어 형성에도 그다지 활발히 참여하지 못하는 것으로 보인다. '불(不)'은 오히려 중국어에서는 접두사적인 성격을 많이 지녔던 것으로 보이나 국어에서는 생산성을 잃으면서 어근적인 성격으로 변해가는 것으로 보인다.

'非-'는 대체로 명사와 결합하여 '-가 아님'의 뜻을 더하는 접두사로 '無-'나 '不-'과 마찬가지로 어기의 통사적 기능을 바꾸는 것과 그렇지 않은 것이 있다. '無-'의 경우, 어기의 통사적 기능을 바꾸지 않고 의미만을 첨가하는 기능에서만 많은 신어를 관찰할 수 있었는데 '非-'의 경우는 어떠한지 살펴볼 필요가 있다.

대상 코퍼스에서 접두사 '非-'가 형성한 파생어와 그 빈도는 다음과 같다.

<표3-10> 접두사 '非-'의 파생어와 빈도

연번	빈도	파생어	연번	빈도	파생어	연번	빈도	파생어	연번	빈도	파생어	연번	빈도	파생어
1	1	비차익	18	1	비계층	35	1	비구상	52	1	비영어	69	1	비동거
2	1	비재래식	19	1	비계획	36	1	비유창	53	1	비호의	70	1	비지분
3	1	비자책	20	1	비고정	37	1	비유발	54	1	비농민	71	1	비알코올
4	1	비투쟁	21	1	비이자	38	1	비근로자	55	1	비할리우드	72	1	비알츠하이머
5	1	비적성	22	1	비공권력	39	1	비금속	56	1	비영남	73	1	비친화
6	1	비감각	23	1	비폐쇄	40	1	비금융인	57	1	비열성	74	1	비아프리카인
7	1	비탄력	24	1	비활성	41	1	비환경	58	1	비연계사	75	1	비두개
8	1	비개성	25	1	비의식	42	1	비학술	59	1	비단절	76	1	비리얼리티
9	1	비일관	26	1	비관련	43	1	비기사도	60	1	비호응	77	1	비심리주의
10	1	비결정	27	1	비율동	44	1	비유대인	61	1	비정당인	78	1	비실천
11	1	비진리	28	1	비관세	45	1	비낙농	62	1	비대우	79	1	비친족
12	1	비인후	29	1	비교과	46	1	비낭만	63	1	비대중	80	1	비협약
13	1	비인칭	30	1	비교양	47	1	비내구	64	1	비대치	81	1	비신체
14	1	비인문대	31	1	비교역	48	1	비네덜란드	65	1	비억제	82	1	비취업
15	1	비계급	32	1	비교육	49	1	비위상	66	1	비어민	83	1	비정품
16	1	비인도	33	1	비유대인	50	1	비노동	67	1	비침략	84	1	비주제어
17	1	비계좌	34	1	비구미(歐美)	51	1	비원형	68	1	비도이머이	85	1	비반복

연번	빈도	파생어	연번	빈도	파생어	연번	빈도	파생어	연번	빈도	파생어	연번	빈도	파생어
86	1	비축적	123	2	비배제	160	3	비우량	197	5	비전투	234	10	비당권
87	1	비방추체	124	2	비휘발	161	3	비가역	198	5	비부계	235	11	비과학
88	1	비백색	125	2	비발효	162	3	비장애인	199	5	비은행	236	11	비윤리
89	1	비수익	126	2	비계열	163	3	비상식	200	5	비상임	237	11	비경제
90	1	비소비	127	2	비신사	164	3	비호남	201	5	비위생	238	11	비폭력
91	1	비법적	128	2	비인격	165	3	비대표	202	5	비역사	239	13	비특이
92	1	비법대法大	129	2	비신앙인	166	3	비양심	203	5	비언어	240	15	비유럽
93	1	비법칙	130	2	비파업	167	3	비자연	204	5	비허구	241	16	비전문
94	1	비변별	131	2	비문법	168	3	비동시	205	5	비선원	242	16	비정치
95	1	비병원	132	2	비주체	169	3	비조직	206	5	비상업	243	16	비동기
96	1	비선형	133	2	비전정	170	3	비활동	207	6	비스테로이드	244	17	비민주
97	1	비본래	134	2	비실체	171	3	비마약	208	6	비정통	245	18	비이성
98	1	비선출	135	2	비이념	172	3	비범주	209	6	비경구	246	20	비상장
99	1	비서양인	136	2	비의료	173	3	비효과	210	6	비메모리	247	22	비좌우대칭
100	1	비핵심	137	2	비동일	174	3	비농업	211	6	비타협	248	24	비공개
101	1	비불교	138	2	비전통	175	3	비문서	212	6	비약물	249	30	비대칭
102	1	비브랜드	139	2	비동맹	176	3	비인기	213	6	비형평	250	32	비정규
103	1	비사교	140	2	비핵화	177	4	비숙련	214	7	비전항	251	35	비합리
104	1	비제조	141	2	비지식인	178	4	비매품	215	7	비신속	252	37	비인간
105	1	비사업	142	2	비관료	179	4	비회원	216	7	비본질	253	42	비주류
106	1	비상설	143	2	비표준어	180	4	비처방	217	7	비의도	254	44	비포장
107	1	비상근	144	2	비교차	181	4	비경련	218	7	비순수	255	44	비과세
108	1	비상대	145	2	비기독교	182	4	비종교	219	7	비악성	256	52	비정부
109	2	비사회	146	2	비정기	183	4	비동족	220	7	비생산	257	58	비무장
110	2	비가열	147	2	비단백질	184	4	비자본주의	221	7	비도덕	258	59	비효율
111	2	비가족원	148	2	비연속	185	4	비전형	222	7	비인가	259	69	비공식
112	2	비조합원	149	2	비단계	186	4	비간질	223	8	비체계	260	81	비현실
113	2	비개념	150	2	비능률	187	4	비흡수	224	8	비가시	261	97	비서구
114	2	비상품	151	2	비재무	188	4	비국가	225	9	비실용	262	105	비정상
115	2	비혈관	152	2	비지정	189	4	비군사	226	9	비급여	263	689	비영리
116	2	비부착	153	2	비영합	190	4	비대상	227	9	비정형			
117	2	비개인	154	2	비기업	191	4	비위계	228	9	비자의	n<50:1106		
118	2	비제도	155	2	비노그룹	192	5	비문학	229	9	비정전	N: 89,		
119	2	비경쟁	156	2	비노무현	193	5	비자유국	230	9	비논리	유형 빈도:263		
120	2	비보험	157	3	비신자	194	5	비일상	231	9	비합법	n(1,2): 156		
121	2	비인식	158	3	비우호	195	5	비확산	232	9	비협조			
122	2	비범죄	159	3	비침습	196	5	비혈연	233	9	비사실			

'非-'가 만들어낸 파생어는 총 263가지인데 이중 1-2회 출현어는 156개이고 신어는 89개이다. 1-2회 출현어의 비율이 전체 유형 빈도의 59%(156/263)로 매우 높은 편이고 이들은 대부분 생산성을 반영하는 저빈도어라 할 수 있다. '非X' 집합에는 고빈도 단어가 상대적으로 적은데 빈도수 50회 이상의 단어는 8개, 100회 이상의 단어는 2개밖에 존재하지 않는다. 105회 사용된 '비정상', 698회 사용된 '비영리' 등 어휘화된 소수의 몇 단어만 고빈도로 사용될 뿐, 대부분의 단어는 즉시적 필요를 해결하기 위해 어기와 접사가 결합된 단어이다. '非-' 파생어 계열체는 전체적으로 저빈도 단어가 다수를 구성하는 집합이라고 할 수 있다.

다음은 어기의 통사적 기능 변화와 '非-'의 생산성 사이의 관계를 살펴본다. 89개의 신어에는 '非-'가 결합하여 어기의 통사 기능을 바꾸는 경우와 그렇지 않은 경우가 모두 다수 포함된다. 아래는 '非-'가 결합되어 어기의 통사적 기능이 바뀌는 경우와 그대로 유지되는 경우를 나누어 제시한 표이다.

〈표3-11〉 어기의 통사적 성격 변화에 따른 '非-' 파생어의 구분

[+하다] → [-하다]	비투쟁, 비폐쇄, 비의식, 비율동, 비유창, 비유발, 비단절, 비호응, 비대치, 비억제, 비침략, 비동거, 비실천, 비취임, 비반복, 비축적, 비변별, 비부착, 비배제, 비파업, 비동일, 비교차, 비영합
[-하다] → [-하다]	비재래식, 비자책, 비적성, 비감각, 비일관, 비진리, 비인후, 비인문대, 비계급, 비계좌, 비계층, 비이자, 비공권력, 비교과, 비유태인, 비구미, 비금융인, 비환경, 비학술, 비기사도, 비유대인, 비낙농, 비낭만, 비네델란드, 비위상, 비원형, 비영어, 비영남, 비열성, 비연계사, 비정당인, 비어민, 비도이머이, 비지분, 비알츠하이머, 비아프리카인, 비두개, 비리얼리티, 비심리주의, 비협약, 비신체, 비정품, 비주제어, 비백색, 비수익, 비법대, 비법칙, 비서양인, 비브랜드, 비사업, 비가족원, 비상품, 비혈관, 비보험, 비범죄, 비신앙인, 비이념, 비의료, 비지식인, 비단백질, 비기업, 비노그룹, 비노무현

위의 표를 보면 '非-'가 결합되어 어기의 통사적 기능이 변화되는 경우와 그렇지 않은 경우 모두 '非-'와 어기가 생산적으로 결합되지만 어

기의 기능 변화가 없는 경우에 훨씬 더 그 결합이 생산적임을 확인할
수 있다. 앞서 살펴본 '無-'가 어기의 통사적 기능을 변화시키지 않는 경
우에만 생산적으로 결합되었던 것과 비슷한 양상을 '非-'의 경우에도 확
인할 수 있는 것이다. 비슷한 의미를 지닌 '不-'과는 달리 이처럼 '非-'가
생산적으로 사용되는 이유는 '非-'가 '-가 아님'이라는 하나의 의미만을
가지면서 어기에 부정의 의미만을 첨가해 파생어가 의미론적으로 투명
하기 때문으로 생각된다. '非-'가 만들어낸 모든 파생어의 의미는 '어기
가 아닌'에 해당되며 이 의미에서 벗어난 파생어는 관찰되지 않는다. 새
롭게 만든 파생어의 내적 구성이 쉽게 파악되고 또 그 의미를 쉽게 예
측하고 확신할 수 있을 때, 화자가 더 자주 그 접사를 활용하여 새 단어
를 만들 수 있는데 접두사 '非-'가 이 경우에 해당되는 것이다.

'沒-'은 명사와 결합하여 '-가 전혀 없음'의 뜻을 더하는 접두사이다.
접두사 '無-'와 그 의미가 비슷하긴 하지만 '沒-'은 '無-'보다 어감이 더
강하고 경우에 따라서는 비난이나 경멸의 의미까지 내포할 수 있다.

대상 코퍼스에서 접두사 '沒-'이 형성한 파생어와 그 빈도는 다음과
같다.

<표3-12> 접두사 '沒-'의 파생어와 빈도

연번	빈도	파생어	연번	빈도	파생어	연번	빈도	파생어
1	1	몰역사	5	3	몰염치	9	4	몰가치
2	2	몰계급	6	3	몰지각	10	13	몰이해
3	2	몰취미	7	4	몰인정	n⟨50: 38 N: 1		
4	2	몰개성	8	4	몰상식	유형 빈도:10, n(1,2): 4		

'沒-'이 만들어낸 파생어의 종류는 10가지인데 이중 1-2회 출현어는 4
개이고 신어는 1개이다. 유형 빈도와 1-2회 출현어의 빈도가 매우 낮을
뿐 아니라 개별 파생어의 빈도도 매우 낮은 편인데 이는 접두사 '沒-'의
사용이 상당히 제약되어 있음을 뜻한다. 비슷한 의미의 생산적 접두사
'無-'의 존재로 인해 사용의 필요가 크지 않다는 점과 경우에 따라 비난
이나 경멸의 의미가 수반된다는 점 때문에 '沒-'과 결합 가능한 어기가

많지 않은 것으로 생각된다. 노명희(1998:134)의 지적대로 '沒-'은 굳어진 몇 단어에만 나타나기 때문에 현대 국어에서 접두사적인 특성보다는 어근적인 특성을 더 많이 보이는 것으로 생각된다.

본고의 생산성 산출 방식에 따라 부정접두사 '無-', '未-', '不-', '非-', '沒-'의 생산성을 계산하면 다음과 같다.

접두사 '無-'의 생산성	접두사 '未-'의 생산성
$\dfrac{23}{800} \times 100 = 2.875$	$\dfrac{15}{222} \times 100 = 6.756$

접두사 '不-'의 생산성
$\dfrac{5}{1019} \times 100 = 0.490$

접두사 '非-'의 생산성	접두사 '沒-'의 생산성
$\dfrac{89}{1106} \times 100 = 8.047$	$\dfrac{1}{38} \times 100 = 2.631$

부정 접두사가 만들어낸 파생어와 그 빈도 특성을 검토하면서 예상한 바대로 부정 접두사 가운데 가장 생산성 수치가 낮게 나온 것은 '不-'이고 생산성 수치가 가장 높게 나타난 것은 '非-'이다. '非-' 다음으로 높은 생산성 수치를 보인 접두사의 순서는 '未-', '無-', '沒-' 이다. 노명희(1998:127)은 '無-'와 '非-'가 다른 부정 접두 한자어보다 신어 형성이 더 많이 나타나며 그 쓰임이 일반화된 것으로 보인다고 지적한 바 있는데, 본 연구에서 계량한 생산성 수치는 그 지적과 '無-', '非-'의 생산성이 일치함을 보여준다. 생산성이 높게 산출된 '無-'와 '非-'의 경우를 볼 때, 생산성은 어기의 통사적 기능은 되도록 바꾸지 않으면서 단순히 부정의 의미만을 더하는 접두사일수록 높게 나타나는 것으로 생각된다. 통사·의미론적 투명성이 생산성에 영향을 미치는 매우 중요한 요인임을 확인할 수 있다.

유형 빈도나 신어의 수 측면에서 상당히 작은 빈도를 보인 접두사인 '沒-'의 생산성 수치가 예상보다 크게 산출되었는데, 이는 유형 빈도가 충분하지 않은 상황에서 신어로 계량된 단어 1개 때문에 생산성 수치가 높게 나타난 결과이다.[12] 이 경우 접두사 '沒-'의 생산성 수치는 '沒-'의 생성력을 온당하게 반영해주는 것으로 보기 어렵다.[13] '沒-'과 같은 수준은 아니지만 '未-'도 그 분포가 제약되는 상황에서 생산성 수치가 높게 산출된 경우라 할 수 있다.

3.2.1.3. '개-', '군-', '맨-', '참-', '풋-', '한-'

여기에서는 의미·기능상의 공통점이 없기 때문에 각각 개별적으로 다루어야만 하는 6개 접두사 '개-', '군-', '맨-', '참-', '풋-', '한-'의 생산성과 각 접두사가 형성한 파생어 집합의 양적 특성을 살펴보기로 한다.

'개-'는 명사와 결합하여 '야생 상태의', '질이 떨어지는' 또는 '그 정도가 부정적인 방향으로 심한'의 의미를 더하는 접두사이다. 대상 코퍼스에서 접두사 '개-'가 형성한 파생어와 그 빈도는 다음과 같다.

〈표3-13〉 접두사 '개-'의 파생어와 빈도

연번	빈도	파생어	연번	빈도	파생어	연번	빈도	파생어
1	1	개꿈	7	3	개떡	13	6	개수작
2	1	개눈	8	4	개망신	14	7	개판
3	1	개고사리	9	4	개살구	15	7	개망초
4	2	개망나니	10	5	개소리	16	34	개나리
5	2	개나발	11	6	개자식	n〈50: 92 N: 0		
6	3	개타령	12	6	개죽음	유형 빈도:16 n(1,2):5		

'개-'가 만들어낸 파생어의 종류는 16가지인데 이중 1-2회 출현어는 5개이고 신어는 하나도 관찰되지 않았다. '개꿈, 개눈, 개고사리, 개망나

---

12) 이것은 생산성 지표를 산출할 때 유형 빈도를 고려하지 않는 Baayen과 본고의 생산성 지표 산출 방식의 공통적인 문제점이다.
13) 분모에 대응되는 유형 빈도의 수가 매우 작아서 전체 생산성 수치가 과도하게 커지는 경우는 접두사 '날-'에서도 확인할 수 있다.(3.2.1.1 참조)

니, 개나발'은 최근에 새롭게 생산되어 생산성을 반영하는 저빈도어가
아니라 사전에 수록된 단어이지만 사용 빈도가 높지 않아 1-2회 출현어
에 포함된 예들이다. 이는 접두사 '개-'가 새 단어를 만드는 데 생산적으
로 사용되지 않음을 의미한다. 유형 빈도와 파생어 각각의 빈도가 높지
않은데 이는 식물명을 제외한 '개X'들이 대체로 비속어이기 때문에 조
사 대상 코퍼스에 많이 등장하지 않은 결과로 생각된다.[14) 본 연구의
생산성 산출 방식에 따라 접두사 '개-'의 생산성을 계산하면 다음과 같다.

$$\boxed{\begin{array}{c} \text{접두사 '개-'의 생산성} \\[4pt] \dfrac{0}{92} \times 100 = 0 \end{array}}$$

'군-'은 명사와 결합하여 '쓸데없는'의 의미를 더하는 접두사이다. 대
상 코퍼스에서 접두사 '군-'이 형성한 파생어와 그 빈도는 다음과 같다.

〈표3-14〉 접두사 '군-'의 파생어와 빈도

연번	빈도	파생어	연번	빈도	파생어
1	1	군사람	6	11	군말
2	1	군입	7	14	군침
3	6	군것질	8	14	군살
4	7	군불		n〈50:62 N: 0	
5	8	군소리		유형 빈도:8 n(1,2):2	

'군-'이 만들어낸 파생어의 종류는 8개인데 이중 1-2회 출현어는 2개
이며 신어는 하나도 관찰되지 않았다. 1-2회 출현어인 '군사람, 군입'은
생산성을 반영하는 저빈도어가 아니라 기존 단어의 사용 빈도가 감소한
결과로 1-2회 출현어에 포함된 단어이다. 이는 접두사 '군-'이 현대 국어
에서 더 이상 생산적으로 사용되지 않음을 의미한다. 유형 빈도와 1-2회

---

14) 『표준사전』에 수록된 '개-' 파생어는 다음의 19개이다. (식물명 제외)

　　개고생, 개골, 개기름, 개꼴, 개꿈, 개나발, 개놈, 개딸년, 개떡, 개망신, 개뿔,
　　개새끼, 개소리, 개자식, 개잡년, 개잡놈, 개죽음, 개지랄, 개판

출현어의 빈도 그리고 개별 파생어의 빈도의 수치가 모두 작다는 사실과 『표준사전』에 수록된 '군-' 파생어가 52개임을 고려하면 '군-'이 형성한 파생어들 중 상당수가 소멸의 단계에 놓여 있음을 알 수 있다.[15] 본 연구의 생산성 산출 방식에 따라 접두사 '군-'의 생산성을 계산하면 다음과 같다.

접두사 '군-'의 생산성
$\dfrac{0}{62} \times 100 = 0$

'맨-'은 명사와 결합하여 '다른 것이 없는'의 의미를 더하는 접두사이다. 대상 코퍼스에서 접두사 '맨-'이 형성한 파생어와 그 빈도는 다음과 같다.

〈표3-15〉 접두사 '맨-'의 파생어와 빈도

연번	빈도	파생어	연번	빈도	파생어	연번	빈도	파생어	연번	빈도	파생어
1	1	맨하늘	7	2	맨입	13	7	맨주먹	19	26	맨손
2	1	맨몸뚱이	8	2	맨팔	14	9	맨가슴	20	62	맨발
3	1	맨흙	9	3	맨다리	15	14	맨얼굴	n<50: 139		
4	1	맨머리	10	5	맨눈	16	15	맨몸	N: 4,		
5	1	맨허벅지	11	5	맨정신	17	16	맨땅	유형 빈도: 20		
6	2	맨어깨	12	6	맨바닥	18	22	맨살	n(1,2): 8		

'맨-'이 만들어낸 파생어의 종류는 20개인데 이중 1-2회 출현어는 8개이며 신어는 4개이다. 1-2회 출현어가 전체의 40%(8/20)를 차지하는데 대

---

15) 『표준사전』에 수록된 '군-' 파생어는 다음의 52개이다. (방언형과 잘못된 표현을 제외)

　　군가락, 군걱정, 군걸음, 군것, 군계집, 군고구마, 군고기, 군글, 군글자, 군기침, 군내, 군눈, 군다리미질, 군담, 군대답, 군더더기, 군돈, 군말, 군말썽, 군목, 군물, 군밥, 군버력, 군불, 군붓, 군빗질, 군사람, 군사설, 군살, 군새, 군소리, 군손님, 군손질, 군수, 군순, 군식구, 군심부름, 군욕질, 군음식, 군일, 군임석, 군입, 군입정, 군잎, 군자, 군장단, 군주름, 군짓, 군침, 군턱, 군티, 군획

체로 생산성을 반영하는 저빈도어라고 할 수 있다. 본 연구의 생산성 산출 방식에 따라 접두사 '맨-'의 생산성을 계산하면 다음과 같다.

접두사 '맨-'의 생산성
$\dfrac{4}{139} \times 100 = 2.877$

'참-'은 명사와 결합하여 '진짜' 또는 '진실하고 올바른'의 의미를 더하는 접두사이다. 대상 코퍼스에서 접두사 '참-'이 형성한 파생어와 그 빈도는 다음과 같다.

〈표3-16〉 접두사 '참-'의 파생어와 빈도

연번	빈도	파생어	연번	빈도	파생어	연번	빈도	파생어	연번	빈도	파생어
1	1	참자아	9	1	참숭어	17	3	참맛	25	28	참기름
2	1	참굴	10	1	참마음	18	4	참사랑	26	32	참외
3	1	참일꾼	11	1	참수수	19	10	참모습	27	34	참새
4	1	참김	12	1	참사실	20	12	참뜻	28	46	참나무
5	1	참이슬	13	2	참나	21	13	참말	n〈50: 254		
6	1	참빗	14	2	참나물	22	13	참수리	N: 3 유형 빈도:28		
7	1	참나리	15	3	참교육	23	19	참깨	n(1,2):14		
8	1	참망치	16	3	참숯	24	19	참이름			

'참-'이 만들어낸 파생어의 종류는 29개인데 이중 1-2회 출현어는 14개이며 신어는 3개이다. 1-2회 출현어가 전체의 48%(14/29)를 차지하는데 여기에는 이미 사전에 수록된 식물명이나 동물명이 많이 포함되어 있다. 기존의 동식물명이 낮은 빈도로 사용된 결과 나타난 저빈도 단어의 고비율은 접두사 '참-'의 생산성을 반영해주는 것은 아니다. 본 연구의 생산성 산출 방식에 따라 접두사 '참-'의 생산성을 계산하면 다음과 같다.

접두사 '참-'의 생산성
$\dfrac{3}{254} \times 100 = 1.181$

'풋-'은 주로 식물명과 결합하여 '처음 나온' 또는 '덜 익은'의 의미를 더하는 접두사이다. 대상 코퍼스에서 접두사 '풋-'이 형성한 파생어와 그 빈도는 다음과 같다.

〈표3-17〉 접두사 '풋-'의 파생어와 빈도

연번	빈도	파생어	연번	빈도	파생어	연번	빈도	파생어	n⟨50: 21
1	1	풋담배	4	1	풋과일	7	4	풋복숭아	N: 0,
2	1	풋밤	5	3	풋사과	8	7	풋고추	유형 빈도:8
3	1	풋사랑	6	3	풋콩				n(1,2): 4

'풋-'이 만들어낸 파생어의 종류는 8개인데 이중 1-2회 출현어는 4개 이며 신어는 0개이다. '풋담배, 풋밤, 풋사랑, 풋과일'은 기존 단어들이 저빈도로 사용된 결과 1-2회 출현어에 포함된 경우로 접두사 '풋-'의 생산성을 반영하는 예는 아니다. 유형 빈도와 각 파생어의 빈도가 매우 작다는 점과 『표준사전』에 수록된 '풋X'의 수가 44개임을 고려하면 현대 국어에서 '풋-' 파생어의 상당수가 사라져 가고 있음을 알 수 있다.[16] 이처럼 유형 빈도와 개별 빈도가 모두 작아지는 파생어 계열체에서는 일정 빈도를 유지하는 몇몇 단어만 살아 남게 된다. 이 결과 '풋-'은 접두사로서의 분석적 인식이 약해질 가능성이 높아진다. 본 연구의 생산성 산출 방식에 따라 접두사 '풋-'의 생산성을 계산하면 다음과 같다.

$$
\boxed{\begin{array}{c} \text{접두사 '풋-'의 생산성} \\[4pt] \dfrac{0}{21} \times 100 = 0 \end{array}}
$$

---

16) 『표준사전』에 수록된 '풋-' 파생어는 다음의 44개이다. (방언형과 잘못된 표현을 제외)

풋가지, 풋감, 풋거름, 풋것, 풋고추, 풋곡, 풋곡식, 풋과실, 풋과일, 풋김치, 풋꼴, 풋나물, 풋내, 풋다래, 풋담배, 풋대, 풋대추, 풋마늘, 풋머루, 풋머리, 풋먹이, 풋면목, 풋바둑, 풋바람, 풋바심, 풋배, 풋벼, 풋병아리, 풋보리, 풋사과, 풋사랑, 풋솜씨, 풋수, 풋수염, 풋술, 풋심, 풋윷, 풋인사, 풋잠, 풋장기, 풋절이, 풋정, 풋콩, 풋향기

'한-'은 명사와 결합하여 '큰' 또는 '한창인'의 의미를 더하는 접두사이다. 대상 코퍼스에서 접두사 '한-'이 형성한 파생어와 그 빈도는 다음과 같다.

〈표3-18〉 접두사 '한-'의 파생어와 빈도

연번	빈도	파생어	연번	빈도	파생어	연번	빈도	파생어
1	1	한밑천	6	27	한겨울	11	240	한가운데
2	1	한재산	7	41	한낮	n<50: 101 N: 1		
3	2	한중간	8	62	한밤중	유형 빈도:11		
4	3	한시름	9	71	한여름	n(1,2): 3		
5	26	한밤	10	87	한복판			

'한-'이 만들어낸 파생어의 종류는 11가지인데 이중 1-2회 출현어는 3개이고 신어는 1개이다. '한X'에는 1-2회 출현어로 대표되는 저빈도어가 많지 않고, 고빈도 단어가 차지하는 비율이 높다. 이는 화자가 접두사 '한-'을 이용해 즉시적으로 새 단어를 활발히 만들어내지는 못하고, 기존의 '한-' 파생어들을 반복해서 사용함을 의미한다. 본 연구의 생산성 산출 방식에 따라 접두사 '한-'의 생산성을 계산하면 다음과 같다.

$$\text{접두사 '한-'의 생산성}$$
$$\frac{1}{101} \times 100 = 0.990$$

위에서 살펴본 명사와 결합하는 접두사 '개-', '군-'. '맨-', '참-', '풋-', '한-' 중 '맨-'과 '참-'을 제외한 나머지 접두사는 모두 새로운 단어를 전혀 생성해내지 못하는 비생산적인 접두사이고 이들 접두사가 만든 파생어의 유형 빈도도 높지 않음이 확인되었다.

3.2.2. 동사와 결합하는 접두사 '되-', '짓-', '치-', '처-', '휘-'

여기서는 동사와 결합하여 어기에 특정한 의미를 더하는 접두사인 '되-', '짓-', '치-', '처-', '휘-'의 생산성과 각 접두사가 형성하는 파생어의 양적 특성을 살펴보기로 한다.

'되-'는 동사와 결합하여 '도로' 또는 '다시'의 의미를 더하는 접두사이다. 대상 코퍼스에서 접두사 '되-'가 형성한 파생어와 그 빈도는 다음과 같다.

〈표3-19〉 접두사 '되-'의 파생어와 빈도

연번	빈도	파생어	연번	빈도	파생어	연번	빈도	파생어	연번	빈도	파생어
1	1	되삭이다	10	2	되물다	19	5	되받아치다	28	107	되돌리다
2	1	되갚다	11	2	되물리다	20	5	되삼키다	29	125	되살다
3	1	되먹이다	12	2	되감기다	21	7	되씹다	30	126	되묻다
4	1	되전하다	13	2	되짚다	22	9	되팔다	31	169	되찾다
5	1	되잡다	14	3	되비추다	23	44	되받다	32	280	되돌다
6	1	되울리다	15	3	되메우다	24	46	되짚다	n〈50: 197, N: 1 유형 빈도: 32 n(1,2): 13		
7	1	되돌치다	16	3	되돌이키다	25	47	되뇌다			
8	1	되비치다	17	3	되감다	26	71	되새기다			
9	2	되사다	18	4	되쏘다	27	105	되살리다			

'되-'가 만들어낸 파생어의 종류는 32개인데 이중 1-2회 출현어는 13 개이며 신어는 1개이다. 1-2회 출현어가 전체 유형의 40%(13/32)를 차지하지만 이들은 기존 단어들이 적게 사용된 결과 수집된 저빈도어들이고 '되전하다' 하나만 신어로 인정될 수 있다. '되-' 파생어는 44회 출현한 '되받-'을 경계로 고빈도 단어 그룹과 저빈도 단어 그룹으로 양분되는 모습을 보인다. 본 연구의 생산성 산출 방식에 따라 접두사 '되-'의 생산성을 계산하면 다음과 같다.

접두사 '되-'의 생산성
$\dfrac{1}{197} \times 100 = 0.507$

'짓-'은 동사와 결합하여 '마구, 함부로, 몹시'의 의미를 더하는 접두사이다. '짓-'은 접두사 자체의 의미상, 목적어의 상태 변화를 초래하는 타동사만을 어기로 취한다는 의미론적 제약을 가진다(송철의 1992:105). 대상 코퍼스에서 접두사 '짓-'이 형성한 파생어와 그 빈도는 다음과 같다.

<표3-20> 접두사 '짓-'의 파생어와 빈도

연번	빈도	파생어	연번	빈도	파생어	연번	빈도	파생어
1	1	짓구기다	6	7	짓찧다	11	32	짓밟다
2	1	짓찢다	7	8	짓무르다	12	57	짓누르다
3	1	짓씹다	8	19	짓밟히다	n⟨50:127		
4	1	짓부수다	9	27	짓이기다	N: 0, 유형 빈도: 12		
5	1	짓치다	10	29	짓눌리다	n(1,2): 5		

'짓-'이 만들어낸 파생어의 종류는 12개인데 이중 1-2회 출현어는 5개이며 신어는 0개이다. 1-2회 출현어가 전체 유형의 41%(5/12)를 차지하지만 이들은 기존 단어들이 적게 사용된 결과 수집된 저빈도어들로 생산성을 반영하는 예들은 아니다. '짓-' 파생어 계열체는 19회 출현한 '짓밟히다'를 경계로 고빈도 단어 그룹과 저빈도 단어 그룹으로 양분되는 모습을 보인다. 본 연구의 생산성 산출 방식에 따라 접두사 '짓-'의 생산성을 계산하면 다음과 같다.

접두사 '짓-'의 생산성
$$\frac{0}{127} \times 100 = 0$$

'치-'는 동사와 결합하여 '위로 향하게, 위로 올려'의 의미를 더하는 접두사이다. 대상 코퍼스에서 접두사 '치-'가 형성한 파생어와 그 빈도는 다음과 같다.

〈표3-21〉 접두사 '치-'의 파생어와 빈도

연번	빈도	파생어	연번	빈도	파생어	연번	빈도	파생어
1	1	치올리다	6	7	치뜨다	11	103	치밀다
2	1	치뻗치다	7	10	치받치다	n〈50: 46 N: 0		
3	2	치받히다	8	12	치달리다	유형 빈도:11		
4	5	치대다	9	75	치닫다			
5	7	치받다	10	102	치솟다	n(1,2): 3		

'치-'가 만들어낸 파생어의 종류는 11개인데 이중 1-2회 출현어는 3개이며 신어는 0개이다. 1-2회 출현어와 유형 빈도가 매우 낮은데 이는 접두사 '치-'가 생산적으로 사용되지 않음을 의미한다. 1-2회 출현어인 '치올리다, 치뻗치다, 치받히다'도 즉시적으로 만들어진 단어가 아니라 기존 단어가 조사 대상 코퍼스에서 적게 사용된 예이기 때문에 생산성을 반영하는 저빈도는 아니다. '치-' 파생어 계열체도 75회 출현한 '치닫다'를 경계로 고빈도 단어 그룹과 저빈도 단어 그룹으로 양분되는 모습을 보인다. 본 연구의 생산성 산출 방식에 따라 접두사 '치-'의 생산성을 계산하면 다음과 같다.

접두사 '치-'의 생산성
$$\frac{0}{46} \times 100 = 0$$

'처-'는 동사와 결합하여 '마구, 많이'의 의미를 더하는 접두사이다. 대상 코퍼스에서 접두사 '처-'가 형성한 파생어와 그 빈도는 다음과 같다.

〈표3-22〉 접두사 '처-'의 파생어와 빈도

연번	빈도	파생어	연번	빈도	파생어	연번	빈도	파생어
1	1	처닫다	6	2	처매다	11	46	처박히다
2	1	처들이다	7	4	처바르다	n〈50: 155		
3	1	처맞다	8	26	처먹다	N: 3		
4	1	처붓다	9	31	처넣다	유형 빈도:11		
5	1	처지껄이다	10	41	처박다	n(1,2): 6		

'처-'가 만들어낸 파생어의 종류는 11개인데 이중 1-2회 출현어는 6개이며 신어는 3개이다. 1-2회 출현어가 전체의 54%(6/11)를 차지하는데 이중 '처닫다'와 '처들이다'는 사전에 수록된 단어가 조사 대상 코퍼스에서 1회 출현한 예이므로 생산성을 반영하는 저빈도어는 아니다. '처-' 파생어 계열체도 26회 출현한 '처먹다'를 경계로 고빈도 그룹과 저빈도 그룹으로 빈도상의 양분 현상이 관찰된다. 본 연구의 생산성 산출 방식에 따라 접두사 '처-'의 생산성을 계산하면 다음과 같다.

접두사 '처-'의 생산성
$\dfrac{3}{155} \times 100 = 1.935$

'휘-'는 동사와 결합하여 '마구, 심하게'의 의미를 더하는 접두사이다. 대상 코퍼스에서 접두사 '휘-'가 형성한 파생어와 그 빈도는 다음과 같다.

〈표3-23〉 접두사 '휘-'의 파생어와 빈도

연번	빈도	파생어	연번	빈도	파생어	연번	빈도	파생어	연번	빈도	파생어
1	1	휘달리다	6	10	휘갈기다	11	24	휘둘리다	16	70	휘젓다
2	2	휘몰다	7	11	휘감기다	12	27	휘둥그레지다	17	132	휘두르다
3	2	휘몰리다	8	14	휘돌다	13	30	휘날리다	n〈50: 166		
4	3	휘늘어지다	9	16	휘둘러보다	14	53	휘감다	N: 0, 유형빈도:17		
5	5	휘둥그렇다	10	21	휘몰아치다	15	65	휘말리다	n(1,2): 3		

'휘-'가 만들어낸 파생어의 종류는 17개인데 이중 1-2회 출현어는 3개이며 신어는 0개이다. 1-2회 출현어인 '휘달리다, 휘몰다, 휘몰리다'는 사전에 수록된 단어이면서 조사 대상 코퍼스에서 저빈도로 나타난 단어로 생산성을 반영하는 저빈도어가 아니다. 이는 접두사 '휘-'가 새 단어를 만드는 데 생산적으로 참여하지 않음을 의미한다. '휘X'는 고빈도 단어가 다수인 집합을 형성하면서 53회 출현한 '휘감다'를 경계로 고빈도어 그룹과 저빈도어 그룹으로 빈도상의 양분 현상이 관찰된다. 본 연구의 생산성 산출 방식에 따라 접두사 '휘-'의 생산성을 계산하면 다음과 같다.

$$\boxed{\begin{array}{c} \text{접두사 '휘-'의 생산성} \\ \dfrac{0}{166} \times 100 = 0 \end{array}}$$

위에서 살펴본 동사와 결합하는 접두사들과 그 파생어 집합은 대체로 세 가지 공통 특성을 가지고 있다. 첫째는 해당 접두사의 생산성이 0이거나 0에 가까울 정도로 낮다는 점이다. 이는 동사와 결합하는 접두사들이 새 단어를 만드는 데 거의 사용되지 않음을 뜻한다. 둘째는 각 접두사가 형성한 파생어의 유형 빈도가 『표준사전』의 목록으로는 높지만 코퍼스에서 계량한 결과로는 별로 높지 않다는 점이다. 이는 과거에 생성된 단어 중 상당수가 현재에는 사용되지 않음을 의미한다. 셋째는 각 파생어 집합이 고빈도 단어 그룹과 저빈도 단어 그룹으로 확연히 양분된다는 점이다. 이는 새 단어는 만들어지지 않는 상황에서 기존의 단어 중의 일부만이 반복되어 사용되고 나머지는 매우 드물게 사용됨을 뜻한다. 소수의 고빈도 단어는 핵심 어휘로 자리를 잡아 지속적으로 사용되지만 저빈도 단어는 소멸될 가능성이 높다고 할 수 있다.

3.2.3. 명사 및 동사와 결합하는 접두사 '늦-', '덧-', '맞-', '빗-', '엇-', '헛-'

여기에서는 명사와 동사 모두에 결합하는 접두사인 '늦-', '덧-', '맞-', '빗-', '엇-', '헛-'의 생산성과 각 파생어 집합의 양적 특성을 살펴보기로 한다. 접사의 기능을 중시하는 입장에 서면 각 접두사가 명사에 결합하는 경우와 동사에 결합하는 경우를 각각 구별해야 한다. 그러나 본 연구에서는 각 접두사의 의미를 중시하여 결합하는 어기의 품사에 따라 접미사를 하위 구분하지 않고 하나로 취급하여 계량의 대상으로 삼았다.

'늦-'은 명사나 동사와 결합하여 '늦은, 늦게'의 의미를 더하는 접두사

이다. 대상 코퍼스에서 접두사 '늦-'이 형성한 파생어와 그 빈도는 다음
과 같다.

〈표3-24〉접두사 '늦-'의 파생어와 빈도

연번	빈도	파생어	연번	빈도	파생어	연번	빈도	파생어
1	1	늦봄	7	2	늦자라다	13	11	늦여름
2	1	늦바람	8	2	늦추위	14	18	늦잠
3	1	늦장마	9	3	늦더위	15	44	늦가을
4	1	늦추위	10	4	늦겨울	n〈50:102 N:0		
5	2	늦동이	11	4	늦깎이	유형 빈도:15, n(1,2):8		
6	2	늦동이	12	6	늦되다			

'늦-'이 만들어낸 파생어의 종류는 15가지인데 이중 1-2회 출현어는 8
개이며 신어는 0개이다. 8개의 1-2회 출현어는 모두 사전에 등재된 단어
로 조사 대상 코퍼스에서 저빈도로 사용된 결과 1-2회 출현어에 포함된
단어일 뿐, 접두사 '늦-'의 생산성을 반영하는 저빈도어는 아니다. 명사
및 동사와 모두 결합 가능한 접두사 '늦-'이 형성한 파생어 중 동사와
결합한 예는 2개, 명사와 결합한 예는 13개로 관찰되었다. '늦-'은 명사
와 결합을 더 잘 이루는 접두사라 할 수 있다. 본 연구의 생산성 산출
방식에 따라 접두사 '늦-'의 생산성을 계산하면 다음과 같다.

$$접두사\ '늦-'의\ 생산성$$
$$\frac{0}{102} \times 100 = 0$$

'덧-'은 명사나 동사와 결합하여 '거듭'이나 '겹쳐'의 의미를 더하는
접두사이다. 대상 코퍼스에서 접두사 '덧-'이 형성한 파생어와 그 빈도
는 다음과 같다.

〈표3-25〉 접두사 '덧-'의 파생어와 빈도

연번	빈도	파생어	연번	빈도	파생어	연번	빈도	파생어
1	1	덧걸이	12	1	덧신다	23	6	덧신
2	1	덧관	13	2	덧밥	24	8	덧나다
3	1	덧기둥	14	2	덧붙다	25	8	덧문
4	1	덧들이다	15	2	덧셈	26	10	덧씌우다
5	1	덧말	16	2	덧입히다	28	25	덧칠
6	1	덧버선	17	3	덧껴입다	29	40	덧술
7	1	덧보태다	18	3	덧니	30	500	덧붙이다
8	1	덧시름	19	4	덧정			
9	1	덧쓰다	20	5	덧대다	n〈50:158 N:3		
10	1	덧쓰이다	21	5	덧바르다	유형 빈도: 30 n(1,2): 16		
11	1	덧입다	22	7	덧마루			

'덧-'이 만들어낸 파생어의 종류는 30가지인데 이중 1-2회 출현어는 16개이며 신어는 3개이다. 1-2회 출현어가 전체 유형의 53%(16/30)인데 이중에는 사전 등재어가 조사 대상 코퍼스에서 저빈도로 사용된 예도 있지만 신어도 3개가 포함되어 있다. 유형 빈도가 그리 높은 편은 아니지만 신어의 출현 빈도로 볼 때, 접두사 '덧-'은 어느 정도 생산성이 있다고 판단된다. '덧붙이다' 하나만 그 출현빈도가 500회로 매우 높고 나머지 '덧-' 파생어는 대체로 저빈도 단어로 구성된다. 접두사 '덧-'이 동사와 결합한 예는 15개, 명사와 결합한 예는 15개로 관찰되었다. 접두사 '덧-'은 명사 어기 및 동사 어기 모두와 잘 결합한다고 할 수 있다. 본 연구의 생산성 산출 방식에 따라 접두사 '덧-'의 생산성을 계산하면 다음과 같다.

접두사 '덧-'의 생산성
$\dfrac{3}{158} \times 100 = 1.898$

'맞-'은 명사나 동사와 결합하여 '마주' 또는 '서로 엇비슷하게'의 의미를 더하는 접두사이다. 대상 코퍼스에서 접두사 '맞-'이 형성한 파생어와 그 빈도는 다음과 같다.

〈표3-26〉 접두사 '맞-'의 파생어와 빈도

연번	빈도	파생어	연번	빈도	파생어	연번	빈도	파생어	연번	빈도	파생어
1	1	맞소송	14	1	맞부닥치다	27	8	맞수	40	38	맞붙다
2	1	맞웃음	15	2	맞트레이드	28	9	맞고소	41	43	맞잡다
3	1	맞담배	16	2	맞대꾸	29	10	맞교환	42	44	맞배(지붕/집)
4	1	맞대거리	17	2	맞보다	30	10	맞대응	43	46	맞장구
5	1	맞장기	18	2	맞싸우다	31	11	맞바꾸다	44	52	맞닿다
6	1	맞제소	19	2	맞맺다	32	14	맞받아치다	45	78	맞물리다
7	1	맞보증	20	3	맞선	33	14	맞받다	46	90	맞대다
8	1	맞고발	21	3	맞겨루다	34	17	맞부딪치다	47	251	맞서다
9	1	맞장	22	4	맞절	35	23	맞대결			
10	1	맞겨누다	23	4	맞들다	36	24	맞불	n〈50: 457, N:3		
11	1	맞부딪히다	24	6	맞대면	37	26	맞벌이	유형 빈도: 47		
12	1	맞세우다	25	6	맞바람	38	28	맞먹다	n(1,2):19		
13	1	맞바라보다	26	8	맞배	39	34	맞닥뜨리다			

'맞-'이 만들어낸 파생어는 총 47가지인데 이중 1-2회 출현어는 19개 이고 신어는 3개이다. 1-2회 출현어가 전체 유형의 40%(19/47)를 차지하는데, 이 중에는 사전 등재어가 조사 대상 코퍼스에서 저빈도로 사용된 예도 있지만 신어도 3개가 포함되어 있다.[17] '맞X'의 유형 빈도가 그리 높은 편은 아니지만 신어의 출현 빈도로 볼 때, 접두사 '맞-'은 어느 정도 생산성이 있다고 판단된다.

'맞X' 중 '맞서다'는 그 빈도가 251로 다른 단어에 비해 빈도가 월등히 높게 나타난다. 파생어 중 고빈도 단어는 해당 의미에 대한 명명적 욕구가 있을 때마다 어기와 접사를 결합시키는 과정을 거쳐 인출되기보다는 하나의 단위로 저장된 후 반복 인출되는 특성을 갖는다. 이렇게 되면 고빈도 파생어는 계열체 전체의 의미 패턴을 따르기보다는 독자적인 의미나 확장된 의미를 갖게 될 가능성이 높아지는데 '맞서다'가 이에 해당된다고 할 수 있다. 『표준사전』에서도 '맞-'의 다른 파생어와는 달리 '맞서다'에는 3가지 의미를 각각 예문과 함께 제시하고 있는데 이는 고빈도 파생어가 가지는 의미의 독자성이 사전의 의미 기술에 반영된 것

---

17) 접두사 '맞-'이 형성한 1-2회 출현어 19개 중 '맞트레이드'와 신어 3개를 제외한 모든 단어는 『표준사전』에 등재된 단어이다.

이라 할 수 있다.[18]

'맞-'이 형성한 파생어 중 동사와 결합한 예는 22개, 명사와 결합한 예는 26개로 관찰되었다. 접두사 '맞-'은 명사 어기 및 동사 어기 모두와 잘 결합한다고 할 수 있다. 본 연구의 생산성 산출 방식에 따라 접두사 '맞-'의 생산성을 계산하면 다음과 같다.

$$\text{접두사 '맞-'의 생산성}$$
$$\frac{3}{457} \times 100 = 0.656$$

'빗-'은 명사나 동사와 결합하여 '기울어진' 또는 '잘못'의 의미를 더하는 접두사이다. 대상 코퍼스에서 접두사 '빗-'이 형성한 파생어와 그 빈도는 다음과 같다.

〈표3-27〉 접두사 '빗-'의 파생어와 빈도

연번	빈도	파생어	
1	1	빗맞추다	n(50: 28 N: 0
2	1	빗맞다	유형 빈도: 5
3	5	빗금	n(1,2): 2
4	21	빗대다	
5	54	빗나가다	

'빗-'이 만들어낸 파생어는 5개인데 이중 1-2회 출현어는 2개이고 신어는 0개이다. 1-2회 출현어는 2개인데 모두 『표준사전』에 등재된 단어로 생산성을 반영하는 저빈도어는 아니다. 이는 접두사 '빗-'이 새 단어

---

18) 『표준사전』에서 '맞서다'를 설명하는 항목은 아래와 같다.

　① 서로 마주 서다
　　둘이 서로 노려보고 맞서 있는 모습이 금방이라도 주먹질을 할 것 같다.
　② 서로 굽히지 아니하고 마주 겨루어 버티다
　　염상구가 형과 정면으로 맞서게 된 것은 공산당 활동이 불법화되면서 공산당의 모든 조직이 지하로 잠적하면서부터였다.『조정래, 태백산맥』
　③ 어떤 상황에 부닥치거나 직면하다.
　　아이들이 부모의 갑작스러운 죽음과 맞서기에는 너무 어렸다.

를 만드는 데 생산적으로 사용되지 않음을 의미한다. 유형 빈도도 5로 다른 접두사들에 비해 상당히 낮은데『표준사전』에 등재된 '빗X'의 수가 54개[19]임을 고려하면 현대 국어에서 '빗X' 중 상당수가 소멸의 단계에 놓여 있음을 알 수 있다.

'빗X' 중 '빗나가다'는 그 빈도가 54로 다른 단어에 비해 빈도가 월등히 높게 나타난다. '맞서다'와 마찬가지로 고빈도 파생어인 '빗나가다'도 계열체 전체의 의미 패턴을 따르기보다는 독자적인 의미나 확장된 의미를 가지는 것으로 생각된다.『표준사전』에서도 '빗-'의 다른 파생어와는 달리 '빗나가다'에는 3가지 의미를 각각 예문과 함께 제시하고 있다.[20] 이는 고빈도 파생어가 가지는 의미의 독자성이 사전의 의미 기술에 반영된 것이라 할 수 있다. 본 연구의 생산성 산출 방식에 따라 접두사 '빗-'의 생산성을 계산하면 다음과 같다.

접두사 '빗-'의 생산성
$\dfrac{0}{28} \times 100 = 0$

---

19)『표준사전』에 수록된 '빗-' 파생어는 다음의 54개이다.

> 빗가다, 빗각, 빗각기둥, 빗각뿔, 빗각삼각형, 빗각세모꼴, 빗거리이음, 빗구부림, 빗금, 빗긴각, 빗껴다, 빗꽂이, 빗나가다, 빗넘기다, 빗넘어가다, 빗놓다, 빗놓이다, 빗눕다, 빗당겨치기, 빗대다, 빗듣다, 빗들다, 빗디디다, 빗뚫다, 빗뛰다, 빗뜨다, 빗말, 빗맞다, 빗맞추다, 빗맞히다, 빗먹다, 빗면, 빗모기둥, 빗모뿔, 빗모서리, 빗모치기, 빗못치기, 빗물다, 빗반자, 빗변, 빗보다, 빗빠지, 빗사위걸음, 빗세우다, 빗쏠리다, 빗쓸다, 빗원기둥, 빗원뿔, 빗이음, 빗천장, 빗턱맞춤, 빗투영, 빗투영도, 빗판

20)『표준사전』에서 '빗나가다'를 설명하는 항목은 아래와 같다.
  ① 움직임이 똑바르지 아니하고 비뚜로 나가다
     총알이 과녁에서 빗나가다.
  ② 기대나 예상과 다르다
     그 예상은 보기 좋게 빗나가 버렸다.
  ③ 행동이나 태도가 올바른 방향에서 벗어나 그릇된 방향으로 나가다
     빗나간 생각/ 빗나간 교육열/ 빗나간 행동/ 빗나간 생활

'엇-'은 명사나 동사와 결합하여 '어긋난'의 의미를 더하는 접두사이다.[21] 대상 코퍼스에서 접두사 '엇 -'이 형성한 파생어와 그 빈도는 다음과 같다.

〈표3-28〉 접두사 '엇-'의 파생어와 빈도

연번	빈도	파생어	연번	빈도	파생어	연번	빈도	파생어
1	1	엇가다	6	2	엇바꾸다	11	100	엇갈리다
2	1	엇기대다	7	2	엇걸다			
3	1	엇설키다√	8	2	엇물리다	n〈50: 21 N: 0,		
4	1	엇붙다	9	5	엇나가다	유형 빈도:11, n(1,2): 8		
5	1	엇장단	10	5	엇박자			

'엇-'이 만들어낸 파생어는 11개인데 이중 1-2회 출현어는 8개이고 신어는 0개이다. '엇설키다'가 사전에 등재되어 있지도 않고 99년 이전 코퍼스에서도 그 출현이 관찰되지 않기 때문에 신어로 판정될 수 있다. 그러나 '설키다'가 '얽히고설키다' 형식 안에서만 사용되는 매우 고립된 단어이기 때문에 '엇설키다'를 어기와 접사의 생산적 결합 과정을 통해 도출된 신어로 판정하지 않는다. 1-2회 출현어는 8개인데 모두 『표준사전』에 등재된 단어로 생산성을 반영하는 저빈도어는 아니다. 이는 접두사 '엇-'이 새 단어를 만드는 데 생산적으로 사용되지 않음을 의미한다.

'엇-' 파생어 집합에서도 '엇갈리다'만 그 사용 빈도가 100회이고 모든 나머지 단어들은 5회 이하의 저빈도를 나타낸다. '맞서다', '빗나가다'와 마찬가지로 고빈도 파생어인 '엇갈리다'도 계열체 전체의 의미 패턴을 따르기보다는 독자적인 의미나 확장된 의미를 가지는 것으로 생각된다. 『표준사전』에서도 '엇-'의 다른 파생어와는 달리 '엇갈리다'에는 4

---

21) 형용사와 결합하여 '어지간한 정도로 대충'의 의미를 더하는 접두사 '엇-'도 있지만 그 의미와 결합 가능한 어기가 다르기 때문에 여기서 다루지 않는다. 조사 대상 코퍼스에서 형용사와 결합하는 '엇-' 파생어는 다음과 같이 관찰되었다.

엇비슷하다(8회), 엇비슷이(3회), 엇비스듬하다(1회), 엇비스듬히(2회)

가지 의미를 각각 예문과 함께 제시하고 있다.[22] 이는 고빈도 파생어가
가지는 의미의 독자성이 사전의 의미 기술에 반영된 것이라 할 수 있다.

명사 및 동사와 모두 결합 가능한 접두사 '엇-'이 형성한 파생어 중
동사와 결합한 예는 9개, 명사와 결합한 예는 2개로 관찰되었다. '엇-'은
동사와 결합을 더 잘 이루는 접두사라 할 수 있다. 본 연구의 생산성 산
출 방식에 따라 접두사 '엇-'의 생산성을 계산하면 다음과 같다.

접두사 '엇-'의 생산성
$\dfrac{0}{21} \times 100 = 0$

'헛-'은 명사나 동사와 결합하여 '이유 없는, 보람 없는, 잘못된'의 의
미를 더하는 접두사이다. 대상 코퍼스에서 접두사 '헛-'이 형성한 파생
어와 그 빈도는 다음과 같다.

---

22) 『표준사전』에서 '엇갈리다'를 설명하는 항목은 아래와 같다.
　① 마주 오는 사람이나 차량 따위가 어떤 한 곳에서 순간적으로 만나 서로
　　지나치다.
　　내가 차와 엇갈리기 직전에 차가 멈춰 섰다./이곳이 기차가 엇갈리는 지
　　점이다
　② 생각이나 주장 따위가 일치하지 않다.
　　사건을 어떻게 처리할 것인가를 두고 그와 의견이 엇갈렸다./ 그들은 주
　　장이 서로 엇갈려 좀처럼 타협을 보지 못하고 있었다
　③ 모순적인 여러 가지 것이 서로 겹치거나 스치다
　　집안 사정이 어려워선지 합격 소식을 듣고도 기쁜 마음이 슬픈 마음과
　　마구 엇갈려 일어났다
　④ 서로 어긋나서 만나지 못하다
　　우리 남매는 하루 종일 길이 엇갈려서 아직 만나지 못했습니다
　⑤ 사귀어 지내는 정분이 서로 틈이 벌어지다.
　　암만 다정한 부부간이라도 자식을 난 뒤에는 그 정이 엇갈리는 듯싶다.

〈표3-29〉 접두사 '헛-'의 파생어와 빈도

연번	빈도	파생어	연번	빈도	파생어	연번	빈도	파생어	연번	빈도	파생어
1	1	헛배	11	1	헛대중	21	3	헛발	32	12	헛수고
2	1	헛보이다	12	1	헛물	22	3	헛공약	33	13	헛디디다
3	1	헛폼	13	1	헛돌다	23	3	헛발질	34	14	헛일
4	1	헛짚다	14	1	헛염불	24	3	헛똑똑	35	15	헛웃음
5	1	헛집다	15	1	헛소동	25	6	헛살다	36	30	헛소리
6	1	헛껍데기	16	1	헛방	26	5	헛스윙	37	45	헛기침
7	1	헛꿈	17	2	헛바퀴	27	5	헛말	n〈50: 212		
8	1	헛농사	18	2	헛고생	28	9	헛소문	N: 4, 유형 빈도:37		
9	1	헛놓이다	19	2	헛걸음	29	11	헛구역질	n(1,2): 20		
10	1	헛다리	20	2	헛돈	30	11	헛거(헛것)			

'헛-'이 만들어낸 파생어는 37개인데 이중 1-2회 출현어는 20개이고 신어는 4개이다. 1-2회 출현어의 비율이 전체 유형의 54%(20/37)를 차지한다. 이 중에는 『표준사전』에 등재된 단어가 조사 대상 코퍼스에서 저빈도로 사용된 예가 많지만 신어도 4개가 포함되어 있다.[23] 생산성을 반영하는 저빈도어가 많은 것은 아니지만 신어의 출현 빈도로 볼 때, 접두사 '헛-'은 어느 정도 생산성이 있다고 판단된다. 접두사 '헛-'이 동사와 결합한 예는 7개, 명사와 결합한 예는 29개로 관찰되었다. 명사와 결합한 '헛-'이 동사와 결합한 '헛-'보다 활발하게 사용되는 것으로 판단된다. 본 연구의 생산성 산출 방식에 따라 접두사 '헛-'의 생산성을 계산하면 다음과 같다.

접두사 '헛-'의 생산성
$\dfrac{4}{212} \times 100 = 1.886$

그러나 <표3-29>에 제시된 '헛-' 파생어와 접두사 '헛-'의 생산성 수치는 재고(再考)의 여지가 있다. 일상적인 구어에서는 '보람 없이'의 뜻이

---

23) 접두사 '헛-'이 형성한 1-2회 출현어 21개 중 '헛껍데기'와 신어 4개를 제외한 모든 단어는 『표준사전』에 등재된 단어이다.

첨가될 수 있는 모든 경우에 '헛-'이 동사와 결합될 수 있을 것으로 생각되는데 그러한 예가 본 연구의 조사 결과에 충분히 포함되어 있지는 않기 때문이다. 아래는 접두사 '헛-'이 자연스럽게 동사와 결합하여 사용될 수 있는 예이다.

(3) 편지를 헛썼다. (편지를 통해 기대한 효과가 나타나지 않았을 경우)

10리를 헛걸었다. (방향을 잘못 잡아서 걸었을 경우)

자식을 헛키웠다. (자식이 불효를 할 경우)

불을 헛땠다. (방에 불을 땠는데도 따뜻하지 않을 경우)

위의 (3)에서 든 예로 볼 때, 코퍼스에서 추출된 자료가 접두사 '헛-'에 대한 우리의 직관을 충분히 만족시켜 주지는 못한다. 이는 문어 중심의 코퍼스가 갖는 한계라고 할 수 있다. 이런 측면에서 볼 때, 본 연구에서 계량된 접두사 '헛-'의 생산성 수치는 '헛-'의 생산성의 정도를 저평가한 것으로도 볼 수 있다.

여기서 살펴본 명사 및 동사 모두와 결합하는 접두사는 대체로 비생산적이라 할 수 있다. '덧-', '맞-', '헛-'은 새 단어를 일부 만들어 생산적인 측면을 보여주기는 했지만 그 수가 많지 않고, '늦-', '빗-', '엇-'은 새 단어를 전혀 생성해내지 못했기 때문이다.

각 파생어 집합에서 월등하게 높은 빈도를 가진 단어 중 일부(맞서다, 빗나가다, 엇갈리다)는 해당 파생어 계열체 전체의 의미론적 패턴에서 벗어나서 독자적인 의미를 가지는 경우가 있음도 관찰되었다. 파생어의 빈도가 의미론적 어휘화를 설명하는 한 단초가 된다고 할 수 있다.

3.3. 현대 국어 파생 접미사의 생산성

3.3.1. 명사 파생 접미사

3.3.1.1. '-꾼', '-장이', '-쟁이'

여기서는 어기와 결합하여 그와 관련된 속성이나 기술을 지닌 사람을 뜻하는 명사를 파생시키는 접미사인 '-꾼', '-쟁이', '-장이'의 생산성과 각 접미사가 생성한 파생어 집합의 양적 특성을 살펴본다. 세 접미사의 의미가 비슷하면서도 조금씩 다른 측면이 있기 때문에 현대 국어에서 '-꾼', '-장이', '-쟁이'가 어떤 양상으로 사용되고 있는지 확인해 볼 필요가 있다.

〈표3-30〉 접미사 '-꾼'의 파생어와 빈도

연번	빈도	파생어	연번	빈도	파생어	연번	빈도	파생어	연번	빈도	파생어
1	1	경마꾼	24	1	잔소리꾼	47	4	도박꾼	70	11	심부름꾼
2	1	계꾼	25	1	재담꾼	48	4	땅꾼	71	14	소리꾼
3	1	낙타몰이꾼	26	1	절도꾼	49	4	상여꾼	72	15	파수꾼
4	1	달려꾼✓	27	1	짐수레꾼	50	4	재주꾼	73	19	거간꾼
5	1	데모꾼	28	1	포도따기꾼	51	4	짐꾼	74	22	술꾼
6	1	말재간꾼	29	1	품팔이꾼	52	4	투기꾼	75	25	농사꾼
7	1	매구꾼	30	1	풍물꾼	53	4	훼방꾼	76	34	구경꾼
8	1	몇섬꾼	31	1	협잡꾼	54	5	살림꾼	77	40	낚시꾼
9	1	민요꾼	32	1	호색꾼	55	5	시중꾼	78	52	일꾼
10	1	바둑꾼	33	2	노래꾼	56	5	야바위꾼	79	53	사기꾼
11	1	산꾼	34	2	도굴꾼	57	5	인신매매꾼	80	58	장사꾼
12	1	선소리꾼	35	2	막벌이꾼	58	5	지게꾼	81	85	사냥꾼
13	1	세배꾼	36	2	말썽꾼	59	6	밀매꾼	82	244	이야기꾼
14	1	셋방살이꾼	37	2	방해꾼	60	6	주정꾼			
15	1	쇠꾼	38	2	유대꾼	61	7	나무꾼	n〈50:391,		
16	1	신고꾼	39	2	장꾼	62	7	상두꾼	n(1,2):40 N:5		
17	1	씨름꾼	40	2	훈수꾼	63	8	두레꾼	유형 빈도:82		
18	1	야경꾼	41	3	막노동꾼	64	8	밀렵꾼			
19	1	약탈꾼	42	3	밀수꾼	65	8	춤꾼			
20	1	염탐꾼	43	3	정치꾼	66	8	호객꾼			
21	1	외화벌이꾼	44	3	품꾼	67	10	통일꾼			
22	1	익살꾼	45	4	가마꾼	68	11	난봉꾼			
23	1	인력거꾼	46	4	고발꾼	69	11	노름꾼			

먼저 접미사 '-꾼'과 '-꾼'이 생성한 파생어 집합을 살펴본다. '-꾼'은 명사와 결합하여 '어떤 일을 전문적 혹은 습관적으로 하는 사람' 또는 '어떤 일 때문에 모인 사람'을 뜻하는 명사를 파생시키는 접미사이다. 대상 코퍼스에서 접미사 '-꾼'이 형성한 파생어와 그 빈도는 위와 같다.

'-꾼'이 만들어낸 파생어는 총 82가지인데 이중 1-2회 출현어는 40개이고 신어는 5개이다. 1-2회 출현어의 비율이 전체 유형 빈도의 48%(40/82)를 차지하기 때문에 '-꾼' 접미 파생법을 생산적인 과정으로 생각할 수도 있지만 사실은 그렇지 않다.[24] '-꾼' 파생어에 속한 1-2회 출현어의 대부분은 『표준사전』에 등재된 기존 단어들이 드물게 사용된 결과이기 때문이다. 이는 '-꾼' 파생어에 소멸의 단계에 놓인 유형이 많다는 것을 의미한다. 이러한 1-2회 출현어는 『표준사전』의 목록 및 99년 이전 코퍼스 어절과의 비교를 통해서 대부분 걸러지는데 그 결과 얻어진 1-2회 출현어 안에 포함된 신어는 5개뿐이다.[25] 이런 특성들은 '-꾼' 접미사 파생을 생산적인 과정이라 판단할 수 없는 중요한 근거가 된다. 접미사 '-꾼'의 생산성은 이전에 비해 쇠퇴하고 있는 것으로 생각된다.

'-장이'는 명사와 결합하여 '해당 어기와 관련된 기술을 가진 사람'의 의미를 갖는 명사를 파생시키는 접미사이다. 기원적으로 한자어 '匠'에 '-이'가 결합하여 형성된 접미사여서 주로 한자어 어기와 잘 결합했을 것으로 생각된다. 그러나 현대 국어에서는 그 기원에 대한 인식이 약해져서 '-장이'가 고유어처럼 인식되며, '어기와 관련된 기술을 가진 사람'만이 아니라 더 확장된 의미를 가지기도 한다. 이런 이유 때문에 표준어

---

24) 단순히 단발어만을 대상으로 생산성을 이해하려는 시도가 가지는 맹점이 여기에 있다. 생산적인 과정이기 때문에 단발어가 많은 경우도 있지만 과정 자체의 생산성이 떨어진 상태에서 이미 생성된 단어들의 사용 빈도가 줄어들면서 단발어가 많이 관찰되는 경우도 있기 때문이다. 생산성에 정당하게 접근하기 위해서는 신어의 비율과 유형 빈도의 크기에 대한 고려가 반드시 필요하다.

25) 신어로 인정될 수 있는 단어는 6개인데 이중 어기가 불분명한 '달며꾼'은 신어에서 제외하였다. 『표준사전』 목록과 99년 이전 텍스트의 형태분석 코퍼스에서 확인되지는 않지만 '민요꾼'과 '절도꾼'도 신어가 아닐 가능성이 높은 단어이다.

규정에서는 기술자를 의미할 때는 'X장이'를, 그 외에는 'X쟁이'를 표준
어로 삼았다. 본 연구에서도 이러한 구분을 받아들여 '-장이'와 '-쟁이'
의 생산성에 각각 접근한다. 먼저 '-장이'를 살펴보기로 한다.

　대상 코퍼스에서 접미사 '-장이'가 형성한 파생어와 그 빈도는 다음
과 같다.

〈표3-31〉 접미사 '-장이'의 파생어와 빈도

연번	빈도	파생어	연번	빈도	파생어
1	1	북장이	6	4	칠장이
2	1	돌장이	7	7	석수장이
3	1	조각장이	8	7	미장이
4	2	땜장이	9	8	간판장이
5	2	소목장이	10	15	대장장이
n〈50:47, n(1,2): 5, N:1, 유형 빈도: 10					

　'-장이'가 만들어낸 파생어의 종류는 10가지인데 이중 1-2회 출현어는
5개이고 신어는 1개이다. 다른 접사들에 비해 계량된 수치가 모두 상당
히 작은 편인데 이는 현대 국어에서 '-장이' 파생어의 대부분이 소멸의
단계에 놓여 있음을 의미한다. 『표준사전』에 등재된 기능인을 나타내는
'-장이' 파생어가 85개임을 고려하면 이런 현상은 전통 시대의 기능인을
나타내는 단어들이 현대에서 사용될 기회가 별로 없기 때문에 발생한
단어 소멸 현상이라 할 수 있다.[26] '돌장이', '조각장이', '땜장이', '소목

---

26) 『표준사전』에서 방언형과 잘못된 표현을 제외한 기능인을 나타내는 '-장이' 표제
　어는 다음의 85개이다.

　　가구장이, 가칠장이, 각수장이, 간판장이, 갈이장이, 감투장이, 갓장이, 개초장
　　이, 고리장이, 곰장이, 관곽장이, 구두장이, 구리장이, 궁방장이, 궁장이, 금장
　　이, 급장이, 기와장이, 꾸밈장이, 납장이, 놋갓장이, 단청장이, 담장이, 대장장
　　이, 도련장이, 도림장이, 도배장이, 도장장이, 도채장이, 돌도끼장이, 돌장이,
　　드러장이, 등짐장이, 땜장이, 또드락장이, 마전장이, 마조장이, 망건장이, 매장
　　이, 모의장이, 무두장이, 박배장이, 발장이, 벽돌장이, 사토장이, 삿갓장이, 석
　　각장이, 석수장이, 선자귀장이, 소목장이, 솔장이, 시계장이, 시위장이, 앙토장
　　이, 야장장이, 양복장이, 염장이, 영장이, 오림장이, 옥장이, 옹기장이, 우산장
　　이, 유기장이, 은장이, 의자장이, 이영장이, 인석장이, 장장이, 조각장이, 조궁

장이'와 같은 1-2회 출현어도 생산적 과정을 통해서 만들어져 저빈도로 사용된 단어가 아니라, 기존 단어들이 사용 기회를 얻지 못해서 빈도가 작아진 경우라고 할 수 있다. 이들은 생산성을 반영하는 저빈도어가 아니며 자료 검토 결과 신어 판정을 받은 '북장이'도 신어가 아닐 가능성이 매우 높다.

'-쟁이'는 명사와 결합하여 '해당 어기가 나타내는 속성을 많이 가진 사람', '어기와 관련된 일을 잘 하는 사람'의 의미를 갖는 명사를 파생시키는 접미사이다.

대상 코퍼스에서 접미사 '-쟁이'가 형성한 파생어와 그 빈도는 다음과 같다.

〈표3-32〉 접미사 '-쟁이'의 파생어와 빈도

연번	빈도	파생어	연번	빈도	파생어	연번	빈도	파생어	연번	빈도	파생어
1	1	걸신쟁이	14	1	옹고집쟁이	27	4	욕심쟁이	40	21	월급쟁이
2	1	고함쟁이	15	1	요술쟁이	28	5	글쟁이	41	21	점쟁이
3	1	깨복쟁이✔	16	1	폐병쟁이	29	5	영감쟁이			
4	1	내숭쟁이	17	2	게으름쟁이	30	5	오입쟁이			
5	1	마누라쟁이	18	2	무섭쟁이	31	6	고집쟁이			
6	1	마약쟁이	19	2	변덕쟁이	32	7	중매쟁이			
7	1	말빚쟁이	20	2	침쟁이	33	8	수다쟁이	n<50:201		
8	1	무식쟁이	21	3	그림쟁이	34	9	흉내쟁이	n(1,2): 20 N: 6		
9	1	방송쟁이	22	3	봉급쟁이	35	11	양복쟁이	유형 빈도:41		
10	1	보험쟁이	23	3	예수쟁이	36	12	멋쟁이			
11	1	세살쟁이	24	3	허풍쟁이	37	13	거짓말쟁이			
12	1	심술쟁이	25	4	쌈쟁이	38	15	겁쟁이			
13	1	안경쟁이	26	4	욕쟁이	39	15	빚쟁이			

'-쟁이'가 만들어낸 파생어의 종류는 41가지이고 이중 1-2회 출현어는 20개이며 신어는 6개가 관찰되었다. 1-2회 출현어가 전체 유형의 48% (20/41)를 차지하는데 전체 유형 빈도가 충분히 높지 않은 상황에서 측정된 비율이어서 이 수치만으로 접미사 '-쟁이'가 생산적이라고 확신하기

장이, 조선장이, 족장이, 짚신장이, 챙장이, 칠장이, 큰톱장이, 토기장이, 토담장이, 토역장이, 톱장이, 통메장이, 통장이, 풍물장이, 피장이, 함석장이

는 어렵다. 그러나 'X장이'에서보다는 생산성을 반영하는 저빈도어와 신어가 많이 관찰된다. 이는 기능인을 나타내는 접미사 '-장이'와는 대조적인 모습이다. 현대 국어에서 '-장이'는 생산성을 잃어 가는 반면 '-쟁이'는 새로운 생산성을 획득해 가는 모습을 보여준다. 송철의(1992: 171)에서는 '-장이'와 '-쟁이'를 구별하지 않고, '-장이'에 '기술을 가진 사람'과 '-을 잘하는 사람', '-이 많은 사람'의 두 가지 의미를 부여하였는데 현대 국어에서 생산적으로 사용되는 것은 후자의 의미를 가지는 '-장이'임을 지적했다. 최근 가요계의 표절 시비가 일면서 네티즌들이 생성해 낸 '따라쟁이'라는 단어를 보면 '-쟁이'의 생산성을 다시 확인할 수 있다.[27)]

　　본 연구의 생산성 산출 방식에 따라 접미사 '-꾼', '-장이', '-쟁이'의 생산성을 계산하면 다음과 같다.

접미사 '-꾼'의 생산성	접미사 '-장이'의 생산성
$\dfrac{5}{391} \times 100 = 1.278$	$\dfrac{1}{47} \times 100 = 2.127$

접미사 '-쟁이'의 생산성
$\dfrac{6}{201} \times 100 = 2.985$

　　어기와 관련된 특성을 지닌 사람을 나타내는 세 접사의 생산성을 단순 수치상으로 비교하면 '-쟁이' > '-장이' > '-꾼'이다. 그런데 '-장이'의 경우 해당 접사가 생성해낸 단어의 유형 빈도와 총빈도 그리고 신어의 빈도 등을 종합해서 내린 생산성에 대한 판단과 공식을 통해 도출한 수치가 일치하지 않는 문제가 있다. '-장이'는 분명히 비생산적인 접사임

---

27) 본고의 조사대상 코퍼스가 문어중심이기 때문에 관찰되지 않은 접사의 생산적 특성이 있으리라 생각하는데 '-쟁이'도 그 안에 포함된다. '-쟁이'나 '-질' 등은 문어보다는 구어에서 더욱 활발하게 사용되는 접미사로 생각된다.

에도 불구하고 다른 접사들과 비교해 볼 때 지나치게 높은 생산성 수치를 보이고 있는 것이다. '-장이'의 유형 빈도가 8로 다른 접사들에 비해 매우 작은데 유형 빈도가 충분치 않은 상황에서 신어로 확인된 1개의 단어 때문에 생산성 수치가 매우 높게 나타난 결과이다. 이는 본 연구의 생산성 도출 방식의 맹점이라고 할 수 있다. 이 경우 '-장이'의 생산성 수치는 '-장이'의 생성력을 온당하게 반영해주는 것으로 보기 어렵다.[28]

세 접미사의 양적 특성을 비교하여 그래프로 제시하면 다음과 같다.

〈그래프3-2〉 접미사 '-꾼', '-장이', '-쟁이'의 빈도 및 생산성 비교

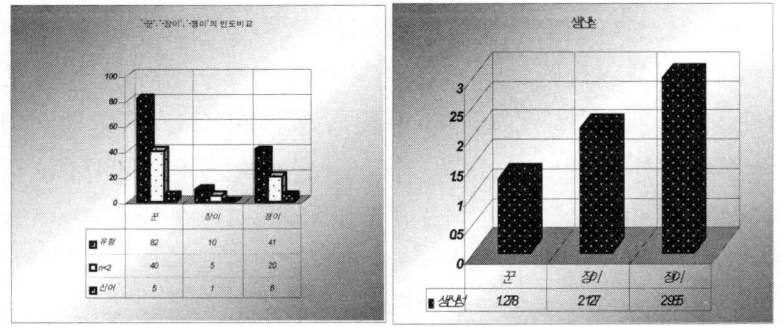

유형 빈도는 '-꾼' > '-쟁이' > '-장이'의 순서이고 생산성은 '-쟁이' > '-장이' > '-꾼'의 순서로 나타나는데 이는 차준경(1995:38)의 계량 결과와도 일치한다. 유형 빈도는 'X꾼'이 더 높지만 그 안에 고빈도 단어가 'X쟁이'의 경우보다 더 많이 포함되어 있기 때문에 'X꾼'이 'X쟁이'보다 더 어휘화되어 있고 따라서 '-쟁이'가 더 생산성이 높다고 볼 수 있다는 차준경(1995:38)의 지적도 본 연구의 결과와 일치한다.

---

28) 3.2.1.1.에서 살펴본 접두사 '날-'과 같은 경우라 할 수 있다.

3.3.1.2. '-性', '-化', '-的'

'-性', '-化', '-的'은 국어에서 사용되는 대표적인 한자어 접미사이다. 이 세 접미사는 결합대상이 되는 어기의 폭이 넓고, 경우에 따라서 고유어와 외래어까지도 어기로 취하는 모습을 보여주어 그 생산성이 매우 높다는 평가를 받아 왔다. 그러나 '-性', '-化', '-的'이 월등한 생산성을 보이는 것은 직관적인 관찰만으로도 손쉽게 알 수 있는 사실이고, 이것만으로는 생산성에 대한 더 깊은 탐구가 진행되기 어렵다. 생산성에 대한 깊이 있는 접근을 위해서는 국어에서 가장 생산적인 모습을 보여주는 이들 세 접미사가 형성하는 파생어 집합의 양적 특성을 명확하게 파악하여 생산성의 조건에 대한 추론의 근거로 삼을 필요가 있다.[29]

먼저 '-性'의 생산성과 '-性' 파생어의 양적 특성을 살펴본다. '-性'은 명사나 어근과 결합하여 '어기의 특성이나 성향이 있는' 혹은 '어기의 특성이나 성향'의 의미를 가진 명사를 파생시킨다. '-性'은 결합하는 어기의 종류에 따라 그 의미와 기능이 조금씩 달라지는 특성이 있는데 'X性'에는 수식적 용법과 명사적 용법을 모두 가지는 부류와 명사적 용법만 가능하고 수식적 용법은 불가능한 부류가 있다. 아래는 노명희(1998)에서 언급된 예를 다시 가져온 것이다.[30]

(4) ㄱ. 민족성, 시민성, 인간성, 예술성, 역사성, 전통성, 논리성, 법칙성, 전
　　　 형성

　　 ㄴ. 우리의 민족성을 보여주자 / 시민성이 부족하다 / 인간성이 좋다 /
　　　 예술성이 뛰어난 작품 / 역사성을 보이다/ 전통성을 지키다 / 논리성
　　　 이 부족하다 / 법칙성을 찾다 / 전형성을 지니다

　　 ㄷ. *민족성 행동, *시민성 용기, *인간성 선생, *예술성 작품, *역사성

---

29) '-化', '-性', '-的'이 형성한 파생어의 빈도를 근거로 생산성의 조건을 논한 내용
　　 은 4장에서 자세히 다루었다.
30) 'X性'의 의미와 기능에 대해서는 노명희(1998:165-73) 참조.

전통, * 전통성 문화, *논리성 문장, *법칙성 원리, *전형성 인물

(5) ㄱ. 목적성, 범죄성, 정치성, 대중성, 오락성, 안타성

ㄴ. 목적성을 가진 문학 / 그의 행동은 범죄성이 짙다 / 정치성이 강하다 /
대중성이 없다 / 오락성이 짙다/ 안타성을 지니다

ㄷ. 목적성 발언 / 범죄성 행위 / 정치성 발언 / 대중성 문학 / 오락성 프
로 / 안타성 타구

ㄹ. *목적적 발언 / 범죄적 행위 / 정치적 발언 / 대중적 문학 / 오락적
프로 / *안타적 타구

(4)에 속한 'X性'은 명사적 용법으로만 그 사용이 가능하고 수식적 용
법으로는 그 사용이 제약되는 반면 (5)에 속한 'X性'은 명사적 용법과
수식적 용법 모두 다 그 사용이 가능하다. (5ㄷ)의 '-性'은 (5ㄹ)이 보여
주는 것처럼 '-性'의 본래 의미가 약화되고 관형적인 기능이 강화되어
'-的'과 비슷한 의미를 가지는 것으로 생각된다. 이외에도 어기의 종류
에 따라 그 의미가 약간씩 달라지는 '-性'이 있지만 대체로 'X性'은 위의
두 가지로 그 기능과 의미가 나뉜다고 할 수 있다.

서로 다른 두 가지 특성을 가지는 '-性' 중 어느 것이 생산적으로 나
타나는지 검토해 보는 것은 접미사 '-性'의 기능별 생산성을 파악하는
데 매우 중요한 요소라고 생각된다. 대상 코퍼스에서 접미사 '-性'이 형
성한 파생어와 그 빈도는 다음과 같다.[31]

---

31) '-性', '-化', '-的'은 동일한 한자라도 1음절 어기와 결합한 경우와 2음절 이상의
어기에 결합한 경우 그 성격이 다른 것으로 생각된다. 그 이유는 다음의 두 가지
를 들 수 있다. 첫째는 '-的'과 '-性'은 1음절 어기와 결합할 때와 2음절 어기와 결
합할 때 그 음운이 달리 실현된다는 점이다. '-的'의 경우 1음절 어기와 결합할 때
[쩍]으로 실현되고(狂的, 內的, 端的 등), 2음절 어기와 결합할 때[적]으로 실현된
다(官僚的, 衝動的, 社會的 등). 반대로 '-性'은 1음절 어기와 결합할 때 [성]으로
실현되고(感性, 個性, 陽性, 彈性 등) 2음절 어기와 결합할 때 [썽]으로 실현된다.

〈표3-33〉 접미사 '-性'의 파생어와 빈도

연번	빈도	파생어	연번	빈도	파생어	연번	빈도	파생어	연번	빈도	파생어	연번	빈도	파생어
1	1	가공성	21	1	결벽성	41	1	과격성	61	1	근원성	81	1	뇌저부성
2	1	가독성	22	1	결절성	42	1	과단성	62	1	근육성	82	1	뇌교성
3	1	가면성	23	1	결집성	43	1	과시성	63	1	근접성	83	1	뇌물성
4	1	가부장성	24	1	결함성	44	1	관문성	64	1	근현대성	84	1	뇌졸중성
5	1	가소성	25	1	경계성	45	1	광역성	65	1	금단성	85	1	능숙성
6	1	가치성	26	1	경고성	46	1	괴사성	66	1	기명성	86	1	다기성
7	1	가혹성	27	1	경동맥동성	47	1	교련성	67	1	기본성	87	1	다낭성
8	1	각도성	28	1	경박성	48	1	교육성	68	1	가저성	88	1	다상성
9	1	각막성	29	1	경사성	49	1	교차성	69	1	긴급성	89	1	다원주의성
10	1	간결성	30	1	경추성	50	1	교통성	70	1	길항성	90	1	다중성
11	1	간편성	31	1	경축성	51	1	구급성	71	1	껌성	91	1	다획성
12	1	간헐성	32	1	고도성	52	1	구호성	72	1	낙후성	92	1	단가아민성
13	1	강고성	33	1	고독성	53	1	국가성	73	1	난온대성	93	1	단독성
14	1	강요성	34	1	고별성	54	1	굴신성	74	1	난폭성	94	1	단백질성
15	1	강화성	35	1	고온성	55	1	권위주의성	75	1	남용성	95	1	단성성
16	1	개발성	36	1	골수성	56	1	권호성	76	1	내수성	96	1	단순포진성
17	1	개체성	37	1	공리성	57	1	규정성	77	1	내염성	97	1	단안성
18	1	건망성	38	1	공영성	58	1	균등성	78	1	내장성	98	1	당뇨병성
19	1	검증성	39	1	공중성	59	1	균형성	79	1	넝쿨성	99	1	당파성
20	1	격정성	40	1	공포성	60	1	근사성	80	1	노동성	100	1	대기성

(合理性, 傳統性, 理念性, 問題性 등) 둘째는 다른 접미사와의 결합 가능성에서 1음절 어기를 갖는 경우와 2음절 어기를 갖는 경우가 다르다는 점이다. 1음절 어기와 결합한 '-的', '-性', '-化'는 다른 접미사와의 결합이 가능한데(變化性, 酸化性, 進化的, 分化的) 2음절 어기와 결합한 '-的', '-性', '-化'는 다른 접미사와의 결합이 불가능하다(*專門化性, *透明化性, *硬音化性, *規範化性). (음절수에 따른 접사성 한자어의 구별에 대해서는 노명희 1998: 50-4 참조)

위와 같은 특성을 고려할 때, 1음절 어기와 결합하는 경우보다 2음절 이상의 어기와 결합하는 경우에 '-的', '-性', '-化'가 전형적인 접미사로서의 성격을 가지는 것으로 판단된다. 따라서 본 연구에서 계량의 결과 포함된 2자로 구성된 '-性', '-化', '-的' 파생어를 논의의 대상에서 제외한다. 제외된 2음절 'X性'의 예는 아래와 같다.

부성(父性)(1), 껌성(1), 당성(黨性)(1), 마성(魔性)(1), 목성(木性)(1), 암성(癌性)(2), 폐성(肺性)(3), 인성(人性)(4), 점성(粘性)(5), 물성(物性)(8), 독성(毒性)(85)

위에 제시된 단어들 중 상당수는 태깅이 일관성 있게 이루어지지 못해서 수집된 자료이다. 예를 들어 '부성'의 경우 대체로 '부성/NNG'로 태깅되는 것이 일반적인데 한 예에서 '부/NNG + 성/XSN'으로 태깅된 결과 '-性'이 1음절 어기와 결합한 예로 수집되었다.

연번	빈도	파생어	연번	빈도	파생어	연번	빈도	파생어	연번	빈도	파생어	연번	빈도	파생어
101	1	대륙성	143	1	발암성	185	1	사익성	227	1	심심성	269	1	위협성
102	1	대립성	144	1	발열성	186	1	사행성	228	1	아메바성	270	1	유구성
103	1	대치성	145	1	발전성	187	1	산화성	229	1	아미노산성	271	1	유무성
104	1	덩굴성	146	1	발통성	188	1	상동성	230	1	아부성	272	1	유아성
105	1	도식성	147	1	방버성	189	1	상록성	231	1	아시아성	273	1	유욱종성
106	1	도전성	148	1	배출성	190	1	상부성	232	1	이열대성	274	1	유지질성
107	1	도착성	149	1	백혈병성	191	1	상이성	233	1	아웃사이더성	275	1	육체성
108	1	도피성	150	1	번잡성	192	1	상황성	234	1	아트로핀성	276	1	융모성
109	1	독단성	151	1	변덕성	193	1	색전성	235	1	아프타성	277	1	음란성
110	1	독특성	152	1	변색성	194	1	생물성	236	1	이한대성	278	1	음금성
111	1	동결성	153	1	병변성	195	1	생존성	237	1	악마성	279	1	응용성
112	1	동력성	154	1	보건성	196	1	생활성	238	1	악취성	280	1	의례성
113	1	동맥성	155	1	보상성	197	1	서민성	239	1	안구성	281	1	이념성
114	1	동통성	156	1	보아주기성	198	1	서열성	240	1	안타성	282	1	이뇨성
115	1	두개성	157	1	보안성	199	1	석축성	241	1	암시성	283	1	이면성
116	1	드라마성	158	1	보존성	200	1	선구성	242	1	압력성	284	1	이소성
117	1	등척성	159	1	복통성	201	1	선명성	243	1	압축성	285	1	이엽성
118	1	디지털성	160	1	부도덕성	202	1	선행성	244	1	아뇨성	286	1	이행성
119	1	루이소체성	161	1	부탁성	203	1	성숙성	245	1	악이성	287	1	이형성
120	1	림프관성	162	1	부화뇌동성	204	1	성찰성	246	1	양기성	288	1	인민성
121	1	만개성	163	1	분노성	205	1	소멸성	247	1	양안성	289	1	인사성
122	1	만발성	164	1	분철성	206	1	소모성	248	1	어업성	290	1	인사이더성
123	1	매체성	165	1	분해성	207	1	소박성	249	1	엄정성	291	1	인자성
124	1	명령성	166	1	불가분성	208	1	소비성	250	1	역류성	292	1	일류성
125	1	명징성	167	1	불능성	209	1	소수성	251	1	역전성	293	1	일방성
126	1	모범성	168	1	불모성	210	1	수단성	252	1	역진성	294	1	일탈성
127	1	모성성	169	1	불연성	211	1	수두성	253	1	연극성	295	1	임상성
128	1	몰수성	170	1	불임성	212	1	수막성	254	1	연동성	296	1	자동성
129	1	무결성	171	1	불투명성	213	1	수양성	255	1	염결성	297	1	지명성
130	1	무궁성	172	1	비난성	214	1	수확성	256	1	염색체성	298	1	자조성
131	1	무외투성	173	1	비밀성	215	1	숙취성	257	1	예민성	299	1	작위성
132	1	무지성	174	1	비방성	216	1	숭고성	258	1	요독성	300	1	작전성
133	1	문화성	175	1	비범성	217	1	스트레스성	259	1	옹감성	301	1	잠행성
134	1	미래성	176	1	비즈니스성	218	1	슬라이스성	260	1	옹인성	302	1	재발성
135	1	미완성	177	1	비판성	219	1	시위성	261	1	옹해성	303	1	재현성
136	1	미지성	178	1	변맥성	220	1	식민지성	262	1	우선성	304	1	저온성
137	1	민원성	179	1	사대성	221	1	식중독성	263	1	우혼성	305	1	저위성
138	1	밀착성	180	1	사동성	222	1	신경질성	264	1	원숙성	306	1	저혈압성
139	1	박리성	181	1	사례성	223	1	신방성	265	1	원형성	307	1	적대성
140	1	박테리아성	182	1	사립체성	224	1	실신성	266	1	월경성	308	1	전복성
141	1	반동성	183	1	사물성	225	1	실어성	267	1	위악성	309	1	전위성
142	1	반영성	184	1	사상성	226	1	실종성	268	1	위처성	310	1	전이성

연번	빈도	파생어	연번	빈도	파생어	연번	빈도	파생어	연번	빈도	파생어	연번	빈도	파생어
311	1	전정성	352	1	척추뇌저설	393	1	패혈성	434	1	활용성	475	2	독점성
312	1	전진성	353	1	천박성	394	1	페스티벌성	435	1	회내근성	476	2	동반성
313	1	전체성	354	1	천자성	395	1	편축성	436	1	회복성	477	2	동심성
314	1	전투성	355	1	첨단성	396	1	편협성	437	1	회원성	478	2	매독성
315	1	전향성	356	1	첨예성	397	1	평면성	438	1	회유성	479	2	맹목성
316	1	전형성	357	1	청각성	398	1	포악성	439	1	회피성	480	2	모험성
317	1	점령성	358	1	청산성	399	1	포착성	440	1	횡문성	481	2	목표성
318	1	점이성	359	1	첨유성	400	1	폭로성	441	1	후향성	482	2	무맥성
319	1	점질성	360	1	체액성	401	1	표정성	442	1	흑질성	483	2	무정위성
320	1	정률성	361	1	초조성	402	1	표피성	443	1	흡기성	484	2	문책성
321	1	정맥성	362	1	촉발성	403	1	파동성	444	1	흡수성	485	2	물신성
322	1	정숙성	363	1	촉진성	404	1	파안성	445	1	흡습성	486	2	미숙성
323	1	정신성	364	1	최소성	405	1	필수성	446	1	회귀성	487	2	민중성
324	1	정유성	365	1	추악성	406	1	하향성	447	1	회극성	488	2	민첩성
325	1	정지성	366	1	추진성	407	1	한랭성	448	1	회한성	489	2	발효성
326	1	정향성	367	1	추체성	408	1	합법성	449	2	가망성	490	2	배제성
327	1	존귀성	368	1	축삭지근성	409	1	합병증성	450	2	가역성	491	2	변질성
328	1	종족성	369	1	축두성	410	1	합의성	451	2	객체성	492	2	보완성
329	1	종합성	370	1	치매성	411	1	합일성	452	2	결정성	493	2	보충성
330	1	좌선성	371	1	치밀성	412	1	항균성	453	2	경쟁성	494	2	봉건성
331	1	직천성	372	1	치열성	413	1	항의성	454	2	고립성	495	2	부교감성
332	1	최측성	373	1	치질성	414	1	항진성	455	2	공감성	496	2	부정성
333	1	주권성	374	1	친공성	415	1	해학성	456	2	공동성	497	2	부착성
334	1	주요성	375	1	친근성	416	1	행사성	457	2	공시성	498	2	불멸성
335	1	주파성	376	1	친수성	417	1	향반성	458	2	과감성	499	2	불용성
336	1	준법성	377	1	친일성	418	1	허망성	459	2	관광성	500	2	비례성
337	1	중력성	378	1	침강성	419	1	허용성	460	2	교원성	501	2	산소성
338	1	지각성	379	1	카테콜아민성	420	1	허탈성	461	2	기록성	502	2	상무성
339	1	직능성	380	1	캠페인성	421	1	현신성	462	2	기민성	503	2	상반성
340	1	직선성	381	1	쾌적성	422	1	혁명성	463	2	기복성	504	2	선정성
341	1	직진성	382	1	타산성	423	1	현존성	464	2	긴밀성	505	2	선택성
342	1	진리성	383	1	타협성	424	1	혈전성	465	2	낭만성	506	2	섬광성
343	1	진지성	384	1	탐사성	425	1	협소성	466	2	내인성	507	2	세속성
344	1	질주성	385	1	태반성	426	1	형식성	467	2	내재성	508	2	소극성
345	1	집합성	386	1	통각성	427	1	호온성	468	2	노르아드레날린성	509	2	속발성
346	1	징벌성	387	1	통기성	428	1	호전성	469	2	니코틴성	510	2	솔직성
347	1	차단성	388	1	통산성	429	1	호흡성	470	2	다공성	511	2	수인성
348	1	차등성	389	1	통증성	430	1	혼수성	471	2	다성성	512	2	순응성
349	1	착어성	390	1	퇴폐성	431	1	확고성	472	2	단속성	513	2	시각성
350	1	책무성	391	1	파격성	432	1	환경성	473	2	단식성	514	2	시급성
351	1	척수로성	392	1	파열성	433	1	환성성	474	2	도상성	515	2	시사성

연번	빈도	파생어	연번	빈도	파생어	연번	빈도	파생어	연번	빈도	파생어	연번	빈도	파생어
516	2	식민성	558	2	전지성	600	2	호응성	642	3	발포성	684	3	적용성
517	2	신경액성	559	2	전통성	601	2	호혜성	643	3	병원성	685	3	전능성
518	2	신규성	560	2	절실성	602	2	혼성성	644	3	보복성	686	3	절박성
519	2	신비성	561	2	접착성	603	2	혼합성	645	3	본태성	687	3	정부성
520	2	신장성	562	2	정밀성	604	2	홍반성	646	3	분석성	688	3	정상성
521	2	실재성	563	2	정중성	605	2	화제성	647	3	상보성	689	3	정착성
522	2	실천성	564	2	정태성	606	2	환원성	648	3	상실성	690	3	조절성
523	2	실현성	565	2	정형성	607	2	회귀성	649	3	상투성	691	3	존재성
524	2	씹힘성	566	2	제뇌성	608	2	흡인성	650	3	서사성	692	3	진자성
525	2	알칼리성	567	2	제면성	609	2	히스타민성	651	3	세로토닌성	693	3	채산성
526	2	액체성	568	2	제약성	610	3	가시성	652	3	소화성	694	3	척수성
527	2	야수성	569	2	제피질성	611	3	간독성	653	3	속효성	695	3	철저성
528	2	약리성	570	2	조급성	612	3	강압성	654	3	순간성	696	3	최고성
529	2	양도성	571	2	조형성	613	3	게릴라성	655	3	순결성	697	3	친밀성
530	2	억압성	572	2	주변성	614	3	고정성	656	3	습관성	698	3	친화성
531	2	엄밀성	573	2	즉흥성	615	3	공간성	657	3	습윤성	699	3	투과성
532	2	얼공성	574	2	지용성	616	3	공개성	658	3	시의성	700	3	편마비성
533	2	영세성	575	2	진균성	617	3	공산성	659	3	신경핵성	701	3	포괄성
534	2	예외성	576	2	진보성	618	3	관념성	660	3	신속성	702	3	표현성
535	2	외인성	577	2	찰나성	619	3	관심성	661	3	알코올성	703	3	함의성
536	2	용량성	578	2	최면성	620	3	광범성	662	3	야행성	704	3	해리성
537	2	용맹성	579	2	추체로성	621	3	군발성	663	3	양극성	705	3	항악성
538	2	위해성	580	2	축성	622	3	규칙성	664	3	엄숙성	706	3	현훈성
539	2	유기성	581	2	침략성	623	3	근면성	665	3	역행성	707	3	혈연성
540	2	유익성	582	2	침착성	624	3	급진성	666	3	연구성	708	3	협박성
541	2	유창성	583	2	침투성	625	3	기만성	667	3	열등성	709	3	호환성
542	2	유해성	584	2	토착성	626	3	기질성	668	3	완벽성	710	3	홍보성
543	2	융대성	585	2	통상성	627	3	기침성	669	3	완전성	711	3	홍행성
544	2	이란성	586	2	투자성	628	3	낙엽성	670	3	요구성	712	4	개혁성
545	2	이온성	587	2	특혜성	629	3	내면성	671	3	우위성	713	4	경향성
546	2	인물성	588	2	편두통성	630	3	내병성	672	3	울혈성	714	4	계절성
547	2	일원성	589	2	편파성	631	3	내충성	673	3	원발성	715	4	국제성
548	2	일체성	590	2	광탄성	632	3	내한성	674	3	유발성	716	4	국지성
549	2	임의성	591	2	평행성	633	3	노작성	675	3	유한성	717	4	귀염성
550	2	자족성	592	2	폐옹성	634	3	단기성	676	3	이벤트성	718	4	긍정성
551	2	장소성	593	2	항신성	635	3	당벌성	677	3	이적성	719	4	기동성
552	2	재난성	594	2	항상성	636	3	대등성	678	3	자연성	720	4	난해성
553	2	저속성	595	2	항암성	637	3	동처성	679	3	잔혹성	721	4	내구성
554	2	적격성	596	2	해양성	638	3	등가성	680	3	잠재성	722	4	단발성
555	2	적시성	597	2	핵성성	639	3	면역성	681	3	재무성	723	4	당뇨성
556	2	전달성	598	2	혁신성	640	3	무스카린성	682	3	저돌성	724	4	동시성
557	2	전시성	599	2	협조성	641	3	미진성	683	3	적법성	725	4	동요성

연번	빈도	파생어	연번	빈도	파생어	연번	빈도	파생어	연번	빈도	파생어	연번	빈도	파생어
726	4	망막성	768	4	친연성	810	5	폭력성	852	7	교차성	894	8	저축성
727	4	무동성	769	4	혈압성	811	5	현대성	853	7	기호성	895	8	정직성
728	4	문법성	770	4	혐기성	812	5	회소성	854	7	명확성	896	8	종교성
729	4	배뇨성	771	4	횡단성	813	6	감상성	855	7	문제성	897	8	직접성
730	4	부분성	772	4	히스테리성	814	6	개별성	856	7	보수성	898	8	처녀성
731	4	분산성	773	5	간접성	815	6	견고성	857	7	보장성	899	8	초월성
732	4	불가성	774	5	경색성	816	6	결합성	858	7	산업성	900	8	통정성
733	4	불량성	775	5	공평성	817	6	경화성	859	7	상품성	901	8	허수성
734	4	불법성	776	5	관계성	818	6	고의성	860	7	선심성	902	9	감염성
735	4	불변성	777	5	교훈성	819	6	다의성	861	7	소뇌성	903	9	결속성
736	4	사교성	778	5	무도성	820	6	단순성	862	7	수용성	904	9	계급성
737	4	삼투성	779	5	부당성	821	6	마비성	863	7	실조성	905	9	논리성
738	4	서정성	780	5	비약성	822	6	맹독성	864	7	실험성	906	9	반의성
739	4	세계성	781	5	사치성	823	6	목적성	865	7	엄격성	907	9	복합성
740	4	속물성	782	5	순진성	824	6	박동성	866	7	연결성	908	9	상업성
741	4	수포성	783	5	순환성	825	6	변별성	867	7	위헌성	909	9	섬유성
742	4	시간성	784	5	스테로이드성	826	6	붙임성	868	7	자의성	910	9	수평성
743	4	심장성	785	5	신경병성	827	6	열대성	869	7	장래성	911	9	시민성
744	4	아민성	786	5	알레르기성	828	6	영속성	870	7	지연성	912	9	아드레날린성
745	4	아토피성	787	5	용이성	829	6	영양성	871	7	진취성	913	9	연소성
746	4	야만성	788	5	유독성	830	6	예속성	872	7	천재성	914	9	위계성
747	4	외상성	789	5	유의성	831	6	우연성	873	7	투기성	915	9	의미성
748	4	원시성	790	5	융합성	832	6	율동성	874	7	편향성	916	9	이중성
749	4	위법성	791	5	음악성	833	6	인격성	875	7	폭발성	917	9	자주성
750	4	위상성	792	5	의도성	834	6	인접성	876	7	하행성	918	9	조심성
751	4	윤리성	793	5	이상성	835	6	중대성	877	7	허혈성	919	9	지역성
752	4	음해성	794	5	이율배반성	836	6	중독성	878	7	환상성	920	9	지향성
753	4	이완성	795	5	일반성	837	6	참신성	879	8	기용성	921	9	코린성
754	4	임신성	796	5	일치성	838	6	청탁성	880	8	결핵성	922	9	텍스트성
755	4	자치성	797	5	적정성	839	6	총체성	881	8	모순성	923	9	퇴행성
756	4	잔인성	798	5	점착성	840	6	편리성	882	8	반응성	924	9	파괴성
757	4	전염성	799	5	접속성	841	6	현재성	883	8	사실성	925	9	표재성
758	4	정면성	800	5	종속성	842	6	화농성	884	8	상핵성	926	9	효용성
759	4	제거성	801	5	주관성	843	6	환금성	885	8	성장성	927	9	후진성
760	4	제한성	802	5	집중성	844	6	확일성	886	8	수축성	928	10	강제성
761	4	조직성	803	5	참여성	845	7	강직성	887	8	신축성	929	10	단일성
762	4	준비성	804	5	처방성	846	7	개인성	888	8	영원성	930	10	민주성
763	4	중복성	805	5	천민성	847	7	건강성	889	8	유도성	931	10	범발성
764	4	증여성	806	5	체계성	848	7	공동체성	890	8	유행성	932	10	변동성
765	4	초탈성	807	5	타자성	849	7	공식성	891	8	이야기성	933	10	분절성
766	4	축삭성	808	5	통합성	850	7	관용성	892	8	익명성	934	10	시장성
767	4	출혈성	809	5	포용성	851	7	교감성	893	8	잡식성	935	10	심인성

연번	빈도	파생어	연번	빈도	파생어	연번	빈도	파생어	연번	빈도	파생어	연번	빈도	파생어
936	10	의외성	978	13	문학성	1020	18	근대성	1062	23	연합성	1104	34	이차성
937	10	일상성	979	13	반복성	1021	18	난치성	1063	23	의문성	1105	35	독립성
938	10	적합성	980	13	인과성	1022	18	노인성	1064	23	흥분성	1106	35	신뢰성
939	10	전도성	981	13	자세성	1023	18	동일성	1065	24	공익성	1107	36	동질성
940	10	전반성	982	13	종양성	1024	18	반사성	1066	24	동등성	1108	38	통일성
941	10	주기성	983	13	중심성	1025	18	방사성	1067	24	선천성	1109	39	양측성
942	10	탁월성	984	14	가족성	1026	18	불가피성	1068	24	완결성	1110	40	객관성
943	10	함축성	985	14	구체성	1027	18	집단성	1069	24	필연성	1111	40	다발성
944	10	회전성	986	14	대중성	1028	18	체위성	1070	25	민감성	1112	40	폐쇄성
945	11	국내성	987	14	상행성	1029	19	경련성	1071	25	삽화성	1113	41	식물성
946	11	내열성	988	14	세균성	1030	19	공격성	1072	25	유용성	1114	42	개연성
947	11	비극성	989	14	세포성	1031	19	능동성	1073	25	융통성	1115	42	구심성
948	11	상대성	990	14	양면성	1032	19	돌발성	1074	26	개방성	1116	42	여성성
949	11	수초성	991	14	언어성	1033	19	동기성	1075	26	경제성	1117	42	일과성
950	11	야간성	992	14	우월성	1034	19	모호성	1076	26	관련성	1118	42	초점성
951	11	연축성	993	14	자극성	1035	19	민족성	1077	27	간대성	1119	42	평등성
952	11	위대성	994	14	정치성	1036	19	배타성	1078	27	당위성	1120	44	연관성
953	11	위축성	995	14	진실성	1037	19	연계성	1079	27	상관성	1121	44	정도성
954	11	응집성	996	14	진정성	1038	19	의존성	1080	27	존엄성	1122	45	혈관성
955	11	잡종성	997	14	취약성	1039	19	특발성	1081	27	효과성	1123	46	진행성
956	11	접근성	998	15	경직성	1040	20	독창성	1082	28	실효성	1124	46	해군성
957	11	합법성	999	15	고유성	1041	20	예술성	1083	28	요청성	1125	47	동물성
958	11	항코린성	1000	15	공애성	1042	20	자원성	1084	28	저장성	1126	47	인간성
959	12	국민성	1001	15	기립성	1043	20	적절성	1085	28	활동성	1127	48	근간대성
960	12	바이러스성	1002	15	대칭성	1044	20	정확성	1086	29	우수성	1128	48	발작성
961	12	성실성	1003	15	방향성	1045	20	창조성	1087	29	중의성	1129	48	안정성
962	12	수직성	1004	15	수동성	1046	20	한계성	1088	29	지속성	1130	49	유사성
963	12	신경원성	1005	15	적극성	1047	20	혀구성	1089	29	현실성	1131	51	유연성
964	12	신성성	1006	16	과학성	1048	21	간질성	1090	30	동축성	1132	51	형평성
965	12	아급성	1007	16	복잡성	1049	21	역동성	1091	30	억제성	1133	55	공정성
966	12	염증성	1008	16	순수성	1050	21	일회성	1092	30	저항성	1134	55	심각성
967	12	이동성	1009	16	유효성	1051	21	중립성	1093	31	신빙성	1135	55	일관성
968	12	절대성	1010	16	일관성	1052	22	남성성	1094	32	대사성	1136	55	일차성
969	12	특이성	1011	16	증후성	1053	22	사회성	1095	32	작품성	1137	56	확실성
970	12	편의성	1012	17	감각성	1054	22	연대성	1096	32	차별성	1138	57	운동성
971	12	현장성	1013	17	과민성	1055	22	원심성	1097	33	동의성	1139	57	주체성
972	12	확정성	1014	17	실용성	1056	22	유전성	1098	33	자발성	1140	58	상징성
973	12	후천성	1015	17	이질성	1057	22	탄력성	1099	34	기능성	1141	58	창의성
974	13	계획성	1016	17	휘발성	1058	22	피질성	1100	34	대표성	1142	58	타당성
975	13	군집성	1017	18	건전성	1059	23	다원성	1101	34	독자성	1143	61	감수성
976	13	금속성	1018	18	공통성	1060	23	대가성	1102	34	역사성	1144	61	전신성
977	13	기술성	1019	18	국소성	1061	23	사업성	1103	34	연속성	1145	62	유동성

연번	빈도	파생어	연번	빈도	파생어	연번	빈도	파생어	연번	빈도	파생어	연번	빈도	파생어
1146	63	특수성	1153	73	보편성	1160	100	투명성	1167	214	중요성	n(50: 6630		
1147	64	공공성	1154	73	신경성	1161	102	합리성	1168	261	필요성	n(1,2):609		
1148	64	수익성	1155	74	긴장성	1162	113	생산성	1169	274	자율성	유형: 1171		
1149	66	말초성	1156	78	정통성	1163	117	정당성	1170	539	정체성	N: 231		
1150	67	중추성	1157	81	마약성	1164	138	다양성	1171	1568	기능성			
1151	70	안전성	1158	87	위험성	1165	139	전문성						
1152	70	책임성	1159	88	도덕성	1166	141	효율성						

  '-性'이 만들어낸 파생어의 종류는 총 1171가지이고 이중 1-2회 출현어
는 609개, 신어는 231개이다. 1-2회 출현어가 전체 유형의 52%(609/1171)
를 차지하는데 여기에는 기존 단어들의 사용 빈도가 줄어든 단어가 아
니라 즉시적 필요를 채우기 위해 만들어진 단어들이 많이 포함되어 있
다. 이들은 대체로 생산성을 반영하는 저빈도어라 할 수 있다. 'X性'에
는 빈도수 50회 이상의 단어는 불과 41개, 100회 이상 단어는 12개밖에
포함되어 있지 않다. '-性' 파생어 계열체는 전체적으로 저빈도 단어가
다수를 구성하는 집합이라 할 수 있다. 유형 빈도나 1-2회 출현어의 측
면 모두에서 '-性'은 매우 생산적인 특성을 보이는데 '씹힘성', '보아주
기성'의 신어에서 확인할 수 있는 것처럼 취할 수 있는 어기를 명사나
어근에만 한정하지 않고 '용언의 어간 + 명사형 어미'에까지 확장하는
모습도 관찰할 수 있다.

  위의 표를 보면 두 가지의 서로 다른 'X性' 중 신어는 주로 수식적 기
능을 가지는 'X性'에서 관찰되고, 명사적 기능만을 가지는 'X性'에서는
신어가 거의 없는 것을 확인할 수 있다. 'N+N' 구성의 선행 명사가 담
당하는 수식적 기능에 대한 필요를 'X性'을 통해 충족시키는 과정에서
수식적 기능의 'X性'이 활발하게 사용된 것으로 생각된다.[32] 이와는 대
조적으로 'X性' 중 100회 이상의 고빈도를 보이는 부류는 대체로 명사
적 용법으로만 사용되는 단어들이다. 'X性' 집합은 수식적 필요를 채우

---

32) 수식적 기능의 'X性'이 생산적으로 사용되는 현상은 비슷한 의미·기능을 가지는
   '-的'의 생산적인 사용과도 관련이 있는 것으로 보인다.

기 위한 임시어들이 저빈도어 그룹을 구성하고, 반복 사용으로 명사적 기능을 확립한 단어들이 고빈도어 그룹을 형성하고 있다고 할 수 있다.

이번에는 접미사 '-化'와 '-化'가 형성한 파생어 집합의 양적 특성을 살펴본다. '-化'는 일반적으로 명사나 어근에 결합하여 서술성을 가진 명사를 파생시키는 접미사이다. '-化'는 본래 '-하다'와의 결합이 불가능한 명사를 '-하다'나 '-되다'와 결합하여 동사로 사용될 수 있게 해 주기 때문에 국어에서 서술어를 만들 때 매우 유용하게 사용되는 접미사라고 할 수 있다. 'X化'는 대체로 '-하다' 및 '-되다'와 결합하여 사동과 피동의 의미를 나타낼 수 있다. 대상 코퍼스에서 접미사 '-化'가 형성한 파생어와 그 빈도는 다음과 같다.[33]

〈표3-34〉 접미사 '-化'의 파생어와 빈도

연번	빈도	파생어	연번	빈도	파생어	연번	빈도	파생어	연번	빈도	파생어	연번	빈도	파생어	연번	빈도	파생어
1	1	가설화	19	1	경량화	37	1	관습화	55	1	근현대화	73	1	독재화
2	1	가습화	20	I1	경음화	38	1	관용화	56	1	금납화	74	1	독점화
3	1	가중화	21	1	경쟁화	39	1	관제화	57	1	금전화	75	1	동방화
4	1	각색화	22	1	경제화	40	1	관행화	58	1	급변화	76	1	드라마화
5	1	간단화	23	1	경향화	41	1	관형사화	59	1	급속화	77	1	레퍼토리화
6	1	간부화	24	1	계급화	42	1	교육화	60	1	내부화	78	1	매뉴얼화
7	1	감상주의화	25	1	고립화	43	1	구상화	61	1	내포화	79	1	맹목화
8	1	강고화	26	1	고밀화	44	1	구역화	62	1	능률화	80	1	면역화
9	1	강국화	27	1	고정화	45	1	구획화	63	1	다분화	81	1	명사화
10	1	강대화	28	1	고질화	46	1	국민화	64	1	다채널화	82	1	모듈화
11	1	강대국화	29	1	고형화	47	1	국지화	65	1	다큐멘터리화	83	1	모빌화
12	1	개량화	30	1	공간화	48	1	국책화	66	1	단계화	84	1	목적화
13	1	개체화	31	1	공개화	49	1	군사화	67	1	단색화	85	1	무선화
14	1	거점화	32	1	공용어화	50	1	균질화	68	1	단식화	86	1	무속화
15	1	검인정화	33	1	공원화	51	1	균형화	69	1	단절화	87	1	무역화
16	1	격식화	34	1	공익화	52	1	그룹화	70	1	단체화	88	1	문자화
17	1	결정화	35	1	공중화	53	1	극우화	71	1	대국화	89	1	문헌화
18	1	겸업화	36	1	관대화	54	1	극좌화	72	1	대량화	90	1	물질화

---

33) 2자어로 구성된 'X化'는 논의의 대상에서 제외하였다. 그 예는 아래와 같다.

극화(1), 인화(人化)(1), 탄화(1), 혼화(!), 체화(2), 물화(4), 당화(14), 무화(14), 액화(15), 미화(36)

연번	빈도	파생어	연번	빈도	파생어	연번	빈도	파생어	연번	빈도	파생어	연번	빈도	파생어
91	1	미래화	133	1	소촌화	175	1	영구세화	217	1	저급화	259	1	치밀화
92	1	미분화	134	1	속국화	176	1	영양화	218	1	전국화	260	1	카터화
93	1	미신화	135	1	속도화	177	1	영혼화	219	1	전략화	261	1	클린화
94	1	민사화	136	1	속세화	178	1	외주화	220	1	전력화	262	1	키호테화
95	1	밀집화	137	1	쇼핑몰화	179	1	요건화	221	1	전신화	263	1	타락화
96	1	반동화	138	1	수량화	180	1	요도화	222	1	전쟁화	264	1	테일러화
97	1	발음화	139	1	수평화	181	1	우주화	223	1	전체화	265	1	토대화
98	1	백지화	140	1	순응화	182	1	운동화	224	1	정규직화	266	1	통계화
99	1	버철화	141	1	숫자화	183	1	운동장화	225	1	정략화	267	1	통일화
100	1	법률화	142	1	시각화	184	1	운명화	226	1	정부화	268	1	통합화
101	1	벤처캐피털화	143	1	시스템화	185	1	원심화	227	1	정신화	269	1	투기화
102	1	변형화	144	1	식당화	186	1	원활화	228	1	정쟁화	270	1	특징화
103	1	복잡화	145	1	신경화	187	1	위태화	229	1	정착화	271	1	파쇼체제화
104	1	부사화	146	1	신리화	188	1	유동화	230	1	정치판화	272	1	패권화
105	1	부엌화	147	1	신종화	189	1	유무실화	231	1	정향화	273	1	패턴화
106	1	부유화	148	1	신체화	190	1	유정화	232	1	제국주의화	274	1	평범화
107	1	부패화	149	1	실명화	191	1	유효화	233	1	제단화	275	1	평판화
108	1	분극화	150	1	실체화	192	1	유휴화	234	1	조건화	276	1	포획화
109	1	분무화	151	1	심각화	193	1	은염화	235	1	조목화	277	1	표상화
110	1	불구화	152	1	쌍방향화	194	1	음료화	236	1	종교화	278	1	풍자화
111	1	비대화	153	1	쓰레기화	195	1	음식화	237	1	종속화	279	1	하천화
112	1	비속화	154	1	쓰레기장화	196	1	의문화	238	1	좌경화	280	1	할로겐화
113	1	빌딩화	155	1	아이콘화	197	1	의미화	239	1	주거래화	281	1	해당화
114	1	사당화	156	1	아파트화	198	1	의소화	240	1	주차장화	282	1	행동화
115	1	사동화	157	1	알파화	199	1	이기화	241	1	중국화	283	1	허구화
116	1	사립화	158	1	야생화	200	1	이벤트화	242	1	중심지화	284	1	허브화
117	1	사문화	159	1	양분화	201	1	이산화	243	1	중우화	285	1	헤게모니화
118	1	사법화	160	1	양산화	202	1	이윤기화	244	1	지능화	286	1	혁신화
119	1	사병화	161	1	언어화	203	1	이익화	245	1	지방직화	287	1	현물화
120	1	사어화	162	1	엄격화	204	1	인공화	246	1	지성화	288	1	현상화
121	1	사영화	163	1	에너지화	205	1	인산화	247	1	지향화	289	1	현세화
122	1	산문화	164	1	엔터테이너화	206	1	인터넷화	248	1	직강화	290	1	혈관화
123	1	산촌화	165	1	엘리트화	207	1	일극화	249	1	직선화	291	1	협업화
124	1	상시화	166	1	엘리트주의화	208	1	일면화	250	1	직업화	292	1	홍등가화
125	1	상자화	167	1	여행지화	209	1	일본화	251	1	차원화	293	1	활자화
126	1	샤머니즘화	168	1	역동화	210	1	자금화	252	1	천민화	294	1	흉포화
127	1	석차화	169	1	역사화	211	1	자아화	253	1	천재화	295	1	회석화
128	1	섬유화	170	1	역순화	212	1	작물화	254	1	초국화	296	2	가치화
129	1	성문화	171	1	연례화	213	1	작품화	255	1	초자화	297	2	갈색화
130	1	센터화	172	1	연소화	214	1	재배화	256	1	최선화	298	2	강제화
131	1	소유화	173	1	연음화	215	1	재산권화	257	1	최적화	299	2	개성화
132	1	소작인화	174	1	영구화	216	1	재지화	258	1	취약화	300	2	건실화

연번	빈도	파생어	연번	빈도	파생어	연번	빈도	파생어	연번	빈도	파생어	연번	빈도	파생어
301	2	건전화	343	2	소송화	385	2	통속화	427	3	집약화	469	4	파쇄화
302	2	건조화	344	2	식품화	386	2	편향화	428	3	최대화	470	4	프로그램화
303	2	고속화	345	2	실현화	387	2	표제화	429	3	컴퓨터화	471	4	현금화
304	2	과립화	346	2	악마화	388	2	피동화	430	3	특권화	472	5	계열화
305	2	과밀화	347	2	암호화	389	2	한국화	431	3	평균화	473	5	공고화
306	2	과학화	348	2	연극화	390	2	한자화	432	3	활용화	474	5	관념화
307	2	관광지화	349	2	연쇄점화	391	2	현지화	433	3	휴지화	475	5	관례화
308	2	관세화	350	2	영세화	392	2	협소화	434	4	간편화	476	5	광역화
309	2	국가화	351	2	영웅화	393	2	형이상학화	435	4	경직화	477	5	국산화
310	2	국영화	352	2	예교화	394	2	호정화	436	4	계층화	478	5	귀족화
311	2	권력화	353	2	예속화	395	3	거대화	437	4	극단화	479	5	기호화
312	2	긍정화	354	2	온라인화	396	3	공산화	438	4	기관화	480	5	내재화
313	2	기구화	355	2	왜소화	397	3	공산주의화	439	4	노예화	481	5	동일화
314	2	기지화	356	2	우민화	398	3	균일화	440	4	녹색화	482	5	문서화
315	2	남성화	357	2	유럽화	399	3	극소화	441	4	동력화	483	5	복합화
316	2	논리화	358	2	융복합화	400	3	노골화	442	4	문화화	484	5	상징화
317	2	능동화	359	2	이질화	401	3	단지화	443	4	박제화	485	5	신격화
318	2	다공화	360	2	익명화	402	3	당론화	444	4	병리화	486	5	신민화
319	2	다극화	361	2	일산화	403	3	대만화	445	4	봉건화	487	5	신비화
320	2	다핵화	362	2	일체화	404	3	도구화	446	4	분산화	488	5	여론화
321	2	단기화	363	2	자기화	405	3	명사화	447	4	불법화	489	5	우경화
322	2	등급화	364	2	자연화	406	3	무기화	448	4	빈곤화	490	5	원자화
323	2	만성화	365	2	적정화	407	3	무료화	449	4	사회주의화	491	5	의제화
324	2	목록화	366	2	전면화	408	3	민간화	450	4	서열화	492	5	이분화
325	2	무대화	367	2	전자화	409	3	분식화	451	4	석회화	493	5	적극화
326	2	무장화	368	2	전형화	410	3	상식화	452	4	성역화	494	5	절차화
327	2	민족화	369	2	점수화	411	3	성별화	453	4	소프트화	495	5	주변화
328	2	복선화	370	2	정당(政黨)화	412	3	소설화	454	4	신성화	496	5	중심화
329	2	복음화	371	2	정랑화	413	3	소형화	455	4	우상화	497	5	집촌화
330	2	복지화	372	2	정식화	414	3	수동화	456	4	유연화	498	5	추상화
331	2	분업화	373	2	정책화	415	3	신화화	457	4	이상화	499	5	토착화
332	2	분절화	374	2	지구촌화	416	3	실질화	458	4	인격화	500	5	평등화
333	2	블록화	375	2	지능화	417	3	실질법화	459	4	자본주의화	501	6	규범화
334	2	비용화	376	2	지수화	418	3	심층화	460	4	자주화	502	6	대상화
335	2	비핵화	377	2	지식화	419	3	양식화	461	4	저속화	503	6	데이터베이스화
336	2	사막화	378	2	지표화	420	3	이미지화	462	4	정예화	504	6	동질화
337	2	사물화	379	2	집적화	421	3	이중화	463	4	제품화	505	6	범죄화
338	2	산성화	380	2	차등화	422	3	자립화	464	4	주제화	506	6	사건화
339	2	선민화	381	2	첨예화	423	3	자본화	465	4	지구화	507	6	시장화
340	2	성분화	382	2	총체화	424	3	장식화	466	4	지속화	508	6	유료화
341	2	세밀화	383	2	충실화	425	3	종합화	467	4	첨단화	509	6	입법화
342	2	세부화	384	2	친일화	426	3	중성화	468	4	체질화	510	6	정교화

연번	빈도	파생어	연번	빈도	파생어	연번	빈도	파생어	연번	빈도	파생어	연번	빈도	파생어
511	6	형해화	547	9	규격화	583	14	주류화	619	26	공론화	655	58	분권화
512	6	화석화	548	9	본격화	584	14	초토화	620	26	영화화	656	64	본격화
513	7	계량화	549	9	이론화	585	14	파편화	621	28	문명화	657	65	합리화
514	7	고층화	550	9	직접화	586	15	내면화	622	28	세력화	658	69	현실화
515	7	공용화	551	10	국유화	587	15	집중화	623	28	정형화	659	70	가속화
516	7	다각화	552	10	기능화	588	16	공식화	624	30	지방화	660	71	상품화
517	7	다변화	553	10	내실화	589	16	단일화	625	29	평준화	661	72	구체화
518	7	동조화	554	10	도식화	590	16	문제화	626	29	현대화	662	78	보편화
519	7	상대화	555	10	무효화	591	16	습관화	627	29	황폐화	663	80	조직화
520	7	수초화	556	10	백지화	592	16	안정화	628	31	도시화	664	81	고령화
521	7	양성화	557	10	영상화	593	17	디지털화	629	32	상용화	665	81	최소화
522	7	여성화	558	10	현재화	594	17	명문화	630	33	다원화	666	89	제도화
523	7	자산화	559	11	글로벌화	595	18	감량화	631	33	의무화	667	91	일반화
524	7	절대화	560	11	범주화	596	18	부실화	632	34	공업화	668	92	자유화
525	7	정례화	561	11	사료화	597	18	실용화	633	34	단순화	669	94	법제화
526	7	주체화	562	11	슬럼화	598	18	정치화	634	34	온난화	670	99	정상화
527	7	중립화	563	11	이슈화	599	18	희화화	635	34	장기화	671	100	산업화
528	7	책임화	564	11	자원화	600	19	공동화	636	35	합법화	672	105	정당화
529	7	특수화	565	11	집단화	601	19	사유화	637	36	무력화	673	120	정보화
530	7	표면화	566	11	투명화	602	19	선진화	638	37	상업화	674	123	차별화
531	7	협동화	567	12	개방화	603	19	유형화	639	38	전문화	675	126	극대화
532	7	형식화	568	12	고급화	604	20	관료화	640	39	구조화	676	138	근대화
533	7	효율화	569	12	네트워크화	605	20	의인화	641	39	획일화	677	272	민주화
534	8	고착화	570	12	세속화	606	20	일원화	642	40	표준화	678	423	활성화
535	8	국소화	571	13	개념화	607	20	자율화	643	41	국제화	679	435	세계화
536	8	기사화	572	13	개별화	608	21	간소화	644	43	형상화			
537	8	기업화	573	13	개인화	609	21	기계화	645	44	전산화			
538	8	노후화	574	13	객관화	610	21	사실화	646	45	대중화			
539	8	법인화	575	13	노령화	611	21	생활화	647	46	다양화			
540	8	보수화	576	13	미국화	612	22	대형화	648	46	사업화	n<50: 3431,		
541	8	상설화	577	13	식민화	613	22	세분화	649	48	체계화	n(1,2):394,		
542	8	양극화	578	13	자동화	614	22	식민지화	650	50	서구화	N:157 유형:679		
543	8	집권화	579	13	퇴비화	615	22	인간화	651	53	동기화			
544	8	타자화	580	14	의식화	616	23	고도화	652	55	특성화			
545	8	핵가족화	581	14	이원화	617	23	일상화	653	56	사회화			
546	9	간접화	582	14	쟁점화	618	24	가시화	654	57	민영화			

'-化'가 만들어낸 파생어의 종류는 679가지인데 이중 1-2회 출현어는 394개이고 신어는 157개이다. 1-2회 출현어가 전체의 58%(394/679)를 차지하는데 이 단어들은 즉시적 필요를 채우기 위해 만들어진 생산성을

반영하는 저빈도어이다. 빈도수 50회 이상의 단어는 30개, 100회 이상의 단어는 불과 9개밖에 되지 않는다. '-化' 파생어 계열체는 전체적으로 저빈도 단어가 다수를 구성하는 집합이라 할 수 있다.

위의 표를 보면 '-化'는 한자어만이 아니라 외래어까지도 자유롭게 어기로 취하여 파생어를 만들어내는데 고유어 어기와 결합한 예는 하나도 관찰되지 않았다. '-性'과 '-的'은 대체로 한자어 및 외래어만이 아니라 고유어와도 결합하는 몇몇 예를 보여주는 사실과 비교하면 이는 매우 대조적인 현상이라 할 수 있다. 접미사 '-化'는 고유어 어기와의 결합에 어떤 제약이 있는 것으로 생각된다.[34)]

다음은 '-的'을 살펴보기로 한다. '-的'은 대체로 명사나 어근과 결합하여 '해당 어기의 성격을 가진'의 뜻을 갖는 다소는 형용사적인 성격의 명사를 파생시킨다. 형태적으로 보면 'X的'의 품사는 명사이지만 의미·기능적 측면에서는 'X的'이 계사 '-이-'와 결합하여 사용되면서 형용사의 특성을 동시에 갖기도 한다. 김창섭(1996:186)에서는 'X的'의 명사적 특성을 아래와 같이 4가지로 제시하면서 다른 각도에서 보면 이 네 가지 특성은 'X的'의 기능이 형용사적임을 보여주는 것이기도 하다고 해석하였다.

(6) ㄱ. 어미나 조사 없이 단독형으로 쓰일 수 있다.

ㄴ. 계사 '-이-'를 취할 수 있다.

ㄷ. 부정문에서 'X的(-이-) 아니다'의 형식을 취한다.

ㄹ. 구격조사 '-으로'를 취할 수 있다.

'X的'이 명사가 가지는 일반 특성을 가지는 것으로 보이지만 일단 곡용의 패러다임이 불완전하고, 'X的'이 '-이 아니다'의 부정 구문만이 아

---

34) 한자어 접미사 '-化'의 고유어 어기 결합제약에 대해서는 노명희(1998:179)에서도 같은 언급을 확인할 수 있다.

니라 '-이지 않다'의 형용사문의 부정 구문을 가진다는 점은 'X的'의 형
용사성을 말해주는 것이라고 하였다. 김창섭(1996:186-90)은 'X的'의 이
러한 이중적 성격을 지적하면서도 형용사로서의 'X的'의 기능에 더 중
점을 두는 입장을 취했다. 본 연구도 김창섭(1996)과 같은 입장이지만
형태적인 입장에서 'X的'의 품사는 형용사보다는 명사 쪽에 가깝기 때
문에 '-的'을 명사 파생 접미사의 범주 안에서 다루기로 한다.[35]

대상 코퍼스에서 접미사 '-的'이 형성한 파생어와 그 빈도는 다음과
같다.[36]

〈표3-35〉 접미사 '-的'의 파생어와 빈도

연번	빈도	파생어	연번	빈도	파생어	연번	빈도	파생어	연번	빈도	파생어	연번	빈도	파생어
1	1	2분법적	15	1	개체적	29	1	계승적	43	1	과두적	57	1	교체적
2	1	80년대적	16	1	건축가적	30	1	계시적	44	1	과학사적	58	1	교환적
3	1	90년대적	17	1	게르만적	31	1	고리대적	45	1	관건적	59	1	교회적
4	1	Advocacy적	18	1	게릴라적	32	1	고립적	46	1	관념론적	60	1	교회주의적
5	1	CEO적	19	1	결과론적	33	1	고문서학적	47	1	관음증적	61	1	구당적
6	1	criticism적	20	1	결사체적	34	1	고백적	48	1	관제적	62	1	구도적
7	1	Pragmatics적	21	1	결연적	35	1	고어체적	49	1	관찰자적	63	1	구도자적
8	1	가교적	22	1	경관적	36	1	고전주의적	50	1	광역적	64	1	구두적
9	1	감상주의적	23	1	경영자적	37	1	공산적	51	1	광열적	65	1	구속적
10	1	감수적	24	1	경제학적	38	1	공산주의적	52	1	괴멸적	66	1	구악적
11	1	강권적	25	1	경화증적	39	1	공예적	53	1	교권적	67	1	국방적
12	1	강대국적	26	1	계급론적	40	1	공욕진적	54	1	교단적	68	1	군국주의적
13	1	강도적	27	1	계략적	41	1	공존적	55	1	교역적	69	1	군자적
14	1	강성적	28	1	계서적	42	1	과거적	56	1	교조주의적	70	1	굴종적

---

35) 'X的'이 품사적으로는 명사에 속하긴 하지만 그 의미나 기능은 형용사적이면서
'-스럽-' 및 '-롭-'과 매우 유사하다. 이런 이유로 인해 5장에서는 비슷한 의미를
가지는 파생어인 'X스럽', 'X롭', 'X的'을 함께 다루어 그 양적 특성을 파악하고
저지의 예외가 나타나는 원인을 설명하였다.

36) 2자어로 구성된 X'-的은 논의의 대상에서 제외하였다. 그 예는 아래와 같다.

종적(2), 동적(2), 부적(2), 선적(3), 심적(8), 횡적(8), 신적(9), 집적(15), 정적(17),
광적(19), 수적(21), 미적(25), 영적(30), 단적(52), 병적(59), 내적(85), 극적(93),
시적(104), 양적(107), 성적(120), 인적(129), 전적(131), 질적(137), 사적(138), 지
적(189), 공적(254), 법적(265)

연번	빈도	파생어	연번	빈도	파생어	연번	빈도	파생어	연번	빈도	파생어	연번	빈도	파생어
71	1	권선징악적	113	1	뉴미디어적	155	1	두레적	197	1	문어적	239	1	변혁사적
72	1	귀족주의적	114	1	다면적	156	1	등가적	198	1	문체적	240	1	병태적
73	1	규격적	115	1	다방적	157	1	라깡적	199	1	문학주의적	241	1	보건학적
74	1	균분적	116	1	다성적	158	1	라오스적	200	1	문헌학적	242	1	보들레르적
75	1	극본적	117	1	다중적	159	1	로렌스적	201	1	물성학적	243	1	보유적
76	1	근대주의적	118	1	다큐적	160	1	로맨스적	202	1	물체적	244	1	복원적
77	1	근육병증적	119	1	다혈질적	161	1	로빈슨적	203	1	뮤지컬적	245	1	복종적
78	1	근친적	120	1	단계론적	162	1	마니교적	204	1	미덕적	246	1	복지적
79	1	근친상간적	121	1	단말마적	163	1	마르크스주의적	205	1	미디어적	247	1	봉사적
80	1	금욕적	122	1	단위적	164	1	마찰적	206	1	미봉적	248	1	봉쇄적
81	1	급속적	123	1	단일적	165	1	마키아벨리즘적	207	1	미술사적	249	1	부검적
82	1	기구적	124	1	단자적	166	1	막스주의적	208	1	미술학적	250	1	부동산적
83	1	기독교적	125	1	단층적	167	1	만능적	209	1	미용적	251	1	부성적
84	1	기상적	126	1	당대적	168	1	만능주의적	210	1	미필적	252	1	부속적
85	1	기속적	127	1	당론적	169	1	만족적	211	1	미혹적	253	1	부조적
86	1	기자적	128	1	당사자적	170	1	말기적	212	1	민사법적	254	1	북한주의적
87	1	기준적	129	1	대각적	171	1	말단적	213	1	민속지적	255	1	분별적
88	1	기층적	130	1	대규모적	172	2	망국적	214	1	민족주의자적	256	1	분산적
89	1	기행증적	131	1	대등적	173	1	매국적	215	1	민족지적	257	1	분업적
90	1	기호적	132	1	대상적	174	1	매니키언적	216	1	민주당적	258	1	분자적
91	1	길드적	133	1	대유법적	175	1	매도적	217	1	밀교적	259	1	분절적
92	1	길항적	134	1	데카르트적	176	1	매체적	218	1	박애적	260	1	분파적
93	1	낙관론적	135	1	도가적	177	1	면담적	219	1	반목적	261	1	분화적
94	1	낙관주의적	136	1	도상적	178	1	면역학적	220	1	반소주의적	262	1	불만적
95	1	낙후적	137	1	도이머이적	179	1	면접적	221	1	발견적	263	1	불변적
96	1	내발적	138	1	도적적	180	1	멸시적	222	1	발레적	264	1	불사적
97	1	내세적	139	1	도착적	181	1	모독적	223	1	발상적	265	1	붕당적
98	1	내시경적	140	1	독설적	182	1	모성애적	224	1	발자크적	266	1	비관론적
99	1	내외부적	141	1	독일적	183	1	모험주의적	225	1	방사선적	267	1	비교(秘敎)적
100	1	내포적	142	1	돌진적	184	1	목적론적	226	1	방임적	268	1	비교법적
101	1	노선적	143	1	동린적	185	1	몬도가네적	227	1	방편적	269	1	비분강개적
102	1	노이로제적	144	1	동린계적	186	1	몽상적	228	1	방향적	270	1	비용적
103	1	노인현화가적	145	1	동명사적	187	1	묘사적	229	1	배경적	271	1	비의적
104	1	노자적	146	1	동물학적	188	1	무(XPN당)적	230	1	배외적	272	1	비판주의적
105	1	노장적	147	1	동방적	189	1	무형적	231	1	백과사전적	273	1	사대주의적
106	1	농경민적	148	1	동심원적	190	1	무력적	232	1	범신론적	274	1	사목적
107	1	농업적	149	1	동아시아적	191	1	무신론적	233	1	법리적	275	1	사무라이적
108	1	농촌적	150	1	동음이의어적	192	1	무정부주의적	234	1	법치적	276	1	사생아적
109	1	뇌병증적	151	1	동의적	193	1	무협적	235	1	법칙적	277	1	사용자적
110	1	누아르적	152	1	동의어적	194	1	무형적	236	1	베드로적	278	1	사유적
111	1	누적적	153	1	동지적	195	1	묵시론적	237	1	변별적	279	1	사회사적
112	1	누진적	154	1	동지애적	196	1	문명사적	238	1	변칙적	280	1	실생적

연번	빈도	파생어	연번	빈도	파생어	연번	빈도	파생어	연번	빈도	파생어	연번	빈도	파생어	연번	빈도	파생어
281	1	삼면적	323	1	세대적	365	1	아메바적	407	1	우위적	449	1	자서전적
282	1	삼중적	324	1	셰익스피어적	366	1	아프리카적	408	1	월권적	450	1	자선적
283	1	삼차원적	325	1	소승적	367	1	악질적	409	1	위성적	451	1	자아적
284	1	상대주의적	326	1	소싯적	368	1	암호적	410	1	위안적	452	1	자연주의적
285	1	상동증적	327	1	소아병적	369	1	압제적	411	1	유교주의적	453	1	자연환경적
286	1	상설적	328	1	소유적	370	1	애국가적	412	1	유기체적	454	1	자원적
287	1	상쇄적	329	1	소재적	371	1	애론손적	413	1	유심론적	455	1	자유권적
288	1	상업주의적	330	1	소크라테스적	372	1	앵무가적	414	1	유의적	456	1	자유방임적
289	1	상의하달적	331	1	수리오적	373	1	야수적	415	1	유전자적	457	1	자유혼적
290	1	상호주의적	332	1	수미쌍관적	374	1	약력학적	416	1	유지적	458	1	자의식적
291	1	색정적	333	1	수수께끼적	375	1	약탈적	417	1	유추적	459	1	자포자기적
292	1	생동적	334	1	수용적	376	1	양분법적	418	1	육친애적	460	1	지폭적
293	1	생명체적	335	1	수정적	377	1	양자택일적	419	1	윤리학적	461	1	자해적
294	1	생물적	336	1	수평적	378	1	어의적	420	1	윤회적	462	1	작가주의적
295	1	생존적	337	1	수호적	379	1	업무적	421	1	은둔적	463	1	잔다르크적
296	1	생존권적	338	1	순교자적	380	1	에로스적	422	1	음란적	464	1	장애인적
297	1	생체적	339	1	순기능적	381	1	엘리트적	423	1	응원적	465	1	장인적
298	1	생태계적	340	1	순발적	382	1	여당적	424	1	의사적	466	1	재래적
299	1	생태주의적	341	1	순서적	383	1	여론적	425	1	의외적	467	1	재료적
300	1	생태중심적	342	1	순정적	384	1	연고적	426	1	의회적	468	1	재정학적
301	1	서계적	343	1	슈클로프스키적	385	1	연구사적	427	1	이분론적	469	1	저널리즘적
302	1	서사시적	344	1	스릴러적	386	1	연령적	428	1	이슬람적	470	1	전국적
303	1	서술적	345	1	스포츠적	387	1	연성적	429	1	이야기적	471	1	전능적
304	1	서열적	346	1	승인적	388	1	연예적	430	1	이화학적	472	1	전래적
305	1	선교적	347	1	시대사적	389	1	열광적	431	1	익명적	473	1	전망적
306	1	선교사적	348	1	시점적	390	1	염증적	432	1	인권적	474	1	전반기적
307	1	선병질적	349	1	시차적	391	1	영세적	433	1	인조적	475	1	전승국적
308	1	선상적	350	1	시청각적	392	1	영어적	434	1	인종주의적	476	1	전일적
309	1	선악적	351	1	식물적	393	1	영향적	435	1	인지론적	477	1	전제주의적
310	1	선전적	352	1	식물학적	394	1	예기적	436	1	인칭적	478	1	전진적
311	1	선정적	353	1	식민주의적	395	1	예언적	437	1	일반론적	479	1	전체론적
312	1	선정주의적	354	1	식품사적	396	1	오이디푸스적	438	1	일방주의적	480	1	전파론적
313	1	선제적	355	1	신분법적	397	1	온정적	439	1	일변도적	481	1	절약적
314	1	선행적	356	1	신파적	398	1	온정주의적	440	1	일원론적	482	1	절차법적
315	1	설교적	357	1	신파극적	399	1	옹호적	441	1	일편적	483	1	점성술적
316	1	성경적	358	1	실인증적	400	1	외모적	442	1	임노동적	484	1	정공법적
317	1	성과적	359	1	실존주의적	401	1	요건적	443	1	임시어적	485	1	정권적
318	1	성과주의적	360	1	실학적	402	1	요법적	444	1	입지적	486	1	정당적
319	1	성교육적	361	1	실행증적	403	1	요식적	445	1	입헌적	487	1	정률적
320	1	성도착적	362	1	실효적	404	1	우경적	446	1	자기발전적	488	1	정식적
321	1	성추행적	363	1	쌍방향적	405	1	우성적	447	1	자동적	489	1	정신사적
322	1	세기말적	364	1	아마추어적	406	1	우월주의적	448	1	자산적	490	1	정언적

연번	빈도	파생어	연번	빈도	파생어	연번	빈도	파생어	연번	빈도	파생어	연번	빈도	파생어
491	1	정체적	533	1	차원적	575	1	코믹적	617	1	풍수지리적	659	1	형태론적
492	1	정치학적	534	1	착란적	576	1	쾌락적	618	1	프런티어적	660	1	호색적
493	1	정향적	535	1	착어증적	577	1	타의적	619	1	프로이트적	661	1	호소적
494	1	정황적	536	1	창세적	578	1	타자적	620	1	프로프적	662	1	혼합적
495	1	제시적	537	1	책임적	579	1	통념적	621	1	피부적	663	1	홍상수적
496	1	제유법적	538	1	책임법적	580	1	통일론적	622	1	피아론적	664	1	홍청색증적
497	1	제주도적	539	1	처용적	581	1	통치적	623	1	피안적	665	1	화용적
498	1	제품적	540	1	천동설적	582	1	통학적	624	1	피질적	666	1	화행론적
499	1	조각적	541	1	천생적	583	1	퇴영적	625	1	피학적	667	1	확대적
500	1	조신적	542	1	천연적	584	1	투사적	626	1	필요악적	668	1	확장적
501	1	조폭적	543	1	천주교적	585	1	특수적	627	1	하복적	669	1	환각적
502	1	존중적	544	1	철학가적	586	1	특정적	628	1	하이데거적	670	1	환원성적
503	1	종교론적	545	1	철학서적	587	1	특혜적	629	1	한계적	671	1	환원주의적
504	1	종양학적	546	1	첨단적	588	1	파당적	630	1	한반도적	672	1	회계적
505	1	주류적	547	1	청교도주의적	589	1	파상적	631	1	한정적	673	1	회귀적
506	1	주정主情적	548	1	청년적	590	1	파생적	632	1	함몰적	674	1	회로적
507	1	준거적	549	1	체성적	591	1	파시스트적	633	1	합병증적	675	1	회유적
508	1	중간파적	550	1	촌락적	592	1	파토스적	634	1	합의적	676	1	효소적
509	1	중독적	551	1	촌철살인적	593	1	파편적	635	1	합일적	677	1	효시적
510	1	중산적	552	1	총계적	594	1	판화적	636	1	합작적	678	1	효용적
511	1	중세기적	553	1	총량적	595	1	패권적	637	1	합헌적	679	1	후견주의적
512	1	중용적	554	1	총유적	596	1	패권주의적	638	1	항시적	680	1	후반기적
513	1	중재적	555	1	총제적	597	1	펠리컨적	639	1	해방적	681	1	후발적
514	1	즉물적	556	1	총체론적	598	1	편견적	640	1	해설적	682	1	후생학적
515	1	즉시적	557	1	추수적	599	1	편면적	641	1	해양적	683	1	후세적
516	1	증량적	558	1	추정적	600	1	편법적	642	1	해체주의적	684	1	후유증적
517	1	증상적	559	1	축적적	601	1	편협적	643	1	해프닝적	685	1	후일담적
518	1	증후학적	560	1	출생적	602	1	평균치적	644	1	행위적	686	1	후행적
519	1	지대적	561	1	충족적	603	1	평등주의적	645	1	향락적	687	1	훈육적
520	1	지상주의적	562	1	치과적	604	1	평상적	646	1	향토적	688	1	회비극적
521	1	지식인적	563	1	친공적	605	1	평행선적	647	1	헤라클레스적	689	2	寬容的
522	1	지원적	564	1	친린적	606	1	폐륜적	648	1	헤브라이즘적	690	2	19세기적
523	1	지중해적	565	1	친미적	607	1	포도주의적	649	1	현미경학적	691	2	3차원적
524	1	지협적	566	1	친영적	608	1	포퓔리슴적	650	1	현상학적	692	2	기속적
525	1	지형학적	567	1	침략주의적	609	1	폭로적	651	1	현세주의적	693	2	가치적
526	1	직역적	568	1	침투적	610	1	표상적	652	1	현시대적	694	2	개념론적
527	1	진리적	569	1	침해적	611	1	표출적	653	1	혈청학적	695	2	개량적
528	1	진화론적	570	1	카니벌적	612	1	표현적	654	1	활동주의적	696	2	개인사적
529	1	질량적	571	1	카멜레온적	613	1	표현주의적	655	1	협심증적	697	2	건축학적
530	1	질환적	572	1	캄보디아적	614	1	풀이적	656	1	형사적	698	2	결의적
531	1	징후학적	573	1	케인즈적	615	1	품질적	657	1	형상적	699	2	경구적
532	1	차안적	574	1	코미디적	616	1	풍속적	658	1	형성적	700	2	경영적

연번	빈도	파생어	연번	빈도	파생어	연번	빈도	파생어	연번	빈도	파생어	연번	빈도	파생어
701	2	경제사학적	743	2	들뢰즈적	785	2	서민적	827	2	영토적	869	2	재산적
702	2	계통적	744	2	리얼리즘적	786	2	서지적	828	2	예술가적	870	2	전단적
703	2	고구려적	745	2	마취적	787	2	선동적	829	2	예언자적	871	2	전민적
704	2	고대적	746	2	맑시스트적	788	2	선조적	830	2	오락적	872	2	전인적
705	2	고딕적	747	2	매개적	789	2	성악적	831	2	완벽주의적	873	2	점층적
706	2	공시론적	748	2	맹아적	790	2	소규모적	832	2	완충적	874	2	정감적
707	2	공조적	749	2	메시아적	791	2	소아적	833	2	왕당파적	875	2	정규적
708	2	과시적	750	2	메트로폴리탄적	792	2	수사법적	834	2	왕조적	876	2	정복적
709	2	과정적	751	2	면역적	793	2	수세적	835	2	외생적	877	2	정전적
710	2	관련적	752	2	명목적	794	2	수평적	836	2	외양적	878	2	제의적
711	2	관료제적	753	2	명분적	795	2	수행적	837	2	외연적	879	2	조화적
712	2	관리적	754	2	명상적	796	2	순리적	838	2	외형적	880	2	좌경적
713	2	관조적	755	2	모계적	797	2	슬라브적	839	2	요약적	881	2	좌파적
714	2	교량적	756	2	모성적	798	2	시장적	840	2	우생학적	882	2	주동적
715	2	교훈담적	757	2	몽상가적	799	2	시지푸스적	841	2	우의적	883	2	주장적
716	2	구성주의적	758	2	미술적	800	2	시험적	842	2	웅녀적	884	2	중간자적
717	2	구어적	759	2	민법적	801	2	시혜적	843	2	원근법적	885	2	중기적
718	2	국제기구론적	760	2	반공주의적	802	2	식문화적	844	2	원동적	886	2	중심주의적
719	2	국제법적	761	2	반역적	803	2	식품학적	845	2	원리주의적	887	2	중핵적
720	2	극우적	762	2	반응적	804	2	신경증적	846	2	위법적	888	2	증후적
721	2	기법적	763	2	반일적	805	2	신라적	847	2	유아적	889	2	지리학적
722	2	기후적	764	2	방관자적	806	2	신비주의적	848	2	유아론적	890	2	진보주의적
723	2	내향적	765	2	범죄적	807	2	신사적	849	2	유음적	891	2	집단주의적
724	2	노동적	766	2	병행적	808	2	실리적	850	2	육신적	892	2	천민적
725	2	뇌쇄적	767	2	보복적	809	2	실용주의적	851	2	의인법적	893	2	철학적
726	2	뇌파적	768	2	보수주의적	810	2	실재적	852	2	이과적	894	2	청산주의적
727	2	다국적	769	2	보족적	811	2	실험실적	853	2	이론가적	895	2	체념적
728	2	단속적	770	2	보험법적	812	2	쌍무적	854	2	이벤트적	896	2	초기적
729	2	단체적	771	2	본연적	813	2	안주적	855	2	이해타산적	897	2	추구적
730	2	대가적	772	2	본위적	814	2	애니미즘적	856	2	인간학적	898	2	추론적
731	2	대결적	773	2	봉건주의적	815	2	야생적	857	2	인과론적	899	2	추세적
732	2	대결주의적	774	2	분석학적	816	2	약소국적	858	2	인류적	900	2	축제적
733	2	대극적	775	2	분할적	817	2	어원적	859	2	인문적	901	2	친족적
734	2	대응적	776	2	비례적	818	2	억제적	860	2	인상파적	902	2	타성적
735	2	대인적	777	2	사관적	819	2	언향적	861	2	인체적	903	2	탐미적
736	2	독과점적	778	2	사대적	820	2	업적적	862	2	일본적	904	2	토착적
737	2	독재적	779	2	사디즘적	821	2	에세이적	863	2	일차원적	905	2	통전적
738	2	동사적	780	2	사론적	822	2	여성주의적	864	2	임기응변적	906	2	퇴보적
739	2	동양론적	781	2	사익적	823	2	역사주의적	865	2	입문적	907	2	파노라마적
740	2	동의학적	782	2	사족적	824	2	역술적	866	2	자연법적	908	2	파멸적
741	2	동조적	783	2	사활적	825	2	연계사적	867	2	자치적	909	2	패륜적
742	2	두뇌적	784	2	생활적	826	2	염세적	868	2	장소적	910	2	편의주의적

연번	빈도	파생어	연번	빈도	파생어	연번	빈도	파생어	연번	빈도	파생어	연번	빈도	파생어
911	2	폭압적	953	3	그레마스적	995	3	선구자적	1037	3	이비인후과적	1079	3	풍수적
912	2	허부적	954	3	기계론적	996	3	설화적	1038	3	인간주의적	1080	3	프랑스적
913	2	하이테크적	955	3	기능주의적	997	3	소녀적	1039	3	인류적	1081	3	학구적
914	2	하향적	956	3	기사도적	998	3	수구적	1040	3	인사이더적	1082	3	핵가족적
915	2	함구증적	957	3	기생적	999	3	수량적	1041	3	인터랙티브적	1083	3	허위적
916	2	합리주의적	958	3	기술사적	1000	3	수리적	1042	3	자동증적	1084	3	현미경적
917	2	합목적적	959	3	기호학적	1001	3	수사학적	1043	3	자료적	1085	3	현장적
918	2	항상적	960	3	나르시시즘적	1002	3	수정주의적	1044	3	적응적	1086	3	형식법적
919	2	해석학적	961	3	내외적	1003	3	순응적	1045	3	전개적	1087	3	형식주의적
920	2	행동학적	962	3	논증적	1004	3	순응주의적	1046	3	전라도적	1088	3	형태적
921	2	행위체적	963	3	다의적	1005	3	승리적	1047	3	전문가적	1089	3	혼성적
922	2	행정학적	964	3	단면적	1006	3	시공간적	1048	3	전신적	1090	3	화해주의적
923	2	허무적	965	3	단세포적	1007	3	시스템적	1049	3	전환기적	1091	3	휴머니즘적
924	2	헌정사적	966	3	대륙적	1008	3	시원적	1050	3	절차주의적	1092	3	흡수적
925	2	혈액학적	967	3	대자적	1009	3	신분제적	1051	3	정례적	1093	3	희랍적
926	2	형량적	968	3	대증적	1010	3	신비적	1052	3	정합적	1094	4	가상적
927	2	형식학적	969	3	도의적	1011	3	신앙적	1053	3	좌익적	1095	4	거족적
928	2	형제애적	970	3	도피적	1012	3	실패적	1054	3	주의적	1096	4	경직적
929	2	형태학적	971	3	도회적	1013	3	아날로그적	1055	3	중층적	1097	4	경피적
930	2	홉스적	972	3	독백적	1014	3	아리스토텔레스적	1056	3	지도적	1098	4	계기적
931	2	훼손적	973	3	동정적	1015	3	아웃사이더적	1057	3	지라르적	1099	4	계량적
932	3	1980년대적	974	3	목가적	1016	3	안과적	1058	3	지방적	1100	4	계몽적
933	3	1차원적	975	3	목적적	1017	3	암세포적	1059	3	차등적	1101	4	고답적
934	3	21세기적	976	3	문자적	1018	3	압도적	1060	3	착오적	1102	4	공상적
935	3	SF적	977	3	문학사적	1019	3	애국적	1061	3	천부적	1103	4	공세적
936	3	가공적	978	3	물량적	1020	3	야심적	1062	3	체면적	1104	4	광신적
937	3	갈등적	979	3	물질주의적	1021	3	양가적	1063	3	침략적	1105	4	국가주의적
938	3	강박적	980	3	반비례적	1022	3	연계적	1064	3	카리스마적	1106	4	국수주의적
939	3	개략적	981	3	발악적	1023	3	연대적	1065	3	코페르니쿠스적	1107	4	논리학적
940	3	게임적	982	3	방관적	1024	3	연례적	1066	3	키치적	1108	4	노예적
941	3	결정론적	983	3	방법적	1025	3	연차적	1067	3	키호테적	1109	4	능률적
942	3	계약적	984	3	변동적	1026	3	연합적	1068	3	탐욕적	1110	4	단발적
943	3	관례적	985	3	보편주의적	1027	3	예속적	1069	3	태고적	1111	4	단절적
944	3	관변적	986	3	본질주의적	1028	3	운동사적	1070	3	통제적	1112	4	당적
945	3	교과서적	987	3	분단적	1029	3	위헌적	1071	3	파국적	1113	4	당파적
946	3	교류적	988	3	불가항력적	1030	3	유목민적	1072	3	패배적	1114	4	대내외적
947	3	교양적	989	3	사료적	1031	3	유물론적	1073	3	팽창주의적	1115	4	대승적
948	3	국수적	990	3	사법적	1032	3	유토피아적	1074	3	편무적	1116	4	대위법적
949	3	군사주의적	991	3	사실주의적	1033	3	유학적	1075	3	편집적	1117	4	동태적
950	3	권고적	992	3	산술적	1034	3	유화적	1076	3	편집광적	1118	4	모방적
951	3	귀속적	993	3	삽화적	1035	3	음모적	1077	3	평화주의적	1119	4	몽환적
952	3	규제적	994	3	생명적	1036	3	이단적	1078	3	표본적	1120	4	문맥적

연번	빈도	파생어	연번	빈도	파생어	연번	빈도	파생어	연번	빈도	파생어	연번	빈도	파생어
1121	4	문화사적	1163	4	일원적	1205	5	고차원적	1247	5	의지적	1289	6	수술적
1122	4	물리학적	1164	4	자급자족적	1206	5	공감각적	1248	5	의학적	1290	6	식민적
1123	4	미래적	1165	4	자립적	1207	5	공시적	1249	5	이상주의적	1291	6	신경과적
1124	4	미신적	1166	4	자족적	1208	5	공업적	1250	5	일관적	1292	6	심리주의적
1125	4	민속적	1167	4	자폐적	1209	5	공학적	1251	5	일면적	1293	6	역사학적
1126	4	민속학적	1168	4	자학적	1210	5	관행적	1252	5	자위적	1294	6	역학적
1127	4	반대적	1169	4	전사(社)적	1211	5	구심적	1253	5	재귀적	1295	6	연구실적
1128	4	반어적	1170	4	전선적	1212	5	기교적	1254	5	재무적	1296	6	연상적
1129	4	법제적	1171	4	전율적	1213	5	기록적	1255	5	전사적	1297	6	연쇄적
1130	4	변증적	1172	4	정성적	1214	5	기업가적	1256	5	전원적	1298	6	영리적
1131	4	변태적	1173	4	정신병적	1215	5	기질적	1257	5	전자적	1299	6	예비적
1132	4	복고적	1174	4	정파적	1216	5	낭만주의적	1258	5	정력적	1300	6	완결적
1133	4	본원적	1175	4	조선적	1217	5	담론적	1259	5	정통적	1301	6	우주론적
1134	4	비정적	1176	4	조직학적	1218	5	도취적	1260	5	주목적	1302	6	유전학적
1135	4	사색적	1177	4	조합적	1219	5	동성애적	1261	5	중국적	1303	6	의미적
1136	4	산문적	1178	4	조합주의적	1220	5	디지털적	1262	5	중도적	1304	6	이지적
1137	4	상보적	1179	4	주변부적	1221	5	마술적	1263	5	지엽적	1305	6	慣用的
1138	4	상승적	1180	4	주제적	1222	5	만화적	1264	5	천성적	1306	6	인류학적
1139	4	생래적	1181	4	즉자적	1223	5	멀티미디어적	1265	5	치욕적	1307	6	인습적
1140	4	설명적	1182	4	지능적	1224	5	물리화학적	1266	5	타산적	1308	6	장식적
1141	4	성격적	1183	4	지성적	1225	5	바흐친적	1267	5	평가적	1309	6	전속적
1142	4	성서적	1184	4	지지적	1226	5	반동적	1268	5	평행적	1310	6	전위적
1143	4	세기적	1185	4	지질학적	1227	5	방사선학적	1269	5	포스트모더니즘적	1311	6	전체주의적
1144	4	소비적	1186	4	체력적	1228	5	방위적	1270	5	현실주의적	1312	6	전통주의적
1145	4	소설사적	1187	4	체험적	1229	5	병렬적	1271	5	호응적	1313	6	정태적
1146	4	소프트웨어적	1188	4	친일적	1230	5	부르주아적	1272	5	후견적	1314	6	종국적
1147	4	수단적	1189	4	콜럼버스적	1231	5	분권적	1273	5	후진적	1315	6	중간적
1148	4	시공적	1190	4	탐색적	1232	5	상시적	1274	6	2차적	1316	6	지형적
1149	4	쌍계적	1191	4	퇴폐적	1233	5	샤머니즘적	1275	6	가부장제적	1317	6	청각적
1150	4	쌍방적	1192	4	편집증적	1234	5	선언적	1276	6	가설적	1318	6	통시적
1151	4	애정적	1193	4	평등적	1235	5	성리학적	1277	6	거국적	1319	6	통일적
1152	4	양계적	1194	4	포용적	1236	5	성자적	1278	6	경이적	1320	6	피동적
1153	4	에디슨적	1195	4	학자적	1237	5	순환적	1279	6	고식적	1321	6	하드웨어적
1154	4	완화적	1196	4	학제적	1238	5	안보적	1280	6	관계적	1322	6	현상적
1155	4	외설적	1197	4	해학적	1239	5	양면적	1281	6	귀납적	1323	6	협동적
1156	4	외재적	1198	4	허용적	1240	5	영상적	1282	6	근시안적	1324	6	활성적
1157	4	외향적	1199	4	헤게모니적	1241	5	영역적	1283	6	기복적	1325	6	회화적
1158	4	우화적	1200	4	화해적	1242	5	외래적	1284	6	도교적	1326	6	慣用的
1159	4	유희적	1201	4	확률적	1243	5	외면적	1285	6	말초적	1327	6	획기적
1160	4	육안적	1202	4	희생적	1244	5	웅변적	1286	6	범주적	1328	7	감격적
1161	4	인본주의적	1203	5	경제학적	1245	5	원인론적	1287	6	비유적	1329	7	개연적
1162	4	일방통행적	1204	5	계산적	1246	5	유럽적	1288	6	속세적	1330	7	건축적

연번	빈도	파생어	연번	빈도	파생어	연번	빈도	파생어	연번	빈도	파생어	연번	빈도	파생어
1331	7	과도기적	1373	7	퇴행적	1415	8	인구학적	1457	9	함축적	1499	11	기회주의적
1332	7	교리적	1374	7	투기적	1416	8	입지전적	1458	9	헌법적	1500	11	대내적
1333	7	구성적	1375	7	투쟁적	1417	8	작가적	1459	9	형법적	1501	11	대략적
1334	7	국내외적	1376	7	특권적	1418	8	전지적	1460	9	회고적	1502	11	도구적
1335	7	기만적	1377	7	파우스트적	1419	8	종족적	1461	9	후천적	1503	11	독보적
1336	7	기하급수적	1378	7	페미니즘적	1420	8	중성적	1462	10	격정적	1504	11	동질적
1337	7	낭비적	1379	7	편향적	1421	8	표피적	1463	10	고차적	1505	11	무속적
1338	7	대척적	1380	7	표준적	1422	8	협력적	1464	10	구조주의적	1506	11	민족주의적
1339	7	동족적	1381	7	풍자적	1423	8	호혜적	1465	10	기하학적	1507	11	반항적
1340	7	마법적	1382	7	항구적	1424	9	가변적	1466	10	다층적	1508	11	병리학적
1341	7	모욕적	1383	7	행정법적	1425	9	가식적	1467	10	대폭적	1509	11	보충적
1342	7	민중적	1384	7	현학적	1426	9	개괄적	1468	10	도시적	1510	11	생태론적
1343	7	보상적	1385	7	호전적	1427	9	고정적	1469	10	동반자적	1511	11	소모적
1344	7	상호적	1386	7	회화적	1428	9	고혹적	1470	10	변성적	1512	11	수학적
1345	7	선진적	1387	8	가역적	1429	9	냉전적	1471	10	보편적	1513	11	식민지적
1346	7	선풍적	1388	8	가족사적	1430	9	단도직입적	1472	10	부계적	1514	12	확정적
1347	7	수사적	1389	8	가학적	1431	9	모험적	1473	10	산업적	1515	13	다발적
1348	7	시범적	1390	8	결사적	1432	9	문헌적	1474	10	세계적	1516	11	실무적
1349	7	악마적	1391	8	공리주의적	1433	9	미온적	1475	10	영양학적	1517	11	악의적
1350	7	양분론적	1392	8	과도적	1434	9	사업적	1476	10	영화적	1518	11	전복적
1351	7	양성적	1393	8	광의적	1435	9	생리학적	1477	10	원론적	1519	11	전투적
1352	7	연역적	1394	8	교훈적	1436	9	선별적	1478	10	위계적	1520	11	제왕적
1353	7	영양적	1395	8	국지적	1437	9	선험적	1479	10	위선적	1521	11	중의적
1354	7	원색적	1396	8	극한적	1438	9	시사적	1480	10	유보적	1522	11	진취적
1355	7	위악적	1397	8	논쟁적	1439	9	압축적	1481	10	율동적	1523	11	참여적
1356	7	유형적	1398	8	다원주의적	1440	9	영속적	1482	10	음운론적	1524	12	공공적
1357	7	음성적	1399	8	당위적	1441	9	우월적	1483	10	이율배반적	1525	12	관료주의적
1358	7	인식적	1400	8	묵시적	1442	9	우주적	1484	10	인문학적	1526	12	기독교적
1359	7	일탈적	1401	8	민주주의적	1443	9	운동적	1485	10	작위적	1527	12	기적적
1360	7	임시적	1402	8	발생학적	1444	9	유관적	1486	10	장르적	1528	12	단선적
1361	7	자본적	1403	8	부가적	1445	9	유혹적	1487	10	정량적	1529	12	도식적
1362	7	작용적	1404	8	비평적	1446	9	이기주의적	1488	10	중세적	1530	12	문명적
1363	7	저돌적	1405	8	사변적	1447	9	이원론적	1489	10	지시적	1531	12	본래적
1364	7	조형적	1406	8	서양적	1448	9	전제적	1490	10	찰나적	1532	12	산발적
1365	7	주권적	1407	8	선구적	1449	9	조작적	1491	10	특이적	1533	12	상습적
1366	7	중장기적	1408	8	순종적	1450	9	주변적	1492	10	파행적	1534	12	선정적
1367	7	지연적	1409	8	약리학적	1451	9	중점적	1493	10	편의적	1535	12	심층적
1368	7	직능적	1410	8	약물학적	1452	9	중첩적	1494	11	20세기적	1536	12	암시적
1369	7	체질적	1411	8	연구적	1453	9	직관적	1495	11	가정적	1537	12	어휘적
1370	7	총괄적	1412	8	영국적	1454	9	진화적	1496	11	견제적	1538	12	우회적
1371	7	침습적	1413	8	원형적	1455	9	태생적	1497	11	고압적	1539	12	위압적
1372	7	토속적	1414	8	이원적	1456	9	통계학적	1498	11	기습적	1540	12	인지적

연번	빈도	파생어	연번	빈도	파생어	연번	빈도	파생어	연번	빈도	파생어	연번	빈도	파생어
1541	12	전술적	1583	15	내성적	1625	17	천편일률적	1667	20	이학적	1709	24	인식론적
1542	12	정형적	1584	15	상황적	1626	17	포스트모던적	1668	20	직선적	1710	25	개성적
1543	12	종속적	1585	15	생리학적	1627	18	감성적	1669	20	진단적	1711	25	계열체적
1544	12	초보적	1586	15	선도적	1628	18	국소적	1670	20	탈법적	1712	25	원천적
1545	12	초인적	1587	15	위생적	1629	18	균형적	1671	20	통사론적	1713	25	자생적
1546	12	통속적	1588	15	일회적	1630	18	기형적	1672	20	학술적	1714	25	집중적
1547	12	현재적	1589	15	전향적	1631	18	낙천적	1673	20	활동적	1715	25	추가적
1548	12	협의적	1590	15	점차적	1632	18	동시적	1674	21	고의적	1716	25	평균적
1549	12	협조적	1591	15	정략적	1633	18	사회학적	1675	21	기념비적	1717	26	강압적
1550	13	독선적	1592	15	존재론적	1634	18	생화학적	1676	21	돌발적	1718	26	고무적
1551	13	방법론적	1593	15	즉흥적	1635	18	열성적	1677	21	발생적	1719	26	냉소적
1552	13	사교적	1594	15	직감적	1636	18	우연적	1678	21	비약적	1720	26	미시적
1553	13	서사적	1595	15	혈연적	1637	18	의욕적	1679	21	실존적	1721	26	사무적
1554	13	성찰적	1596	16	개인주의적	1638	18	인도주의적	1680	21	영웅적	1722	26	사회주의적
1555	13	속물적	1597	16	개혁적	1639	18	전폭적	1681	21	통합체적	1723	26	억압적
1556	13	신축적	1598	16	단정적	1640	18	절차적	1682	22	고질적	1724	26	원인적
1557	13	연대기적	1599	16	독단적	1641	18	체제적	1683	22	교육적	1725	26	전격적
1558	13	외과적	1600	16	동화적	1642	19	건설적	1684	22	급성적	1726	26	전설적
1559	13	주술적	1601	16	미학적	1643	19	고고학적	1685	22	기초적	1727	26	파괴적
1560	13	집권적	1602	16	봉건적	1644	19	광적	1686	22	대립적	1728	27	급진적
1561	13	타협적	1603	16	사후적	1645	19	국내적	1687	22	모더니즘적	1729	27	내과적
1562	13	평면적	1604	16	순차적	1646	19	내용적	1688	22	부수적	1730	27	분석적
1563	14	계층적	1605	16	심정적	1647	19	문법적	1689	22	수직적	1731	27	시민적
1564	14	공리적	1606	16	자전적	1648	19	상상적	1690	22	양심적	1732	27	운명적
1565	14	공익적	1607	16	자조적	1649	19	서정적	1691	22	음악적	1733	27	자본주의적
1566	14	굴욕적	1608	16	정부적	1650	19	식민주의적	1692	22	의존적	1734	27	자주적
1567	14	다차원적	1609	16	정신과적	1651	19	언어학적	1693	22	임의적	1735	27	전근대적
1568	14	도전적	1610	16	중추적	1652	19	예방적	1694	22	직설적	1736	27	집약적
1569	14	미국적	1611	17	1차적	1653	19	이차적	1695	22	탄력적	1737	27	허구적
1570	14	발작적	1612	17	귀족적	1654	19	인격적	1696	23	동물적	1738	27	회의적
1571	14	보조적	1613	17	다각적	1655	19	인종적	1697	23	모범적	1739	28	간헐적
1572	14	아시아적	1614	17	문제적	1656	19	조건적	1698	23	모순적	1740	28	금전적
1573	14	연극적	1615	17	민족사적	1657	19	타율적	1699	23	방어적	1741	28	반성적
1574	14	영구적	1616	17	발전적	1658	19	편파적	1700	23	습관적	1742	28	부차적
1575	14	이타적	1617	17	사전적	1659	19	행동적	1701	23	시대착오적	1743	28	은유적
1576	14	집합적	1618	17	생태학적	1660	20	회극적	1702	23	의무적	1744	28	잠정적
1577	14	천재적	1619	17	숙명적	1661	20	변증법적	1703	23	이국적	1745	28	정열적
1578	14	통사적	1620	17	암묵적	1662	20	살인적	1704	23	지정학적	1746	28	주기적
1579	14	현세적	1621	17	야만적	1663	20	선천적	1705	23	직접적	1747	28	통계적
1580	14	형이상학적	1622	17	위력적	1664	20	세부적	1706	24	동양적	1748	28	한시적
1581	14	희망적	1623	17	육감적	1665	20	심미적	1707	24	시기적	1749	29	내재적
1582	15	계절적	1624	17	입체적	1666	20	이색적	1708	24	유동적	1750	29	대칭적

연번	빈도	파생어	연번	빈도	파생어	연번	빈도	파생어	연번	빈도	파생어	연번	빈도	파생어
1751	29	매혹적	1793	35	대외적	1835	44	폐쇄적	1877	55	실증적	1919	71	원칙적
1752	29	생태적	1794	35	인과적	1836	44	환경적	1878	56	개방적	1920	72	단계적
1753	29	중립적	1795	35	즉각적	1837	45	공간적	1879	56	실천적	1921	72	이기적
1754	30	가족적	1796	35	표면적	1838	45	관료적	1880	58	가부장적	1922	73	국민적
1755	30	권위주의적	1797	35	해부학적	1839	45	외교적	1881	58	역설적	1923	74	규칙적
1756	30	내부적	1798	36	감상적	1840	45	자체적	1882	58	인도적	1924	74	우선적
1757	30	대안적	1799	36	강제적	1841	45	저항적	1883	58	정기적	1925	74	창의적
1758	30	도발적	1800	36	거시적	1842	45	제국주의적	1884	58	철학적	1926	74	혁명적
1759	30	보완적	1801	36	명시적	1843	45	초월적	1885	59	신체적	1927	75	공통적
1760	30	세계사적	1802	36	실체적	1844	46	가시적	1886	59	실제적	1928	75	물질적
1761	30	열광적	1803	36	심리학적	1845	46	권위적	1887	59	자의적	1929	75	획일적
1762	30	자극적	1804	36	예외적	1846	46	낙관적	1888	60	유기적	1930	76	압도적
1763	30	자유주의적	1805	36	외형적	1847	46	독창적	1889	60	잠재적	1931	76	정책적
1764	30	전기적	1806	36	원시적	1848	46	수의적	1890	60	폭력적	1932	76	최종적
1765	30	피상적	1807	37	단편적	1849	46	수평적	1891	70	시대적	1933	77	이질적
1766	30	혁신적	1808	37	법률적	1850	46	언어적	1892	61	지역적	1934	78	충격적
1767	31	비관적	1809	37	직업적	1851	46	자동적	1893	62	만성적	1935	78	합법적
1768	31	의료적	1810	37	파격적	1852	46	행정적	1894	62	보장적	1936	79	낭만적
1769	31	일률적	1811	38	개념적	1853	47	계획적	1895	62	상식적	1937	79	의미론적
1770	31	지구적	1812	38	사상적	1854	47	생리적	1896	62	우호적	1938	79	인위적
1771	31	화학적	1813	38	통상적	1855	47	신경질적	1897	62	적대적	1939	80	평화적
1772	32	계속적	1814	39	관습적	1856	48	관능적	1898	63	감정적	1940	82	근대적
1773	32	불교적	1815	39	다원적	1857	48	원초적	1899	63	이례적	1941	82	유전적
1774	32	상투적	1816	39	생산적	1858	48	유교적	1900	64	반복적	1942	82	현대적
1775	32	신분적	1817	39	우발적	1859	48	전면적	1901	64	수동적	1943	83	시간적
1776	32	신화적	1818	39	위협적	1860	49	감동적	1902	65	감각적	1944	83	주관적
1777	32	실험적	1819	39	인공적	1861	49	실용적	1903	65	반사적	1945	84	능동적
1778	32	열정적	1820	39	충동적	1862	50	고전적	1904	65	지리적	1946	85	개별적
1779	32	천문학적	1821	39	남성적	1863	50	근원적	1905	65	차별적	1947	85	정서적
1780	32	통합적	1822	40	경험적	1864	50	불법적	1906	65	총체적	1948	85	폭발적
1781	32	헌신적	1823	41	권력적	1865	50	사실적	1907	66	단기적	1949	86	노골적
1782	33	엽기적	1824	41	서구적	1866	50	의학적	1908	66	보수적	1950	88	생물학적
1783	33	점진적	1825	41	선택적	1867	51	소설적	1909	66	육체적	1951	89	포괄적
1784	33	친화적	1826	41	이중적	1868	51	이분법적	1910	66	이성적	1952	90	경쟁적
1785	33	호의적	1827	41	화용론적	1869	52	시각적	1911	68	공동체적	1953	90	물리적
1786	34	결론적	1828	43	맹목적	1870	52	의례적	1912	69	비극적	1954	90	일차적
1787	34	관념적	1829	43	병리적	1871	53	세속적	1913	69	상업적	1955	91	매력적
1788	34	내면적	1830	43	절망적	1872	53	여성적	1914	70	공개적	1956	91	추상적
1789	34	대체적	1831	44	독점적	1873	53	역동적	1915	70	공격적	1957	94	주체적
1790	34	필사적	1832	44	연속적	1874	54	기계적	1916	70	대중적	1958	96	배타적
1791	35	계급적	1833	44	외부적	1875	54	외적	1917	71	본능적	1959	97	안정적
1792	35	규범적	1834	44	이념적	1876	54	주도적	1918	71	예술적	1960	97	자연적

연번	빈도	파생어	연번	빈도	파생어	연번	빈도	파생어	연번	빈도	파생어	연번	빈도	파생어
1961	98	창조적	1989	118	특징적	2017	171	전형적	2045	285	합리적			
1962	98	한국적	1990	119	독립적	2018	171	제도적	2046	300	공식적	n<50:12877		
1963	99	소통적	1991	119	상징적	2019	173	비판적	2047	308	정상적	n(1,2):931		
1964	99	학문적	1992	122	의도적	2020	173	장기적	2048	312	개인적	N:369 유형:2069		
1965	100	복합적	1993	122	이데올로기적	2021	173	필수적	2049	334	부정적			
1966	100	조직적	1994	125	기능적	2022	174	체계적	2050	337	근본적			
1967	102	대조적	1995	126	국가적	2023	177	구조적	2051	343	상대적			
1968	102	순간적	1996	127	기술적	2024	182	성공적	2052	370	효과적			
1969	102	제한적	1997	127	재정적	2025	184	논리적	2053	373	긍정적			
1970	104	핵심적	1998	128	지향적	2026	190	치료적	2054	373	기본적			
1971	106	인상적	1999	129	전문적	2027	191	자율적	2055	377	지속적			
1972	106	진보적	2000	131	결과적	2028	202	인간적	2056	384	현실적			
1973	106	집단적	2001	132	의식적	2029	207	전체적	2057	400	비교적			
1974	107	문학적	2002	132	필연적	2030	207	효율적	2058	403	본격적			
1975	108	극단적	2003	134	종교적	2031	209	임상적	2059	465	문화적			
1976	109	민족적	2004	134	집중적	2032	211	이론적	2060	537	역사적			
1977	110	윤리적	2005	136	대화적	2033	212	궁극적	2061	540	세계적			
1978	110	이상적	2006	136	일시적	2034	215	절대적	2062	563	대표적			
1979	110	전국적	2007	145	전략적	2035	218	객관적	2063	578	전통적			
1980	111	종합적	2008	146	도덕적	2036	226	보편적	2064	679	적극적			
1981	112	군사적	2009	146	본질적	2037	235	일방적	2065	749	일반적			
1982	112	소극적	2010	155	심리적	2038	248	과학적	2066	757	경제적			
1983	112	신경학적	2011	158	민주적	2039	248	자발적	2067	819	구체적			
1984	113	환상적	2012	158	지배적	2040	257	국제적	2068	894	정치적			
1985	114	형식적	2013	160	중심적	2041	264	실질적	2069	1220	사회적			
1986	116	간접적	2014	163	일상적	2042	272	결정적						
1987	116	부분적	2015	164	전반적	2043	276	정신적						
1988	118	치명적	2016	170	독자적	2044	277	직접적						

'-的'이 만들어낸 파생어는 총 2069개인데 이중 1-2회 출현어는 931개, 신어는 369개이다. 1-2회 출현어가 전체 유형의 45%(931/2069)를 차지하는데 이들은 대체로 즉시적 필요를 채우기 위해 만들어진 생산성을 반영하는 저빈도어이다. 'X的'의 2069개의 유형 중 빈도수 100회 이상의 단어는 105개(5.07%)로 그 비율이 높지 않다. '-的' 파생어 계열체는 저빈도 단어가 다수를 구성하는 집합이라 할 수 있다.

'-的'은 상당히 광범위한 명사 및 어근을 어기로 취하여 단어 형성에 활발하게 참여하고 있다. 이처럼 많은 파생어를 만들어내는 '-的'은 그 의미의 폭이 매우 넓은 것으로 파악되어 왔다. 조남호(1988:54)와 김창섭 (1996:189-90)을 참고하면 대체로 '-的'의 의미는 두 가지로 요약될 수 있다. '어기의 속성이 풍부히 있음'의 적극적인 의미와 '어기에 관한 것임'의 소극적인 의미가 그 둘인데 전자의 의미를 가지는 '-的'은 생략될 수 없는 반면 후자의 의미를 가지는 '-的'은 '-의'로 교체가 가능하다. 그러나 후자의 의미는 김창섭(1996:190)의 지적대로 'X的+N'의 통사적 구조에서 도출되는 의미이기 때문에 '-的' 자체의 의미라고 하기는 어렵다. 따라서 '-的'은 어휘적 의미는 없고 단순히 수식적 기능만을 담당하는 것에서부터 '어기의 속성이 풍부히 있음'의 의미를 가지는 것까지 상당히 넓은 의미의 폭을 보유하고 있는 것으로 생각된다. '-的'이 이처럼 넓은 의미의 폭을 갖는 것은 국어의 다른 접미사들의 의미를 고려할 때 매우 이례적인 현상이다. 이는 20세기초 '-的'이 국어에 처음 수입된 후, 그 의미와 기능이 명확하게 규정되어 있지 않은 상황에서 사용되기 시작했기 때문에 발생한 현상으로 생각된다.

'-的'이 가진 의미와 기능의 폭이 넓다는 점은 접미사로서의 '-的'이 가지는 제약이 심하지 않다는 것을 의미한다. 그리고 약한 제약을 가진 '-的'이 고유어보다 조어력이 월등히 좋은 한자어라는 점은 '-的'이 제일 많은 수의 파생어를 생산적으로 형성하면서 새로 생성된 'X的'이 기존의 'X스럽-' 및 'X롭-'과 경쟁 관계를 맺게 된 원인이 된다고 할 수 있다.[37]

본 연구의 생산성 산출 방식에 따라 접미사 '-性', '-化', '-的'의 생산성을 계산하면 다음과 같다.

접미사 '-性'의 생산성	접미사 '-化'의 생산성
$\dfrac{231}{6630} \times 100 = 3.484$	$\dfrac{157}{3431} \times 100 = 4.575$

---

37) 'X的', 'X스럽-', 'X롭-' 사이의 경쟁 관계에 대한 자세한 내용은 5장 참조.

접미사 '-的'의 생산성
$\dfrac{369}{12877} \times 100 = 2.865$

직관적으로 판단할 때는 모두 생산적인 것으로 파악되는 세 접미사이지만 계량의 결과를 보면 생산성이 '-化', '-性', '-的'의 순서로 나타났다. 유형 빈도는 '-的', '-性', '-化'의 순서로 높게 나타나지만 생산성은 오히려 그 반대로 나타난 것이다. 유형 빈도는 '-的' 파생어가 제일 높지만 실제적 상황에서 새로운 단어를 만들 수 있는 잠재력은 '-性'과 '-化'가 더 높다고 할 수 있다.[38] 세 접미사의 양적 특성을 비교하여 그래프로 제시하면 다음과 같다.

〈그래프3-3〉 접미사 '-性', -化', '-的'의 빈도 및 생산성 비교

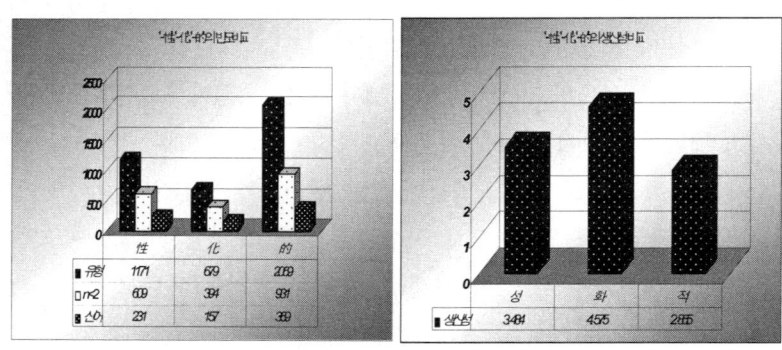

---

38) 생산성에 대한 직관적인 접근에서는 대체로 파생어가 많을수록 즉, 유형 빈도가 높을수록 해당 접사의 생산성이 높은 것으로 판단했는데 '-性', '-的', '-化'의 계량 결과는 생산성에 대한 직관적인 예상과는 반대되는 현상을 보여 주었다. 파생어의 유형 빈도는 '-的', '-性', '-化'의 순서로 높게 나타나고 생산성은 '-化', '-性', '-的'의 순서로 높게 나타나는 현상은 생산성을 결정짓는 조건이 무엇인가와 관련되어 매우 중요한 내용을 함축하고 있다. 이와 관련된 문제는 4장에서 자세히 다루기로 한다.

3.3.1.3. '-개', '-투성이', '-질', '-매', '-발', '-이'

여기서는 명사 파생 접미사 '-개', '-투성이', '-질', '-매', '-발', '-이'의 생산성과 각 접미사가 형성한 파생어 집합의 양적 특성을 살펴본다. 이들 접미사는 대체로 직관에 입각한 선행 연구에서 그 생산성 판단이 명확했던 대상들이다. '-개', '-투성이', '-질', '-이'는 생산성이 높다고 판단된 예들인 반면 '-매', '-발'은 생산성이 낮다고 판단된 예들이다. 계량적 차원에서 이들 명사 파생 접미사의 생산성을 검토하여 직관적 접근과 계량적 접근 양자의 판단을 비교해 볼 필요가 있다.

'-개'는 동사 어간과 결합하여 도구 명사를 파생시키는 접미사이다. '-개'에 의한 파생 명사는 도구 명사이기 때문에 대체로 구체 명사이고, '날개'를 제외하면 '-개'의 어기는 대체로 타동사인 특성을 가진다(송철의 1992:160).

대상 코퍼스에서 접미사 '-개'가 형성한 파생어와 그 빈도는 다음과 같다.

〈표3-36〉 접미사 '-개'의 파생어와 빈도

연번	빈도	파생어	연번	빈도	파생어	연번	빈도	파생어	연번	빈도	파생어
1	1	걸개	9	2	뚜르개√	17	8	가리개	25	17	뜨개
2	1	떼개	10	2	불쏘시개	18	8	찌르개	26	22	덮개
3	1	뚜지개	11	4	싸개	19	9	열개	27	86	베개
4	1	멈추개	12	4	밑씻개	20	10	밀개	28	252	날개
5	1	벼개	13	4	자르개	21	15	쑤시개	n〈50:180,		
6	1	쓰개	14	5	깔개	22	15	지우개	n(1,2):10, N:0		
7	2	깎개	15	6	훌리개	23	15	찍개	유형 빈도:28		
8	2	뒤집개	16	7	새기개	24	17	긁개			

'-개'가 만들어낸 파생어의 종류는 28가지인데 이중 1-2회 출현어는 10개이고 신어는 하나도 관찰되지 않았다.[39] 1-2회 출현어가 전체 유형의 35%(10/28)를 차지하는데 이들 대부분은 『표준사전』에 등재된 기존

---

39) '뚜르개'만이 신어로 판정할 수 있는 대상이 되는데 '뚜르-'라는 어기 자체가 불분명하기 때문에 신어로 인정하지 않는다.

단어로 생산성을 반영하는 저빈도어는 아니다. '-개' 파생어는 유형 빈도와 1-2회 출현어의 개수가 모두 작은데 이는 접미사 '-개'의 쓰임이 현대 국어에서 상당히 제약되어 있음을 의미한다. 기존의 도구 명사들의 존재로 인해 '-개'를 사용해서 새 파생어를 만들어야 할 필요가 없기 때문이다. 다만 고고학적인 글에서만 도구를 가리키는 이름으로 쓰이는 몇몇 저빈도 단어들(떼개, 뚜지개, 깎개, 자르개, 새기개, 찌르개)이 있을 뿐인데 이들은 모두 제한된 영역에서만 사용되고 또 사전에 모두 등재되어 있기 때문에 접미사 '-개'의 생산성에 기여하는 바가 없다. 본 연구의 생산성 산출 방식에 따라 접미사 '-개'의 생산성을 계산하면 다음과 같다.

접미사 '-개'의 생산성
$\dfrac{0}{180} \times 100 = 0$

이 생산성 지표가 보여주듯이 접미사 '-개'는 2000년 이후 현대 국어에서 생산성이 전혀 없는 접사이다. 이는 우리의 직관과는 상당히 다른 결과라 할 수 있다. 그러나 '-개'의 생산성 수치 0이 접미사 '-개'의 기능과 의미가 완전히 화석화되었음을 뜻하는 것은 아니다. '-개'의 경우, 새 단어를 만드는 데 적극적으로 사용되지는 않지만 실험적 상황에서 접미사 '-개'를 사용하여 인위적으로 만든 새 단어의 의미는 누구나 쉽게 이해할 수 있다. 다음에 언급된 다음 예들이 그러하다.

(7) *쓸개(비), *입개(옷), *박개(망치), *붙이개(테이프), *쓰개(연필/모자), *담개(그릇), *치개(방망이), *빗개(빗)

(7)의 예는 기존 도구 명사가 있기 때문에 동사 어간에 '-개'가 결합하여 같은 의미를 갖는 새로운 도구 명사가 만들어지지 않는 몇몇 예이다. (7)의 'X개'들은 실제어는 아니지만 그 의미가 충분히 예상 가능하고 특

정한 상황에서는 실제어로 나타날 가능성이 높은 단어들이다. 이처럼 같은 의미의 기존 단어 때문에 생성 가능한 새 단어가 형성되지 못하는 현상이 저지인데 '-개'의 생산성이 0이 된 것은 저지의 결과일 뿐, '-개'에 대한 분석적 이해력과 접미사 '-개'의 결합력은 그 생산성 수치와는 무관하게 살아 있는 것으로 생각된다.[40]

김성규(1987:41)은 현대 국어에서 '-개'의 생산력이 충분히 인정된다고 했는데[41] '-개'에 대한 이러한 판단은 잠재어 차원에서 존재하는 수많은 'X개'에 대한 고려에서 나온 것이라 할 수 있다. 저지가 개입되는 영역에서는 해당 접사가 가진 생성력과 생산성 수치가 평행하게 나타나지 않는다고 할 수 있다.[42]

다음은 '-투성이'를 살펴본다. '-투성이'는 명사구와 결합하여 '어기가 너무 많은 상태'나 '어기가 너무 많은 상태의 사람이나 사물'을 뜻하는 명사구를 만든다. '-투성이'는 명사구까지 어기로 취할 수 있기 때문에 접미사는 분명 아니지만 본 연구에서는 통사적 결합의 생산성과 형태적 결합의 생산성 차이를 실증해 보고자 하는 차원에서 계량의 대상에 포

---

40) 송철의(1992:120)에서도 '-개'에 의한 도구명사 파생이 이루어지지 않는 아래의 경우를 저지의 한 예로 파악하였다.

   (가) 가리-: 가리개, 깔-:깔개, 날-: 날개, 덮-: 덮개, 베-:베개, 싸-:싸개, 지우-:지우개

   (나) 빗-: *빗개 cf 빗, 신-:*신개 cf 신, 띠-:*띠개 cf 띠, 되-: *되개 cf 되

41) 김성규(1987:41)

  동작 동사의 어기와 결합하여 도구의 의미를 지칭하는 명사를 만드는 접미사 '-개'는 현대국어에서 그 생산력이 충분히 인정된다. -중략- '-개'라는 접미사를 이용하여 화자들은 언제나 필요한 단어를 만들 수 있다.

  밀개, 찌르개, 자르개, 감개, 물푸개, 깡통따개, 가리개, 덮개, 이뽑개, 지우개, 누르개 등

42) 이러한 문제를 다루기 위해서는 접사의 결합 가능성과 생산성을 개념적으로 구별해야 할 필요가 있다. 결합 가능성은 말 그대로 가능성의 문제, 즉 해당 접사가 만들 수 있는 잠재어까지 포괄하는 개념으로 이해하고 생산성은 실제어를 근거로 한 개념으로 이해하는 것이다. 이런 관점에 서면 '-개'의 경우 결합 가능성은 매우 높지만 그 생산성은 매우 낮다고 이해할 수 있는 것이다.

함시켰다.[43]

다음은 대상 코퍼스에서 추출된 'X투성이'의 예와 그 빈도이다.

〈표3-37〉 'X투성이'의 빈도

연번	빈도	파생어	연번	빈도	파생어	연번	빈도	파생어	연번	빈도	파생어
1	1	가시투성이	13	1	바위투성이	25	1	제비집투성이	37	3	것투성이
2	1	고름투성이	14	1	비밀투성이	26	1	초록투성이	38	3	멍투성이
3	1	곳투성이	15	1	석고투성이	27	1	한자투성이	39	3	문제투성이
4	1	구멍투성이	16	1	신파투성이	28	1	허방투성이	40	3	허점투성이
5	1	냄새투성이	17	1	실수투성이	29	1	화학제품투성이	41	4	상처투성이
6	1	녹색투성이	18	1	연탄재투성이	30	2	수수께끼투성이	42	5	흙투성이
7	1	단점투성이	19	1	오류투성이	31	2	먼지투성이	43	6	주름투성이
8	1	땀투성이	20	1	오역투성이	32	2	여드름투성이	44	7	농투성이
9	1	땀띠투성이	21	1	의문투성이	33	2	주름살투성이	45	7	털투성이
10	1	명자국투성이	22	1	일투성이	34	2	진흙투성이	46	25	피투성이
11	1	모래투성이	23	1	잘못투성이	35	2	헌데투성이	n(50:109 N:18		
12	1	물투성이	24	1	재투성이	36	2	흠집투성이	n(1,2):36,유형: 46		

'X투성이'의 종류는 46가지인데 이중 1-2회 출현어는 36개이며 신어는 18개가 관찰되었다. 1-2회 출현어가 전체 유형의 78%(36/46)를 차지하는데 이는 매우 높은 비율이다. 파생어의 유형 빈도가 낮은 '-꾼'이나 '-장이'의 경우, 1-2회 출현어는 대체로 기존 단어의 사용 빈도가 줄어든 결과로 얻어진 것이지만 '-투성이'의 경우는 그 양상이 다른 것으로 생각된다. 'X투성이'의 유형 빈도가 46회로 결코 높다고는 할 수는 없지만 1-2회 출현어는 기존 단어의 사용 빈도가 줄어든 결과가 아니라 즉시적 필요에 의해서 생성된 단어가 대부분이라고 생각된다. 'X투성이'의 각 유형 중 고빈도 유형은 전혀 없어서 '-투성이' 파생어 전체는 저빈도 유형이 다수인 집합을 형성하며 매우 생산적인 양상을 보인다. 본 연구의 생산성 산출 방식에 따라 접미사 '-투성이'의 생산성을 계산하면 다음과 같다.

---

43) 축제를 마친 학교는 [[지저분한 곳]투성이]였다. / 권투 시합을 마친 선수의 얼굴엔 [[맞아서 생긴 멍]]투성이였다.

$$\boxed{\begin{array}{c} \text{접미사 '-투성이'의 생산성} \\[4pt] \dfrac{18}{109} \times 100 = 16.513 \end{array}}$$

지금까지 살펴본 파생 접미사의 생산성 수치와는 달리 '-투성이'의 생산성 수치는 현격한 우위를 보인다. 이는 '-투성이'가 명사구까지 어기로 취할 수 있는 통사적 성격 때문으로 생각된다. 이 수치는 형태적 차원의 생산성과 통사적 차원의 생산성이 정도적 차원의 다름이 아니라 질적 차원의 다름임을 보여준다.[44)]

다음은 접미사 '-질'의 생산성과 '-질' 파생어의 양적 특성을 살펴본다. '-질'은 명사를 어기로 취하여 그 명사를 도구로 하는 반복적인 행위를 뜻하는 명사를 파생시키는 접미사이다. 어기가 될 수 있는 명사는 대체로 도구 명사, 인체의 부위를 나타내는 명사, 행위 명사, 직업이나 신분을 나타내는 명사 등인데 이중에서 직업이나 신분을 나타내는 명사와 결합한 'X질'은 비하의 의미를 갖는다. 다음은 대상 코퍼스에서 접미사 '-질'이 형성한 파생어와 그 빈도이다.

〈표3-38〉 접미사 '-질'의 파생어와 빈도

연번	빈도	파생어	연번	빈도	파생어	연번	빈도	파생어	연번	빈도	파생어	연번	빈도	파생어
1	1	갈퀴질	12	1	대패질	23	1	맥질	34	1	숟갈질	45	1	잣대질
2	1	괭이질	13	1	데모질	24	1	면도질	35	1	쌈박질	46	1	재봉틀질
3	1	그네질	14	1	도마질	25	1	물레질	36	1	앞잡이질	47	1	절도질
4	1	그랭이질√	15	1	되새김질	26	1	물장구질	37	1	연무질	48	1	접골질
5	1	기자질	16	1	두레박질	27	1	줄달음질	38	1	염발질	49	1	조리질
6	1	끌칼질	17	1	뒷손질	28	1	백정질	39	1	오입질	50	1	좀도둑질
7	1	농탕질	18	1	드잡이질	29	1	비럭질	40	1	요동질	51	1	중질
8	1	다듬질	19	1	땜질	30	1	빈지질√	41	1	요분질	52	1	채근질
9	1	다툼질	20	1	떡메질√	31	1	빠우질	42	1	용두질	53	1	타월질
10	1	닦달질	21	1	마름질	32	1	사레질	43	1	입방아질	54	1	투망질
11	1	담배질	22	1	맞담배질	33	1	삼밭질	44	1	잠수질	55	1	투서질

---

44) 3.3.3.2.에서는 명사구까지 어기로 취하여 형용사구를 파생시키는 '-답²-'를 살펴본다.

연번	빈도	파생어	연번	빈도	파생어	연번	빈도	파생어	연번	빈도	파생어	연번	빈도	파생어
56	1	페달질	77	2	비질	98	4	망치질	119	7	되새김질	140	28	곁눈질
57	1	해적어	78	2	점질	99	4	숟가락질	120	7	딸꾹질	141	28	손질
58	1	헛발질	79	2	지게질	100	4	쌈질	121	8	난도질	142	30	신경질
59	1	협박질	80	2	패악질	101	4	써레질	122	8	못질	143	33	뒷걸음질
60	1	홀골질	81	2	해적질	102	4	연애질	123	8	자맥질	144	35	부채질
61	2	가위질	82	2	화낭질	103	4	찜질	124	9	빗질	145	35	주먹질
62	2	계집질	83	2	회초리질	104	4	채찍질	125	9	삿대질	146	36	삽질
63	2	고자질	84	3	강도질	105	5	낚시질	126	9	톱질	147	36	바느질
64	2	군것질	85	3	곡괭이질	106	5	쟁기질	127	10	젓가락질	148	38	손가락질
65	2	끌질	86	3	도끼질	107	5	절구질	128	11	헛구역질	149	40	구역질
66	2	낫질	87	3	도리깨질	108	5	총질	129	12	걸레질	150	42	발길질
67	2	다듬이질	88	3	뒷발질	109	5	충동질	130	12	다림질	151	45	매질
68	2	다리미질	89	3	서방질	110	5	토악질	131	12	뜨개질	152	67	도둑질
69	2	달구질	90	3	이간질	111	5	풀무질	132	13	비누질			
70	2	달음질	91	3	장난질	112	5	호미질	133	13	칼질			
71	2	도적질	92	3	전화질	113	6	기집질	134	14	도리질	n<50:933		
72	2	돌개질✓	93	3	패대기질	114	6	몽둥이질	135	14	몽이질	n(1,2):83		
73	2	돌팔매질	94	3	펌프질	115	6	방망이질	136	15	빗자루질	N:9, 유형:152		
74	2	뜀질	95	3	행주질	116	6	수저질	137	15	붓질			
75	2	분탕질	96	4	가래질	117	6	입질	138	19	저울질			
76	2	불질	97	4	그레질	118	6	칫솔질	139	27	싸움질			

'-질'이 만들어내는 파생어의 종류는 152개이고 이중 1-2회 출현어는 83개, 신어는 9개이다.[45] 1-2회 출현어가 전체 유형의 54%(83/152)를 차지하는데 이 단어들을 면밀히 관찰해 보면 여기에는 성격이 다른 두 종류의 단어들이 섞여 있음을 확인할 수 있다. 즉시적 필요에 의해서 최근에 생성된 단어들이 한 부류이고, 기존 단어들 중 사용 빈도가 줄어들어 1-2회 출현어에 포함된 단어들이 또 한 부류이다. 전자는 '-질'의 생산성을 반영하지만 후자는 '-질' 파생어 중 소멸의 단계에 놓인 단어가 많다는 것을 의미한다. 후자의 단어들은 『표준사전』 목록과의 비교를 통해서 대부분 신어에서 제외되는데 여기에 속하는 단어가 많아서 1-2회 출현어 83개 중 신어는 9개뿐이다. '-질' 파생어의 계열체 내부에서는 생성과 소멸이 동시에 진행되고 있다고 할 수 있다.[46] 최고 빈도 단어는

---

45) 본 연구에서 조사 대상으로 삼은 코퍼스에서 신어로 판정할 수 있는 '-질' 파생어는 13개인데 이 중 '빈지질', '그랭이질', '떡메질', '돌개질'은 어기가 저빈도어이거나 불분명하기 때문에 신어로 인정하지 않아 '-질' 파생어 중 신어는 9개이다.

67회 출현한 '도둑질'이고 나머지 단어는 모두 50회 이하의 출현 빈도를 보인다. 이는 '-질' 파생어 전체가 고빈도 단어는 없고 저빈도 단어들의 다수 집합으로 구성되어 있음을 보여주는데, 소멸의 결과로 나타나는 저빈도 단어가 많기 때문에 이런 빈도 패턴이 접미사 '-질'의 생산성을 반영해준다고 이해할 수는 없다. 본 연구의 생산성 산출 방식에 따라 접미사 '-질'의 생산성을 계산하면 다음과 같다.

접미사 '-질'의 생산성
$\dfrac{9}{933} \times 100 = 0.964$

직관적으로 '-질'은 상당히 생산적인 접사로 생각되고, 실제로도 새로운 '-질' 파생어들이 쉽게 관찰되지만 실제 계량의 결과는 이 직관과 일치하지 않았다.[47] 그 이유는 두 가지 측면에서 찾을 수 있으리라 생각한다. 첫째는 유형 빈도에 바탕을 둔 생산성에 대한 직관에 오류의 가능성이 많기 때문이고, 둘째는 본 연구의 조사 대상 자료가 문어 코퍼스로만 구성되어서 '-질'의 생산성을 충분히 반영하지 못했을 가능성이 있기 때문이다. 전자보다는 후자의 가능성이 더 큰 것으로 생각된다. 접미사 '-질'은 인터넷 게시판 등의 구어나 준구어적 사용에서 최근 상당히 많은 새 단어를 만들어내고 있는데, 본 연구가 조사 대상으로 삼은 문어 코퍼스에서는 그 예들이 관찰되지 않았기 때문이다. 다음은 이광호(2005:139)에서 제시한 'X질'의 신어 목록이다.

---

46) 『표준사전』에 등재된 '-질' 파생어의 종류는 707개로 상당히 높은 유형 빈도를 보이지만 이중 상당수가 소멸되어 더 이상 사용되지 않는다.
47) 송철의(1992:163)을 비롯한 접미사 '-질'에 대해 언급한 기존 연구는 '-질'을 매우 생산적인 접미사로 인정했는데 그것은 대체로 '-질'이 형성한 파생어의 유형 빈도에 근거한 판단이라 할 수 있다.

(8) 클릭질, 문자질, 싸이질, 누드질, 카드질, 글질, 디카질, 핸드폰질, 휴대폰
질, 리모콘질, 돈질, 인란질, 인터넷질, 음악질, 감상질, 사랑질, 자판질,
마우스질, 키보드질

위 파생어는 대부분 준구어적 언어를 사용하는 인터넷 게시판에서
관찰되는 단어이지만 이중 어느 것도 본 연구의 조사 대상 코퍼스에서
는 나타나지 않았다. 위와 같은 신어들이 실제로 관찰되기 때문에 계량
의 결과로 도출된 수치만을 바탕으로 접미사 '-질'이 비생산적이라고 할
수는 없다. 파생어의 생산성을 정확하게 계량하기 위해서는 문어와 구
어 텍스트의 적절한 배합이 필요할 것으로 생각된다.

한영균(2001)에서는 200만 어절 규모의 말뭉치에서 'X질'을 추출하여
『표준사전』의 등재 여부를 확인하였는데 'X질' 중 13%만이 사전에 등
재되지 않은 것으로 확인되었다. 신어가 이 13%의 일부라는 점을 고려
해볼 때, 한영균(2001)의 조사대상 코퍼스에서도 '-질'의 확연한 생산성
을 확인하기는 어려운 것으로 생각된다.

다음은 접미사 '-매'의 생산성과 '-매' 파생어의 양적 특성을 살펴본
다. '-매'는 명사와 결합하여 '생김새' 또는 '맵시'의 뜻을 가진 명사를
만드는 접미사이다. 다음은 대상 코퍼스에서 접미사 '-매'가 형성한 파
생어와 그 빈도이다.

〈표3-39〉 접미사 '-매'의 파생어와 빈도

연번	빈도	파생어	
1	1	이음매	n⟨50:40, N:0
2	10	입매	유형 빈도:4, n(1,2)=1
3	29	눈매	
4	99	몸매	

'-매'가 만들어내는 파생어의 종류는 4개이고 이중 1-2회 출현어는 1개,
신어는 0개이다. 1회 출현어인 '이음매'는 『표준사전』의 등재어로 조사
대상 코퍼스에서 우연히 저빈도로 사용된 단어일 뿐, 접미사 '-매'의 생

산성을 반영하는 예는 아니다. 고빈도로 사용된 세 단어만이 코퍼스에서 관찰되는 것으로 보아 접미사 '-매'는 그 사용이 매우 제약되어 있음을 알 수 있다.[48] '-매' 파생어가 충분한 유형 빈도를 확보하지 못하고 있다는 점과 관찰된 '-매' 파생어도 그 빈도가 매우 높다는 것은 'X매'가 어기와 접사로 분석되어 기억되기보다는 하나의 통합형으로 기억될 가능성이 높음을 의미한다. 본 연구의 생산성 산출 방식에 따라 접미사 '-매'의 생산성을 계산하면 다음과 같다.

접미사 '-매'의 생산성

$$\frac{0}{40} \times 100 = 0$$

다음은 접미사 '-발'의 생산성과 '-발' 파생어의 양적 특성을 살펴본다. '-발'은 명사와 결합하여 '기세', '힘' 또는 '효과'의 뜻을 가진 명사를 파생시키는 접미사이다. 다음은 대상 코퍼스에서 접미사 '-발'이 형성한 파생어와 그 빈도이다.

〈표3-40〉 접미사 '-발'의 파생어와 빈도

연번	빈도	파생어	연번	빈도	파생어	연번	빈도	파생어
1	1	사진발	6	7	서릿발	11	26	면발
2	2	라면발	7	7	약발	12	47	눈발
3	3	햇발	8	7	국수발	n<50:135, N:0		
4	3	끗발	9	11	오줌발	유형 빈도:12, n(1,2)=2		
5	3	말발	10	18	핏발			

'-발'이 만들어내는 파생어의 종류는 12개인데 이중 1-2회 출현어는 2개이고 신어는 0개이다. 전체적으로 유형 빈도가 높지 않고 모든 'X발'은 『표준사전』이나 99년 이전 코퍼스 목록에 모두 등장하는 단어들이다.

48) 『표준사전』에 등재된 '-매' 파생어는 다음의 7가지이다.
눈매, 몸매, 손매, 앉음매, 옷매, 이음매, 입매

이는 '-발' 파생어가 파생의 과정을 거친 후 반복 사용을 통해 어휘화된 단어만이 자주 사용되며, 접미사 '-발'이 새 단어를 만드는 데 생산적으로 사용되지 않음을 의미한다. 본 연구의 생산성 산출 방식에 따라 접미사 '-발'의 생산성을 계산하면 다음과 같다.

접미사 '-발'의 생산성
$\dfrac{0}{135} \times 100 = 0$

　다음은 접미사 '-이'의 생산성과 '-이' 파생어의 양적 특성을 살펴본다. '-이'는 동사나 명사와 동사 어간의 결합형에 붙어서 '사람', '사물', '일'의 뜻을 더하고 명사를 파생시키는 접미사이다. $[\text{N-V-이}]_N$의 형태 분석을 다음의 둘 중에 $[\text{N-[V-이]}]_N$, $[[\text{N-V}]\text{-이}]_N$ 어느 것으로 하느냐의 문제가 완전히 해결되지는 않았다. $[\text{N-[V-이]}]_N$의 분석이 가능한 경우도 있고, 그것이 불가능하기 때문에 $[[\text{N-V}]\text{-이}]_N$의 분석을 해야만 하는 경우도 있다. 본 연구는 계열체 안에서 반복되는 요소를 하나의 단위로 분석해내는 화자의 공시적 분석 능력을 중시하여 $[\text{N-[V-이]}]_N$의 분석을 택하여 자료를 계량하였다.[49]

　다음은 대상 코퍼스에서 접미사 '-이'가 형성한 파생어와 그 빈도이다.

〈표3-41〉 접미사 '-이'의 파생어와 빈도

연번	빈도	*	파생어	연번	빈도	*	파생어	연번	빈도	*	파생어
1	1	*	손톱깎이			1	구두닦이			1	계란말이
2	1	*	귀밝이			1	접시닦이			1	멍석말이
3	1	*	때밀이	7	2	*	해넘이			1	김말이
4	1	*	목곧이	8	2	*	까불이	10	6	*	절이
5	1	*	흙문이	9	4	*	말이			3	겉절이
6	2	*	닦이			1	달걀말이			3	소금절이

---

49) $[\text{N-V-이}]_N$의 형태 분석을 $[\text{N-[V-이]}]_N$로 할 것인가 아니면 $[[\text{N-V}]\text{-이}]_N$로 할 것인가의 문제에 대해서는 채현식(2000) 참조.

연번	빈도	*	파생어	연번	빈도	*	파생어	연번	빈도	*	파생어
11	8	*	털이			1	신문팔이			1	막창구이
		1	낯털이			3	껌팔이			1	새우구이
		1	슈퍼마켓털이			8	돌팔이			1	소심장구이
		6	금고털이			10	성냥팔이			1	양념구이
12	7	*	코골이			10	품팔이			1	한우구이
13	7	*	가을걷이	27	34	*	꽂이			1	장어구이
14	9	*	묵이			1	귀꽂이			2	생선구이
		1	3년묵이			1	꺾꽂이			2	숯불구이
		3	달묵이			1	뒤꽂이			2	이구아나구이
		5	해묵이			1	머리꽂이			2	조개구이
15	7	*	다듬이			1	연필꽂이			3	초벌구이
16	9	*	호미씻이			1	우산꽂이			4	구이
17	14	*	떡볶이			1	칼꽂이			5	꼬치구이
18	15	*	집들이			1	펜꽂이			6	꽁치구이
19	16	*	쌍끌이			3	전기꽂이	30	47	*	막이
20	16	*	싹슬이			6	꽃꽂이			1	골막이
21	16	*	굽이			17	책꽂이			1	해막이
		2	물굽이	28	43	*	갈이			1	살막이
		6	산굽이			1	갈이			2	액막이
		8	굽이			1	논밭갈이			2	입막이
22	17	*	해돋이			1	이갈이			2	물막이
23	19	*	더듬이			1	행갈이			4	방패막이
24	21	*	앓이			3	얼갈이			9	바람막이
		2	배앓이			1	그루갈이			25	칸막이
		5	속앓이			1	논밭갈이	31	50	*	떨이
		14	가슴앓이			1	봄갈이			4	먼지떨이
25	28	*	몰이			1	살갈이			46	재떨이
		1	관객몰이			1	창갈이		58	*	걸음걸이
		1	돼지몰이			1	하루갈이		60	*	떠돌이
		1	대동물몰이			1	한참갈이		64	*	소용돌이
		1	친일청산몰이			2	분갈이		68	*	나들이
		1	대북강경몰이			3	판갈이	32	74	*	맞이
		1	몰이(몰이사냥)			4	논갈이			1	설맞이
		2	낙타몰이			7	밭갈이			1	바겐세일맞이
		2	소떼몰이			13	물갈이			1	신년맞이
		2	흥행몰이	29	38	*	구이			1	고향맞이
		3	세몰이			1	연어구이			1	일출맞이
		3	토끼몰이			1	갈비구이			1	명절맞이
		4	인기몰이			1	갈치구이			1	가을맞이
		6	여론몰이			1	감자구이			1	살맞이
26	33	*	팔이			1	감자버터구이			1	추석맞이
		1	팔이			1	돌구이			1	8주년맞이

연번	빈도	*	파생어	연번	빈도	*	파생어	연번	빈도	*	파생어
		2	설날맞이			14	턱걸이			15	감옥살이
		3	새해맞이			27	옷걸이			19	옥살이
		3	새봄맞이			61	목걸이			23	살림살이
		4	해맞이	36	181	*	먹이			30	겨우살이
		4	달맞이			1	소먹이	38	319	*	잡이
		4	봄맞이			2	개먹이			1	물고기잡이
		5	손님맞이			7	되먹이			1	깃대잡이
		39	맞이(맞이하-)			15	젖먹이			1	북어잡이
33	81	*	받이			156	먹이			1	그물잡이
		1	침받이	37	237	*	살이			1	키잡이
		1	가루받이			1	단칸방살이			1	기잡이
		1	머리받이			1	외국살이			1	드잡이
		1	목받이			1	타국살이			1	길앞잡이
		1	소주받이			1	바깥살이			1	장고잽이
		2	비누받이			1	피난살이			1	불대잡이
		3	턱받이			1	하늘살이			1	장대잡이
		3	짐받이			1	모둠살이			1	외팔잡이
		4	물받이			1	이승살이			1	달팽이잡이
		7	총알받이			1	피란살이			1	고래잡이
		12	씨받이			1	예수살이			1	명태잡이
		45	등받이			1	행랑살이			2	파리잡이
34	115	*	벌이			1	고용살이			2	갈치잡이
		1	만원벌이			1	식모살이			2	섬게잡이
		2	막벌이			2	귀양살이			2	양손잡이
		5	외화벌이			2	객지살이			2	줄잡이
		6	앵벌이			3	서울살이			3	조기잡이
		6	벌이			3	한해살이		3	*	총잡이
		17	밥벌이			4	타향살이		3	*	오징어잡이
		26	맞벌이			5	오막살이		3	*	바람잡이
		53	돈벌이			5	한살이		3	*	조개잡이
35	134	*	걸이			5	사람살이		5	*	먹살잡이
		1	바지걸이			5	머슴살이		6	*	칼잡이
		1	수건걸이			6	세간살이		7	*	길라잡이
		1	휴지걸이			6	징역살이		8	*	앞잡이
		1	어깨걸이			6	종살이		9	*	멸치잡이
		1	덧걸이			7	더부살이		12	*	오른손잡이
		1	행주걸이			11	셋방살이		15	*	골잡이
		1	핸드폰걸이			12	세상살이		20	*	꽃게잡이
		4	귀걸이			13	처가살이		21	*	길잡이
		4	호미걸이			14	인생살이		25	*	마구잡이
		7	벽걸이			14	하루살이		26	*	고기잡이
		10	팔걸이		14	*	모둠살이		46	*	왼손잡이

제3장 현대 국어 파생 접사의 생산성 137

연번	빈도	*	파생어	연번	빈도	*	파생어	연번	빈도	*	파생어
	79	*	손잡이		1	*	속풀이		8	*	심심풀이
39	567	*	놀이		1	*	이름풀이		12	*	본풀이
40	452	*	풀이		1	*	낱말풀이		12	*	분풀이
		1	신화풀이		1	*	십자말풀이		13	*	살풀이
		1	오구풀이		1	*	사설풀이		14	*	뒤풀이
		1	구문풀이		1	*	죄풀이		16	*	화풀이
		1	숫자풀이		2	*	수수께끼풀이		112	*	풀이
		1	죽음풀이		2	*	한풀이		229	*	되풀이
		1	아리랑풀이		2	*	앞풀이	n(50:475 , N:0			
		1	얘기풀이		2	*	사전풀이	유형 빈도:40, n(1,2)=8			
		1	문답풀이		3	*	뜻풀이				
	1	*	암호풀이		4	*	성주풀이				
	1	*	주원풀이		5	*	액풀이				

-이'가 만들어내는 파생어의 종류는 40개이다. 이는 '고기잡이'류의 단어에서 '잡이'에 해당하는 요소를 준명사로 취급하여 처리한 결과이다. '-이'가 형성한 파생어 집합에는 저빈도 단어가 존재하기는 하지만 거의 대부분 『표준사전』이나 99년 이전 코퍼스 목록에 모두 등장하는 단어들이다. 본 연구의 생산성 산출 방식에 따라 접미사 '-이'의 생산성을 계산하면 다음과 같다.

$$\boxed{\begin{array}{c} \text{접미사 '-이'의 생산성} \\[4pt] \dfrac{0}{475} \times 100 = 0 \end{array}}$$

위에서 살펴본 명사 파생 접미사 중 '-개'와 '-질'은 우리의 일상적 직관과는 달리 생산성 수치가 낮게 산출되었다. '-개'는 저지의 결과로 인하여 그 잠재적 결합 가능성이 생산성 수치와 평행하게 나타나지 못한 반면, '-질'은 조사 대상 코퍼스의 문제로 생각된다. '-투성이'의 생산성 수치는 통사적 결합의 생산성이 월등하다는 것을 보여주었고, '-매', '-발', '-이'는 전혀 생산력이 없음을 보여주었다.

3.3.2. 동사 파생 접미사

3.3.2.1. '-거리-', '-대-', '-이-'

'-거리-', '-대-', '-이-'는 동작 또는 상태를 나타내는 어근을 어기로 취하여 서로 비슷한 의미를 가진 동사를 파생시키는 접미사이다. 이 세 접미사는 상호간의 차이점보다는 공통점이 훨씬 더 많은 대상들로 그 경쟁적 사용 양상을 코퍼스를 통해서 확인해 볼 필요가 있다.

-거리-'와 '-대-'는 대체로 동작성 어근과 결합하고 순수하게 상태성만을 띠는 어근들과는 결합되지 않는 특성이 있는데, 의성어는 동작성 어근이 아니면서도 '-거리-'와 '-대-'의 어기가 될 수 있다. 그리고 의태어나 의성어의 경우에는 그 반복형에도 자연스럽게 '-거리-'와 '-대-'가 결합할 수 있다(송철의 1992:190). 또한 '-거리-'와 '-대-'는 1음절의 어기와는 전혀 결합하지 않고 반드시 그 반복형과만 결합하는 특성이 있다(조남호 1988:58).

본 연구에서 '-거리-'와 '-대-'를 먼저 함께 논의하고자 하는 이유는 이 둘의 기능과 의미가 매우 유사하기 때문이고, 대부분의 선행 연구들이 이 둘을 함께 다루면서 차이점보다는 공통점에 집중했기 때문이다. 이익섭·채완(1999)에서는 '-거리-'와 '-대-'를 가장 생산적인 동사 파생 접미사로 파악했으며, 이 둘의 분포와 기능이 거의 같아서 이 둘이 만들어내는 파생어는 동의어로 처리되어 왔다고 언급한 바 있다. 송철의 (1992:189)에서도 이 둘을 비슷한 의미와 기능을 가지면서 매우 생산적인 접미사로 파악하고 있다. 물론 '-거리-'와 '-대-'의 의미와 기능이 완전히 동일하지는 않은데 이들의 의미와 기능상의 차이에 대해서는 조남호(1988), 이은섭(2004) 등에서 논의된 바 있다. 그러나 '-거리-'와 '-대-'의 의미·기능상의 차이가 양자를 대별시킬 만큼 중대한 것은 아니며 양자는 차이점보다는 공통점이 월등하게 많은 경쟁적인 접미사이다. 유사한 의미를 가진 접미사가 어떤 양적 특성을 보이면서 서로 경쟁하며 사용되고 있는지 검토해 볼 필요가 있다.

먼저 대상 코퍼스에서 접미사 '-거리-'가 형성한 파생어와 그 빈도를 살펴보기로 한다.

〈표3-42〉 접미사 '-거리-'의 파생어와 빈도

연번	빈도	파생어	연번	빈도	파생어	연번	빈도	파생어	연번	빈도	파생어	연번	빈도	파생어	연번	빈도	파생어
1	1	슴뻑거리	35	1	후룩거리	69	1	미식거리	103	1	찡긋거리	137	1	쭝긋거리			
2	1	철그렁거리	36	1	후루룩거리	70	1	오글거리	104	1	느글거리	138	1	들락날락거리			
3	1	힝힝거리	37	1	기웃기웃거리	71	1	꾸역꾸역거리	105	1	탁탁거리	139	1	출싹거리			
4	1	힐금거리	38	1	기웃둥거리	72	1	꿀꿀거리	106	1	능글거리	140	1	출랑거리			
5	1	몽실거리	39	1	화닥닥거리	73	1	꿀럭거리	107	1	우지끈거리	141	1	욱욱거리			
6	1	히쭉거리	40	1	화닥거리	74	1	하느작거리	108	1	다둑거리	142	1	초롱거리			
7	1	히물거리	41	1	철그덕거리	75	1	푸푸거리	109	1	식식거리	143	1	따따거리			
8	1	갈갈거리	42	1	깍깍거리	76	1	꿍꿍거리	110	1	달각거리	144	1	옴직거리			
9	1	거드럭거리	43	1	헤실거리	77	1	꿍얼거리	111	1	큼큼거리	145	1	딸각거리			
10	1	뚜뚜거리	44	1	아물거리	78	1	푸실거리	112	1	쿨쩍거리	146	1	부르릉거리			
11	1	거르렁거리	45	1	허정거리	79	1	와르릉거리	113	1	찔뚝거리	147	1	첨벙거리			
12	1	와삭거리	46	1	깡충거리	80	1	엉엉거리	114	1	쿨럭쿨럭거리	148	1	딸싹거리			
13	1	희번덕거리	47	1	아른아른거리	81	1	푸닥거리	115	1	댕댕거리	149	1	떠들썩거리			
14	1	희뜩거리	48	1	깨갱거리	82	1	끔뻑거리	116	1	찌그렁거리	150	1	첨범거리			
15	1	우적거리	49	1	깨드득거리	83	1	끔적거리	117	1	쿡쿡거리	151	1	철컹거리			
16	1	흠흠거리	50	1	깨작거리	84	1	포실거리	118	1	덜걱거리	152	1	또각거리			
17	1	매끈거리	51	1	깩깩거리	85	1	끼루룩거리	119	1	찌그닥거리	153	1	짹짹거리			
18	1	곰실거리	52	1	깽깽거리	86	1	찰브락거리	120	1	쭝얼거리	154	1	웽웽거리			
19	1	어룽거리	53	1	왕왕거리	87	1	퍽거리	121	1	덜커덕거리	155	1	뚝딱거리			
20	1	흐흐거리	54	1	꺼끌거리	88	1	끽끽거리	122	1	와글거리	156	1	철썩거리			
21	1	웽웽거리	55	1	꺽꺽거리	89	1	퍼뜩거리	123	1	덜컥거리	157	1	붕붕거리			
22	1	야웅거리	56	1	껄껄거리	90	1	팔락거리	124	1	콩닥콩닥거리	158	1	앙잘거리			
23	1	으드등거리	57	1	허둥지둥거리	91	1	나달거리	125	1	벌벌거리	159	1	악악거리			
24	1	궁시렁거리	58	1	해죽거리	92	1	찰박거리	126	1	벌컥거리	160	1	알랑알랑거리			
25	1	궁시렁궁시렁거리	59	1	껍죽거리	93	1	파들거리	127	1	쭈뼛거리	161	1	어물거리			
26	1	그렁거리	60	1	꼬꼬댁거리	94	1	닐름닐름거리	128	1	재재거리	162	1	얼른거리			
27	1	맨질거리	61	1	꼬들거리	95	1	납신거리	129	1	칼칼거리	163	1	우르르우르르거리			
28	1	근실거리	62	1	할랑거리	96	1	발발거리	130	1	치칙거리	164	1	아작아작거리			
29	1	알랑거리	63	1	할끔거리	97	1	자근거리	131	1	치렁거리	165	1	아기작거리			
30	1	글글거리	64	1	꼼질거리	98	1	통통거리	132	1	시부렁거리	166	1	응얼거리			
31	1	휘적거리	65	1	꼼틀거리	99	1	너풀거리	133	1	추춤거리	167	1	움지럭거리			
32	1	휙이거리	66	1	꽥꽥거리	100	1	널름거리	134	1	뒤치락거리	168	1	쩨그렁거리			
33	1	끔벅끔벅거리	67	1	꾸르륵거리	101	1	터덜거리	135	1	추적거리	169	1	뭉실거리			
34	1	기신거리	68	1	미루적거리	102	1	탕탕거리	136	1	옹알거리	170	1	오르락거리			

연번	빈도	파생어	연번	빈도	파생어	연번	빈도	파생어	연번	빈도	파생어	연번	빈도	파생어
171	1	미끈덕거리	213	1	뺄뺄거리	255	2	푸르륵거리	297	2	흘낏거리	339	3	한들거리
172	1	미끈덩거리	214	1	지직거리	256	2	조잘거리	298	2	맨들거리	340	3	할딱거리
173	1	쌔근거리	215	1	비실비실거리	257	2	질겅거리	299	2	회번득거리	341	3	흘깃거리
174	1	울컥거리	216	1	숙덕거리	258	2	조몰락거리	300	2	왈왈거리	342	4	어릿거리
175	1	씨근거리	217	1	뻬그덕거리	259	2	끼룩거리	301	2	얼찐거리	343	4	어질거리
176	1	질퍽거리	218	1	짱짱거리	260	2	속닥거리	302	2	어석거리	344	4	흥청거리
177	1	철거덕거리	219	1	짱알거리	261	2	나풀거리	303	2	어정거리	345	4	걸리적거리
178	1	질금거리	220	1	지글거리	262	2	티티거리	304	2	엎치락거리	346	4	끔벅거리
179	1	바둥거리	221	1	사각거리	263	2	수근거리	305	3	앙앙거리	347	4	달그락거리
180	1	창알거리	222	1	사그락거리	264	2	지칫거리	306	3	비실거리	348	4	후후거리
181	1	빈들거리	223	1	빵긋거리	265	2	비양거리	307	3	복닥거리	349	4	득시글거리
182	1	찰빅찰빅거리	224	1	억억거리	266	2	불퉁거리	308	3	버르적거리	350	4	덜렁거리
183	1	엉두덜거리	225	1	삐용거리	267	2	덤벙거리	309	3	쌔근거리	351	4	껌뻑거리
184	1	직직거리	226	1	뺄뺄거리	268	2	동동거리	310	3	쑤석거리	352	4	딸랑거리
185	1	자박거리	227	1	뺀들거리	269	2	슴벅거리	311	3	빵빵거리	353	4	메슥거리
186	1	서걱서걱거리	228	2	까르륵거리	270	2	가르롱거리	312	3	어기적거리	354	4	바삭거리
187	1	바빚거리	229	2	빽빽거리	271	2	동당거리	313	3	반질거리	355	4	홀짝거리
188	1	선득거리	230	2	비슬거리	272	2	달가닥거리	314	3	미끌거리	356	4	까르륵거리
189	1	종종거리	231	2	멀뚱거리	273	2	키들거리	315	3	미끈거리	357	4	헤헤거리
190	1	재깍거리	232	2	뻐금거리	274	2	버벅거리	316	3	말똥거리	358	4	짤랑거리
191	1	잘가락거리	233	2	뻐끔거리	275	2	낼름거리	317	3	딱딱거리	359	4	반들거리
192	1	새새덕거리	234	2	딸깍거리	276	2	뱅글거리	318	3	옹송거리	360	4	스멀거리
193	1	찍찍거리	235	2	부글거리	277	2	학학거리	319	3	득실거리	361	4	깡충거리
194	1	새실거리	236	2	삐거덕거리	278	2	꾸벅거리	320	3	덜커덩거리	362	4	끼적거리
195	1	소근거리	237	2	똑딱거리	279	2	잉잉거리	321	3	끄적거리	363	4	느물거리
196	1	삭삭거리	238	2	비비적거리	280	2	꾸물럭거리	322	3	거치적거리	364	4	빙글거리
197	1	쉑쉑거리	239	2	삐약거리	281	2	뭉글거리	323	3	바동거리	365	4	뒤척거리
198	1	산들거리	240	2	검둥거리	282	2	일긋거리	324	3	뭉그적거리	366	4	비죽거리
199	1	사그작거리	241	2	추근거리	283	2	이기죽거리	325	3	가르랑거리	367	4	팔랑거리
200	1	법석거리	242	2	들썽거리	284	2	허부적거리	326	3	푸드덕거리	368	4	비칠거리
201	1	벙글거리	243	2	빽빽거리	285	2	허청거리	327	3	펄떡거리	369	5	흘긋거리
202	1	속살거리	244	2	치근거리	286	2	헥헥거리	328	3	콜록거리	370	5	서걱거리
203	1	벙싯거리	245	2	퀵퀵거리	287	2	물컹거리	329	3	쿨렁거리	371	5	주물럭거리
204	1	조물거리	246	2	쿨럭거리	288	2	히히거리	330	3	탈탈거리	372	5	절룩거리
205	1	삐쭉거리	247	2	콩당거리	289	2	흐물거리	331	3	투닥거리	373	5	시시덕거리
206	1	지분거리	248	2	쾅쾅거리	290	2	그렁거리	332	3	종알거리	374	5	꿈지럭거리
207	1	쨍얼거리	249	2	쿨룩거리	291	2	흐늘거리	333	3	주뼛거리	375	5	고물거리
208	1	부시럭거리	250	2	뉘엿거리	292	2	알짱거리	334	3	퉁퉁거리	376	5	구불거리
209	1	쟁그랑거리	251	2	버글거리	293	2	철벅거리	335	3	쟁쟁거리	377	5	힐긋거리
210	1	절거덕거리	252	2	색색거리	294	2	굽신거리	336	3	이죽거리	378	5	파닥거리
211	1	빙긋거리	253	2	중얼중얼거리	295	2	군시렁거리	337	3	캑캑거리	379	5	벌렁거리
212	1	뿔뿔거리	254	2	미적거리	296	2	흘긋거리	338	3	절름거리	380	5	집적거리

연번	빈도	파생어	연번	빈도	파생어	연번	빈도	파생어	연번	빈도	파생어
381	5	쫑알거리	423	7	살랑거리	465	12	키득거리	507	29	헐떡거리
382	5	벙긋거리	424	7	오물거리	466	12	툴툴거리	508	29	번들거리
383	5	덜그럭거리	425	7	수런거리	467	12	생글거리	509	30	이글거리
384	5	팔딱거리	426	7	질척거리	468	12	아른거리	510	31	들썩거리
385	5	찔끔거리	427	8	두런거리	469	12	실룩거리	511	31	화끈거리
386	5	으쓱거리	428	8	히히덕거리	470	12	껌벅거리	512	31	우물거리
387	5	바글거리	429	8	굽실거리	471	13	구시렁거리	513	31	출렁거리
388	5	벌름거리	430	8	너덜거리	472	13	힐끔거리	514	31	버둥거리
389	5	털털거리	431	9	하늘거리	473	13	쿵쾅거리	515	32	뒤적거리
390	5	달랑거리	432	9	펄럭거리	474	13	콩콩거리	516	35	비아냥거리
391	5	번질거리	433	9	가물거리	475	14	욱신거리	517	37	두근거리
392	6	끈적거리	434	9	버석거리	476	14	낑낑거리	518	37	웅얼거리
393	6	날름거리	435	9	간당거리	477	14	흐느적거리	519	38	웅성거리
394	6	토닥거리	436	9	일렁거리	478	14	비척거리	520	38	주억거리
395	6	움직거리	437	9	얼씬거리	479	15	재잘거리	521	39	반짝거리
396	6	끙끙거리	438	9	징징거리	480	15	거들먹거리	522	41	어슬렁거리
397	6	울먹거리	439	9	시큰거리	481	15	허둥거리	523	42	끄덕거리
398	6	콩닥거리	440	9	근질거리	482	15	꼼지락거리	524	43	흥얼거리
399	6	우쭐거리	441	9	기우뚱거리	483	15	훌쩍거리	525	45	더듬거리
400	6	쿵쿵거리	442	9	찰랑거리	484	15	뒤뚱거리	526	47	들락거리
401	6	겅중거리	443	9	너울거리	485	16	후들거리	527	49	만지작거리
402	6	후끈거리	444	9	달싹거리	486	16	멈칫거리	528	55	휘청거리
403	6	덜거덕거리	445	9	삐죽거리	487	16	깜박거리	529	60	가웃거리
404	6	대롱거리	446	10	꼬물거리	488	17	북적거리	530	64	꿈틀거리
405	6	씰룩거리	447	10	절뚝거리	489	18	수군거리	531	72	두리번거리
406	6	앵앵거리	448	10	싱글거리	490	19	들먹거리	532	76	어른거리
407	6	까딱거리	449	10	글썽거리	491	19	빈정거리	533	78	기웃거리
408	6	까닥거리	450	10	긁적거리	492	19	꾸물거리	534	86	서성거리
409	6	쑥덕거리	451	10	퍼덕거리	493	20	번쩍거리	535	94	투덜거리
410	7	가우뚱거리	452	11	칭얼거리	494	20	소곤거리	536	95	비틀거리
411	7	킥킥거리	453	11	지끈거리	495	21	우글거리	537	113	머뭇거리
412	7	킬킬거리	454	11	쭈뼛거리	496	21	주춤거리	538	398	중얼거리
413	7	움찔거리	455	11	웅웅거리	497	21	씩씩거리			
414	7	윙윙거리	456	11	술렁거리	498	22	빈둥거리	n(50:2805, N:50		
415	7	홀끔거리	457	11	얼쩡거리	499	22	삐걱거리	n(1,2): 304,		
416	7	헉헉거리	458	11	건들거리	500	22	다독거리	유형:538		
417	7	주절거리	459	11	바스락거리	501	22	덜컹거리			
418	7	떵떵거리	460	12	혼들거리	502	23	으르렁거리			
419	7	떠듬거리	461	12	히죽거리	503	23	허우적거리			
420	7	넘실거리	462	12	깜빡거리	504	24	낄낄거리			
421	7	따끔거리	463	12	노닥거리	505	25	깔깔거리			
422	7	간질거리	464	12	부스럭거리	506	26	울렁거리			

'-거리-'가 만들어낸 파생어의 종류는 총 538가지인데 이중 1-2회 출현어는 304개이고 여기에 포함된 신어는 50개이다. 1-2회 출현어가 전체 유형의 57%(304/538)를 차지하는데 이들 단어는 기존의 익숙한 단어라기보다는 표현적 욕구를 채우기 위해 다양한 의성·의태 어근을 어기로 하여 즉시적으로 만들어진 단어들이 대부분이다. 대체로 빈도수 10회를 기준으로 그 이상에는 익숙한 단어들이 많고, 그 이하에는 익숙하지 않은 단어들이 많이 분포한다. 전체 538종류의 단어 중에서 빈도수 50회 이상의 단어가 11개밖에 없으며, 이중에서도 100회 이상의 고빈도 단어는 '머뭇거리-'(113회)와 '중얼거리-'(398)뿐이다. 'X거리-'는 유형 빈도가 상당히 높으면서 각 유형의 개별 빈도는 그리 높지 않은 모습을 보인다. '-거리-' 파생어 계열체는 저빈도 단어가 다수를 구성하는 집합이라고 할 수 있다.

차준경(1995:51)에서는 계량의 결과 339종류의 'X거리-'와 148개의 'X거리-' 단발어를 확인했고 'X거리-'의 고빈도 단어를 '중얼거리-(94), 두근거리-(37), 비틀거리-(34), 서성거리-(30)'의 순으로 제시했다. 차준경(1995)가 채택한 코퍼스와 본 연구가 채택한 코퍼스의 크기가 다르기 때문에 구체적인 수치는 달리 산출되었지만 고빈도 단어의 빈도순 목록은 대체로 일치하는 것으로 나타난다.

다음은 '-대-' 파생어를 살펴보도록 한다. 대상 코퍼스에서 접미사 '-대-'가 형성한 파생어와 그 빈도는 다음과 같다.

〈표3-43〉 접미사 '-대-'의 파생어와 빈도

연번	빈도	파생어	연번	빈도	파생어	연번	빈도	파생어	연번	빈도	파생어	연번	빈도	파생어
1	1	간드랑대	7	1	글썽대	13	1	꺽꺽대	19	1	나비대	25	1	뭉그적대
2	1	가웃대	8	1	긁적대	14	1	꾸물대	20	1	날름대	26	1	바글대
3	1	거들먹대	9	1	까불대	15	1	꿈지럭대	21	1	낭창대	27	1	바동대
4	1	겅둥대	10	1	깜박대	16	1	끔뻑대	22	1	는적대	28	1	번질대
5	1	군시렁대	11	1	깡충대	17	1	끼적대	23	1	달싹대	29	1	복닥대
6	1	굽신대	12	1	깨지락대	18	1	끽끽대	24	1	머뭇대	30	1	부스럭대

연번	빈도	파생어	연번	빈도	파생어	연번	빈도	파생어	연번	빈도	파생어	연번	빈도	파생어
31	1	비비대	55	1	질금대	79	2	더펄대	103	3	덜렁대	127	9	빈정대
32	1	비비적대	56	1	집적대	80	2	득실대	104	3	뒤뚱대	128	10	끙끙대
33	1	비슬대	57	1	쭈볏대	81	2	번들대	105	3	비아냥대	129	10	으르렁대
34	1	비죽대	58	1	찔벅대	82	2	뻗장대	106	3	술렁대	130	11	깔깔대
35	1	비틀대	59	1	찡얼대	83	2	삐걱대	107	3	씩씩대	131	12	넘실대
36	1	빈둥대	60	1	촐랑대	84	2	사각대	108	3	어슬렁대	132	13	수군대
37	1	빌빌대	61	1	캑캑대	85	2	싱글대	109	3	조잘대	133	13	칭얼대
38	1	빙글대	62	1	콜록대	86	2	쌔근대	110	3	찰랑대	134	15	허우적대
39	1	빨빨대	63	1	쿵쿵대	87	2	쑤군대	111	3	킬킬대	135	16	꿈틀대
40	1	서걱대	64	1	팔랑대	88	2	씰룩대	112	4	두근대	136	17	으스대
41	1	식식대	65	1	펄럭대	89	2	우글대	113	4	미적대	137	19	북적대
42	1	쌕쌕대	66	1	흐느적대	90	2	웅얼대	114	4	소곤대	138	27	투덜대
43	1	씨근대	67	1	홍얼대	91	2	주절대	115	4	어른대	139	28	허둥대
44	1	오물대	68	2	보글대	92	2	첨벙대	116	4	징징대			
45	1	왈왈대	69	2	벌렁대	93	2	출렁대	117	4	쫑알대			
46	1	우물대	70	2	건들대	94	2	컹컹대	118	4	헉헉대			
47	1	우쭐대	71	2	골골대	95	2	쿵쾅대	119	5	너울대			
48	1	웅웅대	72	2	구시렁대	96	2	키득대	120	5	서성대			
49	1	윙윙대	73	2	기웃대	97	2	킥킥대	121	5	추근대			
50	1	이죽대	74	2	꼼지락대	98	2	후들대	122	6	버둥대	n<50: 451		
51	1	주물럭대	75	2	나불대	99	2	휘청대	123	6	재잘대	n(1,2): 101		
52	1	주춤대	76	2	너풀대	100	2	흔들대	124	7	낄낄대	N:5 유형: 139		
53	1	중얼대	77	2	달그락대	101	2	홍청대	125	7	낑낑대			
54	1	지끈대	78	2	대롱대	102	3	나부대	126	8	웅성대			

  ‘-대-’가 만들어낸 파생어의 종류는 총 139가지인데 이중 1-2회 출현어는 101개이고 여기에 포함된 신어는 5개이다. 1-2회 출현어가 전체 유형의 72%(101/139)를 차지하는데 이는 매우 높은 비율이다. 이 비율만으로 판단하면 ‘-대-’의 생산성이 매우 높을 것으로 생각할 수 있지만 실제 자료를 면밀히 검토해 보면 이 수치가 생산성을 반영하는 것이 아님을 알 수 있다. 비슷한 의미를 가진 경쟁 접사인 ‘-거리-’가 만든 ‘X거리-’가 ‘X대-’의 출현 및 사용을 방해한 결과 ‘X대-’의 1-2회 출현어가 고비율로 나타난 것이기 때문이다. 위 표의 ‘X대-’는 대체로 같은 어기를 취하는 ‘X거리-’를 가지는데 양자의 빈도를 비교하면 ‘X거리-’ 쪽이 월등하게 앞선다.[50] 이는 명명적 욕구를 해결하는 두 가지 방법 중에서 화자

---

50) ‘-거리-’와 ‘-대-’가 공통으로 어기를 취하여 만들어진 파생어 쌍의 빈도 비교는 5.3.3.1. 참조.

가 'X거리-'를 선호한 결과, 'X대-'가 저빈도로 나타난 것을 의미한다. 이러한 이유 때문에 이 경우 저빈도의 'X대-'는 생산성을 반영하는 단어가 아니라 동의어 경쟁의 결과를 반영하는 저빈도어라 할 수 있다.[51] 전체 139종류의 'X대-' 중에서 최고 빈도 단어는 28회('하둥대-')로 '-대-' 파생어 계열체는 저빈도 단어가 다수를 이루는 집합을 형성하지만 앞서 언급한 사실로 볼 때 이 패턴이 생산성을 반영하는 것은 아니다.

차준경(1995:52-3)에서는 'X대-'의 계량 결과를 제시하면서 'X대-'의 유형이 87로 339개의 유형을 보인 'X거리-'에 비해 그 유형이 많지 않고, 개별 'X대-'의 빈도 또한 그리 높지 않음을 지적했는데 이는 본 연구의 계량 결과와도 일치하는 기술이다.

다음은 '-이-' 파생어를 살펴보기로 한다. '-이-'는 의성·의태어 어기와 결합하여 반복동작을 나타내는 동사를 파생시키는 접미사이다. '-이-'는 '-거리-' 및 '-대-'와 비슷한 의미·기능을 갖지만 '-거리-' 및 '-대-'와는 달리 주로 말음이 'ㄱ', 'ㅇ'으로 끝난 어기와만 결합하고 일부 'ㄹ' 말음의 어기와도 결합하는 특성을 보인다. 대상 코퍼스에서 접미사 '-이-'가 형성한 파생어와 그 빈도는 다음과 같다.

〈표3-44〉 접미사 '-이-'의 파생어와 빈도

연번	빈도	파생어	연번	빈도	파생어	연번	빈도	파생어	연번	빈도	파생어	연번	빈도	파생어
1	1	깨작이	10	1	도닥이	19	1	주억이	28	1	펄떡이	37	2	질벅이
2	1	꺼덕이	11	1	들썽이	20	1	질척이	29	1	허청이	38	2	흐득이
3	1	껑충이	12	1	딸랑이	21	1	찰싹이	30	1	휘청이	39	3	까딱이
4	1	꼴딱이	13	1	똑딱이	22	1	철벅이	31	1	흐느적이	40	3	껌벅이
5	1	꿈벅이	14	1	복작이	23	1	추적이	32	1	희번득이	41	3	삐걱이
6	1	끔쩍이	15	1	비죽이	24	1	쿨럭이	33	2	깐족이	42	3	삐죽이
7	1	달각이	16	1	삐꺽이	25	1	팔딱이	34	2	끄적이	43	3	실룩이
8	1	달랑이	17	1	삐쭉이	26	1	팔락이	35	2	끔벅이	44	3	씰룩이
9	1	덜렁이	18	1	서걱이	27	1	팔랑이	36	2	속닥이	45	3	절뚝이

---

51) 몇몇 어기를 제외하고는 '-거리-'형과 '-대-'형이 모두 자연스럽게 가능함에도 불구하고 실제어로 나타나는 'X대-'가 'X거리-'의 4분의 1밖에 되지 않는 점도 'X거리-'와 'X대-'가 경쟁의 관계에 있으면서 'X거리-'가 'X대-'의 출현을 방해하는 증거가 된다. 'X거리-'와 'X대-'의 경쟁적 사용 양상에 대한 자세한 내용은 5.3.3. 참조

연번	빈도	파생어	연번	빈도	파생어	연번	빈도	파생어	연번	빈도	파생어	연번	빈도	파생어
46	3	철썩이	58	10	훌쩍이	70	28	간질이	82	53	들먹이			n〈50: 756
47	3	할딱이	59	11	토닥이	71	29	헐떡이	83	59	울먹이			N: 4
48	4	까닥이	60	12	달싹이	72	31	일렁이	84	155	반짝이			유형 빈도: 88
49	4	살랑이	61	12	술렁이	73	33	허덕이	85	234	속삭이			n(1,2)=38
50	4	파닥이	62	12	찰랑이	74	41	번쩍이	86	309	망설이			
51	5	끼적이	63	14	긁적이	75	41	출렁이	87	387	끄덕이			
52	6	껌뻑이	64	17	다독이	76	43	깜박이	88	993	움직이			
53	6	끈적이	65	17	글썽이	77	43	지껄이						
54	8	깜빡이	66	17	번뜩이	78	47	뒤척이						
55	8	북적이	67	19	들썩이	79	48	뒤적이						
56	8	절룩이	68	20	퍼덕이	80	49	서성이						
57	8	홀짝이	69	27	번득이	81	52	펄럭이						

‘-이-’가 만들어낸 파생어의 종류는 총 88가지인데 이중 1-2회 출현어는 38개이고 여기에 포함된 신어는 4개이다. 1-2회 출현어가 전체 유형의 43%(38/88)를 차지하는데 이들은 진정한 의미의 생산성을 반영하는 저빈도어는 아니다. ‘X거리-’가 ‘X이-’의 출현과 사용을 방해한 결과, 저빈도의 ‘X이-’가 나타난 것이기 때문이다.[52] ‘X이-’도 ‘X대-’와 마찬가지로 ‘X거리-’와의 경쟁으로 그 출현과 사용이 방해를 받고 있는 것이라 할 수 있다.

‘X이-’와 ‘X거리-’ 사이의 관계에는 ‘X대-’와 ‘X거리-’ 사이의 관계와는 다른 한 가지 특성이 있다. ‘X대-’는 그 전체가 저빈도 단어로 구성되면서 ‘X거리-’와의 경쟁에서 완전히 밀리는 모습을 보여주었던 것에 반해 ‘X이-’에는 고빈도 단어들이 월등히 많고 그중 일부는 같은 어기를 갖는 ‘X거리-’보다도 더 높은 빈도를 보인다는 점이 그것이다.[53] ‘X이-’ 중 일부는 ‘X거리-’와의 경합에서 밀려났지만 다른 일부는 여전히 경합하며 사용되거나 오히려 경쟁의 우위를 점한 것으로 생각된다. 차

---

52) ‘-거리-’와 ‘-이-’가 공통으로 어기를 취하여 만들어진 파생어 쌍의 빈도 비교는 5.3.3.2. 참조.

53) 이은섭(2004:120)에서도 같은 관찰을 확인할 수 있다.
  ‘-이-’ 파생 동사의 출현 횟수가 ‘-대-’ 파생 동사의 출현 횟수보다 월등히 많다는 사실을 확인할 수 있는데, 이는 일단 파생 과정을 거쳐서 완전히 어휘화된 단어들이 핵심적인 서술어의 기능을 담당하고 있음을 시사하는 것이다.

준경(1995:53)에서는 '-이-' 파생어의 유형이 60개이고 각 단어의 빈도 분포를 볼 때 매우 높은 빈도를 보이는 몇몇 단어가 있음을 지적했다. 그 단어는 '움직이-(604), 망설이-(84), 끄덕이-(63), 지껄이-(41), 반짝이-(28)' 인데 본 연구의 조사 결과에서도 동일하게 고빈도로 나타나는 단어들이다.

본 연구에서 제시한 생산성 산출 방식에 따라 접미사 '-거리', '-대-', '-이-'의 생산성을 계산하면 다음과 같다.

접미사 '-거리-'의 생산성	접미사 '-대-'의 생산성
$\dfrac{50}{2805} \times 100 = 1.782$	$\dfrac{5}{451} \times 100 = 1.108$

접미사 '-이-'의 생산성
$\dfrac{4}{756} \times 100 = 0.529$

'-거리-'와 '-대-'의 파생어 집합을 검토하면서 예상한 바대로 '-거리-' 가 '-대-'보다 더 생산성이 높게 나타났고 '-이-'는 세 접미사 중 제일 생산성이 낮은 접사로 나타났다. 직관적인 차원에서는 '-거리-'와 '-대-'가 모두 동일한 정도의 생산성을 가진 접미사로 파악되기 쉽다. 그러나 실제 계량의 결과는 '-거리-'가 '-대-'보다 더 높은 생산성을 가진 것으로 나타났다. 직관적으로 'X거리-'와 'X대-'는 그 어기가 기계적으로 대체되는 관계에 있다고 판단할 수 있지만 'X거리-'에서 실제어로 나타나는 단어의 상당수가 'X대-'에서는 잠재어로만 존재하는 것이다. 직관적으로는 가능하지만 실제어로는 출현하지 않는 상당수의 'X대-'형의 존재는 '-대-'의 결합 가능성은 충분히 살아 있지만 그 결합 가능성이 실제 조어의 차원인 생산성으로 실현되지는 않음을 의미한다. 저지가 나타나는 영역에서 결합 가능성이 생산성 수치와 평행하게 나타나지 않는 현상이 도구명사를 파생시키는 '-개'에 이어서 여기서도 확인된다고 할 수 있다.

차준경(1995:51)와 본 연구는 '-거리-'와 '-대-'의 생산성 수치 측면에서 서로 다른 결과를 보인다. 본 연구에서는 '-거리-'의 생산성 수치(1.782)가 '-대-'의 생산성 수치(1.108)보다 더 높게 나왔는데 차준경(1995:51)에서는 '-대-'의 생산성 수치(0.25490)가 '-거리-'의 생산성 수치(0.10429)보다 높게 나온 것이다. 차준경(1995)에서 이런 결과가 산출된 것에는 두 가지 원인이 있다고 생각된다.[54] 첫째는 생산성 산출 공식의 분자와 관련된 것이다. 'X거리-'와의 동의어 경쟁에서 밀린 결과, 단발어로 나타나는 다수의 'X대-'는 전혀 접미사 '-대-'의 생산성을 반영하는 단어가 아닌데 그 수치가 차준경(1995)의 생산성 산출 공식에 그대로 대응되었기 때문이다. 둘째는 생산성 산출 공식의 분모와 관련된 것이다. 'X거리-'와의 동의어 경쟁에서 밀린 결과, 작게 나온 'X대-'의 총빈도가 차준경(1995)의 생산성 산출 공식의 분모에 그대로 대응되어서 결국엔 생산성 수치를 크게 하는 데 기여했기 때문이다. 이는 언어학적 여과 과정 없이 코퍼스에서 산출되는 수치를 그대로 사용했을 때 발생할 수 있는 맹점이라 할 수 있다. 세 접미사의 양적 특성을 비교하여 그래프로 제시하면 다음과 같다.

〈그래프3-4〉 접미사 '-거리-', '-대-', '-이-'의 빈도 및 생산성 비교

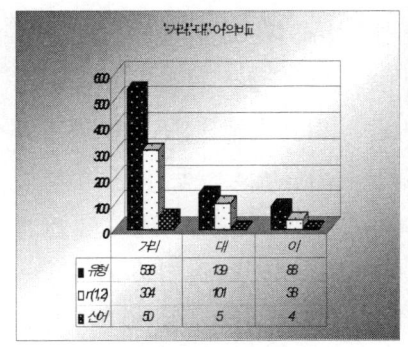
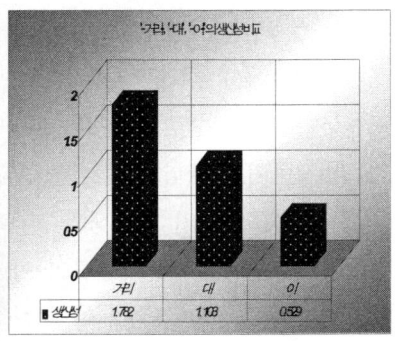

---

54) 차준경(1995)는 생산성 수치를 산출하는 데 Baayen의 방법론을 그대로 따른다. 즉, 분자에는 모든 단발어의 수가 대응되고 분모에는 해당 접사가 만든 모든 유형의 파생어 빈도의 총합이 대응된다.

유형 빈도와 생산성 모두 '-거리-'가 '-대-', '-이-'보다 크게 앞서는 모습을 볼 수 있다. 세 접미사 중 '-거리-'가 취할 수 있는 어기의 폭도 제일 넓고 새롭게 생성해내는 단어도 제일 많다. 이 세 접사 중 '-거리-'와 '-대-'는 대체로 같은 어기를 취하여 비슷한 의미의 파생어를 만들어 내면서도 서로 저지를 보이지 않는 접사로 이전부터 많은 연구자의 주목을 받아왔는데 이는 저지를 경쟁하는 단어의 상보적 출현이라는 관점에 입각하여 '-거리-'와 '-대-'의 관계를 설명한 것이다.[55] 그러나 경쟁하는 두 접미사가 만들어내는 파생어 집합의 양적 특성을 고려한다면 동의적 단어들 사이의 경쟁이 꼭 출현과 비출현이라는 이분법적 현상으로만 나타나는 것은 아님을 알 수 있다. 같은 어기를 취하는 동의적 파생어 쌍 중에는 한 단어의 빈도가 다른 단어보다 월등히 앞서는 경우도 있을 수 있고, 두 단어의 빈도가 대등한 경우도 있을 수 있으며, 한 단어는 나타나는데 다른 한 단어는 아예 나타나지 않는 경우도 있을 수 있다. 지금까지의 연구는 마지막의 경우만을 저지로 이해했고 앞의 두 경우는 저지의 예외로 그 설명을 미루었다.[56]

3.3.2.2. 사동 접미사 '-이-', '-히-', '-리-', '-기-'

사동 접미사는 기존 연구에서 그 생산성에 대한 판단에 이견(異見)이 있었던 대상이다. 현대 국어에서 그 생산성을 인정한 연구와 그렇지 않은 연구가 각각의 근거를 바탕으로 사동 접미사의 생산성을 인정하기도 했고 부정하기도 했다. 여기서는 계량적인 차원에서 사동 접미사 '-이-', '-히-', '-리-', '-기-'의 생산성과 각 접미사가 만들어내는 사동사의 양적 특성을 점검하여 그 생산성이 살아 있는지를 확인해 보기로 한다.

'-이-', '-히-', '-리-', '-기-'는 통사·의미론적 차원에서 볼 때, 동일 형

---

55) 이런 입장을 취한 연구로는 이병근(1986), 조남호(1988), 송철의(1992)을 들 수 있다.
56) 이러한 문제는 저지와 그 본질이라는 측면에서 심도 있게 논의해 볼 수 있는 주제로 자세한 내용은 5장에서 다룬다.

태소로 다루어져야 하지만 그 교체 조건이 음운론적으로 간결하게 설명되지는 않는 접미사이다. 이들 접미사가 나타나는 음운론적 환경의 대체적인 경향은 파악될 수 있지만 명확하게 명시될 수는 없다. 김성규 (1987:48)에서는 이처럼 각 접사가 나타날 환경을 음운론적으로 예측할 수 없기 때문에 이들 접미사는 생산력이 없다고 규정한 바 있다. 송철의 (1992:182)에서는 접사의 결합과 관계되는 음운론적 투명성은 없지만 능동사와 사·피동사 사이의 파생 관계가 분명하게 인식되는 예들이 있기 때문에 이들 접사가 전혀 공시적인 생산력을 가지지 못한다고 할 수는 없다고 언급한 바 있다. 본 연구에서는 신어의 출현과 파생어 집합의 빈도 특성에 근거하여 사동 접미사 '-이-', '-히-', '-리-', '-기-'의 생산성에 접근해 보기로 한다.

'-이-'는 일부 동사와 결합하여 사동의 뜻을 더하는 접미사이다. 대상 코퍼스에서 접미사 '-이-'가 형성한 파생어와 그 빈도는 다음과 같다.

〈표3-45〉 사동 접미사 '-이-'의 파생어와 빈도

연번	빈도	파생어	연번	빈도	파생어	연번	빈도	파생어
1	3	눅이	9	63	졸이	17	729	죽이
2	9	쥐이	10	77	녹이	18	1015	벌이
3	25	늘이	11	159	속이	19	1528	붙이
4	28	누이	12	280	먹이	20	2200	들이
5	26	썩이	13	295	끓이	21	3219	보이
6	35	달이	14	486	기울이	n〈50: 212, N: 0		
7	39	절이	15	518	줄이	유형 빈도: 21		
8	47	삭이	16	608	높이	n(1,2)=0		

'-이-'가 만들어낸 사동사의 총 종류는 21개인데 이중 1-2회 출현어와 신어는 관찰되지 않았다. '-이-' 사동사에는 저빈도 단어가 없고 대다수가 고빈도 단어들이다. 각각 3회, 9회의 저빈도로 출현한 '눅이-'와 '쥐이-'도 모두『표준사전』에 등재된 기존 단어인데 사용 빈도가 높지 않아 저빈도로 나타난 단어일 뿐이다. 21개의 '-이-' 사동사 모두가『표준사전』에 등재된 단어임을 고려해 볼 때, '-이-' 사동사는 파생의 과정을

거친 후, 반복적으로 사용되어 완전히 어휘화된 단어들로만 구성되는 것으로 생각된다.

'-히-'는 일부 동사와 결합하여 사동의 뜻을 더하는 접미사이다. 대상 코퍼스에서 접미사 '-히-'가 형성한 파생어와 그 빈도는 다음과 같다.

〈표3-46〉 사동 접미사 '-히-'의 파생어와 빈도

연번	빈도	파생어	연번	빈도	파생어	연번	빈도	파생어	연번	빈도	파생어
1	1	잦히	8	28	어지럽히	15	80	눕히	22	175	익히
2	2	맑히	9	46	더럽히	16	98	굽히	23	186	입히
3	7	썩히	10	49	맞히	17	102	읽히	24	196	앉히
4	9	간지럽히	11	57	굳히	18	116	묻히	25	3046	밝히
5	10	덥히	12	59	식히	19	135	넓히	n〈50: 180		
6	12	삭히	13	67	좁히	20	136	젖히	N: 0 유형 빈도: 25		
7	16	묵히	14	76	붉히	21	145	괴롭히	n(1,2)=2		

'-히-'가 만들어낸 사동사의 총 종류는 25개인데 이중 1-2회 출현어는 2개이고 신어는 관찰되지 않았다. '-히-' 사동사도 '-이-' 사동사처럼 저빈도 단어가 별로 없고 대다수가 고빈도 단어들이다. 각각 1회, 2회의 저빈도로 출현한 '잦히-'와 '맑히-'도 즉시적 필요를 채우기 위해 새로 만들어져 저빈도인 단어가 아니라 기존 단어인데 사용 빈도가 높지 않아 저빈도로 나타난 단어이다. 25개의 '-히-' 사동사 모두가 『표준사전』에 등재된 단어임을 고려해 볼 때, '-히-' 사동사는 파생의 과정을 거친 후, 반복적으로 사용되어 완전히 어휘화된 단어들로만 구성되는 것으로 생각된다.

'-리-'도 일부 동사와 결합하여 사동의 뜻을 더하는 접미사이다. 대상 코퍼스에서 접미사 '-리-'가 형성한 파생어와 그 빈도는 다음과 같다.[57]

---

57) 사동사에는 몇몇 동형어들이 있는데 어기 동사에 따라 구별하면 아래와 같다.

◎ 들리다¹: '듣다'의 사동, 들리다²: '들다'의 사동
◎ 물리다¹: '무르다'의 사동(차표를 물리다), 물리다²: '물다'의 사동(젖을 물리다),
　　물리다³: '물다'의 사동(벌금을 물리다)
◎ 불리다¹: '부르다'의 사동(배를 불리다), 불리다²: '붇다'의 사동(때를 불리다)

〈표3-47〉 사동 접미사 '-리-'의 파생어와 빈도

연번	빈도	파생어	연번	빈도	파생어	연번	빈도	파생어
1	2	곯리	12	26	물리[3]	23	544	살리
2	2	꿇리	13	41	물리[1]	24	1465	돌리
3	2	드날리	14	47	불리[2]	25	2010	알리
4	2	빨리	15	68	부풀리	26	2120	올리
5	2	걸리	16	123	굴리			
6	5	둥글리	17	151	울리	n〈50: 193		
7	5	놀리	18	158	들리[1]	N: 0 유형 빈도: 26		
8	6	들리[2]	19	160	말리	n(1,2)＝5		
9	6	불리[1]	20	256	벌리			
10	22	물리[2]	21	274	늘리			
11	25	얼리	22	355	날리			

'-리-'가 만들어낸 사동사의 총 종류는 26개인데 이중 1-2회 출현어는 5개이고 신어는 관찰되지 않았다. '-리-' 사동사도 앞서 살펴본 '-이-', '-히-' 사동사와 마찬가지로 저빈도 단어가 별로 없고 대다수가 고빈도 단어들이다. 2회 출현한 '곯리-', '꿇리-', '드날리-'도 즉 『표준사전』에 등재된 기존 단어인데 사용 빈도가 높지 않아 저빈도로 나타난 단어이다. 26개의 '-리-' 사동사 모두가 『표준사전』에 등재된 단어임을 고려해 볼 때, '-리-' 사동사는 파생의 과정을 거친 후, 반복적으로 사용되어 완전히 어휘화된 단어들로만 구성되는 것으로 생각된다.

'-기-'도 일부 동사와 결합하여 사동의 뜻을 더하는 접미사이다. 대상 코퍼스에서 접미사 '-기-'가 형성한 파생어와 그 빈도는 다음과 같다.

〈표3-48〉 사동 접미사 '-기-'의 파생어와 빈도

연번	빈도	파생어	연번	빈도	파생어
1	5	뜯기	8	127	안기
2	7	빗기	9	192	벗기
3	8	신기	10	364	숨기
4	11	굶기	11	500	맡기
5	14	감기	12	674	넘기
6	69	씻기	13	985	남기
7	108	웃기	14	1296	옮기
n〈50: N: 0 유형 빈도: 14 n(1,2)＝0					

'-기-'가 만들어낸 사동사의 총 종류는 14개인데 이중 1-2회 출현어와 신어는 관찰되지 않았다. '-기-' 사동사도 앞서 살펴본 '-이-', '-히-', '-리-' 사동사와 마찬가지로 저빈도 단어가 없고 대다수가 고빈도 단어들이다. 14개의 '-기-' 사동사 모두가 『표준사전』에 등재된 단어임을 고려해 볼 때, '-리-' 사동사는 파생의 과정을 거친 후, 반복적으로 사용되어 완전히 어휘화된 단어들로만 구성되는 것으로 생각된다.

지금까지 사동 접미사 '-이-', '-히-', '-리-', '-기-'가 각각 만들어낸 사동사 집합의 양적 특성을 살펴보았다. 네 집합 모두에서 생산성을 반영하는 저빈도 단어와 신어가 없고, 코퍼스에서 수집된 사동사가 모두 『표준사전』의 등재어이며, 사동사의 대다수가 고빈도 단어라는 공통점을 확인할 수 있었다. 이러한 특성은 모두 비생산적인 접사가 만드는 파생어 집합의 공통 특성이다.[58]

이러한 점을 근거로 판단할 때, 현대 국어의 사동사는 어기와 접사의 생산적 결합 과정을 통해 생성되는 것이 아니라 어휘화된 형태로만 존재한다고 할 수 있다. 즉, 화자는 어휘부에 하나의 단위로 저장된 사동사를 필요에 따라 통째로 인출하여 사용할 뿐, 어기와 접사를 결합시키는 과정을 반복하지는 않는 것이다. 김성규(1987:48)에서 언급한 사동 접미사가 결합하는 음운론적 환경의 불투명성도 이들 접미사가 현대 국어에서 생산성이 없는 단위라는 것의 중요한 증거가 된다고 할 수 있다. 새로운 사동사를 만들려고 할 때, 어느 접사를 사용해야 할지 불분명하다는 것은 화자들이 그 과정을 명확하게 인식하지 못하고 있다는 증거가 되는 것이다.

네 사동 접미사의 양적 특성을 비교하여 그래프로 제시하면 다음과 같다.

---

58) 생산적인 접사가 만드는 파생어 집합의 양적 특성과 비생산적인 접사가 만드는 파생어 집합의 양적 특성에 대한 자세한 언급은 4.3.을 참조.

〈그래프3-5〉 사동 접미사 '-이-', '-히-', '-리-', '-기-'의 빈도 비교

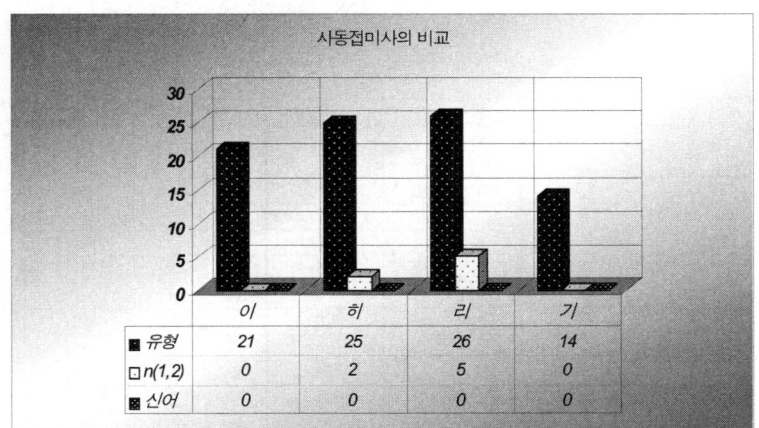

	이	히	리	기
■ 유형	21	25	26	14
□ n(1,2)	0	2	5	0
▨ 신어	0	0	0	0

3.3.2.3. 피동 접미사 '-이-', '-히-', '-리-', '-기-'

피동 접미사도 기존 연구에서 그 생산성에 대한 판단에 이견(異見)이 있었던 대상이다. 현대 국어에서 그 생산성을 인정한 연구와 그렇지 않은 연구가 각각의 근거를 바탕으로 피동 접미사의 생산성을 인정하기도 했고 부정하기도 했다. 여기서는 계량적인 차원에서 피동 접미사 '-이-', '-히-', '-리-', '-기-'의 생산성과 각 접미사가 만들어내는 피동사의 양적 특성을 점검하여 그 생산성이 살아 있는지를 확인해 보기로 한다.

피동 접미사 '-이-', '-히-', '-리-', '-기-'도 앞서 살펴본 사동 접미사와 마찬가지로 통사·의미론적 차원에서 볼 때, 동일 형태소로 다루어져야 하지만 그 교체 조건이 음운론적으로 간결하게 설명되지는 않는 접미사이다. 이들 접미사가 나타나는 음운론적 환경의 대체적인 경향은 파악될 수 있지만 명시될 수는 없다. 여기서도 피동 접미사의 공시적 생산성에 대한 김성규(1987)과 송철의(1992)의 입장이 대립되는데, 본 연구에서는 신어의 출현과 파생어 집합의 빈도 특성에 근거하여 피동 접미사 '-이-', '-히-', '-리-', '-기-'의 생산성에 접근해 보기로 한다.

'-이-'는 일부 동사와 결합하여 피동의 뜻을 더하는 접미사이다. 대상 코퍼스에서 접미사 '-이-'가 형성한 파생어와 그 빈도는 다음과 같다.

〈표3-49〉 피동 접미사 '-이-'의 파생어와 빈도

연번	빈도	파생어	연번	빈도	파생어	연번	빈도	파생어
1	1	깨이	15	14	닦이	29	86	끊이
2	1	낚이	16	19	뜨이	30	101	꺾이
3	1	비추이	17	20	짚이	31	118	끼이
4	2	볶이	18	20	차이	32	136	묶이
5	2	옥죄이	19	21	엮이	33	175	나뉘
6	3	꺽이	20	27	깎이	34	192	덮이
7	3	배이	21	27	패이	35	272	싸이
8	3	쥐이	22	29	파이	36	373	쌓이
9	6	쪼이	23	31	매이	37	497	섞이
10	11	꿰이	24	36	치이	38	556	쓰이
11	11	박이	25	53	얽매이	39	915	모이
12	11	베이	26	67	트이	40	961	놓이
13	12	쏘이	27	78	짜이	n〈50:324 N: 0		
14	13	떼이	28	84	꼬이	유형 빈도: 40 n(1,2)=5		

'-이-'가 만들어낸 피동사의 총 종류는 40개인데 이중 1-2회 출현어는 5개이고 신어는 관찰되지 않았다. '-이-' 피동사에는 저빈도 단어가 별로 없고 대다수가 고빈도 단어들이다. 1-2회 출현어인 '깨이-', '낚이-', '비추이-', '볶이-', '옥죄이-'는 『표준사전』에 등재된 기존 단어로 그 사용 빈도가 높지 않아 저빈도로 나타난 단어이다. 40개의 '-이-' 피동사 모두 가 『표준사전』에 등재된 단어임을 고려해 볼 때, '-이-' 피동사는 파생 의 과정을 거친 후, 반복적으로 사용되어 완전히 어휘화된 단어들로만 구성되는 것으로 생각된다.

'-히-'도 일부 동사와 결합하여 피동의 뜻을 더하는 접미사이다. 대상 코퍼스에서 접미사 '-히-'가 형성한 파생어와 그 빈도는 다음과 같다.

〈표3-50〉 피동 접미사 '-히-'의 파생어와 빈도

연번	빈도	파생어	연번	빈도	파생어	연번	빈도	파생어
1	2	꼬집히	12	64	뒤집히	23	186	얽히
2	2	집히	13	64	파묻히	24	188	닫히
3	16	씹히	14	73	얹히	25	204	적히
4	17	받히	15	110	뽑히	26	227	갇히
5	23	긁히	16	115	막히	27	231	묻히
6	24	업히	17	118	맺히	28	339	박히
7	34	맞히	18	147	부딪히	29	407	막히
8	40	접히	19	153	찍히	30	695	잡히
9	53	걷히	20	154	꽂히	n〈50:158 N: 0		
10	55	먹히	21	156	잊히	유형 빈도: 30		
11	55	밟히	22	174	꼽히	n(1,2)=2		

'-히-'가 만들어낸 피동사의 총 종류는 30개인데 이중 1-2회 출현어는 2개이고 신어는 관찰되지 않았다. '-히-' 피동사에도 저빈도 단어는 거의 없고 대다수가 고빈도 단어들이다. 1-2회 출현어인 '꼬집히-', '집히-'도 『표준사전』에 등재된 기존 단어로 사용 빈도가 높지 않아 저빈도로 나타난 예이다. 30개의 '-이-' 피동사 모두가 『표준사전』에 등재된 단어임을 고려해 볼 때, '-히-' 피동사는 파생의 과정을 거친 후, 반복적으로 사용되어 완전히 어휘화된 단어들로만 구성되는 것으로 생각된다.

'-리-'도 일부 동사와 결합하여 피동의 뜻을 더하는 접미사이다. 대상 코퍼스에서 접미사 '-리-'가 형성한 파생어와 그 빈도는 다음과 같다.[59]

---

59) 피동사에는 몇몇 동형어들이 있는데 그 어기 동사에 따라 구별하면 아래와 같다.
　◎ 불리다[1]: '부르다'의 피동(이름이 불리다), 불리다[2]: '불다'의 피동(바람에 불리다)
　◎ 들리다[1]: '듣다'의 피동(소리가 들리다), 들리다[2]: '들다'의 피동사(가방이 들리다)

〈표3-51〉 피동 접미사 '-리-'의 파생어와 빈도

연번	빈도	파생어	연번	빈도	파생어	연번	빈도	파생어	연번	빈도	파생어
1	1	다물리	16	15	헐리	31	77	들리[2]	46	372	풀리
2	1	깨물리	17	19	털리	32	85	달리	47	373	매달리
3	1	아울리	18	23	흩날리	33	87	이끌리	48	408	실리
4	2	둘리	19	24	휘둘리	34	88	빨리	49	417	떨리
5	2	썰리	20	24	말리	35	108	잘리	50	484	흔들리
6	2	악물리	21	31	붙들리	36	109	널리	51	561	불리[1]
7	2	엇물리	22	32	갈리	37	114	뚫리	52	591	어울리
8	2	휘몰리	23	34	내몰리	38	122	날리	53	529	걸리
9	3	영글리	24	38	쓸리	39	125	끌리	54	953	들리[1]
10	3	불리[2]	25	39	뒤틀리	40	135	쏠리	55	1947	열리
11	3	틀리	26	58	찔리	41	144	눌리			
12	6	발리	27	59	물리	42	235	팔리	n〈50: 340, N: 0		
13	10	졸리	28	65	휘말리	43	239	깔리	유형 빈도: 55		
14	10	짤리	29	70	휩쓸리	44	307	몰리	n(1,2)=8		
15	13	비틀리	30	78	맞물리	45	336	밀리			

'-리-'가 만들어낸 피동사의 총 종류는 55개인데 이중 1-2회 출현어는 8개이고 신어는 관찰되지 않았다. '-리-' 피동사에도 '-이-', '-히-' 피동사와 마찬가지로 저빈도 단어가 거의 없고 대대수가 고빈도 단어들이다. 1-2회 출현어인 '다물리-', '깨물리-', '아울리-', '둘리-', '썰리-', '악물리-', '엇물리-', '휘몰리-'도 새롭게 만들어져 저빈도로 나타나는 단어가 아니라 모두『표준사전』에 등재된 기존 단어들로 사용 빈도가 높지 않아 저빈도로 나타난 예이다. 55개의 '-리-' 피동사 모두가『표준사전』에 등재된 단어임을 고려해 볼 때, '-리-' 피동사는 파생의 과정을 거친 후, 반복적으로 사용되어 완전히 어휘화된 단어들로만 구성되는 것으로 생각된다.

'-기-'도 일부 동사와 결합하여 피동의 뜻을 더하는 접미사이다. 대상 코퍼스에서 접미사 '-기-'가 형성한 파생어와 그 빈도는 다음과 같다.

〈표3-52〉 피동 접미사 '-기-'의 파생어와 빈도

연번	빈도	파생어	연번	빈도	파생어
1	5	심기	9	171	끊기
2	10	내쫓기	10	188	쫓기
3	28	뺏기	11	195	빼앗기
4	37	믿기	12	296	잠기
5	38	뜯기	13	486	담기
6	56	찢기	n⟨50: N: 0		
7	87	안기	유형 빈도: 13 n(1,2)=0		
8	90	감기			

'-기-'가 만들어낸 피동사의 총 종류는 13개인데 이중 1-2회 출현어와 신어는 관찰되지 않았다. '-기-' 피동사에도 '-이-', '-히-', '-리-' 피동사와 마찬가지로 저빈도 단어가 거의 없고 대다수가 고빈도 단어들이다. 5회 출현어인 '심기-'도 새롭게 생성되어 저빈도인 단어가 아니라 『표준사전』에 등재된 기존 단어이다. 13개의 '-기-' 피동사 모두가 『표준사전』에 등재된 단어임을 고려해 볼 때, '-기-' 피동사는 파생의 과정을 거친 후, 반복적으로 사용되어 완전히 어휘화된 단어들로만 구성되는 것으로 생각된다.

지금까지 피동 접미사 '-이-', '-히-', '-리-', '-기-'가 각각 만들어낸 사동사 집합의 양적 특성을 살펴보았다. 네 집합 모두에서 생산성을 반영하는 저빈도 단어와 신어가 없고, 코퍼스에서 수집된 피동사가 모두 『표준사전』의 등재어이며, 피동사의 대다수가 고빈도 단어라는 공통점을 확인할 수 있었다. 이러한 특성은 모두 비생산적인 접사가 만드는 파생어 집합의 공통 특성이기도 하다.[60]

이러한 점을 근거로 판단할 때, 현대 국어의 피동사는 어기와 접사의 생산적 결합 과정을 통해 생성되는 것이 아니라 어휘화된 형태로만 존재한다고 할 수 있다. 즉, 화자는 어휘부에 하나의 단위로 저장된 피동

---

60) 생산적인 접사가 만드는 파생어 집합의 양적 특성과 비생산적인 접사가 만드는 파생어 집합의 양적 특성에 대한 자세한 언급은 4.3.을 참조.

사를 필요에 따라 통째로 인출하여 사용할 뿐, 어기와 접사를 결합시키
는 과정을 반복하지는 않는다. 김성규(1987:48)에서 언급한 피동 접미사
가 결합하는 음운론적 환경의 불투명성도 이들 접미사가 현대 국어에서
생산성이 없는 단위라는 것의 중요한 증거가 된다고 할 수 있다. 새로운
피동사를 만들려고 할 때, 어느 접사를 사용해야 할지 불분명하다는 것
은 화자들이 그 과정을 명확하게 인식하지 못하고 있다는 증거가 되는
것이다.

　네 피동 접미사의 양적 특성을 비교하여 그래프로 제시하면 다음과
같다.

<그래프3-6> 피동 접미사 '-이-', '-히-', '-리-', '-기-'의 빈도 비교

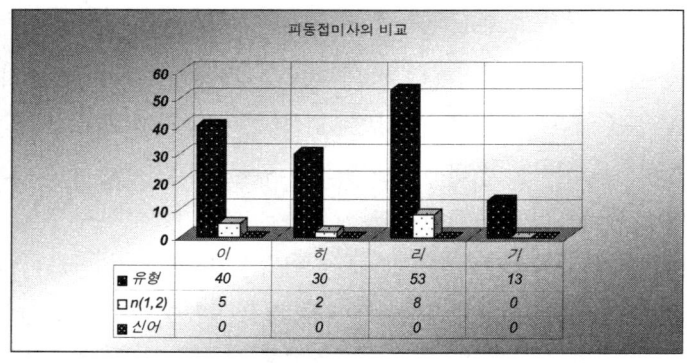

위의 검토 결과 피동 접미사는 생산성이 없다는 점이 확인되었다. 그
러나 구본관(1990)에서는 경주 방언의 피동형은 중앙 방언과는 달리 생
산성이 있음을 주장했다. 그 이유는 경주 방언의 피동 접사에는 중앙 방
언의 피동 접사에 없는 생산적 접사가 가지는 특성이 있기 때문이다. 그
구체적인 특성은 다음과 같다.

① 경주 방언 피동 접미사는 생산성이 있는 것과 없는 것으로 나눌 수 있고,
　생산성이 있는 '기이, 키이, 리이'만을 고려하면 이형태의 음운론적 교체

조건을 명시할 수 있다.

② 용언 어간말 비음 뒤의 경음화 규칙이 경주방언의 경우 피동파생에서도 적용된다.

③ 경주 방언에서 '-아/어지다' 피동형이 쓰이는 단어에 대해서 일부 화자들이 경우에 따라 '기이' 결합형을 사용하기도 하는데 이는 '기이' 접미사가 생산성이 있다는 증거이다. '녹아지다'에 대해 화자에게 '녹끼이다'가 가능한지 역질문을 하면 가능하다는 응답을 얻을 수 있다.

위의 세 조건이 모두 생산적인 접사가 가지는 특징이긴 하지만 셋 중에서도 ③이 해당 접미사의 생산성을 판단하는 가장 중요한 요건이 된다고 할 수 있다. 생산성은 결합 가능성의 문제라기보다는 실제 조어의 문제인데 생산성을 가능어의 관점에서 이해하고 피동사의 형성이 생산적이라고 판단한 점은 구본관(1990)이 가지는 약점이라 할 수 있다. 그러나 경주 방언의 피동 접미사들이 중앙 방언의 피동 접미사들과는 확연히 다른 특성을 보인다는 점과 계량적 방법으로 신어 형성에 접근하기가 어렵다는 점을 고려하면 경주 방언의 피동 접미사에는 생산성이 충분히 인정된다고 할 수 있다.

사동 접미사와 피동 접미사를 신어의 출현과 파생어 집합의 양적 특성에 근거하여 살펴본 결과 사동·피동 접미사는 모두 생산성이 없는 것으로 확인되었다. 이런 입장에서 선행 연구를 단순히 평가한다면 김성규(1987)이 실제적 계량 결과와 부합하고 송철의(1992)는 그렇지 않다고 할 수 있다. 그러나 송철의(1992)의 논의에는 실제적 계량 결과와 부합하지 않는다는 언급만으로는 그 평가가 제대로 이루어질 수 없는, 접사의 기능과 관계된 중요한 내용이 있다.

송철의(1992)는 중세 국어에서 현대 국어로 오면서 이형태의 교체 조건이 바뀐 사·피동사 파생의 예를 들면서 사·피동 파생의 생산성이 없다면 이런 현상이 나타날 수 없다고 지적하였다. 이는 접사와 그 기능에

대한 분석적 인식과 관련된 중요한 언급인데 해당 접사의 생산성 유무
와 접사의 분석적 인식을 관련지어 설명한 예라 할 수 있다. 그러나 사
동·피동 접미사의 분석적 인식 여부를 생산성과 직결시켜 이해하면 그
정당한 해답을 찾기 어려운 것으로 생각된다. 생산적인 접사의 경우 당
연히 그 기능이 분석적으로 인식되지만 비생산적인 접사의 경우는 그
존재와 기능이 분석적으로 인식되는 것도 있고 그렇지 않은 것도 있을
수 있기 때문이다.

　접사의 존재와 그 기능에 대한 분석적 인식은 접사의 생산성보다는
그 접사가 만들어낸 파생어의 유형 빈도와 더 깊은 관련이 있는 것으로
생각된다. 생산성은 없더라도 일정 수준 이상의 높은 유형 빈도를 확보
하고 있는 파생의 과정은 화자에게 분명히 인식될 수 있는데 사·피동사
의 형성이 여기에 해당되는 것으로 생각된다. 사동·피동 접미사의 경우
공시적인 생산성은 없더라도 그 분석 가능성이 열려 있기 때문에 화자
는 능동사와 사·피동사 사이의 관계를 인식할 수 있고, 그 결과 이형태
의 교체 조건이 바뀐 사·피동사들을 어려움 없이 생성해낼 수 있었던
것으로 생각된다.

3.3.3. 형용사 파생 접미사

3.3.3.1. '-스럽-', '-롭-'

'-스럽-'과 '-롭-' 명사나 어근을 어기로 취하여 형용사를 파생시키는
접미사이다. 두 접미사의 의미는 엄밀히 논할 경우 완전히 같다고는 할
수 없지만 대체로 '어기의 성격이 있는'의 비슷한 뜻을 가진다고 할 수
있다. 유사한 의미를 가진 두 접사가 어떤 양적 특성을 보이면서 서로
경쟁하며 사용되고 있는지 검토해 볼 필요가 있다.

　먼저 '-스럽-'을 살펴보기로 한다. 송철의(1992:199)는 '-스럽-'을 현대
국어의 형용사 파생 접미사 중에서 가장 생산적인 모습을 보여주는 것

으로 들면서 사전에 수록되지는 않았지만 언중에 일반화되어 있는 '-스럽-' 파생어가 상당수 있으며 그밖에도 '-스럽-'에 의한 신어들이 계속 증가하고 있음을 지적한 바 있다. 하치근(1989:298)에서도 '-스럽-'은 어기의 뜻이 다양하고 자음 어기와 모음 어기에 모두 결합할 수 있으며, '-답-'이나 '-롭-'의 어기인 것이 '-스럽-'의 어기로도 쓰일 수 있기 때문에 '-스럽-'을 매우 생산적인 접사로 인정하였다. 김성규(1987:44)에서도 '-스럽-'을 매우 생산적인 접미사로 인정하였다.

대상 코퍼스에서 접미사 '-스럽-'이 형성한 파생어와 그 빈도는 다음과 같다.

〈표3-53〉 접미사 '-스럽-'의 파생어와 빈도

연번	빈도	파생어	연번	빈도	파생어	연번	빈도	파생어	연번	빈도	파생어
1	1	가공스럽	26	1	던적스럽	51	1	시골상스럽	76	1	주책스럽
2	1	가린스럽	27	1	독살스럽	52	1	심란스럽	77	1	증오스럽
3	1	간살스럽	28	1	둥글스럽	53	1	안심스럽	78	1	지궁스럽
4	1	갈신스럽	29	1	뒤퉁스럽	54	1	얙삭스럽	79	1	지악스럽
5	1	거미스럽	30	1	맵살스럽	55	1	야박스럽	80	1	진실스럽
6	1	걸신스럽	31	1	모멸스럽	56	1	야속스럽	81	1	착종스럽
7	1	경외스럽	32	1	몰풍스럽	57	1	얌시스럽	82	1	추잡스럽
8	1	곰스럽	33	1	무지스럽	58	1	역설스럽	83	1	추접스럽
9	1	과잉스럽	34	1	미심스럽	59	1	오만스럽	84	1	치기스럽
10	1	관용스럽	35	1	미안스럽	60	1	외경스럽	85	1	코믹스럽
11	1	괴물스럽	36	1	밉상스럽	61	1	요기스럽	86	1	투박스럽
12	1	괴벽스럽	37	1	바웬사스럽	62	1	요망스럽	87	1	한탄스럽
13	1	괴팍스럽	38	1	백치스럽	63	1	우세스럽	88	1	허망스럽
14	1	구태스럽	39	1	번잡스럽	64	1	원통스럽	89	1	호랑이스럽
15	1	굴욕스럽	40	1	변란스럽	65	1	유머스럽	90	1	혼미스럽
16	1	귀살스럽	41	1	병신스럽	66	1	은밀스럽	91	1	휘황스럽
17	1	급작스럽	42	1	불퉁스럽	67	1	인텔스럽	92	1	흉칙스럽
18	1	기교스럽	43	1	비탄스럽	68	1	자괴스럽	93	1	흡족스럽
19	1	난동스럽	44	1	비통스럽	69	1	자발스럽	94	2	결벽스럽
20	1	남사스럽	45	1	상스럽	70	1	잔망스럽	95	2	경악스럽
21	1	남성스럽	46	1	생급스럽	71	1	재앙스럽	96	2	고악스럽
22	1	남세스럽	47	1	생뚱스럽	72	1	적정스럽	97	2	곰살스럽
23	1	남우세스럽	48	1	성가스럽	73	1	조잡스럽	98	2	구접스럽
24	1	내숭스럽	49	1	수상스럽	74	1	좀상스럽	99	2	궁상스럽
25	1	다정스럽	50	1	시골스럽	75	1	주접스럽	100	2	극악스럽

연번	빈도	파생어	연번	빈도	파생어	연번	빈도	파생어	연번	빈도	파생어
101	2	낭패스럽	141	5	게걸스럽	181	9	불경스럽	221	21	자유스럽
102	2	불량스럽	142	5	맛깔스럽	182	9	불안스럽	222	23	신비스럽
103	2	사위스럽	143	5	망측스럽	183	9	우려스럽	223	23	장난스럽
104	2	상냥스럽	144	5	소담스럽	184	9	위험스럽	224	25	고급스럽
105	2	색스럽	145	5	수선스럽	185	9	이물스럽	225	26	사치스럽
106	2	앙징스럽	146	5	앙증스럽	186	9	죄송스럽	226	26	원망스럽
107	2	야만스럽	147	5	야단스럽	187	9	후회스럽	227	28	비밀스럽
108	2	엉뚱스럽	148	5	요사스럽	188	10	면구스럽	228	29	의아스럽
109	2	영예스럽	149	5	우악스럽	189	10	민망스럽	229	31	수치스럽
110	2	외설스럽	150	5	창피스럽	190	10	여성스럽	230	31	시원스럽
111	2	우왁스럽	151	5	천연스럽	191	10	염려스럽	231	31	이상스럽
112	2	우직스럽	152	6	개탄스럽	192	10	흉물스럽	232	32	뻔뻔스럽
113	2	정갈스럽	153	6	고민스럽	193	10	부산스럽	233	33	당황스럽
114	2	질감스럽	154	6	수고스럽	194	11	능청스럽	234	36	실망스럽
115	2	짐승스럽	155	6	요란스럽	195	11	불미스럽	235	36	혐오스럽
116	2	치사스럽	156	6	용맹스럽	196	12	감동스럽	236	39	소란스럽
117	2	통탄스럽	157	6	태평스럽	197	12	억지스럽	237	40	곤혹스럽
118	3	경멸스럽	158	7	경망스럽	198	12	영광스럽	238	42	유감스럽
119	3	경박스럽	159	7	고생스럽	199	12	유난스럽	239	42	촌스럽
120	3	고역스럽	160	7	멋스럽	200	13	송구스럽	240	44	찌증스럽
121	3	공손스럽	161	7	명예스럽	201	13	탐욕스럽	241	46	퉁명스럽
122	3	권태스럽	162	7	신령스럽	202	14	가증스럽	242	47	고집스럽
123	3	근심스럽	163	7	절망스럽	203	14	대견스럽	243	58	당혹스럽
124	3	망신스럽	164	7	평화스럽	204	14	수다스럽	244	59	성스럽
125	3	생경스럽	165	7	호화스럽	205	14	어른스럽	245	64	다행스럽
126	3	소망스럽	166	8	감탄스럽	206	14	익살스럽	246	67	사랑스럽
127	3	신산스럽	167	8	갑작스럽	207	15	거북스럽	247	83	부담스럽
128	3	애교스럽	168	8	공포스럽	208	15	고풍스럽	248	84	새삼스럽
129	3	억척스럽	169	8	구차스럽	209	15	을씨년스럽	249	87	걱정스럽
130	3	영악스럽	170	8	극성스럽	210	15	치욕스럽	250	87	의심스럽
131	3	짐스럽	171	8	바보스럽	211	15	한심스럽	251	89	만족스럽
132	3	태연스럽	172	8	의문스럽	212	16	정성스럽	252	125	혼란스럽
133	3	한스럽	173	8	저주스럽	213	16	죄스럽	253	150	자랑스럽
134	4	과장스럽	174	8	천연덕스럽	214	17	변덕스럽	254	155	고통스럽
135	4	그악스럽	175	8	충성스럽	215	17	존경스럽	255	353	조심스럽
136	4	까탈스럽	176	8	표독스럽	216	18	괴기스럽	256	553	자연스럽
137	4	복스럽	177	9	경사스럽	217	18	호사스럽	n(50:1747,		
138	4	예스럽	178	9	끔찍스럽	218	19	호들갑스럽	n(1,2):117		
139	4	의뭉스럽	179	9	먹음직스럽	219	20	불만스럽	N:29		
140	4	천진스럽	180	9	믿음직스럽	220	21	감격스럽	유형빈도: 256		

'-스럽-'이 만들어낸 파생어는 총 256가지인데 이중 1-2회 출현어는 117개, 신어는 29개가 관찰되었다. 1-2회 출현어가 전체 유형의 45%(117/256)를 차지하는데 여기에는 '바웬사스럽-', '인텔스럽-', '코믹스럽-'처럼 '-스럽-'이 고유 명사나 외래어와 새롭게 결합한 예도 존재하고, 불분명한 어기나 저빈도 어기와 결합한 예('가린스럽-', '던적스럽-' 등)도 모두 존재한다. 이는 저빈도의 'X스럽'에 새롭게 만들어진 단어만이 아니라 현대 국어에서 드물게 사용되는 기존 단어가 모두 포함되어 있음을 의미한다. '-스럽-'이 현대 국어에도 생산적으로 사용된다는 증거는 '바웬사스럽-', '인텔스럽-'처럼 그 필요에 따라 '-스럽-'이 외래어인 고유 명사와도 자연스럽게 결합하면서 결합 가능한 어기의 폭을 넓혀 가고 있는 사실에서 확인할 수 있다. '-스럽-' 파생어는 '혼란스럽-'(125), '자랑스럽-'(150), '고통스럽-'(155), '조심스럽-'(353), '자연스럽-'(553) 등의 예만이 고빈도로 나타나며, 전체적으로는 저빈도 단어가 다수를 구성하는 모습을 보인다. 차준경(1995:43)에서도 'X스럽-' 283개 중 1회 출현어가 112개이고 빈도수 30이상의 단어가 8개(자연스럽- 152, 조심스럽- 110, 고통스럽- 99, 새삼스럽- 75, 자랑스럽- 49 등)에 불과하여, 생산적인 파생 규칙의 전형적인 예를 보여 준다고 지적한 바 있는데 이는 본고의 계량 결과와도 일치한다.

다음은 '-롭-'을 살펴보기로 한다. '-롭-'도 '-스럽-'과 마찬가지로 명사나 어근과 결합하여 형용사를 만드는 접미사이다. 송철의(1992:206-8)은 '-롭-' 파생어의 전 목록을 제시하면서 '-롭-'의 어기로 구체 명사가 '보배' 하나밖에 없다는 것과 '-롭-'의 분포가 매우 제약되어 있음을 근거로 현대 국어에서 '-롭-'의 생산성이 매우 낮음을 지적한 바 있다.[61] 그런데

---

61) 송철의(1992:208)은 접미사 '-롭-'이 '-스럽-'만큼 생산성을 갖지 못하는 이유로 '-롭-'이 모음으로 끝나는 어기와만 결합하는 분포상의 제약이 있기 때문임을 들었다. 중세국어의 '-둡-'과 '-롭-'은 음운론적으로 조건된 이형태로서 '-둡-'은 자음으로 끝나는 어기와, '-롭-'은 모음으로 끝나는 어기와 결합했는데 '-롭-'이 '-롭-'에서 기원하면서 '-롭-'의 이형태 교체 조건을 현대 국어에서도 그대로 간직하고 있기 때문에 '-롭-'은 모음으로 끝나는 어기와만 그 결합이 가능하다.

'-롭-'의 생산성에 대해서는 김창섭(1984), 민현식(1984), 송철의(1992)가 서로 다른 입장을 보이고 있다. 김창섭(1984)는 '-롭-'이 생산력을 상실하여 현대 국어에서 더 이상 새 단어를 만들 능력이 없다고 본 반면 민현식(1984)는 '-롭-'이 공시적 생산력을 가지고 있는 것으로 판단하였고, 송철의(1992)는 '-롭-'이 '-스럽-'에 의해 점차 대체되어 가고 있는 예가 있지만 '-롭-'을 공시적으로 전혀 생산력이 없는 접미사로 보지는 않는 입장을 취했다. 이처럼 '-롭-'의 생산성에 대한 입장이 각각 다른데 본 연구에서는 계량적인 관점에서 '-롭-'의 생산성과 그 파생어 집합의 양적 특성을 재검토하여 '-롭-'이 현대 국어에서 새 단어를 만들 능력이 있는지 확인해보기로 한다.

대상 코퍼스에서 접미사 '-롭-'이 형성한 파생어와 그 빈도는 다음과 같다.

〈표3-54〉 접미사 '-롭-'의 파생어와 빈도

연번	빈도	파생어	연번	빈도	파생어	연번	빈도	파생어	연번	빈도	파생어	연번	빈도	파생어
1	1	고요롭	12	1	한유롭[]	23	6	수고롭	34	24	여유롭	45	58	신비롭
2	1	공의롭	13	1	화해롭	24	7	명예롭	35	26	슬기롭	46	58	한가롭
3	1	다사롭	14	2	은혜롭	25	9	상서롭	36	32	대수롭	47	77	위태롭
4	1	득의롭[]	15	2	의미롭	26	10	호기롭	37	33	감미롭	48	89	풍요롭
5	1	보배롭	16	3	가소롭	27	12	이채롭	38	33	예사롭	49	132	평화롭
6	1	생기롭	17	3	영화롭	28	12	자애롭	39	39	지혜롭	50	176	흥미롭
7	1	신이롭	18	4	의롭	29	17	경이롭	40	40	조화롭	51	517	자유롭
8	1	영예롭	19	4	자비롭	30	17	정의롭	41	44	공교롭	n〈50:509		
9	1	임의롭	20	4	적요롭	31	17	호화롭	42	45	순조롭	n(1,2):15		
10	1	자재롭	21	5	공포롭	32	20	권태롭	43	52	다채롭	N:1,		
11	1	정교롭	22	5	단조롭	33	22	따사롭	44	53	향기롭	유형빈도:51		

'-롭-'이 만들어낸 파생어는 총 51가지이며 이중 1-2회 출현어는 총 15개, 신어는 1개이다. 신어로 판정할 수 있는 단어는 3개가 관찰되었는데 이중 '득의'와 '한유'는 저빈도 어기이기 때문에 '득의롭-', '한유롭-'은 신어로 인정하지 않는다.[62] 신어로 인정될 수 있는 단어는 '의미롭-' 하

---

62) '득의롭-', '한유롭-'의 두 단어가 『표준사전』과 1999년 이전에 출판된 텍스트에

나인데 이 '의미롭-'도 신어라기보다는 코퍼스의 특성상 우연히 나타난 단어일 수 있다. 이런 점을 고려하면 '-롭-'에 새 단어를 만들어낼 수 있는 능력이 있다고 보기가 매우 어렵다. 1-2회 출현어가 전체 유형의 29%(15/51)를 차지하는데 이들은 대체로 이전부터 존재하던 단어들이 사용 빈도가 줄어들면서 1-2회 출현어에 포함된 예이다. 51개의 유형 중에 50회 이상의 출현 빈도를 보이는 단어는 9개(18%)이고 '흥미롭-'(176), '자유롭-'(517) 등의 몇 단어에 빈도가 집중되면서 전체적으로는 고빈도 단어의 구성 비율이 높은 모습을 보인다. 고빈도이기 때문에 어기와 접사의 결합이 하나의 단어로 굳어진 단어들만 살아 남고 전체 패턴은 소멸해 가는 모습을 'X롭-' 집합에서 관찰할 수 있는 것이다. 'X롭-' 집합의 이러한 양적 특성들은 형용사 파생 접미사 '-롭-'이 거의 생산성을 상실했음을 의미하는 것이다.

차준경(1995:45)에서는 본 연구와 비슷한 계량적인 입장에서 '-롭-'의 생산성에 접근하였는데 '-롭-'의 생산성이 '-스럽-'의 생산성보다는 낮지만 생산성이 전혀 없는 것은 아니라는 송철의(1992)와 같은 입장을 취했다. 차준경(1995:45)에서는 '-롭-'의 생산성이 살아 있음을 지지하기 위해 'X롭-' 중 단발어의 예를 '-롭-'이 만들어내는 신어로 제시하였다. 아래가 그 예이다.

(9) 다사, 불화, 실례, 정기, 창의, 초조, 충의, 허롭-, 호기, 화해, 환희

이중의 상당수는 본 연구의 신어를 확인하는 과정(『표준사전』의 등재 목록 검토와 코퍼스 검토)을 통해서 신어에서 제외될 단어로 생각된다. 차준경(1995)는 코퍼스에 출현하는 단발어를 생산성 산출 공식의 분모에 그대로 대응시키는 Baayen의 방법론을 그대로 채택했기 때문에 계량적

___

서 관찰되지는 않지만 조사 대상 코퍼스(약 440만 어절)에서 '득의'는 4회 '한유'는 1회 출현하였다.

인 방법을 취하면서도 본 연구와는 다른 결론을 얻게 된 것으로 생각된다.

본 연구에서 제시한 생산성 산출 방식에 따라 접미사 '-스럽-', '-롭-'의 생산성을 계산하면 다음과 같다.

접미사 '-스럽-'의 생산성	접미사 '-롭-'의 생산성
$\dfrac{29}{1747} \times 100 = 1.659$	$\dfrac{1}{509} \times 100 = 0.196$

비슷한 의미의 형용사를 파생시키는 두 접미사이지만 '-롭-'의 생산성은 상당히 축소되어 있는 반면 '-스럽-'은 매우 생산적인 양상을 보인다. 본 연구에서 조사한 파생 접미사 가운데 '-롭-'은 생산성이 0인 '-개'를 제외하고 생산성이 가장 낮은 접사이다. 이처럼 '-롭-'의 생산성이 제약을 받는 이유는 그 기원적 성격 때문에 '-롭-'이 모음으로 끝나는 명사나 어근만을 어기로 취한다는 점과 '-스럽-'이 기존에 '-롭-'이 취하던 어기를 자신의 어기로 취하면서 적지 않은 수의 'X롭-'이 사어화되고 있는 점 때문으로 생각된다.[63]

두 접미사의 양적 특성을 비교하여 그래프로 제시하면 다음과 같다.

〈그래프 3-7〉 접미사 '-스럽-', '-롭-'의 빈도 및 생산성 비교

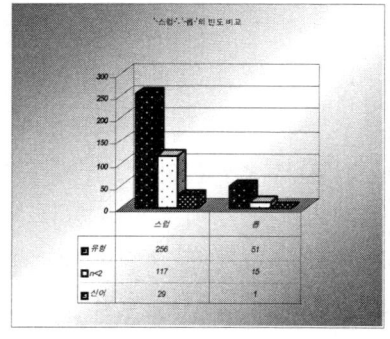
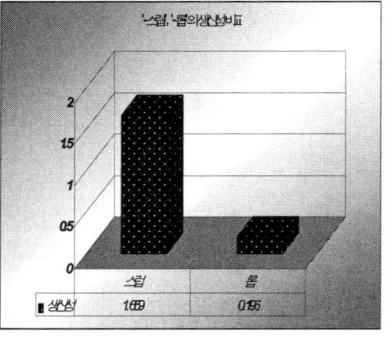

---

63) '-스럽-'이 기존에 '-롭-'이 취하던 어기를 자신의 어기로 취하는 경우는 5.3.4.1. 참조

유형 빈도적 측면에서 접미사 'X스럽-'이 월등하게 앞서 있는 반면 'X 롭-'은 매우 위축되어 있고, 생산성의 측면에서도 '-스럽-'이 '-롭-'보다 우세한 모습을 확인할 수 있다. 이는 '-스럽-'을 매우 생산적인 접미사로 인정한 바 있는 김성규(1987:44), 하치근(1989:298), 송철의(1992:199)의 논의와 본 연구의 조사 결과가 서로 일치함을 보여준다.

3.3.3.2 '-답¹-', '-답²-'

'-답-'에는 김창섭(1984)에서 처음 지적한 대로 명사나 어근에 붙어서 형용사를 파생시키는 것과 명사구와 결합하여 형용사구를 파생시키는 것, 두 가지가 있다. 편의상 전자를 '-답¹-', 후자를 '-답²-'라 한다면 본고의 주관심사는 '-답²-'이다.[64] '-답¹-'은 기존의 연구에서 여러 번 지적되었듯이 '아름답다', '정답다', '참답다', '꽃답다' 등의 예들에서만 제한적으로만 관찰될 뿐, 전혀 생산성을 보여주지 못하고 있기 때문이다.[65] 대상 코퍼스에서 접미사 '-답¹-'이 형성한 파생어와 그 빈도는 다음과 같다.

〈표3-55〉 접미사 '-답¹'의 파생어와 빈도

빈도	파생어	빈도	파생어	빈도	파생어	빈도	파생어	빈도	파생어
51	시답(實+답)	14	참답	14	꽃답	29	정답	1474	아름답
유형 빈도:5 N:0									

위의 표가 보여주는 바처럼 '-답¹-'은 현대 국어에서 전혀 생산성이 없는 접사이다. 일단 'X답¹-'의 유형 빈도도 5로 상당히 작을 뿐 아니라, 특정한 단어에만 사용 빈도가 과도하게 집중되어 있고 신어나 1-2회 출현어는 존재하지 않는다. 'X답¹-'에는 어기와 접사의 생산적인 결합 과

---

64) '-답²-'는 어기가 NP이기 때문에 접미사라 할 수 없고 또 '-답²-'가 도출해내는 대상인 '어기 + 답²'도 단어라고 할 수 없지만 형태적 결합과 통사적 결합의 생산성 차이를 알아보기 위해 편의상 '-답²-'를 접미사로 다루었다.

65) 명사나 어근과 결합하여 형용사를 파생시키는 '-답-'의 비생산성을 지적한 연구로는 김창섭(1984), 송철의(1992), 차준경(1995) 등을 들 수 있다.

정을 통해서 도출된 단어는 전혀 없다. 모두 기존 단어들로 그 사용 빈도가 줄어들면서 화석형처럼 남아 있는 경우라 할 수 있다. '꽃답다'의 경우 서술어로 사용되는 예는 전혀 없고 '꽃다운 나이'의 형식으로만 쓰이고, '시답다'의 경우는 '시답지 않은'의 형식으로, '참답다'도 '참다운 + N'의 형식으로만 사용되기 때문이다. 현대 국어에서 'X답¹-'은 완전히 어휘화된 형태로만 존재할 뿐, 전혀 생산적인 모습을 보여주지는 못한다.

다음은 '-답²-'가 형성한 단어를 보기로 한다.

〈표3-56〉 접미사 '-답-2'의 파생어와 빈도

연번	빈도	파생어	연번	빈도	파생어	연번	빈도	파생어	연번	빈도	파생어	연번	빈도	파생어
1	1	2월답	27	1	기자답	53	1	말답	79	1	사업가답	105	1	신화답
2	1	LG답	28	1	깡패답	54	1	매화답	80	1	사장답	106	1	싸나이답
3	1	가이드답	29	1	남가이답	55	1	며느리답	81	1	사제답	107	1	싸움답
4	1	갈비뼈답	30	1	노래답	56	1	명소답	82	1	사회답	108	1	아랍인답
5	1	강신애답	31	1	노무현답	57	1	명절답	83	1	살답	109	1	아이슬랜드답
6	1	강자답	32	1	盧후보답	58	1	미국인답	84	1	새답	110	1	아프리카답
7	1	거물답	33	1	논리답	59	1	민답	85	1	색시답	111	1	야인답
8	1	건축기사답	34	1	논문답	60	1	민족주의자답	86	1	설답	112	1	양반답
9	1	겨울답	35	1	농민답	61	1	바다답	87	1	세희답	113	1	양키답
10	1	경세가답	36	1	눈답	62	1	반등답	88	1	소답	114	1	어른답
11	1	경제학자답	37	1	당국답	63	1	발언답	89	1	소감답	115	1	어린애답
12	1	경지씨답	38	1	대국답	64	1	백치답	90	1	수완가답	116	1	어린이답
13	1	경찰물답	39	1	대장부답	65	1	밴드답	91	1	순금이답	117	1	언니답
14	1	공원답	40	1	대표답	66	1	법답	92	1	승부사답	118	1	엔터테이너답
15	1	공항답	41	1	도읍답	67	1	베테랑답	93	1	시민답	119	1	여름답
16	1	과학도답	42	1	동시답	68	1	병답	94	1	시설답	120	1	연애답
17	1	교류답	43	1	두레답	69	1	보르헤스답	95	1	시저답	121	1	연장자답
18	1	교리답	44	1	딸답	70	1	봉식답	96	1	신답	122	1	영웅답
19	1	교양인답	45	1	로커답	71	1	부자답	97	1	신랑답	123	1	오늘답
20	1	원장답	46	1	리엔답	72	1	부잣집답	98	1	신부답	124	1	오라비답
21	1	군꾼답	47	1	릴케답	73	1	분답	99	1	신사답	125	1	오야붕답
22	1	군인답	48	1	마을답	74	1	불승답	100	1	신애답	126	1	왕국답
23	1	군자답	49	1	만화답	75	1	비아톨답	101	1	신인왕답	127	1	왕비답
24	1	궁궐답	50	1	맏딸답	76	1	비즈니스맨답	102	1	신자답	128	1	용훈답
25	1	기사답	51	1	맏며느리답	77	1	사가답	103	1	신지답	129	1	운보답
26	1	기업답	52	1	맏사위답	78	1	사상범답	104	1	신출내기답	130	1	울타리답

연번	빈도	파생어	연번	빈도	파생어	연번	빈도	파생어	연번	빈도	파생어	연번	빈도	파생어
131	1	의뢰인답	153	1	정복자답	175	1	타란티노답	197	2	세대답	219	3	영화답
132	1	이름답	154	1	제1당답	176	1	프랑스답	198	2	소설답	220	3	자네답
133	1	이승답	155	1	조세희답	177	1	하늘답	199	2	시인답	221	3	출신답
134	1	이야기답	156	1	조직답	178	1	학교답	200	2	식물답	222	4	나이답
135	1	인물답	157	1	존재답	179	1	학사고시답	201	2	아버지답	223	4	남성답
136	1	인생답	158	1	졸라답	180	1	한국인답	202	2	어린아이답	224	4	너답
137	1	일본인답	159	1	지배자답	181	1	햄릿답	203	2	어머니답	225	5	동물답
138	1	임금답	160	1	지프답	182	1	행동답	204	2	연우씨답	226	5	고향답
139	1	입춘답	161	1	직장답	183	1	현모양처답	205	2	영국답	227	5	신인답
140	1	자기답	162	1	진실답	184	1	호수답	206	2	작가답	228	5	여성답
141	1	자손답	163	1	집답	185	1	회장답	207	2	전문가답	229	5	프로답
142	1	자신답	164	1	책답	186	2	그룹답	208	2	주인답	230	7	사내답
143	1	자연답	165	1	처녀답	187	2	나라답	209	2	주인공답	231	8	나답
144	1	자이언트답	166	1	천국답	188	2	남편답	210	2	지식인답	232	10	그녀답
145	1	작품답	167	1	철학자답	189	2	노인답	211	2	지역답	233	10	여자답
146	1	잔치답	168	1	청년답	190	2	단지답	212	2	축제답	234	16	남자답
147	1	장부답	169	1	총리답	191	2	대화답	213	2	평소답	235	20	그답
148	1	장손답	170	1	충청도답	192	2	도시답	214	2	후보답	236	26	사람답
149	1	잭슨답	171	1	취향답	193	2	동화답	215	3	국가답	237	30	인간답
150	1	전략가답	172	1	캄보디아답	194	2	배우답	216	3	사나이답	n<50:450,		
151	1	전사답	173	1	큰오빠답	195	2	삶답	217	3	아이답	n(1,2):214		
152	1	젊은이답	174	1	클랜시답	196	2	새해답	218	3	여왕답	N:141 유형:237		

'-답^2-'는 '-답^1-'은 물론이고 다른 파생 접사와 비교할 때, 과도할 만큼의 생산성을 보여준다. '-답^2-'가 만들어낸 구성의 종류는 총 237가지이고 이중 1-2회 출현어가 214개, 신어는 141개이다. 1-2회 출현어가 전체 유형의 91%를 차지하는데 이는 본 연구에서 조사한 대상 중에서 최고 비율에 해당한다. 1-2회 출현어는 기존 단어들의 빈도가 줄어들면서 수집된 결과가 아니라 즉시적 필요에 의해 생성된 구성이 저빈도로 사용된 예들이다. 'X답^2-' 집합에는 특정 고빈도 구성이 전혀 없고, 전체가 저빈도 구성이 다수를 이루는 집합이다. 이는 'X답^2-' 중 상당수가 '-답^2-'와 어기의 생산적 결합 과정을 통해서 만들어지는 것을 의미한다. 본 연구의 생산성 산출 방식에 따라 접미사 '-답^2-'의 생산성을 계산하면 다음과 같다.

접미사 '-답²-'의 생산성
$\frac{141}{428} \times 100 = 32.943$

'-답²-'가 이처럼 엄청난 생산성을 보일 수 있는 이유는 다른 파생 접
사와는 달리 '-답²-'가 자립성을 가지는 모든 명사류에 결합될 수 있을
뿐 아니라 'N'이 아니라 'NP'라는 통사적 단위를 어기로 취할 수 있기
때문이다. 따라서 'X답²-'는 어기와 '-답²-' 사이의 통사적 결합 관계의
성격을 가진다고 할 수 있다. '-투성이'에 이어 '-답²-'에서도 통사적 결
합의 생산성이 형태적 결합의 생산성보다 전적인 우위를 점하고 있음을
확인할 수 있다. '-답¹-'과 '-답²-'의 양적 특성을 비교하여 그래프로 제시
하면 다음과 같다.

〈그래프3-8〉 접미사 '-답¹-', '답²-'의 빈도 및 생산성 비교

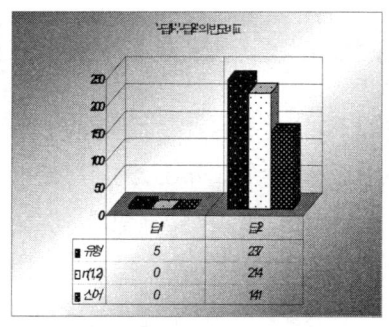 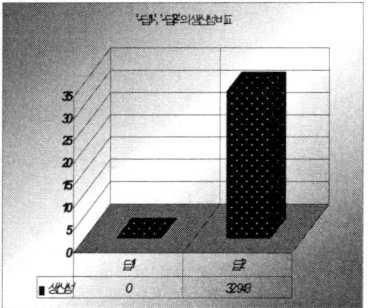

3.3.4. 부사 파생 접미사

3.3.4.1. '-이¹', '-이²', '-이³/-히'

여기서는 형용사, 일음절 명사의 반복 구성, 어근과 결합하여 부사를
형성하는 접미사 '-이', '-히'의 생산성과 그 파생어 집합의 양적 특성을
살펴본다. '-이', '-히'가 모두 부사를 파생시키는 역할을 하지만 결합하

는 어기의 문법적 특성이 각각 다르기 때문에 어기의 성격에 따라 '-이', '-히'를 하위 구별하여 각각의 생산성에 접근하는 방식을 취한다. 형용사의 어간에 결합하여 부사를 파생키는 '-이'는 '-이[1]', 일음절 명사의 반복 구성에 결합하여 부사를 파생시키는 '-이'는 '-이[2]', 어근과 결합하여 부사를 파생시키는 '-이'와 '-히'는 '-이[3]', '-히'로 각각 구분한다.

접미사 '-이', '-히-'가 형성하는 부사의 수가 상당히 많은 편이기 때문에 지금까지의 연구에서는 대체로 부사 파생 접미사 '-이[1]', '-이[2]', '-이[3]'/'-히'의 생산성이 매우 높은 것으로 평가해 왔다(김성규 1987, 송철의 1992). 그런데 이는 접사가 만든 파생어의 유형 빈도와 그 접사의 생산성을 동일시하는 접근에서 내려진 판단이라 할 수 있다. 본 연구는 공시적으로 새로운 단어를 만들어낼 수 있는 가능성이라는 관점에서 부사 파생 접미사 '-이[1]', '-이[2]', '-이[3]'/'-히'에 접근하여 그 생산성을 재검토한다. 또한 각 부사 파생 접미사가 만든 파생어 집합의 양적 특성을 검토하여 생산성 있는 접사가 만든 파생어 집합에서 보이는 양적 특성이 '-이[1]', '-이[2]', '-이[3]/-히'의 파생어 집합에서도 나타나는지 확인한다.

'-이[1]'의 생산성과 '-이[1]'이 형성하는 파생어 집합의 양적 특성을 먼저 살펴본다. '-이[1]'은 형용사와 결합하여 부사를 파생시키는 접미사이다. 대상 코퍼스에서 접미사 '-이[1]'이 형성한 파생어와 그 빈도는 다음과 같다.

〈표3-57〉 접미사 '-이[1]'의 파생어와 빈도

연번	빈도	파생어	연번	빈도	파생어	연번	빈도	파생어	연번	빈도	파생어
1	1	새삼스러이	11	2	있이	21	10	적이	31	349	굳이
2	1	순조로이	12	2	좋이	22	11	쉬이	32	360	깊이
3	1	애처로이	13	2	즐거이	23	13	한가로이	33	467	가까이
4	1	위태로이	14	3	길이	24	18	굽이굽이	34	2450	많이
5	1	자랑스러이	15	4	반가이	25	22	자유로이	35	2959	같이
6	1	평화로이	16	4	가벼이	26	28	적잖이	36	5993	없이
7	1	가엾이	17	4	안타까이	27	28	고이			
8	1	갑작스러이	18	5	외로이	28	68	새로이	n(50: 173 , N: 0		
9	2	너그러이	19	6	헛되이	29	89	기꺼이	n(1,2)= 13		
10	2	어지러이	20	6	사사로이	30	227	높이	유형 빈도: 36		

'-이¹'이 만들어낸 파생어는 총 36가지인데 이중 1-2회 출현어는 13개이고, 신어는 하나도 관찰되지 않았다. 1-2회 출현어 13개는 대부분『표준사전』에 등재된 단어로 현대 국어에서 적게 사용된 결과, 조사 대상 코퍼스에서 저빈도로 나타난 예이기 때문에 생산성을 반영하는 저빈도어라 할 수 없다. 이처럼 생산성과 무관한 저빈도 단어가 '-이¹' 파생 부사에 많이 포함되는 이유는 '-이¹' 파생 부사가 '-게' 부사형과 그 의미·기능이 비슷하기 때문으로 생각된다. '-게' 부사형의 존재가 '-이¹' 파생 부사의 빈번한 사용을 방해한 결과, '새삼스러이', '순조로이', '애처로이' 등의 단어가 저빈도로 나타난 것이다.

아래의 표는 '-이¹' 파생 부사와 '-게' 부사형의 의미를 빈도에 따라 간략하게 비교해 본 것이다.

〈표3-58〉 '-이¹' 파생부사와 '-게' 부사형의 빈도 비교

새삼스러이(1) = 새삼스럽게(69), 순조로이(1) = 순조롭게(33), 애처로이(1) = 애처롭게(5), 위태로이(1) = 위태롭게(29), 자랑스러이(1) = 자랑스럽게(53), 평화로이(1) = 평화롭게(30), 가엾이(1) = 가엾게(5), 갑작스러이(1) = 갑작스럽게(35)
높이(227) ≒ 높게(119), 굳이(349) ≠ 굳게(121), 깊이(360) ≒ 깊게(156), 가까이(467) ≒ 가깝게(89), 많이(2450) ≠ 많게(33), 같이(2959) ≠ 같게(11), 없이(5993) ≠ 없게(414)

괄호 안 숫자는 코퍼스에서 사용된 빈도인데 저빈도의 '-이¹' 파생 부사는 '-게' 부사형과 의미가 동일하거나 거의 비슷한 반면, 고빈도의 '-이¹' 파생 부사는 '-게' 부사형의 의미와 완전히 일치하지는 않는 경향을 확인할 수 있다. 같은 의미를 표현하는 것이라면 어기와 접사를 결합시키는 파생의 과정보다는 어간과 어미를 결합시키는 활용의 과정이 더 활발하게 선택된다고 할 수 있다. 그 빈도가 높게 나타난 '-이¹' 파생 부사는 의미론적 어휘화를 거치면서 독자적인 의미를 가졌기 때문에 그 사용이 '-게' 부사형의 방해를 받지 않은 것으로 생각된다.

위의 <표3-57>에서 확인할 수 있듯이 '-이¹' 파생 부사는 몇몇 단어에만 그 사용이 과도하게 집중되고 나머지 단어는 그 사용이 활발하지

제3장 현대 국어 파생 접사의 생산성 173

못하다. 이는 파생의 과정을 거친 후, 반복 사용을 통해서 어휘화된 단어들만이 자주 사용되고 그렇지 못한 단어는 드물게 사용됨을 의미한다. 이 사실과 '-이¹' 부사 파생어에 신어가 없다는 점으로 볼 때, 현대 국어에서 형용사 어간을 어기로 취하여 부사를 파생시키는 접사 '-이¹'은 생산성이 없는 것으로 보인다. 또한 같은 맥락에서 현대 국어의 'X이¹' 부사는 어기와 접사의 생산적 결합 과정을 통해 생성되는 것이 아니라 어휘화된 형태로만 존재한다고 할 수 있다. 본 연구의 생산성 산출 방식에 따라 접미사 '-이¹'의 생산성을 계산하면 다음과 같다.

접미사 '-이¹'의 생산성
$\dfrac{0}{173} \times 100 = 0$

생산성 수치 0이 말해주듯이 형용사 어간과 결합하여 부사를 파생시키는 접미사 '-이¹'은 현대 국어에서 전혀 생산성이 없다. 그러나 이는 송철의(1992)와 김성규(1987)에서의 판단과는 정반대되는 결과이다. 송철의(1992:240-3)에서는 단일 형태소 형용사 어간을 어기로 취하는 '-이¹' 파생 부사는 그리 생산적이지 못하지만, '-압/업-'이나 '-브-' 그리고 '-스럽-'이나 '-롭-'에 의해 형성된 형용사로부터의 '-이¹' 부사 파생은 매우 생산적이라고 지적하였다. 그리고 김성규(1987:42)에서는 '-이¹'이 형성하는 파생 부사가 셀 수 없이 많음을 지적하면서 '-이¹'이 매우 생산적이라고 판단하였다.[66]

송철의(1992)와 김성규(1987)의 부사 파생 접미사 '-이¹'에 대한 생산성 판단은 대체로 'X이¹'의 유형 빈도에 근거한 것이었기 때문에 '-이¹'

---

66) 김성규(1987:42)
  위에 든 예 이외에도 이러한 파생부사는 셀 수 없을 정도로 많다.

  괴로이, 적잖이, 수월찮이, 헛되이, 대수로이, 어렴풋이, 깨끗이, 뿌듯이, 번듯이, 나직이, 끔직이, 반드시, 멀찍이 ……

을 생산적이라고 판단한 것으로 생각된다. 그러나 실제 계량의 결과, 'X
이[1]'은 그 유형 빈도도 높지 않고, '-이[1]'이 만든 신어도 없으며 그 파생
어 집합도 생산적인 집합의 특성을 보여주지 않는다. 공시적으로 새 단
어를 생성해 낼 가능성의 관점에서 부사 파생 접미사 '-이[1]'은 생산적이
라 할 수 없다.

　다음으로는 부사 파생 접미사 '-이[2]'의 생산성과 '-이[2]'가 형성하는 파
생어 집합의 양적 특성을 살펴본다. '-이[2]'는 일음절 명사의 반복 구성에
결합하여 부사를 파생시키는 접미사이다. 대상 코퍼스에서 접미사 '-이[2]'
가 형성한 파생어와 그 빈도는 다음과 같다.

〈표3-59〉 접미사 '-이[2]'의 파생어와 빈도

연번	빈도	파생어	연번	빈도	파생어	연번	빈도	파생어	연번	빈도	파생어
1	1	골골이	11	2	절절이	21	13	길길이	31	54	곰곰이
2	1	구구절절이	12	2	집집이	22	15	근근이	32	65	번번이
3	1	면면이	13	2	올올이	23	16	점점이	33	65	간간이
4	1	방방이	14	3	짬짬이	24	26	켜켜이	34	81	줄줄이
5	1	색색이	15	4	알알이	25	26	뿔뿔이	35	121	일일이
6	1	옆옆이	16	4	쌍쌍이	26	28	나날이			
7	1	잎잎이	17	7	누누이	27	33	틈틈이	n〈50: 328 , N: 0		
8	1	철철이	18	7	층층이	28	35	겹겹이	n(1,2)=13		
9	1	첩첩이	19	11	다달이	29	36	샅샅이	유형 빈도:35		
10	1	칸칸이	20	12	산산이	30	36	낱낱이			

　'-이[2]'가 만들어낸 파생어는 총 35가지인데 이중 1-2회 출현어는 13개
이고, 신어는 하나도 관찰되지 않았다. 1-2회 출현어 13개는 모두 『표준
사전』에 등재된 단어가 조사 대상 코퍼스에서 저빈도로 나타난 예이기
때문에 생산성을 반영하는 저빈도어라 할 수 없다. 'X이[2]'도 'X이[1]'과 마
찬가지로 일부 단어에 그 사용이 집중되고, 나머지 단어는 그 사용이 활
발하지 못하다. 이는 파생의 과정을 거친 후, 반복 사용을 통해서 어휘
화된 단어들만이 자주 사용되고 그렇지 못한 단어는 드물게 사용됨을
의미한다. 이 사실과 '-이[2]' 부사 파생어에 신어가 없다는 점으로 볼 때,
현대 국어에서 일음절 명사의 반복 구성을 어기로 취하는 '-이[2]'는 생산

성이 없는 것으로 생각된다. 또한 같은 맥락에서 현대 국어의 'X이²' 부사는 어기와 접사의 생산적 결합 과정을 통해 생성되는 것이 아니라 어휘화된 형태로만 존재한다고 할 수 있다. 본 연구의 생산성 산출 방식에 따라 접미사 '-이²'의 생산성을 계산하면 다음과 같다.

접미사 '-이²'의 생산성
$\dfrac{0}{328} \times 100 = 0$

생산성 수치 0이 말해주듯이 일음절 명사의 반복 구성과 결합하여 부사를 파생시키는 접미사 '-이²'는 현대 국어에서 전혀 생산성이 없다. 그러나 이는 김성규(1987)의 판단과는 반대되는 결론이다. 김성규(1987:43)은 'X이²'의 유형 빈도가 매우 높다는 사실과 앞으로도 이러한 유형의 부사를 계속 만들어낼 수 있으리라는 판단으로 '-이²'를 매우 생산적인 접미사로 인정하였다.[67] 그런데 실제 계량의 결과, 실제로 현대 국어에 사용되는 'X이²'은 그 유형 빈도도 높지 않고, '-이²'가 만든 신어도 없으며 그 파생어 집합도 생산적인 집합의 특성을 보여주지 않는다. 공시적으로 새 단어를 생성해 낼 가능성의 관점에서 부사 파생 접미사 '-이²'는 생산적이라 할 수 없다.

다음으로는 부사 파생 접미사 '-이³/-히'의 생산성과 '-이³/-히'가 형성하는 파생어 집합의 양적 특성을 살펴본다. '-이³/-히'는 '하다'와 결합하여 형용사가 되는 어근 및 기타 어근과 결합하여 부사를 파생시키는 접미사이다.[68] 대상 코퍼스에서 접미사 '-이³/-히'가 형성한 파생어와 그

---

67) 김성규(1987:43)

집집이, 알알이, 곳곳이, 방방이(방마다) …… 등 기존의 단어가 아닌 경우도 있겠지만 우리는 명사의 반복을 동반하여 얼마든지 새로운 단어를 만들 능력을 갖고 있는 것이다.

68) 본고에서는 '하다'와 결합하여 형용사가 되는 어근 및 기타 어근과 결합하여 부

빈도는 다음과 같다.

<표3-60> 접미사 '-이³/-히'의 파생어

연번	빈도	파생어	연번	빈도	파생어	연번	빈도	파생어	연번	빈도	파생어	연번	빈도	파생어
1	1	간간이	35	1	뭉근히	69	1	원통히	103	1	통렬히	137	2	뻔뻔히
2	1	강렬히	36	1	미묘히	70	1	융숭히	104	1	평평히	138	2	성대히
3	1	견결히	37	1	벙긋이	71	1	으긋이	105	1	푸짐히	139	2	수긋이
4	1	견고히	38	1	벙싯이	72	1	음음히	106	1	허랑히	140	2	수북이
5	1	곰곰이	39	1	부당히	73	1	의당히	107	1	호젓이	141	2	수상히
6	1	공공히	40	1	부산히	74	1	이슥히	108	1	홀로이	142	2	수월히
7	1	공명정대히	41	1	비긋이	75	1	일정히	109	1	화사히	143	2	신랄히
8	1	광범히	42	1	빼꼼히	76	1	자상히	110	1	황황히	144	2	싱긋이
9	1	괴상히	43	1	삐긋이	77	1	자잘히	111	1	후련히	145	2	써늘히
10	1	구차히	44	1	살긋이	78	1	잠잠히	112	1	후줄근히	146	2	앙상히
11	1	굵직히	45	1	살짝이	79	1	잡다히	113	1	흐릿이	147	2	엄정히
12	1	기우듬히	46	1	상냥히	80	1	장쾌히	114	1	혼연히	148	2	엇비슴히
13	1	내밀히	47	1	새초롬히	81	1	장황히	115	1	흡족히	149	2	완만히
14	1	냉혹히	48	1	생긋이	82	1	장히	116	1	회뿌윰히√	150	2	용감히
15	1	너브죽이	49	1	섬섬히	83	1	적확히	117	2	감사히	151	2	음산히
16	1	누누이	50	1	성히	84	1	절묘히	118	2	귀중히	152	2	이윽히
17	1	느긋이	51	1	소록히√	85	1	정밀히	119	2	그득히	153	2	장렬히
18	1	느슨히	52	1	솔찮이	86	1	정정당당히	120	3	그윽히	154	2	절절히
19	1	산산이	53	1	숙연히	87	1	조급히	121	2	근근이	155	2	조심히
20	1	능숙히	54	1	실쭉이	88	1	조요히	122	2	긴히	156	2	직수긋이
21	1	다보록이	55	1	심상히	89	1	조촐히	123	2	길쭉이	157	2	청결히
22	1	덤덤히	56	1	안전히	90	1	중요히	124	2	까무룩히	158	2	초조히
23	1	도도히	57	1	애석히	91	1	질펀히	125	2	꼭히	159	2	친밀히
24	1	두둑히	58	1	어엿이	92	1	짯짯히	126	2	냉철히	160	2	탄탄히
25	1	등한히	59	1	어중간히	93	1	짤막히	127	3	너부죽이	161	2	태만히
26	1	딱딱히	60	1	얼근히	94	1	쪼란히√	128	2	느런히	162	2	통히
27	1	땡땡히√	61	1	얼큰히	95	1	찬연히	129	2	담대히	163	2	평안히
28	1	멀끔히	62	1	엄숙히	96	1	창창히	130	2	돌연히	164	2	푸근히
29	1	명쾌히	63	1	업수이	97	1	처량히	131	2	말짱히	165	2	함초롬히
30	1	무궁히	64	1	연면히	98	1	처참히	132	2	멀건히	166	2	현격히
31	1	무단히	65	1	열심히	99	1	철처히	133	2	명명백백히	167	2	훌훌히
32	1	무료히	66	1	완고히	100	1	초연히	134	2	번히	168	3	공평히
33	1	무성히	67	1	완곡히	101	1	측은히	135	2	분연히	169	3	끔찍히
34	1	묵연히	68	1	워낙이	102	1	탐탁히	136	2	빠꼼히	170	3	엇비슷이

사를 파생시키는 접미사 '-이3'과 '-히'를 의미가 동일하면서 그 분포만 다르기 때문에 어휘적 이형태의 관계에 있는 것으로 파악하여 하나의 형태소로 다루었다.

연번	빈도	파생어	연번	빈도	파생어	연번	빈도	파생어	연번	빈도	파생어	연번	빈도	파생어
171	3	두둑이	213	5	촉촉히	255	9	세밀히	297	17	공손히	339	31	똑똑히
172	3	비죽이	214	6	격렬히	256	9	완벽히	298	17	공히	340	33	또렷이
173	3	살뜰히	215	6	긴급히	257	9	완연히	299	17	나지막이	341	33	버젓이
174	3	세세히	216	6	냉정히	258	9	중히	300	17	열렬히	342	33	뻔히
175	3	시시콜콜히	217	6	너끈히	259	9	지독히	301	18	끔찍이	343	33	신속히
176	3	어련히	218	6	번연히	260	10	불쌍히	302	18	무참히	344	33	은밀히
177	3	완전히	219	6	변변히	261	10	선명히	303	19	반듯이	345	33	홀연히
178	3	왕성히	220	6	뻣뻣이	262	10	성실히	304	20	공고히	346	34	골똘히
179	3	정갈히	221	6	성급히	263	10	세심히	305	20	망연히	347	34	부득이
180	3	찬란히	222	6	원만히	264	10	영구히	306	20	멀찍이	348	34	불행히
181	3	축축히	223	6	의연히	265	10	오롯이	307	20	시급히	349	34	유유히
182	3	털털이	224	6	이상히	266	10	은은히	308	20	총총히	350	35	환히
183	3	확실히	225	6	자욱이	267	10	잔잔히	309	20	흔히	351	35	면밀히
184	4	갸웃이	226	6	정확히	268	10	튼튼히	310	20	흥건히	352	36	수북이
185	4	과히	227	6	축축이	269	10	훌륭히	311	21	넉넉히	353	36	얌전히
186	4	든든히	228	6	쾌히	270	11	곧이	312	21	다소곳이	354	36	엄밀히
187	4	떳떳이	229	6	포근히	271	11	멍청히	313	21	밀접히	355	37	명확히
188	4	빼곡이	230	6	후히	272	11	면면히	314	21	분주히	356	37	무심히
189	4	새치름히	231	7	간략히	273	11	무한히	315	21	확고히	357	37	부단히
190	4	선연히	232	7	굳건히	274	11	선선히	316	22	까마득히	358	38	차분히
191	4	소롯이	233	7	느지막이	275	11	월등히	317	22	심히	359	38	흔쾌히
192	5	소복이	234	7	따뜻이	276	11	황망히	318	22	정중히	360	39	신중히
193	4	시원히	235	9	빽빽이	277	12	다급히	319	22	편안히	361	39	절실히
194	4	씁쓸히	236	7	엄히	278	12	사뿐히	320	23	극진히	362	40	뚜렷이
195	4	알뜰히	237	8	꼿꼿이	279	13	각별히	321	23	맹렬히	363	40	상세히
196	4	엄중히	238	8	다정히	280	13	빠끔히	322	23	원활히	364	41	당당히
197	4	엔간히	239	8	담담히	281	13	생생히	323	23	확연히	365	42	가지런히
198	4	착실히	240	8	멀뚱히	282	13	소상히	324	24	긴밀히	366	43	고요히
199	4	표표히	241	8	삐죽이	283	13	조속히	325	24	나직이	367	43	속히
200	4	화급히	242	8	아련히	284	14	깍듯이	326	24	단호히	368	44	기어이
201	5	결연히	243	8	역력히	285	14	쓸쓸히	327	24	무난히	369	45	과감히
202	5	겸허히	244	8	요행히	286	15	곤히	328	25	속속들이	370	46	순순히
203	5	고즈넉이	245	8	촉촉이	287	15	공공연히	329	26	가득히	371	47	익히
204	5	꼭이	246	8	친절히	288	15	아득히	330	26	꼿꼿히	372	48	소중히
205	5	만만히	247	8	친히	289	15	완강히	331	26	능히	373	49	현저히
206	5	멀쩡히	248	8	필히	290	15	촘촘히	332	26	톡톡히	374	49	활발히
207	5	분분히	249	9	교묘히	291	15	팽팽히	333	27	안녕히	375	50	말끔히
208	5	심각히	250	9	단정히	292	16	간곡히	334	27	태연히	376	51	딱히
209	6	아스라이	251	9	돈독히	293	16	거뜬히	335	28	어지간히	377	51	막연히
210	5	정히	252	9	무던히	294	16	빈번히	336	30	엄연히	378	52	무수히
211	5	지긋이	253	9	무연히	295	16	빙긋이	337	30	여실히	379	54	명백히
212	5	지독히	254	9	뺏뺏이	296	16	빼곡히	338	30	족히	380	56	충실히

연번	빈도	파생어	연번	빈도	파생어	연번	빈도	파생어	연번	빈도	파생어	연번	빈도	파생어
381	58	비스듬히	397	83	순전히	413	130	깊숙이	429	228	특별히	445	467	충분히
382	59	훤히	398	84	강력히	414	132	간단히	430	229	서서히	446	498	열심히
383	62	찬찬히	399	88	단단히	415	139	괜히	431	235	다행히	447	570	천천히
384	63	가히	400	88	적절히	416	140	급격히	432	252	영원히	448	647	완전히
385	63	엄격히	401	89	공연히	417	145	급히	433	250	유난히	449	886	흔히
386	64	간절히	402	91	무사히	418	148	은근히	434	251	정확히	450	956	여전히
387	65	소홀히	403	94	자연히	419	153	꾸준히	435	259	대단히	451	2853	특히
388	65	마땅히	404	97	부지런히	420	155	일제히	436	267	우연히			
389	67	온전히	405	102	빤히	421	158	간신히	437	298	나란히		n⟨50:3598,	
390	68	황급히	406	103	굉장히	422	173	극히	438	313	자세히		N: 4	
391	70	유심히	407	103	적당히	423	181	더욱이	439	316	상당히		유형:451,	
392	72	편히	408	109	지극히	424	192	고스란히	440	317	조용히		n(1,2)=167	
393	74	어렴풋이	409	114	일찍이	425	192	철저히	441	348	단순히			
394	79	꼼꼼히	410	125	감히	426	193	확실히	442	360	당연히			
395	79	다분히	411	126	묵묵히	427	208	솔직히	443	387	가만히			
396	83	급속히	412	127	깨끗이	428	223	도저히	444	451	분명히			

접미사 '-이[3]/-히'가 만들어낸 파생어는 총 451가지인데 이중 1-2회 출현어는 167개이고 신어는 4개이다.[69] 1-2회 출현어 167개(전체 유형의 37% (167/451))는 몇몇 단어를 제외하면 대체로 사전에 등재된 단어가 조사 대상 코퍼스에서 적게 사용된 예이기 때문에 생산성을 반영하는 저빈도어라 할 수 없다. 이처럼 생산성과 무관한 저빈도 단어가 '-이[3]/-히' 파생어에 많이 포함되는 이유는 '-이[3]/-히' 파생 부사의 의미가 '-게' 부사형의 의미와 비슷하기 때문으로 생각된다.[70] 비슷한 의미의 '-게' 부사형의 존재가 '-이[3]/-히' 파생 부사의 빈번한 사용을 방해하는 것이라 할 수 있다. '-이[1]' 파생 부사의 경우에는 '-게' 부사형과 '-이[1]' 파생 부사의 의미가 비슷한 때에만 '-이[1]' 파생 부사의 사용이 제약되고, '-이[1]' 파생 부사

---

69) 1-2회 출현어 중 『표준사전』 목록에도 없고 99년 이전 코퍼스에도 출현하지 않아서 신어 후보가 될 수 있는 대상은 8개(굵직히, 땡땡히, 소록히, 절묘히, 쪼란히, 화사히, 흐릿이, 희뿌융히)인데 이중 '땡땡', '소록', '쪼란', '희뿌융'은 빈도가 매우 낮은 어근이어서 어기와 접사가 생산적인 결합과정을 통해서 도출되었다고 판단하기 어렵기 때문에 신어에서 제외하였다.

70) '-게' 부사형과 그 의미가 비슷한 '-이1' 파생 부사에 저빈도 단어가 많이 포함된 이유와 같다.

가 독자적 의미를 획득하여 '-게' 부사형과 그 의미가 달라진 경우에는 '-이¹' 파생 부사가 '-게' 부사형보다 더 많이 사용된 것을 확인한 바 있다. 그러나 '-이³/-히' 파생 부사는 몇몇 경우를 제외하고는 대체로 '-게' 부사형과 그 의미가 비슷하다. 따라서 고빈도 단어가 의미론적인 어휘화 과정을 거쳐서 '-게' 부사형과는 다른 독자적인 의미를 획득한 것은 아닌 것으로 생각된다. '-이³/-히' 파생어 집합의 단어들 사이의 빈도 격차는 해당 의미에 대한 명명적 욕구가 발생하는 정도의 차이에서 기인하는 것으로 생각된다.

'-이³/-히' 파생 부사도 '-이¹' 파생 부사와 마찬가지로 일부 단어에 그 사용이 집중되고 나머지 단어는 그 사용이 활발하지 못하다. 이는 대체로 비생산적인 접사가 형성하는 파생어 집합에서 관찰되는 양적 특성이다. 파생의 과정을 거친 후, 반복 사용을 통해서 어휘화된 단어들만이 자주 사용되고 그렇지 못한 단어는 드물게 사용되는 것이다. 이 사실과 '-이³/-히' 부사 파생어에 신어가 매우 적다는 점으로 볼 때, 현대 국어에서 어근을 어기로 취하여 부사를 파생시키는 '-이³/-히'는 생산적인 접미사라 하기 어렵다.

본 연구의 생산성 산출 방식에 따라 접미사 '-이³/-히'의 생산성을 계산하면 다음과 같다.

접미사 '-이³', '-히'의 생산성
$\dfrac{4}{3958} \times 100 = 0.111$

생산성 수치로 볼 때, 어근과 결합하여 부사를 파생시키는 '이³/히'는 생산성이 전혀 없는 것은 아니지만 생산성이 매우 약하다고 할 수 있다. 그런데 이는 어근을 어기로 하는 파생 부사를 만드는 '-이'를 매우 생산적인 접사로 파악한 송철의(1992:249)의 판단과는 반대되는 결론이다. 송철의(1992)에서 '-이³/-히'를 매우 생산적인 접사로 인정한 근거는 '-이³/

-히'가 형성한 파생 부사의 유형 빈도인 것으로 생각된다. 실제 계량의 결과, 'X이³/X히'의 유형 빈도가 높은 것은 사실이다.[71] 그러나 그 유형 빈도에 비례하는 만큼의 신어가 관찰되지 않고, 파생어 집합도 생산적인 집합의 특성을 보이지 않는다는 점에서 '-이³/-히'를 매우 생산적인 접사로 인정하기는 어렵다.

'형용사 어간 + 이', '일음절 명사의 반복 구성 + 이', '어근 + 이/히'의 세 종류의 부사 파생법을 모두 살펴본 결과, 접미사 '-이¹', '-이²', '-이³/-히'를 통한 부사 파생은 현대 국어에서 모두 비생산적이라는 결론을 얻었다. 이는 선행 연구의 판단과는 반대되는 결론인데 본 연구의 결론에 대한 근거는 대체로 다음의 두 가지이다. 첫째는 부사를 파생시키는 각 접사가 공시적 관점에서 새로운 단어를 생산적으로 만들어내지 못하고 있다는 점이고, 둘째는 각 접사가 형성하는 파생어 집합의 빈도 특성이 비생산적인 접사가 형성하는 파생어 집합의 빈도 특성과 비슷하다는 점이다.

접미사 '-이¹', '-이²', '-이³/-히'를 통한 부사 파생을 다룬 선행 연구는 대체로 파생어의 유형 빈도와 직관을 바탕으로 이들 부사 파생 접미사의 생산성을 대체로 매우 높게 인정했다. 그러나 계량의 결과로 얻은 파생어 집합의 빈도 패턴과 새 단어를 만들어낼 수 있는 가능성의 측면에서는 이 세 종류의 부사 파생 접미사를 생산적이라고 할 수 없다. 파생어의 유형 빈도가 높을 경우, 화자의 직관이 실제의 생산성을 정확하게 인식하기 어려운 것으로 생각된다.[72]

3.3.4.2. '-껏¹', '-껏²'

여기서는 명사와 결합하여 '-이 닿는 데까지'의 뜻을 가지는 부사를

---

71) 유형 빈도는 생산성에 대한 직관적 접근에서 주로 생산성 판단의 근거로 사용되었다. 그러나 실제로 유형 빈도가 생산성에 직결되는 것은 아니다. 생산성과 유형 빈도에 대한 자세한 내용은 4.2. 참조.

72) 유형 빈도와 생산성의 관련성은 4.2.에서 자세하게 다루었다.

형성하는 접미사 '-껏¹'과 때를 나타내는 부사와 결합하여 '그때까지 내내'의 뜻을 가지는 부사를 형성하는 접미사 '-껏²'의 생산성과 그 파생어 집합의 양적 특성을 살펴본다.

먼저 '-껏¹'을 살펴본다. 대상 코퍼스에서 접미사 '-껏¹'이 형성한 파생어와 그 빈도는 다음과 같다.

<표3-61> 접미사 '-껏¹'의 파생어와 빈도

연번	빈도	파생어	연번	빈도	파생어	연번	빈도	파생어
1	1	개성껏	10	4	성심껏	19	72	마음껏
2	1	열성껏	11	4	재주껏	20	87	힘껏
3	2	성심성의껏	12	5	눈치껏	21	168	한껏
4	2	재량껏	13	10	일껏			
5	2	으레껏	14	13	성의껏	n<50: 129 , N: 0		
6	3	요령껏	15	19	목청껏	유형 빈도: 21,		
7	3	소신껏	16	19	맘껏	n(1,2)=5		
8	3	양껏	17	35	정성껏			
9	3	욕심껏	18	56	기껏			

'-껏¹'이 만들어낸 파생어는 총 21가지인데 이중 1-2회 출현어는 5개이고 신어는 하나도 관찰되지 않았다. 1-2회 출현어 5개는 『표준사전』에 등재되어 있거나 99년 이전 코퍼스에서 모두 관찰되는 기존 단어들이다. 이들은 드물게 사용된 결과 코퍼스에 저빈도로 나타난 예이기 때문에 생산성을 반영하는 저빈도어는 아니다. 위의 표에서 확인할 수 있듯이 '-껏¹' 파생어는 '마음껏, 힘껏, 한껏'의 몇몇 단어에만 그 사용이 집중되고 나머지 단어는 그 사용이 활발하지 못하다. 이는 파생의 과정을 거친 후, 반복 사용을 통해서 어휘화된 단어들만이 자주 사용되고 그렇지 못한 단어는 드물게 사용되기 때문이다. '-껏¹' 파생어 집합은 상대적으로 고빈도 단어가 다수인 특성을 보인다.

본고의 생산성 산출 방식에 따라 접미사 '-껏¹'의 생산성을 계산하면 다음과 같다.

접미사 '-껏[1]'의 생산성
$\dfrac{0}{129} \times 100 = 0$

다음은 '-껏[2]'를 살펴본다. 대상 코퍼스에서 접미사 '-껏[2]'가 형성한 파생어와 그 빈도는 다음과 같다.

〈표3-62〉 접미사 '-껏[2]'의 파생어와 빈도

연번	빈도	파생어	연번	빈도	파생어	연번	빈도	파생어
1	2	밤새껏	5	9	그때껏	9	104	지금껏
2	2	입때껏	6	10	여지껏	n⟨50: 97, N: 0		
3	4	아직껏	7	28	여태껏			
4	6	이때껏	8	36	이제껏	유형 빈도:9,n(1,2)=2		

'-껏[2]'가 만들어낸 파생어는 총 9가지인데 이중 1-2회 출현어는 2개이고 신어는 하나도 관찰되지 않았다. 1-2회 출현어 2개는 모두 『표준사전』에 등재된 기존 단어들이다. 이들은 드물게 사용된 결과, 저빈도로 나타난 예이기 때문에 생산성을 반영하는 저빈도어는 아니다. 위의 표에서 확인할 수 있듯이 '-껏[2]' 파생어도 '-껏[1]' 파생어와 마찬가지로 몇몇 단어에만 그 사용이 집중되고 나머지 단어는 그 사용이 활발하지 못하다. 이는 파생의 과정을 거친 후, 반복 사용을 통해서 어휘화된 단어들만이 자주 사용되고 그렇지 못한 단어는 자주 사용되지 않기 때문이다. '-껏[2]' 파생어 집합은 상대적으로 고빈도 단어가 다수인 특성을 보인다.

본고의 생산성 산출 방식에 따라 접미사 '-껏[2]'의 생산성을 계산하면 다음과 같다.

접미사 '-껏[2]'의 생산성
$\dfrac{0}{97} \times 100 = 0$

두 접미사 모두 생산성 수치가 0이라는 점과 각 접미사가 형성하는 파생어 집합에 생산성을 반영하는 저빈도어는 없고 고빈도어가 다수라는 점은 'X껏¹'과 'X껏²'가 현대 국어에서 거의 어휘화된 형태로만 존재함을 의미하는 것이다. 각각 명사와 때를 나타내는 부사에 결합하여 부사를 형성하는 '-껏¹'과 '-껏²'는 비생산적인 접미사이다.

3.4. 소결: 접두사와 접미사의 양적 특성

3.4.1. 요약

3.2.과 3.3.에서는 접두사와 접미사의 생산성을 수치화하여 제시하였고 접사별 파생어 목록을 빈도와 함께 제시하였다. 이 작업을 통해서 그동안 직관적으로만 파악되어 왔던 생산성 및 파생어 사용의 양적 특성이 구체적으로 밝혀질 수 있었다. 그 내용을 요약하면 아래와 같다.

첫째, 각 파생 접사의 생산성이 구체적 수치로 제시되면서 그동안 이론적 차원에서만 언급되었던 생산성의 상대적 특성이 비교 가능한 형식으로 제시되었다. 이를 통해 상대성과 정도성을 지닌 실체이면서도 그동안 '생산적/비생산적'의 이분법적으로만 구분되었던 각 접사별 생산성이 연속선상의 현상으로 드러났다.

둘째, 코퍼스에서 접사별로 파생어를 수집했기 때문에 실제로 사용되고 있는 파생어의 구체적인 양상을 확인할 수 있었다. 이전에는 접사별 파생어가 주로 사전의 표제항에서 수집되었기 때문에 현재 실제로 사용되는 파생어보다는 과거에 사용된 파생어를 중심으로 생산성을 논할 수밖에 없었고, 사용 빈도에 관한 정보는 얻을 수조차 없었다. 그러나 계량적인 접근인 본 연구는 파생어를 개별 빈도 및 유형 빈도와 함께 제시하여 빈도에 따른 개별 파생어의 성격과 파생어 집합의 양적 특성을 확인할 수 있었다. 즉, 생산성을 반영하는 저빈도어, 고빈도의 어휘화된 파생어, 극히 드물게 사용되어 사어화된 파생어를 그 개별 빈도에 근거하여 각각 확인할 수 있었다. 또한 유형 빈도를 통해서는 각 접사가 현대 국어에서 얼마나 다양한 어기와 결합하여 활발하게 사용되고 있는가를 확인할 수 있었다.

3.4.2. 접두사와 접미사의 양적 특성 비교

여기서는 3.4.1.에서 요약한 각 접사의 생산성과 각 접사가 형성한 파생어 집합의 양적 특성을 구체적으로 검토하기로 한다. 다음은 3.2.와 3.3에서 살펴본 접두사와 접미사의 생산성과 유형 빈도를 제시한 표와 그래프이다.[73)]

〈표3-63〉 접두사와 접미사의 생산성과 유형 빈도

연번	접두사	생산성	유형 빈도	연번	접미사	생산성	유형 빈도
1	非-	8.047	263	1	-化	4.575	679
2	未-	6.756	44	2	-性	3.484	1171
3	生-	5.0	53	3	-쟁이	2.985	41
4	날-	2.941	10	4	-的	2.865	2069
5	맨-	2.877	20	5	-장이	2.127	10
6	無-	2.875	122	6	-거리-	1.782	538
7	沒-	2.631	10	7	-스럽	1.659	256
8	처-	1.935	11	8	-꾼	1.278	82
9	덧-	1.898	30	9	-대-	1.108	139
10	헛-	1.886	37	10	-질	0.964	152
11	참-	1.181	29	11	-이-(동사)	0.529	88
12	한-	0.990	11	12	-롭	0.196	51
13	맞-	0.656	47	13	-이^3/-히(부사)	0.111	451
14	되-	0.507	32	14	-개	0	28
15	不-	0.490	89	15	-매	0	4
16	개-	0	16	16	-발	0	12
17	군-	0	8	17	사동 -이-	0	21
18	풋-	0	8	18	사동 -히-	0	25
19	짓-	0	12	19	사동 -리-	0	26
20	치-	0	11	20	사동 -기-	0	14
21	휘-	0	17	21	피동 -이-	0	40
22	늦-	0	15	22	피동 -히-	0	30
23	빗-	0	5	23	피동 -리-	0	55
24	엇-	0	11	24	피동 -기-	0	13
				25	-답^1-	0	5
				26	-껏^1	0	21
				27	-껏^2	0	9
				28	-이^1(부사)	0	36
				29	-이^2(부사)	0	35
				30	-이(명사)	0	40
		유형 빈도 총합:911				유형 빈도 총합:6141	

---

73) 본 연구에서 조사한 파생 접미사는 32개이지만 '-투성이'와 '-답²'는 명사구를 어기로 하기 때문에 본질적인 접미사라 할 수 없어서 표에서 제외하였다. 따라서 표에 나타난 접미사 목록의 개수는 30개가 된다.

위의 표는 접두사와 접미사를 생산성 수치의 순서로 각 접사가 만든 파생어의 유형 빈도와 함께 제시한 것이다. 직관적인 접근에서도 생산성이 정도성을 가진 현상임을 인식했지만 방법론의 부재(不在)로 인해 접사의 생산성을 상대적으로 비교하지는 못했다. 다만 '생산적/비생산적'의 이분법이라든가 '매우 생산적/다소 생산적/비생산적'의 삼분법적인 구분을 할 뿐이었다. 그러나 계량적인 방법으로 생산성에 접근한 본 연구는 각 접사가 가진 생산성의 정도적 속성을 연속적인 스펙트럼의 형식으로 제시할 수 있었다. 가장 생산적인 접사부터 가장 비생산적인 접사까지 조사 대상이 되는 모든 접사를 생산성 수치에 근거하여 나열할 수 있고, 이 순서가 생산성의 높고 낮음의 정도적 속성을 반영한다고 할 수 있다.

그러나 생산적인 접사와 비생산적인 접사를 구분하는 경계선을 어느 수치를 기준으로 그을 것인가는 계량적인 접근에서도 쉽게 결정지을 수 있는 문제는 아닌 것으로 생각된다. 생산성을 나타내는 연속선의 양 극점에 해당하는 접사들에 대해서는 '생산적/비생산적'의 판단을 명확히 할 수 있지만 그 중간에 놓인 접사들에 대해서는 생산성의 상대적 비교가 유효할 뿐이기 때문이다. 본 연구에서는 '생산적/비생산적'의 절대적 구분을 위한 임계 수치를 결정하지는 않는다. 계량적 방법을 통해 생산성을 연속성을 지닌 상대적 실체로 제시해 놓고 이러한 이분법적 구분을 다시 한다는 것은 생산성에 대한 올바른 접근이라 하기 어렵기 때문이다.

접두사 중 생산성이 제일 높게 나타난 것은 '非-'(8.047)이고, 생산성이 제일 낮게 나타난 것은 '不-'(0.490)과 '개-', '군-', '풋-' 등 그 수치가 0으로 나타난 접두사들이다. 각 접두사의 생산성 수치를 우리의 직관과 이론적·자료적 차원에서 검토해 보면 '날-'과 '沒-'의 경우는 약간의 문제가 있는 것으로 생각된다. 접두사 '날-'과 '沒-'은 각각 형성해낸 파생어의 유형이 10개로 그 수가 많지 않은데 신어로 확인된 단어 1개로 인해 생산성 수치가 높게 측정되었기 때문이다. 이러한 사항을 염두에 두면 본 연구에서 정립한 계량적 방법론이 모든 접사에 일관성 있게 적용되어야 하지만 그 수치를 해석하는 데는 이론적 고려가 필요한 것으로 생각된다. 유형 빈도가 매우 낮은 '날-'과 '沒-'의 생산성 수치가 유형 빈도가 상당히 높은 '無-'의 생산성 수치보다도 높게 나타났는데, 과연 생산성의 실제도 그러한가에 대해서는 의문의 여지가 있다. '날-'과 '沒-'의 생산성 수치에는 이 두 접두사의 생산성이 정당하게 반영되지 않았을 가능성이 있다.

접미사 중 생산성이 제일 높게 나타난 것은 '-化'(4.575)이고, 생산성이 제일 낮게 나타난 것은 부사를 파생시키는 '-이^3/-히'(0.111)와 '-개', '-매', '-발' 및 사동·피동 접미사 등 그 수치가 0으로 나타난 접미사들이다. 각 접미사의 생산성 수치를 우리의 직관과 이론적·자료적 차원에서 검토해 보았을 때, 크게 문제가 되는 수치를 보이는 접미사는 없는 것으로 생각된다. 다만, 우리의 직관과 비교해서 접미사 '-질'의 생산성이 상대적으로 낮게 산출된 점을 문제로 지적할 수 있다. 이는 앞서 '-질'의 생산성을 다루면서 언급했듯이 우리가 조사 대상으로 삼은 자료가 문어 코퍼스에만 한정되어 있기 때문에 나타난 결과로 생각된다.

다음으로는 접두사와 접미사가 각각 만들어낸 파생어의 가짓수 비교를 통해서 단어 형성에 접두사와 접미사 중 어느 것이 더 적극적으로 참여하는가를 살펴보기로 한다. 우선 위의 표에서 확인할 수 있는 사실은 접미사가 만들어낸 단어의 종류(6,141개)가 접두사가 만들어낸 단어의 종류(912)보다 압도적으로 많다는 점이다. 접미사가 접두사보다 단어 형성에 훨씬 더 적극적으로 사용된다고 할 수 있다. 각각의 접두사와 접미사를 비교해 보더라도 각 접두사가 만들어내는 파생어의 유형 빈도는 대체로 작은 데에 비해 각 접미사가 만들어내는 파생어의 유형 빈도는 상대적으로 큰 사실을 확인할 수 있다.

다음은 접두 파생어와 접미 파생어의 유형 빈도를 높은 것에서 낮은 것의 순서로 배열하여 비교한 그래프이다.

〈그래프3-9〉접두 파생어와 접미 파생어의 유형 빈도 비교

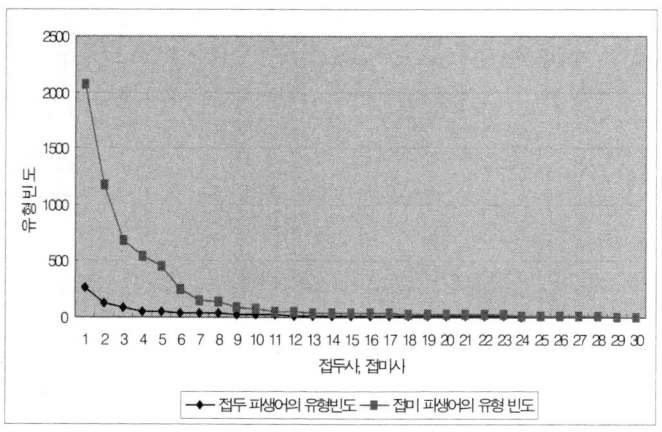

위의 그래프에서 확인할 수 있는 것처럼 접두사와 접미사는 각각 파생어를 형성해내지만 그 가짓수인 유형 빈도의 측면에서는 양자가 확연한 격차를 보이고 있다. 접미사가 단어 형성에 훨씬 더 빈번하게 적극적으로 사용된다고 할 수 있다.

〈그래프3-10〉접두사와 접미사의 생산성 비교

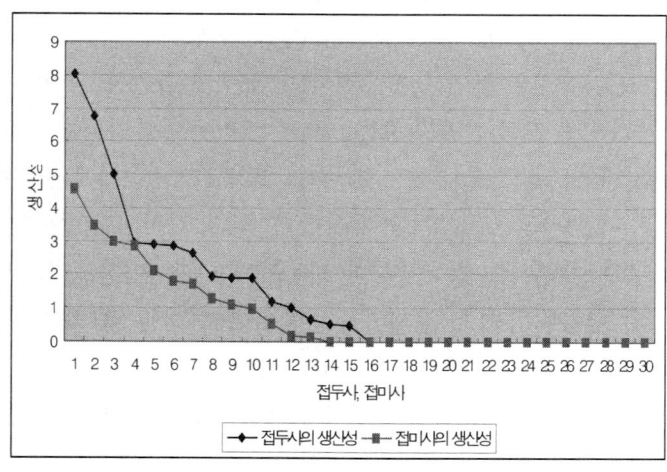

  여기서는 접두사와 접미사의 생산성을 수치적인 측면에서 비교하여 그 수치를 접두사와 접미사 상호간의 생산성 비교의 척도로 사용할 수 있는지 살펴보기로 한다. 위는 접두사와 접미사의 생산성 수치를 높은 것에서 낮은 것의 순으로 배열하여 비교한 그래프이다.

  접두사와 접미사의 생산성을 단순 수치상으로 비교하면 접두사의 생산성 수치가 더 높게 나타나는 것을 확인할 수 있다. 그러나 이를 바탕으로 접두사의 생산성이 접미사의 생산성보다 더 높다고 판단할 수는 없다. 그 이유로는 두 가지를 들 수 있다. 첫째는 자료적 차원에서 확인된 사실로, 접두사에 비해 접미사가 단어 형성에 훨씬 더 적극적으로 사용되기 때문이다. 둘째는 접미사가 만든 단어는 많은 반면 접두사가 만든 단어는 적은데, 그 수가 생산성 산출 공식의 분모에 대응되어 접미사의 생산성 수치는 낮아지고 접두사의 생산성 수치는 높아지는 효과가 나타나기 때문이다. 접두사의 생산성 수치가 접미사의 생산성 수치보다 높게 나타나는 이유는 실제 생산성의 문제라기보다는 단어 형성과 관련된 접두 파생어와 접미 파생어의 서로 다른 양적 속성에서 기인하는 것이라고 할 수 있다. 따라서 접두사와 접미사의 생산성을 수치상으로 직접 비교하여 생산성의 우열을 논하는 것은 무의미하다고 할 수 있다.

제4장 생산성의 결정 요인

4.1. 도입

3장에서는 계량적 방법론에 입각하여 생산성과 관련된 자료를 철저하게 정리했다. 이를 바탕으로 본 장에서는 접사마다 다른 상대적 생산성이 어디에서 근원하는가를 밝히는 시도를 한다. 3장이 현상에 대한 철저한 기술이었다면 본 장은 현상에 대한 설명과 해석이 된다고 할 수 있다.

생산성과 관련된 기존의 논의들은 대체로 생산성을 결정하는 요인이 어디에 있는가를 명확히 밝히는 데까지 나아가지는 못했다. 언어 수행적 속성을 강하게 가지는 생산성이 화자의 추상화된 언어 지식 안에서만 파악되었기 때문이다. 직관만으로는 언어 사용의 구체적인 특성을 포착하여 현상을 기술하고 설명할 수 없기 때문에 생산성의 조건에 대한 탐구가 쉽게 진척될 수 없었던 것이다. 직관에 입각한 논의들은 대부분 생산성의 상대성을 인정했지만 생산성 측정을 위한 객관적 기준을 마련하는 데는 실패했다. 그 결과, 생산성의 실제에 구체적으로 접근하지는 못했고, 생산성과 관련된 이론적인 문제를 함께 언급하는 선에서 논의를 그치는 경우가 많았다.

그러나 국어 연구에서 생산성을 결정하는 요인에 대한 탐구가 아주 없었던 것은 아니다. 채현식(2000)과 시정곤(2006)에서 생산성의 조건에 대한 언급을 확인할 수 있다. 채현식(2000)에서는 생산성이 낮은 접미사와 생산성이 높은 접미사가 각각 만들어낸 파생어의 예를 들면서 접사

의 생산성이 높을수록 그 접사가 생성한 파생어의 유형 빈도도 높아진
다고 언급했다. 즉, 채현식(2000)은 생산성과 그 패턴의 유형 빈도 사이
에는 비례적인 관계가 성립하며, 계열체의 유형 빈도가 생산성을 결정
하는 요인의 하나임을 주장한 것이다. 그러나 채현식(2000)의 각 접미사
에 대한 생산성 판단은 정확하지만 생산성의 조건에 대한 결론은 면밀
한 자료 중심적 관찰에서 나온 것이 아니라 직관적인 관찰 수준에서 나
온 것이기 때문에 철저한 자료 중심적 검증이 필요하다고 생각된다. 시
정곤(2006)에서는 계량적 검토를 통해서 생산성과 유형 빈도, 생산성과
단발어, 생산성과 토큰 빈도 등의 상관 관계를 코퍼스 안에서 확인했다.
그 결과 유형 빈도와 생산성은 밀접한 관계가 없고, 단발어를 바탕으로
생산성을 측정하는 데는 문제점이 많으며, 토큰 빈도는 생산성과 무관
함이 밝혀졌다. 시정곤(2006)은 생산성의 조건을 향한 계량적 접근이기
는 하지만 대규모 자료를 바탕으로 한 면밀한 조사가 아니라는 한계가
있고, 또 밝혀진 내용도 생산성과 관련이 없거나 적은 요인이 무엇인가
에 대한 것뿐이어서 생산성을 결정짓는 주요 요인을 밝히지는 못했다.
    국어 연구에서 생산성의 조건이 밝혀지지 않은 이유는 파생어와 생
산성에 대한 계량적 연구가 본격적으로 진척되지 않아서 파생어 사용과
관련된 양적 특성이 총체적으로 밝혀지지 않았기 때문이다. 그런데 생
산성에 대한 계량적 연구가 이론 언어학적 연구와 결합되어 의미 있는
성과를 내놓고 있는 국외의 연구에서는 접사의 생산성이 파생어의 빈도
분포와 밀접한 관련이 있음이 보고된 바가 있다. Baayen & Neijt(1997)에
서는 한 접사가 형성한 파생어들이 두 부류의 서로 다른 빈도 분포를
보이는 그룹에 속함을 보여주었다. 이는 한 파생어 집합 안에서 어휘화
한 단어들과 생산성을 반영하는 단어들이 통계적으로 서로 다른 양적
행동을 보이는 것을 의미한다. Baayen & Lieber(1991)과 Anshen & Aronoff
(1988)에서도 비슷한 언급을 확인할 수 있다. 생산적인 단어 형성 규칙
은 그 규칙을 통해 형성된 단어의 빈도 분포가 저빈도에 치중되는 특성

을 보인다는 것과 높은 개별 빈도는 비생산적인 단어 형성 과정의 특성일 가능성이 높다는 것이 그것이다. 이런 관찰은 생산성의 구체적인 조건을 밝히기 위한 연구에서 나온 것은 아니다. 오히려 이는 접사의 생산성과 파생어 집합의 빈도적 특성을 계량적 방법으로 기술하는 과정에서 나온 부산물적 소득이라 할 수 있는데, 생산성의 조건과 관련하여 매우 중요한 의미를 지니는 관찰이라고 할 수 있다.

생산성을 결정짓는 가장 근원적인 조건은 실세계에서의 해당 단어에 대한 필요성이라 할 수 있다. 실세계에서의 필요가 많은 단어 형성 과정일수록 더 많은 단어를 생성할 것이고, 그 결과가 해당 접사의 생산성을 끌어 올릴 것이기 때문이다. 이는 생산성에 대한 언어외적 조건, 즉 화용론적 조건이라고 할 수 있다. 중요한 조건이긴 하지만 막연한 조건이기도 하기 때문에 본 연구에서는 생산성을 결정짓는 요소에 이 조건을 포함시키지는 않는다. 본 연구는 단어 형성을 일단 언어 내적 현상으로 한정하여 이해하고, 생산성에 영향을 미칠 것으로 의심되는 모든 요소들을 계량적 방법을 통해 실제적·경험적으로 확인한다.

3장에서 계량적 방법을 통해서 정리한 각 접사의 생산성 수치와 접사가 각각 만들어낸 파생어 집합의 양적 특성을 생산성의 조건을 찾기 위한 기본 자료로 활용할 것이다. 먼저 기존의 직관에 입각한 논의에서 주로 생산성 판단의 근거로 삼았던 파생어의 유형 빈도가 생산성과 직접적인 관련이 있는지를 자료에 기반하여 검증해 본다. 그리고 생산적인 접사와 비생산적인 접사가 만들어낸 파생어 집합의 양적 특성을 밝히고, 그 안에 생산성을 결정짓는 조건이 있는가를 확인한다. 국외에서 축적된 생산성과 관련된 연구 성과에 의지하여 파생어 집합의 빈도 분포라는 관점에서 국어 파생어 자료를 면밀하게 검토하고, 그 결과를 바탕으로 생산성이 어디서 근원하는가를 밝히는 방향으로 논의를 진행한다.

4.2. 생산성과 유형 빈도

생산성에 대한 화자의 직관은 대체로 그 유형 빈도에 근거한다. 접사가 만들어낸 파생어가 많을수록 그 접사의 생산성이 높다는 믿음이 그것인데 실제적인 계량을 통해서 생산성과 유형 빈도 사이의 관계를 검증해 볼 필요가 있다. 다음은 접두사가 생성해낸 파생어의 유형 빈도와 생산성 수치를 제시한 표와 그래프이다.

〈표 4-1〉 각 접두사의 생산성과 유형 빈도

연번	접두사	생산성	유형 빈도	연번	접두사	생산성	유형 빈도
1	非-	8.047	263	13	맞-	0.656	47
2	未-	6.756	44	14	되-	0.507	32
3	生-	5.0	53	15	不-	0.490	88
4	날-	2.941	10	16	개-	0	16
5	맨-	2.877	20	17	군-	0	8
6	没-	2.875	122	18	풋-	0	8
7	無-	2.631	10	19	짓-	0	12
8	처-	1.935	11	20	치-	0	11
9	덧-	1.898	30	21	휘-	0	17
10	헛-	1.886	37	22	늦-	0	15
11	참-	1.181	29	23	빗-	0	5
12	한-	0.990	11	24	엇-	0	11

〈그래프 4-1〉 각 접두사의 생산성과 유형 빈도

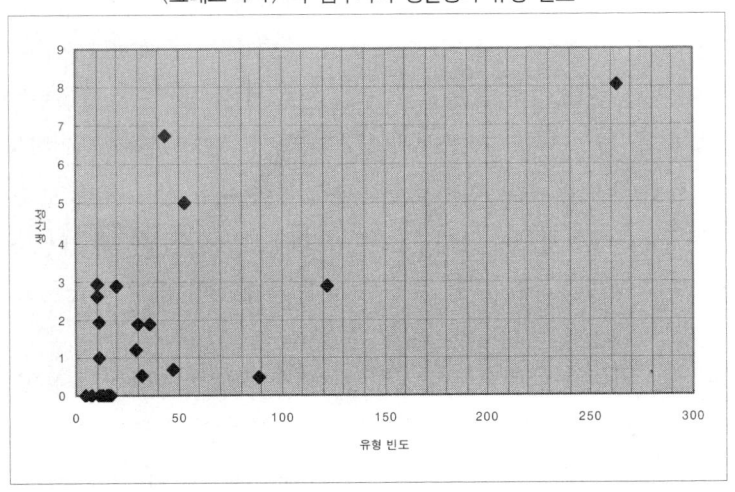

대체로 한자어 접두사들이 높은 유형 빈도와 높은 생산성을 보이는 반면 고유어 접두사들은 상대적으로 낮은 유형 빈도와 낮은 생산성을 보인다. 고유어 접두사가 만든 파생어는 유형 빈도가 50회 이상인 경우가 하나도 없는 데 비해, 한자어 접두사가 만든 파생어는 100회 이상의 유형 빈도를 보이는 경우도 있다. 새 단어를 만들어낼 수 있는 능력의 측면과 기존 단어를 반복적으로 사용하는 정도의 측면 모두에서 한자어 접두사가 고유어 접두사보다 앞서 있는 사실을 확인할 수 있는 것이다. 생산성 수치 1, 2, 3위는 모두 한자어 접두사가 차지했고(非-, 未-, 生-), 그 뒤를 이어 고유어 접두사 '날-'이 4위를 기록하고 있다. 그러나 3.2.1.1.에서 언급한 바와 같이 '날-'은 다른 접두사들에 비해 매우 낮은 유형 빈도를 가지는 가운데 신어로 확인된 1개 단어로 인하여 생산성 수치가 높아진 것이기 때문에 이 수치가 '날-'의 생산성을 정확하게 반영한 것이라 하기 어렵다. 한자어 접두사 중에는 '非-'가 가장 생산적이라 할 수 있고, 고유어 접두사 중에는 '맨-'이 가장 생산적이라 할 수 있다.

<그래프 4-1>이 보여주는 바와 같이 생산적인 접두사의 경우 그 파생어가 대체로 높은 유형 빈도를 보이는 반면에 비생산적인 접사는 그 파생어가 대체로 낮은 유형 빈도를 보인다. 그러나 그 관계가 일정하지는 않다. 유형 빈도가 낮으면서도 생산성이 높은 경우도 있고, 반대로 유형 빈도가 높으면서도 생산성이 낮은 경우도 있기 때문이다. 접두사 '不-'은 유형 빈도가 88로 접두사 '未-'나 '生-'의 유형 빈도(44, 53)보다 매우 높지만 그 생산성은 '未-'나 '生-'보다 더 낮은 것이 그 예이다. 생산성과 유형 빈도가 무관하지는 않지만 높은 생산성이 반드시 높은 유형 빈도를 보장해 주는 것은 아니라는 점을 알 수 있다.

이번에는 접미사의 생산성과 접미사가 만들어내는 파생어의 유형 빈도 사이의 관계를 살펴보기로 한다. 다음은 접미사가 생성해낸 파생어의 유형 빈도와 생산성 수치를 제시한 표와 그래프이다.

〈표4-2〉각 접미사의 생산성과 유형 빈도

연번	접미사	생산성	유형 빈도	연번	접미사	생산성	유형 빈도
1	-답²-	32.943	237	17	-매	0	4
2	-투성이	16.513	48	18	-발	0	12
3	-化	4.575	679	19	사동 -이-	0	21
4	-性	3.484	1171	20	사동 -히-	0	25
5	-쟁이	2.985	41	21	사동 -리-	0	26
6	-的	2.865	2069	22	사동 -기-	0	14
7	-장이	2.127	10	23	피동 -이-	0	40
8	-거리-	1.782	538	24	피동 -히-	0	30
9	-스럽	1.659	256	25	피동 -리-	0	55
10	-꾼	1.278	82	26	피동 -기-	0	13
11	-대-	1.108	139	27	-답¹-	0	5
12	-질	0.964	152	28	-껏¹	0	21
13	-이-(동사)	0.529	88	29	-껏²	0	9
14	-롭-	0.196	51	30	-이¹(부사)	0	36
15	-이³/-히(부사)	0.111	451	31	-이²(부사)	0	35
16	-개	0	28	32	-이(명사)	0	40

〈그래프 4-2〉각 접미사의 생산성과 유형 빈도

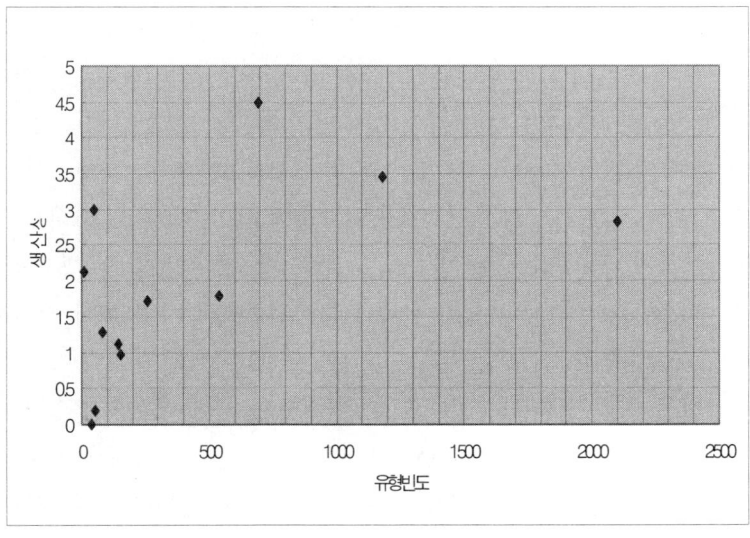

월등한 생산성을 보이는 것은 '-답²-'와 '-투성이'인데 이 둘은 NP와
결합할 수 있는 통사적 성격을 가지기 때문에 이 둘의 생산성 수치는

형태적 생산성을 반영하는 것은 아니다.[1] 진정한 의미의 파생 접미사가
보여주는 생산성 수치는 <표4-2>의 한자어 접미사 '-化'부터 시작된다
고 할 수 있다. 앞서 살펴본 접두사와 마찬가지로 접미사도 한자어 접미
사가 고유어 접미사보다 더 생산적으로 사용된다는 사실을 확인할 수
있다. 생산성 수치의 측면에서는 4위까지 한자어 접미사 3개가 모두 포
함되어 있고,[2] 유형 빈도의 측면에서도 한자어 접미사가 만들어내는 파
생어의 수가 월등하게 많음을 확인할 수 있다.

　　<그래프 4-2>가 보여주는 바와 같이 생산적인 접사는 대체로 600회
이상의 높은 유형 빈도를 보이는 반면에 비생산적인 접사는 대체로 150
회 이하의 낮은 유형 빈도를 보인다. 생산적인 접사는 대체로 유형 빈도
가 높고 비생산적인 접사는 대체로 유형 빈도가 낮다고 할 수는 있다.
그러나 유형 빈도와 생산성이 산술적인 정비례 관계에 있지는 않다. 즉,
생산성 수치가 높은 접미사가 만들어낸 파생어의 유형 빈도가 높긴 하
지만 유형 빈도가 높을수록 생산성이 높아지지는 않는 것이다. 기준 시
점에서 새롭게 생성되는 단어는 없거나 적으면서도 이전에 생성된 단어
들이 지속적으로 사용된다면 유형 빈도는 얼마든지 높게 나타날 수 있
기 때문이다. 위의 표에서 볼 때, '-的'이 형성한 파생어의 유형 빈도가
제일 높지만 그 생산성은 '-的'이 '-化'나 '-性'보다 더 낮은 것이 바로 그
러한 예이다. 생산성과 유형 빈도가 무관하지는 않지만, 높은 생산성이
높은 유형 빈도와 직결되는 것이 아니라는 점이 접두사에 이어 접미사
에서도 확인되었다.

　　생산성에 대해 언급했던 기존의 많은 논의들이 명시적으로건 암시적
으로건 유형 빈도를 생산성과 매우 밀접하게 관련시켜 이해한 것이 사
실이다. 그러나 실제적인 계량을 통해 살펴본 결과, 접두사와 접미사 모

---

1) 통사적 결합이기 때문에 매우 높은 생산성 수치를 보이는 '-답²-'와 '-투성이'의
　위치는 그래프에 표시하지 않았다.
2) 통사적 결합의 성격을 가지는 '-답²-'와 '-투성이'는 제외하였다.

두에서 유형 빈도는 생산성과 직접적이거나 결정적인 관계에 있지 않다는 것을 확인할 수 있었다. 유형 빈도와 생산성이 직접적인 관련이 없는 근원적인 이유는 한 접사가 만든 파생어 집합 안의 모든 단어가 특정 공시태의 산물만은 아니기 때문이다. 과거에 생산성이 있어서 많은 단어를 만들어냈던 접사가 현재에도 많은 파생어를 가지고 있을 수는 있다. 그러나 그 접사가 현재에도 여전히 생산성이 있으리라는 보장은 없는 것이다. 그 예를 우리는 Bauer(2001:9, 181)에서 예로 든 영어의 접미사 '-ment'와 Plag(1999:98)에서 예로 든 영어의 동사화 접미사 '-en'에서 확인할 수 있다. 두 접사는 모두 파생어들이 높은 유형 빈도를 보이지만 20세기 이후에는 새롭게 생성해내는 단어가 거의 없다. 따라서 이 두 접사는 파생어의 유형 빈도는 높지만 생산성이 없는 접사인 것이다. 또한 본 연구에서 확인한 국어의 도구 명사를 파생시키는 접미사 '-개'도 마찬가지이다. 'X개'의 유형 빈도는 높지만 새로운 도구 명사를 만들어내지 못하는 '-개'는 비생산적인 접사인 것이다. 따라서 높은 유형 빈도가 정확하게 말해 줄 수 있는 것은 해당 접사가 과거 특정 시점에서 생산적이었다는 사실뿐이다. 유형 빈도와 생산성은 직접적인 관련이 있다고 보기 매우 어렵다.

각 접사의 생산성 판단까지는 직관적 접근이 어느 정도의 정확성과 타당성을 가지지만 그 이상의 단계에서는 직관이 정확하게 작용하지 못한다는 사실을 생산성과 유형 빈도의 관계를 통해서 확인했다. 높은 유형 빈도는 생산성을 설명하는 데 필요한 조건이기는 하지만 충분한 조건은 아닌 것이다. 생산성이 어디에서 근원하는가의 문제를 탐구하기 위해서는 계량을 통한 자료 검증의 작업과 이론 언어학적 판단이 병행되어야만 할 필요가 있다. 따라서 다음 절에서는 생산성에 영향을 미치는 다른 조건을 계량적 방법론에 입각해서 면밀하게 살펴보도록 한다.

4.3. 생산성과 파생어 집합의 빈도 분포

4.3.1. 접두 파생어 집합의 빈도 분포

4.3.1.1. 생산적인 접두사가 생성한 파생어의 빈도 분포

여기서는 접두사 중 생산성 수치가 높게 측정된 5개를 대상으로 해당 접두사가 만들어낸 파생어의 빈도 분포를 조사하여 제시한다. 대상 접두사는 '非-', '未-', '生-', '맨-', '無-'의 다섯 가지로 생산성 순위 1위부터 7위까지의 접두사이다.[3]

먼저 접두사 '非-'가 생성한 파생어의 빈도 분포를 살펴보기로 한다.[4] 아래의 표와 그래프는 '非X'의 빈도별 비율과 누적 비율을 나타낸 것이다.

〈표4-3〉 '非X'의 nr 빈도와 비율

nr	빈도	%	누적%	nr	빈도	%	누적%
n1	109	40.82%	40.82%	n22	1	0.37%	93.63%
n2	48	17.97%	58.80%	n24	1	0.37%	94.00%
n3	21	7.86%	66.66%	n28	1	0.37%	94.38%
n4	13	4.86%	71.53%	n30	1	0.37%	94.75%
n5	15	5.61%	77.15%	n32	1	0.37%	95.13%
n6	7	2.62%	79.77%	n35	1	0.37%	95.50%
n7	9	3.37%	83.14%	n37	1	0.37%	95.88%
n8	2	0.74%	83.89%	n42	1	0.37%	96.25%
n9	9	3.37%	87.26%	n44	2	0.74%	97.00%
n10	3	1.12%	88.38%	n52	1	0.37%	97.37%
n11	4	1.49%	89.88%	n58	1	0.37%	97.75%
n13	1	0.37%	90.26%	n59	1	0.37%	98.12%
n15	1	0.37%	90.63%	n69	1	0.37%	98.50%
n16	3	1.12%	91.76%	n81	1	0.37%	98.87%
n17	2	0.74%	92.50%	n97	1	0.37%	99.25%
n18	1	0.37%	92.88%	n105	1	0.37%	99.62%
n20	1	0.37%	93.25%	n689	1	0.37%	100%

---

3) 접두사 '날-'(생산성 수치 순위 4위)와 '沒-'(생산성 수치 순위 6위)은 유형 빈도가 매우 작기 때문에 그 수치가 해당 접두사의 생산성을 정당하게 반영하지 못하는 측면이 있어서 조사 대상에서 제외하였다.
4) 표에 나타난 nr은 다음을 의미한다.

   n1: 1회 출현어의 개수, n2: 2회 출현어의 개수, n3: 3회 출현어의 개수⋯⋯

〈그래프 4-3〉'非X'의 nr 빈도와 비율

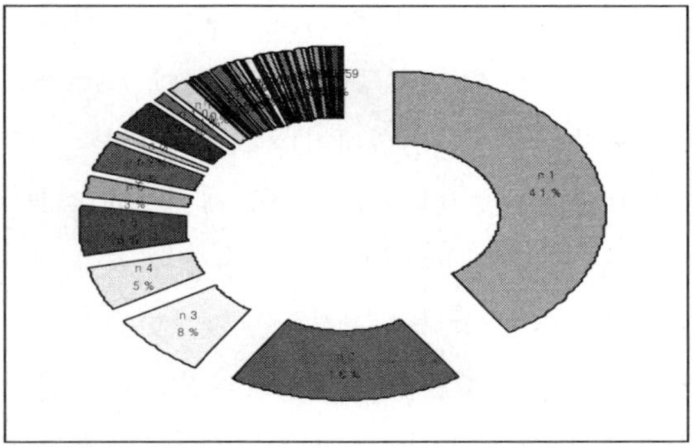

'非'는 본고의 조사 대상 가운데 최고의 생산성을 보이는 접두사로 생산성 지표가 8.047이다. 위의 표를 살펴보면 4회 출현어까지의 누적 빈도가 전체 유형 빈도(263개)의 70%를 차지하는 것을 알 수 있다. '非' 파생어 집합은 전체에서 저빈도 단어가 차지하는 비율이 매우 큰 편이다.

저빈도어는 상황적 필요에 따라 어기와 접사가 그때그때 결합되어 생성되는 단어이다. 따라서 저빈도 단어가 많을수록 접사에 대한 분석적 인식이 강해지고, 이것이 접사의 생성력을 유지·강화시키는 결과를 가져온다. 아래는 '非X' 중 저빈도어와 고빈도어의 일부 예이다.

(1) ㄱ. 저빈도어

　　비재래식, 비진리, 비공권력, 비교과, 비유발, 비학술, 비낙농, 비영어, 비어민, 비억제, 비단절, 비취업, 비정품, 비반복, 비변별, 비혈관, 비파업, 비의료, 비영합, 비관료 …

　　ㄴ. 고빈도어

　　비포장, 비과세, 비정부, 비무장, 비효율, 비공식, 비현실, 비서구, 비정상, 비영리

대체로 (1)ㄴ의 고빈도어에는 매우 익숙한 단어들이 많은 반면, (1)ㄱ

의 저빈도어에는 익숙하지 않은 단어들이 많다. (1)ㄱ과 같은 단어가 생소하지만 그 의미를 파악하는 데 큰 어려움이 없는 이유는 접두사 '非'의 높은 생산성으로 인한 의미적 투명성 때문이다. (1)ㄱ과 같은 단어를 생성하기 위해 어기와 접사를 결합시키는 과정이 반복될수록 '非-'에 대한 분석적 인식이 강화되고 따라서 '非-'의 생산성이 증대된다. 파생어 집합에 어휘화된 단어보다는 '어기-접사'의 결합 과정이 살아 있는 단어가 더 많을수록 접사의 생성력이 강화되는 것이다.

다음은 접두사 '未-'가 형성한 파생어 집합의 빈도 분포를 살펴본다. 아래의 표와 그래프는 '未X'의 빈도별 비율과 누적 비율을 나타낸 것이다.

〈표, 그래프 4-4〉'未X'의 nr 빈도와 비율

nr	빈도	%	누적%
n1	21	44.68%	44.68%
n2	6	12.76%	57.44%
n3	4	8.51%	65.95%
n4	3	6.38%	72.34%
n5	1	2.12%	74.46%
n6	1	2.12%	76.59%
n7	1	2.12%	78.72%
n8	2	4.25%	82.97%
n12	1	2.12%	85.10%
n13	1	2.12%	87.23%
n21	2	4.25%	91.48%
n27	1	2.12%	93.61%
n29	1	2.12%	95.74%
n37	1	2.12%	97.87%
n77	1	2.12%	100%

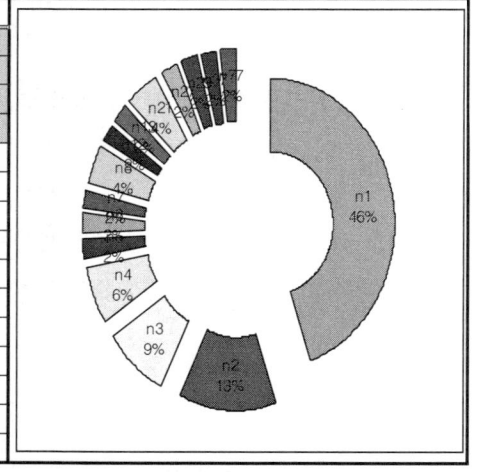

'未-'는 본고의 조사 대상 가운데 2위 생산성을 보이는 접두사로 생산성 지표가 6.756이다. 위의 표를 살펴보면 4회 출현어까지의 누적 빈도가 전체 유형 빈도(44개)의 70%를 차지하는 것을 알 수 있다. '未X'도 '非X'와 마찬가지로 저빈도 단어의 구성 비율이 매우 큰 반면 고빈도 단어의 구성 비율은 매우 작다.

저빈도 단어가 많을수록 접사에 대한 분석적 인식이 강해지고, 이것이 접사의 생산성을 유지·강화시키는 결과를 가져온다. 아래는 '未X' 중 저빈도어와 고빈도어의 일부 예이다.

(2) ㄱ. 저빈도어 : 미개최, 미할인, 미대처, 미보유, 미판매, 미발굴, 미분류, 미신청, 미수령…

ㄴ. 고빈도어 : 미확인, 미취업, 미완성, 미성숙, 미공개…

대체로 (2)ㄴ의 고빈도어에는 매우 익숙한 단어들이 많은 반면, (2)ㄱ의 저빈도어에는 익숙하지 않은 단어들이 많다. (2)ㄱ과 같은 단어가 생소하지만 그 의미를 파악하는 데 큰 어려움이 없는 이유는 접두사 '未-'의 생산성으로 인한 의미적 투명성 때문이다. (2)ㄱ과 같은 단어를 생성하기 위해 어기와 접사를 결합시키는 과정이 반복될수록 '未-'에 대한 분석적 인식이 강화된다. 파생어 집합에 어휘화된 단어보다는 '어기-접사'의 결합 과정이 살아 있는 단어가 더 많을수록 접사의 생성력이 강화되는 것이다.

다음은 접두사 '生-'이 형성한 파생어 집합의 빈도 분포를 살펴본다. 아래의 표와 그래프는 '生X'의 빈도별 비율과 누적 비율을 나타낸 것이다.

〈표, 그래프4-5〉 '生X'의 nr 빈도와 비율

nr	빈도	%	누적%
n1	26	48.14%	48.14%
n2	8	14.81%	62.96%
n3	6	11.11%	74.07%
n4	3	5.55%	79.62%
n6	3	5.55%	85.18%
n7	1	1.85%	87.03%
n8	1	1.85%	88.88%
n12	1	1.85%	90.74%
n16	1	1.85%	92.59%
n17	1	1.85%	94.44%
n18	1	1.85%	96.29%
n21	1	1.85%	98.14%
n31	1	1.85%	100%

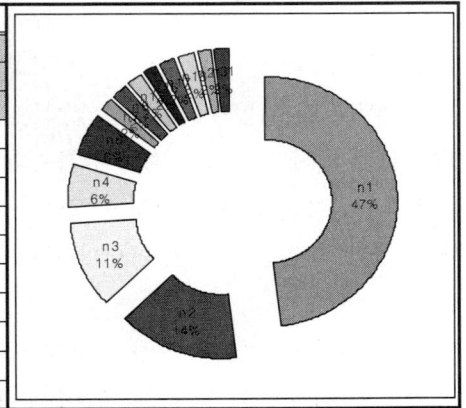

'生-'은 본고의 조사 대상 가운데 3위의 생산성을 보이는 접두사로 생산성 지표가 5이다. 위의 표를 살펴보면 3회 출현어까지의 누적 빈도가 전체 유형 빈도(53개)의 70%를 차지하는 것을 알 수 있다. '生X'의 유형 빈도가 '非X'의 경우만큼 충분히 크지는 않지만 '生X'도 전체에서 저빈도 단어가 차지하는 비율이 매우 큰 편이라 할 수 있다.

저빈도어는 상황적 필요에 따라 어기와 접사가 그때그때 결합되어 생성되는 단어이다. 따라서 저빈도 단어가 많을수록 접사에 대한 분석적 인식이 강해지고, 이것이 접사의 생성력을 유지·강화시키는 결과를 가져온다. 아래는 '生X' 중 저빈도어와 고빈도어의 일부 예이다.

(3) ㄱ. 저빈도어

생탁주, 생뿌리, 생젓국, 생전분, 생로열제리, 생보리, 생소바, 생면, 생버섯…

ㄴ. 고빈도어

생방송, 생중계, 생맥주, 생머리, 생크림

대체로 (3)ㄴ의 고빈도어에는 매우 익숙한 단어들이 많은 반면, (3)ㄱ의 저빈도어에는 익숙하지 않은 단어들이 많다. (3)ㄱ과 같은 단어가 생소하지만 그 의미를 파악하는 데 큰 어려움이 없는 이유는 접두사 '生-'의 생산성으로 인한 의미적 투명성 때문이다. (3)ㄱ과 같은 단어를 생성하기 위해 어기와 접사를 결합시키는 과정이 반복될수록 '生-'에 대한 분석적 인식이 강화된다. 파생어 집합에 어휘화된 단어보다는 '어기-접사'의 결합 과정이 살아 있는 단어가 더 많을수록 접사의 생성력이 강화되는 것이다.

다음은 접두사 '맨-'이 생성한 파생어 집합의 빈도 분포를 살펴보기로 한다. 아래의 표와 그래프는 '맨X'의 빈도별 비율과 누적 비율을 나타낸 것이다.

〈표, 그래프 4-6〉 '맨X'의 nr 빈도와 비율

nr	빈도	%	누적%
n1	5	25%	25%
n2	3	15%	40%
n3	1	5%	45%
n5	2	10%	55%
n6	1	5%	60%
n7	1	5%	65%
n9	1	5%	70%
n14	1	5%	75%
n15	1	5%	80%
n16	1	5%	85%
n22	1	5%	90%
n26	1	5%	95%
n62	1	5%	100%

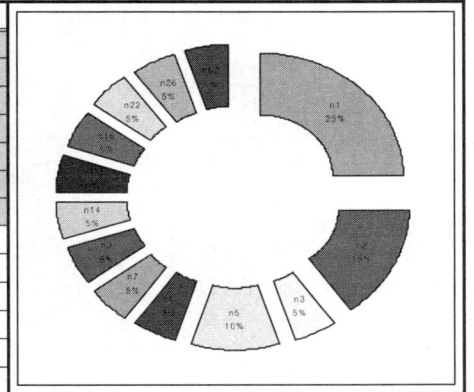

'맨-'은 고유어 접두사 중 제일 높은 생산성을 보이는 접두사로 생산성 지표가 2.877이다. 고유어 접두사 중에서는 생산성 수치가 제일 높지만 국어에서 고유어 접두사의 사용이 활발하지 않기 때문에 앞서 살펴본 접두사 '非-', '未-', '生-'에서 관찰할 수 있었던 생산적인 파생어 집합의 전형적 특성이 여기서 동일하게 나타나지는 않는다. 유형 빈도가 매우 작은 상황(20개)에서 관찰된 몇몇 신어로 인해 생산성 수치가 높게 측정되었기 때문으로 생각된다. '맨X'에 저빈도 단어가 많기는 하지만 그것이 전체 파생어의 절대 다수를 구성하지는 못한다.

다음은 접두사 '無-'가 형성한 파생어 집합의 빈도 분포를 살펴본다. 아래의 표와 그래프는 '無X'의 빈도별 비율과 누적 비율을 나타낸 것이다.

〈표4-7〉'無X'의 nr 빈도와 비율

nr	빈도	%	누적%	nr	빈도	%	누적%	nr	빈도	%	누적%
n1	43	31.38%	31.38%	n15	1	0.72%	76.64%	n46	1	0.72%	91.97%
n2	17	12.40%	43.79%	n16	2	1.45%	78.10%	n48	1	0.72%	92.70%
n3	12	8.75%	52.55%	n17	3	2.18%	80.29%	n52	1	0.72%	93.43%
n4	4	2.91%	55.47%	n18	1	0.72%	81.02%	n59	1	0.72%	94.16%
n5	2	1.45%	56.93%	n19	3	2.18%	83.21%	n71	1	0.72%	94.89%
n6	3	2.18%	59.12%	n20	2	1.45%	84.67%	n73	1	0.72%	95.62%
n7	3	2.18%	61.31%	n21	1	0.72%	85.40%	n74	1	0.72%	96.35%
n8	4	2.91%	64.23%	n25	1	0.72%	86.13%	n93	1	0.72%	97.08%
n9	3	2.18%	66.42%	n29	1	0.72%	86.86%	n99	1	0.72%	97.81%
n10	3	2.18%	68.61%	n37	1	0.72%	87.59%	n138	1	0.72%	98.54%
n11	5	3.64%	72.26%	n38	1	0.72%	88.32%	n141	1	0.72%	99.27%
n12	3	2.18%	74.45%	n39	1	0.72%	89.05%	n251	1	0.72%	100%
n13	1	0.72%	75.18%	n40	2	1.45%	90.51%				
n14	1	0.72%	75.91%	n43	1	0.72%	91.24%				

〈그래프4-7〉'無X'의 nr빈도와 비율

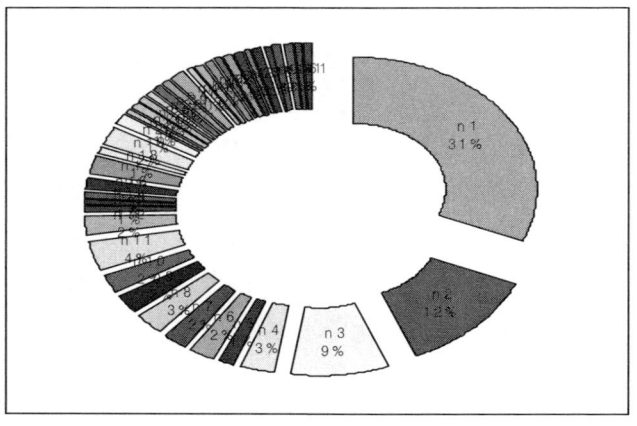

'無-'는 생산성 수치가 0이 아닌 접두사 15개 중 7위로 생산성 지표가 2.875이다. '無-'는 조사 대상 접두사 중 중간 정도의 생산성을 보이는 접두사라고 할 수 있다. 위의 표를 살펴보면 11회 출현어까지의 누적 빈도가 전체 유형 빈도(122개)의 70%를 차지하는 것을 알 수 있다. '無X'도 저빈도 단어가 다수를 점한다고 할 수는 있다. 그러나 생산성 지표가 더 높은 '非-'나 '未-'에 비하면 저빈도어의 비율이 더 낮고, 고빈도어의 비율은 더 높은 편이다. 유형 빈도가 높더라도 어휘화되어 저장되는 고빈도 단어가 많을수록 어기와 접사가 분석적으로 처리되지 않는 경우가 많기 때문에 생산성은 더 약화된다고 할 수 있다.

4.3.1.2. 비생산적인 접두사가 생성한 파생어의 빈도 분포

여기서는 접두사 중 생산성 수치가 낮게 측정된 2개를 대상으로 해당 접두사가 만들어낸 파생어의 빈도 분포를 조사하여 제시한다. 대상 접두사는 '휘-', '不-'의 두 가지로 생산성 수치가 0인 것 하나와 0은 아니지만 제일 낮은 것 하나이다.

다음은 접두사 '휘-'가 형성한 파생어 집합의 빈도 분포를 살펴본다. 아래의 표와 그래프는 '휘X'의 빈도별 비율과 누적 비율을 나타낸 것이다.

〈표, 그래프 4-8〉 '휘X'의 nr 빈도와 비율

nr	빈도	%	누적%
n1	1	5.88%	5.88%
n2	2	11.76%	17.64%
n3	1	5.88%	23.52%
n5	1	5.88%	29.41%
n10	1	5.88%	35.29%
n11	1	5.88%	41.17%
n14	1	5.88%	47.05%
n16	1	5.88%	52.94%
n21	1	5.88%	58.82%
n24	1	5.88%	64.70%
n27	1	5.88%	70.58%
n30	1	5.88%	76.47%
n53	1	5.88%	82.35%
n65	1	5.88%	88.23%
n70	1	5.88%	94.11%
n132	1	5.88%	100%

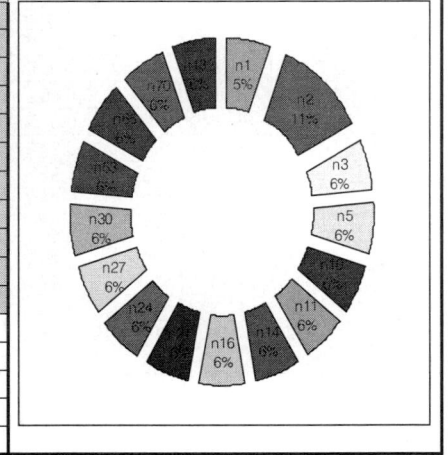

‘휘-’는 새롭게 만들어내는 단어가 전혀 없기 때문에 생산성 수치가 0
인 접두사이다. 위의 표를 보면 ‘휘X’는 저빈도 단어가 매우 적고, 고빈
도 단어의 구성 비율이 매우 높다는 것을 알 수 있다. ‘非X’나 ‘未X’에서
는 저빈도 단어가 전체 파생어의 70%를 차지했지만 ‘휘X’에서는 27회
출현어까지의 합계가 전체 파생어(17개)의 70%에 해당한다. 생산적인 접
두사가 만들어내는 파생어 집합에서 관찰할 수 있었던 빈도 분포와는
전혀 다른 빈도 분포를 ‘휘X’에서 확인할 수 있다. 어휘화된 형태로 저
장되는 고빈도 단어들이 많을수록 접사에 대한 분석적 인식이 약해지기
때문에 접사의 생산성은 더 약화되는 것이다.

다음은 접두사 ‘不’이 형성한 파생어 집합의 빈도 분포를 살펴본다. 아
래의 표와 그래프는 ‘不X’의 빈도별 비율과 누적 비율을 나타낸 것이다.

<표4-9> ‘不X’의 nr 빈도와 비율

nr	빈도	%	누적%	nr	빈도	%	누적%	nr	빈도	%	누적%
n1	16	15.38%	15.38%	n21	2	1.92%	65.38%	n49	1	0.96%	88.46%
n2	10	9.61%	25%	n22	5	4.80%	70.19%	n50	1	0.96%	89.42%
n3	6	5.76%	30.76%	n24	1	0.96%	71.15%	n56	1	0.96%	90.38%
n4	4	3.84%	34.61%	n25	1	0.96%	72.11%	n70	1	0.96%	91.34%
n5	4	3.84%	38.46%	n26	2	1.92%	74.03%	n93	1	0.96%	92.30%
n6	5	4.80%	43.26%	n28	1	0.96%	75%	n94	1	0.96%	93.26%
n7	3	2.88%	46.15%	n30	1	0.96%	75.96%	n106	1	0.96%	94.23%
n9	2	1.92%	48.07%	n31	1	0.96%	76.92%	n110	1	0.96%	95.19%
n10	3	2.88%	50.96%	n32	2	1.92%	78.84%	n120	1	0.96%	96.15%
n11	3	2.88%	53.84%	n33	1	0.96%	79.80%	n150	1	0.96%	97.11%
n12	1	0.96%	54.80%	n37	1	0.96%	80.76%	n171	1	0.96%	98.07%
n15	2	1.92%	56.73%	n39	1	0.96%	81.73%	n425	1	0.96%	99.03%
n16	1	0.96%	57.69%	n40	2	1.92%	83.65%	n611	1	0.96%	100%
n17	4	3.84%	61.53%	n44	1	0.96%	84.61%				
n19	1	0.96%	62.5%	n47	1	0.96%	85.57%				
n20	1	0.96%	63.46%	n48	2	1.92%	87.5%				

〈그래프4-9〉 '不X'의 nr빈도와 비율

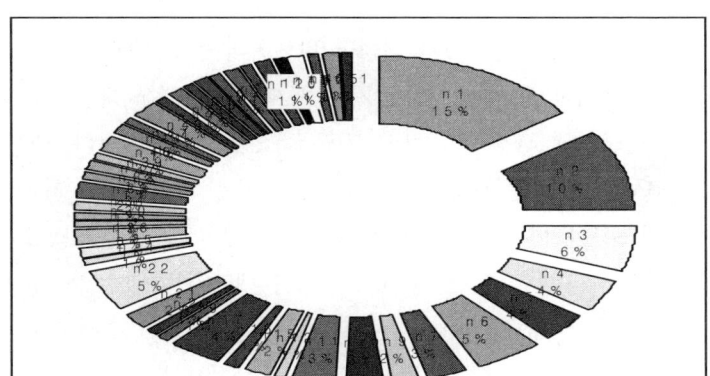

'不'은 생산성 수치가 0이 아닌 접두사 중 제일 낮은 생산성 수치 (0.490)를 가진 접두사이다. '不X'는 유형 빈도가 88로 다른 접두사들에 비해 상당히 높은 편임에도 불구하고 생산성 수치가 거의 0에 가깝게 나왔기 때문에 생산성과 유형 빈도의 관계를 검증하는 데 매우 중요한 자료가 된다고 할 수 있다.

위의 표와 그래프를 살펴보면 '不X'에는 저빈도 단어가 상대적으로 적은 반면 고빈도 단어는 상당히 많다는 사실을 알 수 있다. '不X'에서 는 생산적인 접두사 파생어 집합에서 관찰되었던 빈도 패턴과는 전혀 반대되는 모습이 관찰되는 것이다. '不X'의 유형 빈도는 높지만 그 안에 어기와 접사가 분석적으로 처리되는 저빈도 단어가 많은 것이 아니라, 어기와 접사의 결합이 어휘화되어 저장되는 고빈도 단어가 많기 때문에 접두사 '不'의 생산성이 낮게 나타난 것이다. '不X'는 유형 빈도와 생산 성이 정비례하지 않음을 보여주는 대표적인 예라고 할 수 있다.

4.3.2. 접미 파생어 집합의 빈도 분포

4.3.2.1. 생산적인 접미사가 생성한 파생어의 빈도 분포

여기서는 접미사 중 생산성 수치가 높게 측정된 4개를 대상으로 해당 접미사가 만들어낸 파생어의 빈도 분포를 조사하여 제시한다. 대상 접미사는 '-답²-'(1위), -'化'(2위), '-性'(3위), '-的'(4위)의 네 가지로 생산성 순위 1위부터 6위까지의 접미사이다.5) 주목할 만한 사실은 생산성 수치로는 접미사 '-化', '-性', '-的'의 순서로 순위가 매겨지는 데 반해 유형 빈도로는 그 역순인 '-的'(2069개), '-性'(1171개), '-化'(679개)의 순서로 순위가 정해진다는 것이다. 즉, 각 접사의 생산성과 각 접사가 형성한 파생어의 유형 빈도가 반비례로 나타나는 것이다. 이는 유형 빈도가 접사의 생산성을 결정하는 데 결정적인 역할을 하지 못함을 의미한다. 또한 이는 '-化', '-性', '-的'과 그 파생어 집합이 생산성을 결정하는 요인을 탐구하는 데 매우 중요한 자료가 됨을 의미한다.

먼저 NP까지 어기로 취할 수 있는 '-답²-'가 생성한 구성의 빈도 분포를 살펴보기로 한다. 아래의 표와 그래프는 'X답²-'의 빈도별 비율과 누적 비율을 나타낸 것이다.

---

5) '-투성이'(생산성 수치 순위 2위)와 '-쟁이'(생산성 수치 순위 5위)는 유형 빈도가 매우 작고, '-투성이'는 명사구까지 어기로 취하는 성격이 있기 때문에 그 생산성 수치가 해당 접미사의 생산성을 정당하게 반영하지 못하는 측면이 있어서 조사 대상에서 제외하였다.

〈표, 그래프 4-10〉 '-X답²-'의 nr 빈도와 비율

nr	빈도	%	누적 %	
n1	185	77.40%	77.40%	
n2	29	12.19%	89.55%	
n3	1	0.41%	89.96%	
n5	1	0.41%	90.37%	
n3	6	2.51%	92.83%	
n4	3	1.23%	94.16%	
n5	4	1.64%	95.9%	
n7	1	0.41%	96.21%	
n8	2	0.82%	97.03%	
n10	2	0.82%	97.95%	
n14	1	0.41%	98.36%	
n16	1	0.41%	98.77%	
n20	1	0.41%	99.18%	
n26	1	0.41%	99.59%	
n30	1	0.41%	100%	

'-답²-'는 본고의 조사 대상 가운데 최고의 생산성을 보이는데 생산성 지표가 32.943에 달한다. 이는 다른 파생 접미사의 생산성 수치들과 비교할 때 엄청나게 큰 수치이다. '-답²-'가 어기에 대한 특별한 제약이 없으면서 명사구까지 어기로 취할 수 있기 때문에 나타나는 현상이라 할 수 있다. 이는 통사적 결합의 생산성과 형태적 결합의 생산성 차이가 정도적 격차가 아니라 차원이 다른 현상임을 보여주는 것이다. 위의 표는 5회 출현어까지의 누적 빈도가 전체 유형 빈도(237개)의 90%를 차지함을 보여준다. 'X답²-'는 다수의 저빈도 단어로 구성되는 집합이라고 할 수 있고, 생산적인 집합의 가장 이상적인 모습을 보여준다.

다음은 접미사 '-化'가 형성한 파생어 집합의 빈도 분포를 살펴본다. 아래의 표와 그래프는 'X化'의 빈도별 비율과 누적 비율을 나타낸 것이다.

〈표4-11〉'X化'의 nr 빈도와 비율

nr	빈도	%	누적%	nr	빈도	%	누적%	nr	빈도	%	누적%	nr	빈도	%	누적%
n1	301	43.37%	43.37%	n19	4	0.58%	88.90%	n40	1	0.14%	94.66%	n72	1	0.14%	97.40%
n2	101	14.55%	57.92%	n20	4	0.58%	89.48%	n41	1	0.14%	94.81%	n78	1	0.14%	97.55%
n3	40	5.76%	63.68%	n21	4	0.58%	90.05%	n43	1	0.14%	94.95%	n80	1	0.14%	97.69%
n4	40	5.76%	69.45%	n22	4	0.58%	90.63%	n44	1	0.14%	95.10%	n81	2	0.29%	97.98%
n5	29	4.18%	73.63%	n23	2	0.29%	90.92%	n45	1	0.14%	95.24%	n89	1	0.14%	98.10%
n6	12	1.73%	75.36%	n24	1	0.14%	91.06%	n46	2	0.29%	95.53%	n91	1	0.14%	98.27%
n7	21	3.03%	78.38%	n26	2	0.29%	91.35%	n48	1	0.14%	95.67%	n92	1	0.14%	98.41%
n8	12	1.73%	80.11%	n28	4	0.58%	91.93%	n50	1	0.14%	95.82%	n94	1	0.14%	98.55%
n9	5	0.72%	80.83%	n29	3	0.43%	92.36%	n53	1	0.14%	95.96%	n99	1	0.14%	98.70%
n10	8	1.15%	81.98%	n31	1	0.14%	92.50%	n55	1	0.14%	96.10%	n100	1	0.14%	98.84%
n11	8	1.15%	83.14%	n32	1	0.14%	92.60%	n56	1	0.14%	96.20%	n105	1	0.14%	98.99%
n12	4	0.58%	83.71%	n33	2	0.29%	92.93%	n57	1	0.14%	96.39%	n120	1	0.14%	99.13%
n13	9	1.29%	85.01%	n34	4	0.58%	93.51%	n58	1	0.14%	96.54%	n123	1	0.14%	99.27%
n14	8	1.15%	86.16%	n35	1	0.14%	93.65%	n64	1	0.14%	96.68%	n126	1	0.14%	99.42%
n15	3	0.43%	86.59%	n36	2	0.29%	93.94%	n65	1	0.14%	96.82%	n138	1	0.14%	99.56%
n16	5	0.72%	87.31%	n37	1	0.14%	94.09%	n69	1	0.14%	96.97%	n272	1	0.14%	99.71%
n17	2	0.29%	87.60%	n38	1	0.14%	94.23%	n70	1	0.14%	97.11%	n423	1	0.14%	99.85%
n18	5	0.72%	88.32%	n39	2	0.29%	94.50%	n71	1	0.14%	97.26%	n435	1	0.14%	100%

〈그래프 4-11〉'X化'의 nr빈도와 비율

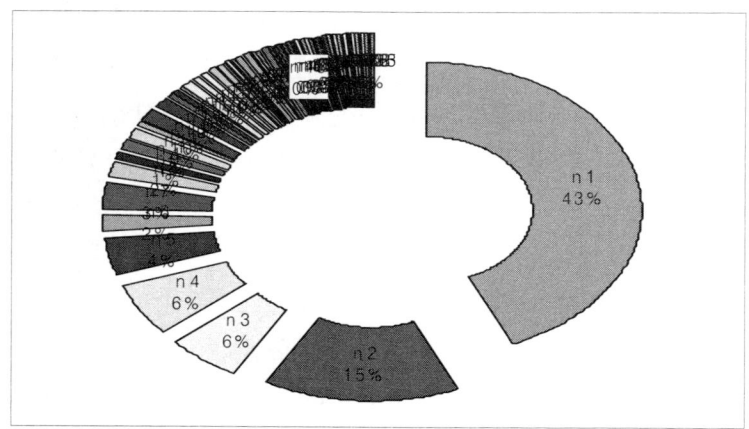

'-化'는 NP까지 어기로 취할 수 있는 '-답²-'와 '-투성이'를 제외한 나머지 접미사 중에서 최고의 생산성 수치(4.575)를 보인 접미사이다. 진정한 의미의 형태적 접사가 가지는 생산적인 패턴의 특성이 여기서 관찰

가능하리라 생각된다. 위의 표를 보면 8회 출현어까지의 누적 빈도가
전체 유형 빈도(679개)의 80%를 차지하고 있음을 확인할 수 있다. 'X化'
는 다수의 저빈도 단어로 구성되는 집합이라고 할 수 있다.

　저빈도어는 상황적 필요에 따라 어기와 접사가 그때그때 결합되어
생성되는 단어이다. 따라서 저빈도 단어가 많을수록 접사에 대한 분석
적 인식이 강해지고, 이것이 접사의 생성력을 유지·강화시키는 결과를
가져온다. 아래는 'X化' 중 저빈도어와 고빈도어의 일부 예이다.

> (4) ㄱ. 저빈도어
>
> 　　　 가설화, 가중화, 거점화, 공용어화, 금전화, 급속화, 변형화, 숫자화,
> 　　　 쓰레기화, 여행지화, 인터넷화, 작물화, 종속화, 직강화, 제단화, 저급
> 　　　 화, 치밀화, 천민화, 천재화, 하천화 …
>
> 　　 ㄴ. 고빈도어
>
> 　　　 대중화, 전산화, 형상화, 합리화, 현실화, 상품화, 구체화, 보편화, 일
> 　　　 반화, 법제화, 산업화, 정당화, 정보화, 차별화, 극대화, 민주화, 활성
> 　　　 화 …

　대체로 (4)ㄴ의 고빈도어에는 매우 익숙한 단어들이 많은 반면, (4)ㄱ
의 저빈도어에는 익숙하지 않은 단어들이 많다. (4)ㄱ과 같은 단어가 생
소하지만 그 의미를 파악하는 데 큰 어려움이 없는 이유는 접미사 '-化'
의 높은 생산성으로 인한 의미적 투명성 때문이다. (4)ㄱ과 같은 단어를
생성하기 위해 어기와 접사를 결합시키는 과정이 반복될수록 '-化'에 대
한 분석적 인식이 강화된다. 파생어 집합에 어휘화된 단어보다는 '어기-
접사'의 결합 과정이 살아 있는 단어가 더 많을수록 접사의 생성력이
강화되는 것이다.

　다음은 접미사 '-性'이 형성한 파생어 집합의 빈도 분포를 살펴본다.
아래의 표와 그래프는 'X性'의 빈도별 비율과 누적 비율이다.

〈표4-12〉 'X性'의 nr 빈도와 비율

nr	빈도	%	누적 %	nr	빈도	%	누적%	nr	빈도	%	누적 %
n1	453	38.35%	38.35%	n27	5	0.42%	92.29%	n61	2	0.17%	97.62%
n2	162	13.71%	52.07%	n28	4	0.34%	92.63%	n62	1	0.08%	97.70%
n3	103	8.72%	60.79%	n29	4	0.34%	92.97%	n63	1	0.08%	97.79%
n4	62	5.25%	66.04%	n30	3	0.25%	93.22%	n64	2	0.17%	97.96%
n5	40	3.38%	69.43%	n31	1	0.08%	93.31%	n66	1	0.08%	98.00%
n6	32	2.71%	72.14%	n32	3	0.25%	93.56%	n67	1	0.08%	98.13%
n7	34	2.88%	75.02%	n33	2	0.17%	93.73%	n70	2	0.17%	98.30%
n8	24	2.03%	77.05%	n34	6	0.51%	94.24%	n73	2	0.17%	98.47%
n9	26	2.20%	79.25%	n35	2	0.17%	94.41%	n74	1	0.08%	98.56%
n10	17	1.44%	80.69%	n36	1	0.08%	94.49%	n78	1	0.08%	98.64%
n11	14	1.19%	81.87%	n38	1	0.08%	94.58%	n81	1	0.08%	98.72%
n12	15	1.27%	83.14%	n39	1	0.08%	94.66%	n85	1	0.08%	98.81%
n13	10	0.84%	83.99%	n40	3	0.25%	94.91%	n87	1	0.08%	98.89%
n14	14	1.19%	85.18%	n41	1	0.08%	95.00%	n88	1	0.08%	98.98%
n15	8	0.68%	85.85%	n42	6	0.51%	95.51%	n100	1	0.08%	99.06%
n16	6	0.51%	86.36%	n44	2	0.17%	95.68%	n102	1	0.08%	99.15%
n17	5	0.42%	86.79%	n45	1	0.08%	95.70%	n113	1	0.08%	99.23%
n18	12	1.02%	87.80%	n46	2	0.17%	95.93%	n117	1	0.08%	99.32%
n19	11	0.93%	88.73%	n47	2	0.17%	96.00%	n138	1	0.08%	99.40%
n20	8	0.68%	89.41%	n48	3	0.25%	96.35%	n139	1	0.08%	99.49%
n21	4	0.34%	89.75%	n49	1	0.08%	96.44%	n141	1	0.08%	99.57%
n22	7	0.59%	90.34%	n51	2	0.17%	96.61%	n214	1	0.08%	99.60%
n23	6	0.51%	90.85%	n55	4	0.34%	96.95%	n261	1	0.08%	99.74%
n24	5	0.42%	91.27%	n56	1	0.08%	97.03%	n274	1	0.08%	99.83%
n25	4	0.34%	91.61%	n57	2	0.17%	97.20%	n539	1	0.08%	99.91%
n26	3	0.25%	91.80%	n58	3	0.25%	97.45%	n1568	1	0.08%	100%

〈그래프4-12〉 'X性'의 nr 빈도와 비율

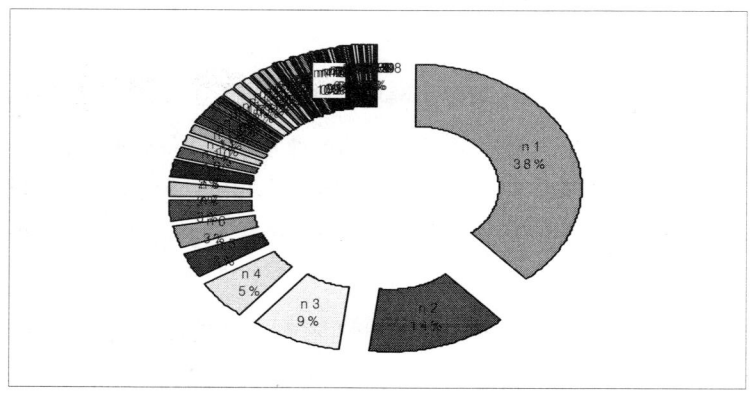

'-性'은 '-化' 다음으로 생산성 수치가 높은 접미사로 그 수치는 3.484 이다. 위의 표에서 확인할 수 있듯이 10회 출현어까지의 누적 빈도가 전체 유형(1171개)의 80%를 차지한다. 'X性'도 다수의 저빈도 단어가 구성원의 대부분을 이루는 집합이라고 할 수 있다.

저빈도 단어가 많을수록 접사에 대한 분석적 인식이 강해지고, 이것이 접사의 생성력을 유지·강화시키는 결과를 가져온다. 아래는 'X性' 중 저빈도어와 고빈도어의 일부 예이다.

(5) ㄱ. 저빈도어

금단성, 기본성, 기저성, 생존성, 시위성, 징벌성, 첨예성, 캠페인성, 모범성, 무궁성, 보아주기성, 위약성, 유무성, 이뇨성, 전복성, 점령성, 정지성, 흡기성, 허탈성 …

ㄴ. 고빈도어

신경성, 마약성, 위험성, 도덕성, 투명성, 합리성, 생산성, 정당성, 다양성, 전문성, 효율성, 중요성, 자율성, 정체성, 가능성 …

대체로 (5)ㄴ의 고빈도어에는 매우 익숙한 단어들이 많은 반면, (5)ㄱ의 저빈도어에는 익숙하지 않은 단어들이 많다. (5)ㄱ과 같은 단어가 생소하지만 그 의미를 파악하는 데 큰 어려움이 없는 이유는 접미사 '-性'의 높은 생산성으로 인한 의미적 투명성 때문이다. (5)ㄱ과 같은 단어를 생성하기 위해 어기와 접사를 결합시키는 과정이 반복될수록 'X性'에 대한 분석적 인식이 강화된다. 파생어 집합에 어휘화된 단어보다는 '어기-접사'의 결합 과정이 살아 있는 단어가 더 많을수록 접사의 생성력이 강화되는 것이다.

그런데 주목할 점은 'X性'의 유형 빈도(1181)가 'X化'의 유형 빈도(679) 보다 크지만 생산성은 오히려 '-化'가 더 높다는 사실이다. 이는 유형 빈

도와 생산성이 직접적인 관련이 없음을 보여주는 동시에 생산성을 결정
하는 요인이 'X性'과 'X化'의 관찰을 통해서 밝혀질 수 있음을 의미한
다. 본 연구는 저빈도 단어의 비율이라는 관점에서 이 문제에 접근해 보
고자 한다. 아래는 'X化'와 'X性'의 저빈도 단어 비율을 비교한 표이다.

〈표4-13〉 'X化'와 'X性'의 저빈도 단어 비율

	X化의 저빈도 단어 비율					X性의 저빈도 단어 비율		
nr	빈도	%	누적%	비교	nr	빈도	%	누적 %
n1	301	43.37%	43.37%	〉	n1	453	38.35%	38.35%
n2	101	14.55%	57.92%	〉	n2	162	13.71%	52.07%
n3	40	5.76%	63.68%	〉	n3	103	8.72%	60.79%
n4	40	5.76%	69.45%	〉	n4	62	5.25%	66.04%
n5	29	4.18%	73.63%	〉	n5	40	3.38%	69.43%
n6	12	1.73%	75.36%	〉	n6	32	2.71%	72.14%
n7	21	3.03%	78.38%	〉	n7	34	2.88%	75.02%
n8	12	1.73%	80.11%	〉	n8	24	2.03%	77.05%
n9	5	0.72%	80.83%	≥	n9	26	2.20%	79.25%
n10	8	1.15%	81.98%	≥	n10	17	1.44%	80.69%

〈그래프4-13〉 'X化'와 'X性'의 저빈도 단어 비율

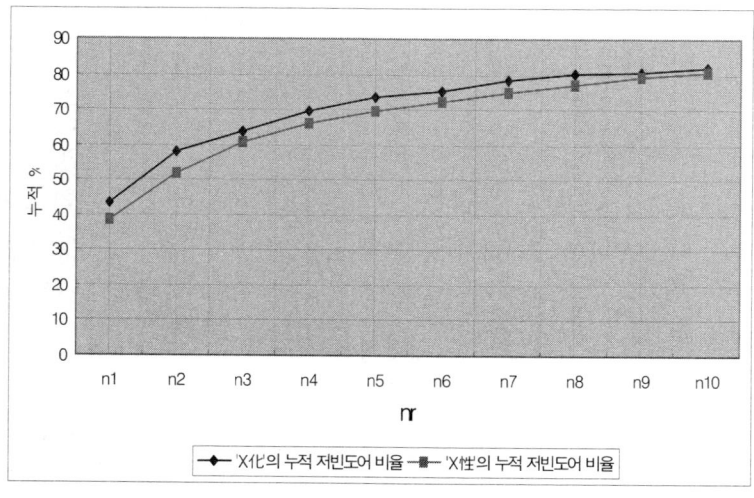

위의 표와 그래프에서 저빈도 단어의 누적 비율을 검토해 보면 'X化' 쪽이 'X性'쪽보다 더 크다는 것을 확인할 수 있다. 어기와 접사의 분석적 처리를 반복하게 해 주는 저빈도 단어를 'X化'에서 더 높은 비율로 보유하고 있기 때문에 '-化'의 생산성이 '-性'의 생산성보다 더 높게 나타나는 것이라 할 수 있다.

다음은 접미사 '-的'이 형성한 파생어 집합의 빈도 분포를 살펴본다. 아래의 표와 그래프는 'X的'의 빈도별 비율과 누적 비율을 나타낸 것이다.

〈표4-14〉 'X的'의 nr 빈도와 비율

nr	빈도	%	누적 %	nr	빈도	%	누적 %	nr	빈도	%	누적 %	nr	빈도	%	누적 %
n1	696	33.11%	33.11%	n31	5	0.24%	85.25%	n64	2	0.10%	91.40%	n99	2	0.10%	94.57%
n2	245	11.65%	44.76%	n32	10	0.48%	85.72%	n65	5	0.24%	91.72%	n100	2	0.10%	94.67%
n3	163	7.75%	52.52%	n33	4	0.19%	85.91%	n66	4	0.19%	91.91%	n102	3	0.14%	94.81%
n4	109	5.19%	57.70%	n34	5	0.24%	86.15%	n68	1	0.05%	91.96%	n104	2	0.10%	94.90%
n5	73	3.47%	61.17%	n35	7	0.33%	86.48%	n69	2	0.10%	92.05%	n106	3	0.14%	95.05%
n6	52	2.47%	63.65%	n36	9	0.43%	86.91%	n70	3	0.14%	92.19%	n107	2	0.10%	95.14%
n7	59	2.81%	66.46%	n37	4	0.19%	87.10%	n71	3	0.14%	92.34%	n108	1	0.05%	95.19%
n8	41	1.95%	68.41%	n38	3	0.14%	87.25%	n72	2	0.10%	92.43%	n109	1	0.05%	95.24%
n9	39	1.86%	70.26%	n39	7	0.33%	87.58%	n73	1	0.05%	92.48%	n110	3	0.14%	95.38%
n10	32	1.52%	71.78%	n40	1	0.05%	87.63%	n74	4	0.19%	92.67%	n111	1	0.05%	95.43%
n11	28	1.30%	73.12%	n41	5	0.24%	87.80%	n75	3	0.14%	92.81%	n112	3	0.14%	95.57%
n12	27	1.28%	74.40%	n43	3	0.14%	88.01%	n76	3	0.14%	92.95%	n113	1	0.05%	95.62%
n13	14	0.66%	75.07%	n44	7	0.33%	88.34%	n77	1	0.05%	93.00%	n114	1	0.05%	95.67%
n14	19	0.90%	75.97%	n45	7	0.33%	88.67%	n78	2	0.10%	93.10%	n116	2	0.10%	95.76%
n15	15	0.71%	76.68%	n46	9	0.43%	89.10%	n79	3	0.14%	93.24%	n118	2	0.10%	95.86%
n16	15	0.71%	77.40%	n47	3	0.14%	89.24%	n80	1	0.05%	93.20%	n119	2	0.10%	95.95%
n17	17	0.81%	78.21%	n48	4	0.19%	89.43%	n82	3	0.14%	93.43%	n120	1	0.05%	96.00%
n18	15	0.71%	78.92%	n49	2	0.10%	89.53%	n83	2	0.10%	93.52%	n122	2	0.10%	96.09%
n19	19	0.90%	79.82%	n50	5	0.24%	89.77%	n84	1	0.05%	93.57%	n125	1	0.05%	96.14%
n20	13	0.62%	80.44%	n51	2	0.10%	89.86%	n85	4	0.19%	93.76%	n126	1	0.05%	96.10%
n21	9	0.43%	80.87%	n52	2	0.10%	89.96%	n86	1	0.05%	93.81%	n127	2	0.10%	96.28%
n22	14	0.66%	81.54%	n53	3	0.14%	90.10%	n88	1	0.05%	93.86%	n128	1	0.05%	96.33%
n23	10	0.48%	82.01%	n54	3	0.14%	90.24%	n89	1	0.05%	93.91%	n129	2	0.10%	96.43%
n24	4	0.19%	82.20%	n55	1	0.05%	90.29%	n90	3	0.14%	94.05%	n131	1	0.05%	96.47%
n25	8	0.38%	82.58%	n56	2	0.10%	90.30%	n91	2	0.10%	94.14%	n132	2	0.10%	96.57%
n26	11	0.52%	83.11%	n58	5	0.24%	90.62%	n93	1	0.05%	94.00%	n134	2	0.10%	96.66%
n27	11	0.52%	83.63%	n59	4	0.19%	90.81%	n94	1	0.05%	94.24%	n136	2	0.10%	96.76%
n28	10	0.48%	84.11%	n60	3	0.14%	90.96%	n96	1	0.05%	94.29%	n137	1	0.05%	96.81%
n29	5	0.24%	84.34%	n61	2	0.10%	91.05%	n97	2	0.10%	94.30%	n138	1	0.05%	96.86%
n30	14	0.66%	85.01%	n63	2	0.10%	91.38%	n98	2	0.10%	94.48%	n145	1	0.05%	96.90%

nr	빈도	%	누적 %	nr	빈도	%	누적 %	nr	빈도	%	누적 %	nr	빈도	%	누적 %
n146	2	0.10%	97.00%	n191	1	0.05%	97.90%	n272	1	0.05%	98.71%	n403	1	0.05%	99.47%
n155	1	0.05%	97.05%	n202	1	0.05%	97.95%	n276	1	0.05%	98.76%	n465	1	0.05%	99.52%
n158	2	0.10%	97.14%	n207	2	0.10%	98.04%	n277	1	0.05%	98.81%	n537	1	0.05%	99.57%
n160	1	0.05%	97.19%	n209	1	0.05%	98.09%	n285	1	0.05%	98.85%	n540	1	0.05%	99.61%
n163	1	0.05%	97.24%	n211	1	0.05%	98.14%	n300	1	0.05%	98.90%	n563	1	0.05%	99.66%
n164	1	0.05%	97.20%	n212	1	0.05%	98.10%	n308	1	0.05%	98.95%	n578	1	0.05%	99.70%
n170	1	0.05%	97.33%	n215	1	0.05%	98.23%	n312	1	0.05%	99.00%	n679	1	0.05%	99.76%
n171	2	0.10%	97.43%	n218	1	0.05%	98.28%	n334	1	0.05%	99.04%	n749	1	0.05%	99.80%
n173	3	0.14%	97.57%	n226	1	0.05%	98.33%	n337	1	0.05%	99.00%	n757	1	0.05%	99.85%
n174	1	0.05%	97.62%	n235	1	0.05%	98.38%	n343	1	0.05%	99.14%	n819	1	0.05%	99.90%
n177	1	0.05%	97.66%	n248	2	0.10%	98.47%	n370	1	0.05%	99.19%	n894	1	0.05%	99.95%
n182	1	0.05%	97.71%	n254	1	0.05%	98.52%	n373	2	0.10%	99.28%	n1220	1	0.05%	100%
n184	1	0.05%	97.76%	n257	1	0.05%	98.57%	n377	1	0.05%	99.33%				
n189	1	0.05%	97.81%	n264	1	0.05%	98.62%	n384	1	0.05%	99.38%				
n190	1	0.05%	97.85%	n265	1	0.05%	98.66%	n400	1	0.05%	99.42%				

〈그래프4-14〉 'X的'의 nr 빈도와 비율

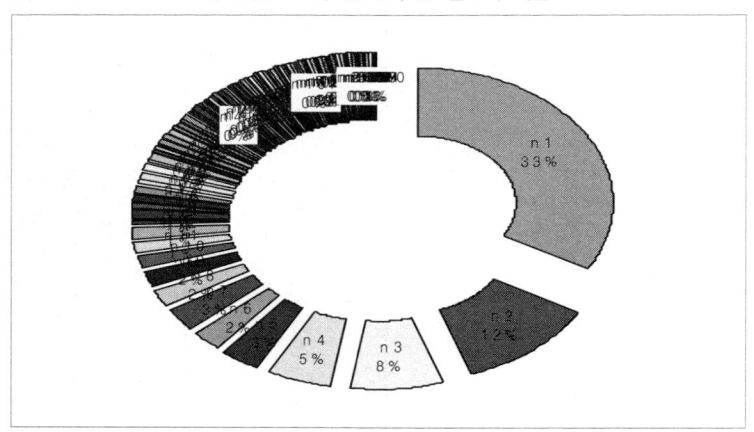

'-的'도 '-化', '-性'에 이어서 생산성 수치가 높게 측정된 접미사이다 (2.865). 위의 표를 보면 20회 출현어까지의 누적 빈도가 전체 유형(2069개) 의 80%를 차지하고 있음을 알 수 있다. 'X的'도 다수의 저빈도 단어가 전체의 대부분을 차지하는 집합의 성격을 가진다고 할 수 있다.

저빈도 단어가 많을수록 접사에 대한 분석적 인식이 강해지고, 이것 이 접사의 생성력을 유지·강화시키는 결과를 가져온다. 아래는 'X的' 중 저빈도어와 고빈도어의 일부 예이다.

(6) ㄱ. 저빈도어

　　건축가적, 게릴라적, 고어체적, 선교사적, 순기능적, 실인증적, 폭로
　　적, 품질적, 함몰적, 협심증적, 화행론적, 단계론적, 아메바적, 길드적,
　　극본적, 다큐적, 내시경적 …

ㄴ. 고빈도어

　　자발적, 실질적, 직접적, 공식적, 부정적, 상대적, 긍정적, 기본적, 지
　　속적, 본격적, 역사적, 세계적, 대표적, 일반적, 구체적, 정치적, 사회
　　적 …

　　대체로 (6)ㄴ의 고빈도어에는 매우 익숙한 단어들이 많은 반면, (6)ㄱ
의 저빈도어에는 익숙하지 않은 단어들이 많다. (6)ㄱ과 같은 단어가 생
소하지만 그 의미를 파악하는 데 큰 어려움이 없는 이유는 접미사 '-性'
의 높은 생산성으로 인한 의미적 투명성 때문이다. (6)ㄱ과 같은 단어를
생성하기 위해 어기와 접사를 결합시키는 과정이 반복될수록 '-的'에 대
한 분석적 인식이 강화된다. 파생어 집합에 어휘화된 단어보다는 '어기-
접사'의 결합 과정이 살아 있는 단어가 더 많을수록 접사의 생성력이
강화되는 것이다.

　　그런데 여기서도 주목할 점은 앞서 언급했던 바와 같이 'X的'의 유형
빈도(2069)가 'X化'의 유형 빈도(679)나 'X性'의 유형 빈도(1171)보다 크지
만 생산성은 오히려 '-化'와 '-性'이 '-的'보다 더 높다는 사실이다. 이는
앞서 '-化'와 '-性'의 관계를 살펴보았을 때와 마찬가지로 파생어 집합에
포함되어 있는 저빈도 단어의 비율로 인해 발생하는 현상으로 생각된
다. '-的', '-性', '-化' 세 접미사가 각각 만들어낸 파생어 집합의 빈도 분
포를 검토하면 유형 빈도가 제일 높은 'X的'에 저빈도 단어가 제일 작
은 비율로 포함되어 있음을 확인할 수 있다. 아래는 'X化', 'X性', 'X的'

의 저빈도 단어 비율을 비교한 표이다.

〈표4-15〉'X化', 'X性', 'X的'의 누적 저빈도어 비율

'X化'의 저빈도 단어 비율					'X性'의 저빈도 단어 비율					'X的'의 저빈도 단어 비율			
nr	빈도	%	누적%	비교	nr	빈도	%	누적 %	비교	nr	빈도	%	누적 %
n1	301	43.37%	43.37%	〉	n1	453	38.35%	38.35%	〉	n1	696	33.11%	33.11%
n2	101	14.55%	57.92%	〉	n2	162	13.71%	52.07%	〉	n2	245	11.65%	44.76%
n3	40	5.76%	63.68%	〉	n3	103	8.72%	60.79%	〉	n3	163	7.75%	52.52%
n4	40	5.76%	69.45%	〉	n4	62	5.25%	66.04%	〉	n4	109	5.19%	57.70%
n5	29	4.18%	73.63%	〉	n5	40	3.38%	69.43%	〉	n5	73	3.47%	61.17%
n6	12	1.73%	75.36%	〉	n6	32	2.71%	72.14%	〉	n6	52	2.47%	63.65%
n7	21	3.03%	78.38%	〉	n7	34	2.88%	75.02%	〉	n7	59	2.81%	66.46%
n8	12	1.73%	80.11%	〉	n8	24	2.03%	77.05%	〉	n8	41	1.95%	68.41%
n9	5	0.72%	80.83%	≥	n9	26	2.20%	79.25%	〉	n9	39	1.86%	70.26%
n10	8	1.15%	81.98%	≥	n10	17	1.44%	80.69%	〉	n10	32	1.52%	71.78%

〈그래프 4-15〉'X化', 'X性', 'X的'의 누적 저빈도어 비율

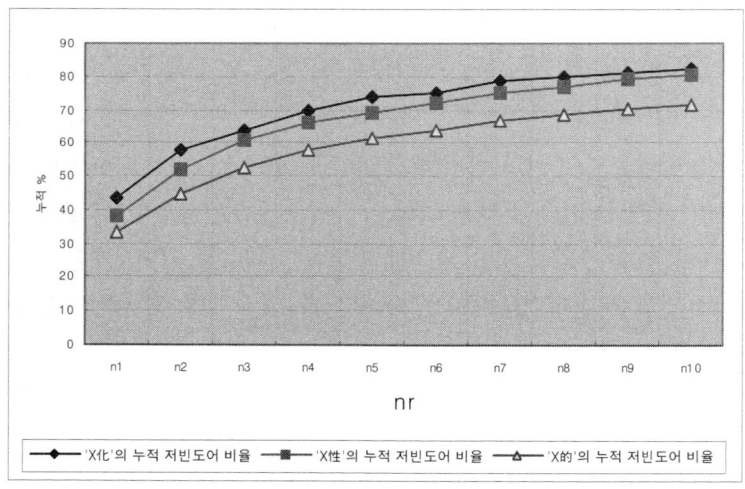

위의 표와 그래프는 유형 빈도가 제일 높은 'X的'에서 저빈도 단어의
비율이 제일 작다는 사실과 저빈도 단어의 포함 비율 순서가 생산성 수
치의 순서인 '-化', '-性', '-的'과 일치하는 사실을 보여준다.

유형 빈도는 제일 높지만 저빈도의 단어의 비율이 낮다는 것이 '-的'
의 생산성이 '-化'나 '-性'의 생산성보다 낮게 산출되는 원인이 된다. 유

형 빈도가 높더라도 그 안에 고빈도 단어가 많은 경우에는 그 단어들이 모두 어휘화되어 저장되기 때문에 어기와 접사가 분석적으로 처리될 기회가 줄어든다. 따라서 이러한 특성을 갖는 접사는 그 분석적 인식이 약화된다. 어기와 접사의 분석적 처리를 반복하게 해 주는 저빈도 단어를 'X化'와 'X性'이 더 높은 비율로 보유하고 있기 때문에 접미사 '-化'와 '-性'의 생성력이 '-的'보다 더 높게 나타난 것이라 할 수 있다. 저빈도 단어의 누적 비율이 클수록 생산성 수치가 높게 나타난다는 사실은 접사의 생산성과 저빈도 단어가 긴밀한 연관 관계를 가졌음을 의미한다.

4.3.2.2. 비생산적인 접미사가 생성한 파생어의 빈도 분포

여기서는 접미사 중 생산성 수치가 낮게 측정된 5개를 대상으로 해당 접미사가 만들어낸 파생어의 빈도 분포를 조사하여 제시한다. 대상 접미사는 '-이¹', '-이³/-히', '-롭-', '-대-'의 4가지로 생산성 수치가 0인 것 한 개와 0은 아니지만 0에 가깝게 낮은 것 3개이다.

먼저 부사 파생 접미사 '-이¹'이 생성한 파생어의 빈도 분포를 살펴보기로 한다. 아래의 표와 그래프는 'X이¹'의 빈도별 비율과 누적 비율을 나타낸 것이다.

〈표 4-16〉 'X이¹' 부사의 nr 빈도와 비율

nr	빈도	%	누적 %	nr	빈도	%	누적 %
n1	8	21.62%	21.62%	n68	1	2.70%	75.67%
n2	5	13.51%	35.13%	n89	1	2.70%	78.37%
n3	2	5.40%	40.54%	n127	1	2.70%	81.08%
n4	3	8.10%	48.64%	n227	1	2.70%	83.78%
n5	1	2.70%	51.35%	n349	1	2.70%	86.48%
n6	2	5.40%	56.75%	n360	1	2.70%	89.18%
n11	1	2.70%	59.45%	n467	1	2.70%	91.89%
n13	1	2.70%	62.16%	n2450	1	2.70%	94.59%
n18	1	2.70%	64.86%	n2959	1	2.70%	97.29%
n22	1	2.70%	67.56%	n5993	1	2.70%	100%
n28	2	5.40%	72.97%				

〈그래프 4-16〉 'X이¹' 부사의 nr 빈도와 비율

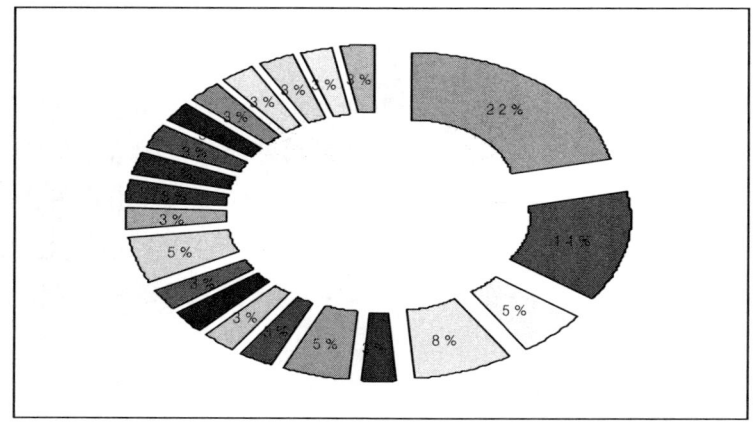

  '-이¹'은 형용사 어간과 결합하여 부사를 파생시키는 접미사로 새롭게 만들어내는 단어가 하나도 관찰되지 않았기 때문에 생산성 수치가 0인 접미사이다. 위의 표와 그래프를 보면 'X이¹'은 저빈도 단어가 다수를 차지하지 못하고, 고빈도 단어들의 구성 비율이 높다는 것을 알 수 있다. 'X的', 'X性', 'X化'에서는 빈도수 10회 이하의 저빈도 단어가 전체 파생어의 70% 이상을 차지했지만 'X이¹'에서는 28회 출현어까지 내려가야 그 합계가 전체 파생어의 70%에 해당한다. 생산적인 접미사가 만들어내는 파생어 집합에서 관찰할 수 있었던 빈도 분포와는 전혀 다른 빈도 분포를 'X이¹'에서 확인할 수 있다. 이는 '형용사 + 이¹' 파생 부사는 대부분 어휘화된 형태로 존재하고, 어기와 접사의 생산적 결합을 통한 도출형은 존재하지 않음을 의미한다. 어휘화된 형태로 저장되는 고빈도 단어들이 많을수록 생산성은 더 약화된다.
  다음은 부사 파생 접미사 '-이³/-히'가 생성한 파생어의 빈도 분포를 살펴보기로 한다. 아래의 표와 그래프는 'X이³/히'의 빈도별 비율과 누적 비율을 나타낸 것이다.

〈표4-17〉 'X이³/히'의 nr 빈도와 비율

nr	빈도	%	누적%	nr	빈도	%	누적%	nr	빈도	%	누적%
n1	117	25.88%	25.88%	n42	1	0.22%	81.19%	n132	1	0.22%	91.81%
n2	49	10.84%	36.72%	n43	2	0.44%	81.63%	n139	1	0.22%	92.03%
n3	18	3.98%	40.70%	n44	1	0.22%	81.85%	n140	1	0.22%	92.25%
n4	16	3.53%	44.24%	n45	1	0.22%	82.07%	n145	1	0.22%	92.47%
n5	13	2.87%	47.12%	n46	1	0.22%	82.30%	n148	1	0.22%	92.69%
n6	18	3.98%	51.10%	n47	1	0.22%	82.52%	n153	1	0.22%	92.92%
n7	5	1.10%	52.21%	n48	1	0.22%	82.74%	n155	1	0.22%	93.14%
n8	12	2.65%	54.86%	n49	2	0.44%	83.18%	n158	1	0.22%	93.36%
n9	12	2.65%	57.52%	n50	1	0.22%	83.40%	n173	1	0.22%	93.58%
n10	11	2.43%	59.95%	n51	2	0.44%	83.84%	n181	1	0.22%	93.80%
n11	7	1.54%	61.50%	n52	1	0.22%	84.07%	n192	2	0.44%	94.24%
n12	2	0.44%	61.94%	n54	1	0.22%	84.29%	n193	1	0.22%	94.46%
n13	5	1.10%	63.05%	n56	1	0.22%	84.51%	n208	1	0.22%	94.69%
n14	2	0.44%	63.49%	n58	1	0.22%	84.73%	n223	1	0.22%	94.91%
n15	6	1.32%	64.82%	n59	1	0.22%	84.95%	n228	1	0.22%	95.13%
n16	5	1.10%	65.92%	n62	1	0.22%	85.17%	n229	1	0.22%	95.35%
n17	4	0.88%	66.81%	n63	2	0.44%	85.61%	n235	1	0.22%	95.57%
n18	2	0.44%	67.25%	n64	1	0.22%	85.84%	n250	1	0.22%	95.79%
n19	1	0.22%	67.47%	n65	2	0.44%	86.28%	n251	1	0.22%	96.01%
n20	7	1.54%	69.02%	n67	1	0.22%	86.50%	n252	1	0.22%	96.23%
n21	5	1.10%	70.13%	n68	1	0.22%	86.72%	n259	1	0.22%	96.46%
n22	4	0.88%	71.01%	n70	1	0.22%	86.94%	n267	1	0.22%	96.68%
n23	4	0.88%	71.90%	n71	1	0.22%	87.16%	n298	1	0.22%	96.90%
n24	4	0.88%	72.78%	n74	1	0.22%	87.38%	n313	1	0.22%	97.12%
n25	1	0.22%	73.00%	n79	2	0.44%	87.83%	n316	1	0.22%	97.34%
n26	4	0.88%	73.89%	n83	2	0.44%	88.27%	n317	1	0.22%	97.56%
n27	2	0.44%	74.33%	n84	1	0.22%	88.49%	n348	1	0.22%	97.78%
n28	1	0.22%	74.55%	n88	2	0.44%	88.93%	n360	1	0.22%	98.00%
n30	3	0.66%	75.22%	n89	1	0.22%	89.15%	n387	1	0.22%	98.23%
n31	1	0.22%	75.44%	n91	1	0.22%	89.38%	n451	1	0.22%	98.45%
n33	6	1.32%	76.76%	n94	1	0.22%	89.60%	n467	1	0.22%	98.67%
n34	4	0.88%	77.65%	n97	1	0.22%	89.82%	n498	1	0.22%	98.89%
n35	2	0.44%	78.09%	n102	1	0.22%	90.04%	n570	1	0.22%	99.11%
n36	3	0.66%	78.76%	n103	2	0.44%	90.48%	n647	1	0.22%	99.33%
n37	3	0.66%	79.42%	n109	1	0.22%	90.70%	n886	1	0.22%	99.55%
n38	2	0.44%	79.86%	n114	1	0.22%	90.92%	n956	1	0.22%	99.77%
n39	2	0.44%	80.30%	n125	1	0.22%	91.15%	n2843	1	0.22%	100%
n40	2	0.44%	80.75%	n126	1	0.22%	91.37%				
n41	1	0.22%	80.97%	n127	1	0.22%	91.59%				

〈그래프4-17〉 'X이³/히'의 nr 빈도와 비율

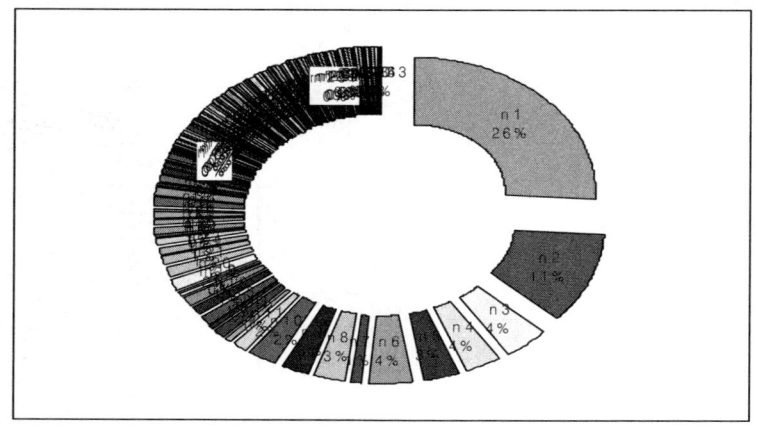

'-이³/-히'는 '하다'와 결합하여 형용사가 되는 어근 및 기타 어근과 결합하여 부사를 파생시키는 접미사로 생산성 수치가 0이 아닌 접미사 중 제일 낮은 생산성 수치(0.111)를 가진 접미사이다. 'X이³/히'는 그 유형 빈도가 451로 다른 접미사들이 만든 파생어에 비해 상당히 높은 편임에도 불구하고, '-이³/-히'의 생산성 수치가 거의 0에 가깝게 나왔다. 이런 이유 때문에 'X이³/히'는 생산성과 유형 빈도의 관계를 검증하는 데 매우 중요한 자료가 된다고 할 수 있다.[6]

위의 표와 그래프를 보면, 'X이³/히'에는 저빈도 단어가 상대적으로 적고 고빈도 단어가 많다는 사실을 확인할 수 있다. 1~2회 출현어에 포함되는 단어가 전체의 37%밖에 되지 않는다. 이는 생산적인 접미사가 형성한 파생어 집합에서 관찰되었던 빈도 패턴과는 완전히 다른 양상이라 할 수 있다. 전체의 유형 빈도가 높더라도 그 안에 어기와 접사가 분석적으로 처리되지 않고, 그 결합이 어휘화되어 저장되는 고빈도 단어

---

6) 접두사 중 '不' 파생어도 이와 같은 경우이다. 유형 빈도가 매우 높으면서 생산성은 0에 가깝게 산출되어 4.3.1.2에서 생산성과 유형 빈도, 생산성과 저빈도 단어의 관계를 재점검해 보았다.

가 더 많기 때문에 접미사 '-이^3/-히'의 생산성은 낮을 수밖에 없다.

　다음은 형용사 파생 접미사 '-롭-'이 생성한 파생어의 빈도 분포를 살펴보기로 한다. 아래의 표와 그래프는 'X롭'의 빈도별 비율과 누적 비율을 나타낸 것이다.

〈표 4-18〉'X롭-'의 nr 빈도와 비율

nr	빈도	%	누적 %	nr	빈도	%	누적 %
n1	13	25.49%	25.49%	n32	1	1.96%	70.58%
n2	2	3.921%	29.41%	n33	2	3.92%	74.50%
n3	2	3.921%	33.33%	n39	1	196.%	76.47%
n4	3	5.882%	39.21%	n40	1	1.96%	78.43%
n5	2	3.921%	43.1%	n43	1	1.96%	80.39%
n6	1	1.960%	45.09%	n45	1	1.94%	82.35%
n7	1	1.960%	47.05%	n52	1	1.96%	84.31%
n9	1	1.960%	49.01%	n53	1	1.94%	86.2%
n10	1	1.960%	50.98%	n58	2	3.92%	90.19%
n12	2	3.921%	54.90%	n77	1	1.96%	92.15%
n17	3	5.882%	60.78%	n89	1	1.96%	94.11%
n20	1	1.960%	62.74%	n132	1	1.96%	96.07%
n22	1	1.960%	64.70%	n176	1	1.96%	98.03%
n24	1	1.960%	66.66%	n517	1	1.96%	100%

〈그래프 4-18〉'X롭-'의 nr 빈도와 비율

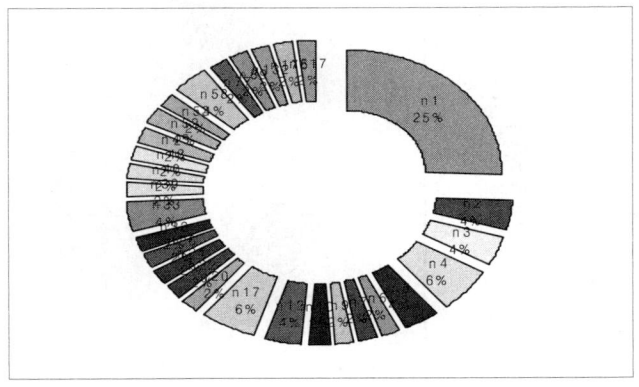

　'-롭-'은 '-이^3/-히' 다음으로 그 생산성 수치가 낮은 접미사이다.(0.196) 'X롭-'도 저빈도 단어의 구성 비율이 낮고, 고빈도 단어의 구성 비율이

높다. 'X的', 'X性', 'X化'에서는 빈도수 10회 이하의 저빈도 단어가 전체 파생어의 70% 이상을 차지했지만 'X롭-'에서는 32회 출현어까지의 합계가 전체 파생어의 70%에 해당한다. 이 빈도 분포는 앞서 살펴본 비생산적인 접미사 '-이[1]'과 '-이[3]/-히'이 생성한 파생어 집합의 빈도 분포와 비슷한 패턴이라고 할 수 있다. 이는 'X롭-'의 대부분이 어휘화된 형태로 존재하고, 어기와 접사의 생산적 결합을 통한 도출형은 존재하지 않음을 의미한다. 어휘화된 형태로 저장되는 고빈도 단어가 많을수록 해당 접사의 생산성은 더 약화되는 것이다.

다음은 접미사 '-대-'가 생성한 파생어의 빈도 분포를 살펴보기로 한다. 아래의 표와 그래프는 'X대-'의 빈도별 비율과 누적 비율을 나타낸 것이다.

〈표 4-19〉 'X대-'의 nr 빈도와 비율

nr	빈도	누적 %	누적 %
n1	71	49.65%	49.65%
n2	32	72.02%	72.02%
n3	10	79.02%	79.02%
n4	8	84.61%	84.61%
n5	4	87.41%	87.41%
n6	2	88.81%	88.81%
n7	2	90.20%	90.20%
n8	1	90.90%	90.90%
n9	1	91.60%	91.60%
n10	2	93.00%	93.00%
n11	1	93.70%	93.70%
n12	1	94.40%	94.40%
n13	2	95.80%	95.80%
n15	1	96.56%	96.56%
n16	1	97.20%	97.20%
n17	1	97.90%	97.90%
n19	1	98.60%	98.60%
n27	1	99.30%	99.30%
n28	1	100%	100%

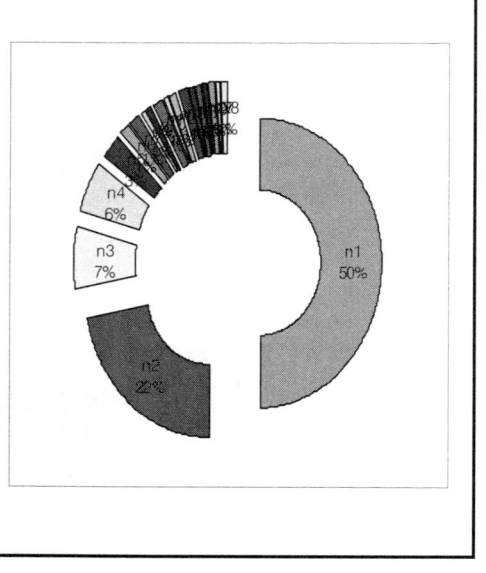

'-대-'도 생산성 수치가 작게 측정된 접미사로(1.108) 생산성 수치가 0

인 접미사를 제외하고 생산성이 낮은 순으로 5번째인 접미사이다. '-대-'
는 어느 정도 생산성이 있지만 생산성이 높은 접미사라고는 할 수 없다.
그러나 위의 표와 그래프를 보면 'X대-'는 생산적인 패턴이 보이는 특
성과 완전히 동일한 양적 특성을 보이고 있다. 다수의 저빈도 단어가 전
체 유형의 대부분을 차지하고 있기 때문이다. 이는 지금까지 자료를 검
토하여 얻은 생산성과 빈도 분포에 대한 잠정적인 결론과 배치되는 현
상이다.

　그러나 여기에는 다른 이유가 있다. 3.3.2.1.에서 언급한 바와 같이 'X
대-'에 저빈도 단어가 다수 존재하는 이유는 비슷한 의미를 가지는 'X
거리-'가 'X대-'의 형성과 사용을 방해하기 때문이다. 따라서 'X대-'에
속하는 다수의 저빈도 단어는 생산성을 반영하는 것이 아니라 저지의
결과를 반영하는 것이라 할 수 있다.[7]

---

7) 저지에 대해서는 5장에서 심층적으로 살펴보기로 한다.

4.4. 소결: 생산성의 조건

4.3.에서는 생산적인 접사와 비생산적인 접사가 각각 만들어내는 파생어 집합의 빈도 분포를 관찰하고 그 대조적 특성을 확인하였다. 그 빈도 분포의 특성을 요약하면 아래와 같다.

① 생산적인 접사가 생성한 파생어 집합의 빈도 특성

- 다수의 저빈도 단어가 전체 유형의 대부분을 차지한다.
- 고빈도 단어의 비율은 상대적으로 미미하다.

② 비생산적인 접사가 생성한 파생어 집합의 빈도 특성

- 저빈도 단어가 전체 유형의 다수를 점하지 못한다.
- 고빈도 단어의 비율이 상대적으로 크다.
- 저빈도 단어가 압도적인 다수를 점하더라도 그것은 저지의 결과이다.('-대-'의 경우)

접사의 생산성은 대체로 해당 접사가 만들어낸 파생어의 유형 빈도에 근거하여 판단되어 온 것이 일반적이었다. 직관적인 접근에서는 물론이고 경험적인 접근에서도 사전에 등재된 파생어의 표제항수를 근거로 생산성을 판정하는 경우가 많았기 때문이다. 그러나 새로운 단어를 만들어낼 수 있는 가능성이라는 확률적 관점에서 생산성에 접근한 본 연구에서는 생산성과 유형 빈도 사이에 필연적인 관계가 있는 것도 아니고, 높은 유형 빈도가 높은 생산성으로 직결되지도 않는다는 것을 알게 되었다. 파생어의 유형 빈도는 높지만 거의 생산적이지 않은 파생 접사도 관찰되었고(접두사 '不-', 접미사 '-이³/-히'), 유형 빈도와 생산성 수치가 오히려 반비례하는 경우(접미사 '-化' '-性', '-的')도 관찰되었기 때문이다.

본 연구의 조사 결과 파생 접사의 생산성을 결정하는 가장 중요한 요인은 파생어 집합 안에 포함된 저빈도 단어의 비율로 판단된다. 이러한 결론은 접미사 '-化' '-性', '-的'의 생산성과 각각이 만들어낸 파생어 집합의 빈도 분포 분석을 통해서 도출되었다. '-化' '-性', '-的'의 생산성이 각 접사가 형성한 파생어에 포함된 저빈도 단어의 비율과 정비례의 관계에 있음이 확인된 것이다. 직관적인 접근에서 '-化' '-性', '-的'은 모두 생산적인 접미사의 부류에 속하기만 할 뿐, 그 상대성이 비교되기 어려웠다. 그렇기 때문에 생산성을 결정하는 근원적 조건을 밝혀내는 데까지 연구가 확장되기 어려웠다. 그러나 계량적 접근에서는 '-化', '-性', '-的'의 생산성이 비교 가능한 수치로 제시될 수 있었고, 생산성에 영향을 미치는 요인을 추적하여 그 상관 관계를 입증할 수 있었다. 이는 직관만으로는 충분히 세밀하게 포착할 수 없는 언어의 양적 속성이 중요 요인으로 작용하는 영역에서 계량적 접근이 가질 수 있는 강점이라 할 수 있다.

접사의 생성력은 어기와 접사의 분석적 처리를 반복하는 과정에서 유지·강화되는데 그 주된 역할을 저빈도 단어가 담당한다. 저빈도 단어는 하나의 단위로 저장되어 있다가 통째로 인출되는 단어가 아니라, 그때그때의 필요에 의해서 어기와 접사를 결합시켜 만들어지는 단어이다. 따라서 이러한 단어가 많을수록 접사에 대한 분석적 인식도가 높아지고, 그 결과 해당 접사가 새 단어를 생성할 수 있는 잠재력 또한 커지게 된다. 파생어 집합에 저빈도 단어의 보유 비율이 높을수록 그 접사는 새로운 어기와 결합할 수 있는 기회를 그만큼 더 많이 얻게 되어 생산성 수치가 더 커진다고 할 수 있다. Hay & Baayen(2002)에서도 본 연구와 같은 입장을 확인할 수 있는데, 여기서는 영어의 80개 접사의 분석 가능성을 조사하여 어휘부에 어기와 접사가 형태론적으로 분석 가능한 단어가 많을수록 해당 접사가 더 생산적이라는 결론을 얻었다. 접사의 생산성을 결정하는 데는 접사에 대한 분석적 인식을 강화시키는 저빈도 단어가 매우 중요하다고 할 수 있다.

그러나 저빈도 단어가 모두 일괄적으로 접사의 생산성에 기여하는 것만은 아니다. 본 연구의 조사 결과 저빈도 단어에도 여러 종류가 존재하는 것이 확인되었는데, 기존 단어의 사용 빈도가 감소한 결과로서의 저빈도 단어라든가 저지의 결과로 발생한 저빈도 단어에서는 접사의 생성력을 증대시키는 효과를 관찰할 수 없었다. 그리고 생산성을 반영하는 저빈도어로 파악된 예들도 면밀하게 관찰해보면 생산성에 기여하는 정도가 다를 것으로 생각된다. 예를 들어 5회 출현어의 경우, 한 텍스트에서만 5회 출현한 단어와 5개 텍스트에서 1회씩 출현하여 총 빈도가 5회인 단어는 생산성에 기여하는 측면에서 서로 다른 가치를 가질 것으로 생각된다. 그러나 본 연구에서는 자료를 여기까지 정밀하게 다루지는 못했다.

본 연구에서 조사한 결과를 바탕으로 파생 접사가 가지는 생산성의 필요충분 조건을 제시하면 아래와 같다.

생산성의 필요충분 조건
다수의 저빈도 단어로 파생어 집합이 구성되어야 한다. ⅰ) 저빈도 단어가 이전부터 사용되던 단어의 사용 빈도가 감소한 결과여서는 안 된다. ⅱ) 저빈도 단어가 비슷한 의미를 가진 접사와의 경쟁으로 발생한 저지의 결과여서는 안 된다.

제5장 저지에 대한 재검토

5.1. 도입

같은 의미를 지닌 기존 단어의 존재로 인해 새로운 파생어가 생성되지 않는 현상을 그동안 저지로 이해했고, 이는 한 언어에 존재하는 동의어의 수를 줄여서 언어의 경제성을 추구하려는 목적에서 비롯된다고 믿어 왔다. 그러나 실제의 저지는 이렇게 간결한 모습을 보여 주지는 않는다. 저지되어야 할 것으로 생각되는 단어들 중 적지 않은 수가 실제로 출현하기 때문이다. 본 절에서는 지금까지 저지와 그 예외를 설명한 논의들의 접근법을 소개하여 장단점을 밝히고 본 연구가 저지와 그 예외에 접근하는 기본 입장을 정리한다.

5.1.1. 생성 이론에서의 접근

생성 이론적 관점에서 저지를 설명한 대표적 논의로는 Aronoff(1976), Kiparsky(1982), Scalise(1984) 등을 들 수 있다. Aronoff(1976)에서는 저지를 다른 형태가 이미 존재하기 때문에 단순히 어떤 형태가 나타나지 못하는 현상으로 규정했고, Kiparsky(1982)는 동의어 회피 원리를 제안하면서 의미론적 관점에서 저지를 새롭게 정의하였다. Scalise(1984)는 Aronoff(1976)의 논의를 정밀화하면서 그 한계를 비판했다. Aronoff(1976)에서 든 예는 아래와 같다.

〈표5-1〉 Aronoff(1976)에서 든 저지의 예

	명사	Xous	Xity	Xness
1	*	various	variety	variousness
2	*	curious	curiosity	curiousness
3	glory	glorious	*gloriosity	gloriousness
4	fury	furious	*furiosity	furiousness
5	*	specious	speciosity	speciousness
6	*	precious	preciosity	preciousness
7	grace	gracious	*graciosity	graciousness
8	space	spacious	*spaciosity	spaciousness

위의 표는 파생어 형성과 관련된 두 가지 사실을 보여준다. 첫째는 Xous의 형태를 갖는 형용사가 어기로서의 추상 명사를 가지고 있는 경우(3,4,7,8)에는 이 형용사를 어기로 하는 '-ity' 파생 명사가 생성될 수 없지만, 어기에 해당하는 추상 명사가 없으면(1,2,5,6) '-ity' 파생 명사의 생성이 가능하다는 것이다. 둘째는 '-ity' 파생 명사의 생성을 막은 어기 명사도 '-ness' 파생 명사의 출현을 막지는 못한다는 점(3,4,7,8)과 '-ity' 파생 명사도 '-ness' 파생 명사의 생성을 막지는 못한다는 점(1,2,5,6)이다. 그러나 위의 표가 보여주는 현상은 Aronoff(1976)의 저지의 정의―다른 형태가 존재하기 때문에 어떤 형태가 단순히 나타나지 못하는 현상―에서 분명히 벗어나는 현상이다. 같은 의미의 단어가 분명히 존재함에도 불구하고 다른 단어가 생성되기 때문이다.

Aronoff(1976)은 이 현상을 몇 가지 가정(假定)을 통해서 설명했다. 첫째는 '-ity' 파생 명사가 형성되지 않는 현상을 설명하기 위한 것이다. 어휘부 내의 각 어휘 항목에 대한 의미의 칸은 하나씩만 있어서 거기에는 하나의 어휘 항목만 들어갈 수 있다는 가정이 그것이다. 즉, glorious와 관련된 추상 명사의 의미칸은 하나만 있는데 그 칸을 이미 glory가 채우고 있기 때문에 '*gloriosity'와 같은 파생어는 들어갈 자리가 없어서 저지된다는 설명이 그 예이다. 둘째는 '-ness' 파생 명사가 늘 존재하는 현상을 설명하기 위한 것이다. 비생산적인 접사가 형성하는 파생어만 어

휘부에 저장되어 하나의 의미칸을 놓고 경쟁을 벌이는 반면 생산적인 접사가 형성한 파생어는 어휘부에 저장되지 않기 때문에 저지의 대상이 되지 않는다는 가정이 그것이다. 즉, 비생산적 접사 '-ity'가 만든 '*gloriosity'는 어휘부에 저장되기 때문에 저지되지만, 생산적인 접사 '-ness'가 만든 'gloriousness'는 어휘부에 저장되지 않기 때문에 아예 저지의 대상이 되지 않는다는 것이다.

Aronoff(1976)의 저지에 대한 이러한 접근은 그 실제를 확인하기 어려운 임의적인 가정에 근거한 설명이기 때문에 설명적 충족성을 가지고 있다고 보기 어렵다. 명확히 규정짓기 어려운 의미를 하나의 칸에 들어가는 항목으로 규정한 것이라든가 생산적인 접사가 형성한 파생어는 어휘부에 등재되지 않는다고 규정한 것은 설명적 편의를 위한 가정일 뿐 그 언어적·심리적 근거를 찾기는 어렵기 때문이다. 이러한 이유 때문에 Aronoff(1976)의 저지에 대한 설명은 Scalise(1984)에서 상세히 비판받은 바 있다. 특히 생산적인 접사가 형성한 파생어가 어휘부에 등재되지 않는다는 주장이 잘못되었다는 점을 Siegel(1977)의 예를 들어 언급하고 있다.[1] 생성 이론적 접근이 갖는 이러한 한계 때문에 Scalise(1984)는 저지를 어형성 규칙을 제약하는 형식상의 원칙으로 파악하지 않았고, 비교적 일반적인 경향으로 파악하면서 궁극적으로는 경제성을 지향하는 어휘 목록의 표현으로 보아야 함을 언급했다.

저지는 단어의 형성 및 사용과 밀접하게 관련되는 문제이기 때문에 단어 형성의 기제를 어떻게 설정하느냐에 따라서 상당히 다른 설명이 가능한 주제라 할 수 있다. 서론에서 언급한 것처럼 형태론적 현상의 대부분은 언어 수행적 특성과 양적 특성을 강하게 가지기 때문에 생성 이론적 접근이 효과적인 설명력을 가지기 어려운 것이 사실이다. 저지도 같은 성격을 가지는 문제이기 때문에 생성 이론적 접근이 현상에 대한

---

1) Scalise(1984)/전상범(역)(1987:213-4) 참조.

효과적 설명을 해주지는 못했다. 이는 규칙이 단어 형성 및 그와 관련된 다양한 현상에 대한 폭넓은 설명력을 가진 기제가 아니기 때문이다. 생산성에 대한 접근의 연장선상에서 저지에 대해서도 자료 중심적 접근과 해석이 필요하다.

5.1.2. 생산성과 파생어 빈도 관점에서의 접근

생산성과 파생어 빈도의 관점에서 저지에 접근한 논의에는 Rainer (1988), Plag(2003) 등이 있다. 이 접근법에서는 현상을 설명하기 위한 이론적 가정을 하기보다는 같은 의미를 가지는 경쟁하는 두 파생어에 자료 중심적으로 접근하여 저지의 경향성을 파악하는 입장을 취했다. 다음은 Rainer(1988:167-71)에서 가져온 단어의 빈도 및 생산성과 저지의 상관관계를 나타내는 예이다.

〈표5-2〉 이탈리아어 파생어 형성과 저지현상

base	potentially blocked word	blocking word	fre
coraggioso	*coraggiosita	coraggio(courage)	52.70
pietoso	*pietosita	pieta(pity)	34.04
desideroso	*desiderosita	desiderio(desire)	31.92
fiducioso	*fiduciosita	fiducia(confidence)	30.79
orgoglioso	*orgogliosita	orgoglio(pride)	10.64
armonioso	armoniosita	armonia(harmony)	4.13
rigoroso	rigorosita	rigore(rigor)	3.42
malizioso	maliziosita	malizia(malice)	0
acrimonioso	acrimoniosita	acrimonia(acrimony)	0
parsimonioso	parsimoniosita	parsimonia(parsimony)	0
ignominioso	ignominiosita	ignominia(ignominy)	0

〈표5-3〉독일어 파생어 형성과 저지현상

base	potentially blocked word	blocking word	fre
alt (old)	*Altheit	Alter (old age)	1400
groß (big)	*Großheit	Größe (size)	1301
tief (deep)	*Tiefheit	Tiefe (depth)	613
warm (warm)	*Warmheit	Wärme (warmth)	520
frisch (fresh)	Frischheit	Frische (freshness)	107
eng (narrow)	Engheit	Enge (narrowness)	67
blass (pale)	Blassheit	Blässe (paleness)	23
schnell (quick)	Schnellheit	Schnelle (quickness)	23

　　두 예에서 공통적으로 관찰되는 것은 저지하는 단어(blocking word)가 고빈도일 경우에만 생산적인 접미사가 만드는 단어가 저지되고, 저지하는 단어가 저빈도일 경우에는 생산적인 접미사가 만든 같은 의미의 단어와 공존하는 현상이 발생한다는 것이다.[2] 앞서 확인한 바와 같이 저지는 경향성을 보이는 현상인데, 이 접근에서는 그 경향성의 원인을 저지하는 단어의 빈도에서 찾은 것이라 할 수 있다.

　　Rainer(1988)은 저지를 경쟁하는 단어들 사이의 빈도 격차로 인해서 발생하는 현상으로 이해하고, 생성 이론적 접근에서는 저지의 예외로만 언급되었던 대상들에 대한 합리적 설명을 시도했다. Rainer(1988)은 우선 저지를 항목 저지(token blocking)와 유형 저지(type blocking)의 두 가지로 구분하였다. 전자는 기존의 단어가 잠재적이면서 규칙적인 새 단어의 형성을 막는 경우(thief-*stealer, arrival-*arrivement)이고, 후자는 한 접사가 다른 접사의 적용을 막는 경우(decency-*decentness)이다. 다시 말해, 항목 저지(token blocking)는 단어와 단어 사이의 관계에서 발생하는 저지이고, 유형 저지(type blocking)는 접사와 접사 사이에서 발생하는 저지라 할 수 있다.

---

2) 저지가 언제나 관찰되는 현상은 아니고 빈도상의 압도적 우위가 저지의 동인(動因)이어서 기존 단어의 빈도가 높을수록 강한 저지력을 가지고 있다는 사실에 대한 언급은 Plank(1981:182), Rainer(1988:167-71), Haspelmath(2002:249-50) 참조.

그런데 저지와 그 예외로 보이는 예들은 단어의 형성 및 사용과 관계되는 현상으로 실제적인 단어들 사이에서 발생하는 문제이다. 이것이 접사들 사이에서 발생하는 문제는 아니기 때문에 유형 저지가 실제로 존재한다고 하기는 어렵다. Plag(2003:67-8)에서도 저지를 빈도와 생산성을 매개로 경쟁하는 단어들 사이에서 일어나는 현상으로만 파악하여 항목 저지(token blocking)만을 인정하고 유형 저지(type blocking)는 그 개념을 폐기한 바 있다. Plag(2003)은 그 근거로 다음의 세 가지를 들고 있다. 첫째는 경쟁하는 두 접사가 만들어내는 파생어가 완전한 동의어가 아닌 경우가 있다는 점이고, 둘째는 저지될 것으로 예상되는 단어들이 실제로 나타나며 이들이 잘못 형성된 단어가 아니라는 점이며, 셋째는 항목 저지와 유형 저지를 구별하는 문제가 쉽지 않다는 점이다.3) 사실 저지는 경쟁하는 접사들 사이의 문제가 아니라 비슷한 의미를 지닌 단어들 사이의 문제이기 때문에 항목 저지의 관점에서 저지를 관찰하고 설명하는 접근이 타당하다고 생각된다.

Rainer(1988)에서는 항목 저지가 나타날 수 있는 조건으로 3가지를 들었다. 첫째는 동의성 조건이다. 이는 기존 단어와 새 파생어가 동의어일 경우에만 기존 단어가 새 단어를 저지할 수 있다는 조건이다. 둘째는 생산성 조건이다. 이는 저지를 당하는 단어는 생산적인 접사가 만들어낸 잠재어여야만 한다는 조건이다. 셋째는 빈도 조건이다. 이는 잠재적인 동의어를 저지하는 기존 단어는 빈도가 충분히 높아야 한다는 조건이다. 단어의 저장이 대체로 빈도에 의존한다는 사실을 고려해보면 저장되어 있는 단어는 모두 같은 의미의 다른 단어를 저지할 수 있다. 이것이 Rainer(1988)에서 저지의 세 조건 중 빈도를 제일 중요한 요소로 파악하는 이유이다.

저지를 이렇게 파악했을 때 얻을 수 있는 가장 큰 이점(利點)은 그동안

---

3) 실제로 존재하는 저지는 항목 저지뿐이라는 주장에 대한 근거와 자세한 설명은 Plag(2003:66-8)을 참조.

저지의 예외로 취급되었던 현상, 즉 동의적인 두 단어가 종종 존재하는 현상에 대해 합리적인 설명이 가능하다는 점이다. 저장된 단어가 고빈도일 경우에는 같은 의미의 새 단어는 그 출현이 저지되어 잠재어로 존재할 가능성이 커진다. 반면에 저장된 단어의 빈도가 충분히 높지 않을 경우에는 같은 의미의 새 단어가 실제어로 나타날 가능성이 커진다. 따라서 기존 단어가 고빈도일 경우에는 전형적인 저지의 예가 나타나는 반면, 기존 단어가 저빈도일 경우에는 저지의 예외가 나타나는 것이다. 빈도의 관점에서는 이처럼 저지와 그 예외가 일관성 있게 설명될 수 있다. 경향성을 보여주는 현상은 그 경향성의 근본 원인을 밝혀 주는 것이 설명을 위한 타당한 접근이라 할 수 있는데 저지와 그 예외의 경우는 빈도가 설명의 중심축이 된다.

저지와 그 예외는 저장되어 있는 기존 단어가 같은 의미를 가진 새 단어의 형성에 영향을 미치는 현상이다. 즉, 이 현상은 기존 단어의 저장 및 인출과 새 단어의 형성이 서로 밀접하게 관련된 복합적인 구조 안에서 발생하는 것이다. 따라서 저지와 그 예외는 언어 수행적 속성과 양적 특성을 강하게 갖는 현상이라 할 수 있다. 그런데 지금까지의 국어 연구는 저지와 그 예외가 가지는 이러한 특성에 대한 깊은 인식이 부족했다. 이런 이유 때문에 국어 연구에서는 생산성과 빈도를 매개로 한 동의어 경쟁의 관점에서 저지와 그 예외를 본격적으로 설명한 예를 찾기 어렵다. 저지와 그 예외가 단어의 형성 그리고 저장 및 인출과 관련되는 현상이라고 할 때, 그 관련 현상에 대한 실제적인 설명력을 가지는 기제를 기반으로 저지와 그 예외에 접근할 필요가 있다. 본 장에서는 철저한 자료 중심적인 접근을 통해 국어에서 관찰할 수 있는 저지와 그 예외를 생산성과 파생어 빈도의 입장에서 기술하고 설명할 것이다.

5.2. 저지에 대한 자료 중심적 관찰

국어 연구에서 저지의 테두리 안에서 다루어졌던 파생어로는 부정 접두사가 형성한 '不X'와 '非X', 동사 파생 접미사가 형성한 'X거리-', 'X대-' 그리고 형용사 파생 접미사 'X스럽-', 'X롭-', 'X的'이 대표적이라 할 수 있다. 기존 단어와 동의적인 새 단어는 기존 단어의 존재로 인해 그 생성이 좌절된다는 저지의 관점에서 위의 자료들이 다루어지긴 했다. 그러나 실제의 저지가 이론적 가정대로 깔끔하게 나타나지 않는다는 것이 일반적인 결론이라 할 수 있다.[4] 본 절에서는 우선 저지와 관련된 국어의 현상들을 코퍼스 안에서 면밀하게 관찰하여 저지의 실현과 비실현을 자료 중심적으로 확인해 보기로 한다.

5.2.1. '不X'와 '非X'

본 연구의 3장에서 다루었던 부정 접두사는 총 '無-', '未-', '不-', '非-', '沒-'의 5가지이다. 그런데 저지의 입장에서 다룰 수 있는 대상은 '不X'와 '非X'뿐이다. 각 부정 접두사가 갖는 의미가 '不-'과 '非-'를 제외하고는 각각 달라서 그들이 형성하는 파생어가 동의어가 될 수 없기 때문이다.[5] 그리고 부정 접두사 '不-'이 형성하는 파생어 중에서도 '不-'의 의미가 '非-'의 의미와 동일한 '아님, 아니함'의 경우만이 저지의 관점에서

---

4) '-스럽-', '-롭-', '-的'은 김창섭(1984)에서 '-스럽-'과 '-롭-' 사이에는 저지가 일어나지 않고 '-스럽-' 및 '-롭-'과 '-的' 사이에는 저지가 관찰된다고 했다. '-거리-'와 '-대-'는 채현식(2000)에서 저지가 일어나지 않는다고 했다. '不-'과 '非-'는 조현숙(1989)에서 부정 접두사의 경우 어기가 배타적으로 선택된다는 일반적인 언급을 하고 있을 뿐, 저지의 관점에서 면밀한 관찰을 하지는 않았다.
5) 아래의 표는 조현숙(1989:239)의 예를 가져온 것인데 이 예들은 각 접두사에 따라 결합 가능한 어기가 배타적인 분포를 보인다. 그러나 이는 부정 접두사와 어기의 결합에 대한 총괄적 관찰이 아니라 몇몇 배타적 분포를 보이는 전형적인 예이고, 부정 접두사 '無-', '不-', '未-', '非-' 의미가 '不-', '非-'를 제외하고는 확연히 다르기 때문에 각 부정 접두사가 만든 파생어들 전체를 저지의 관점에서 파악할 수는 없다.

조사 대상이 될 수 있다. 따라서 본 연구는 '不X'와 '非X'만을 저지의 관점에서 관찰하고 설명한다.[6]

아래의 <표5-4>는 '不-'과 '非-'가 동일 어기를 취하여 형성한 파생어를 조사 대상 코퍼스에서 추출한 것이다.[7]

〈표5-4〉'不X'와 '非X'가 모두 나타나는 예

연번	不- 형	빈도	非-형	빈도
1	불합리	40	비합리	35
2	부도덕	32	비도덕	7
3	불연속	26	비연속	2
4	불가시	7	비가시	8
5	부정기	3	비정기	2
6	불활성	2	비활성	1
7	불가역	1	비가역	3

위의 <표5-4>에 제시된 '不-'과 '非-'가 같은 어기를 취하여 만든 파생어 쌍은 그 의미가 거의 같아서 교체되어 사용되어도 의미상의 차이를 발견하기 어려운 단어이다. 이들 파생어 쌍은 '不X'와 '非X' 사이에 저지가 존재하지 않는 증거라 할 수 있다.

다음은 '不X'와 '非X' 중 '非X'로만 나타나는 예이다.

부정 접두사의 배타적 분포

어기	無	不	未	非
의식	무의식	*	*	*
의미	무의미	*	*	*
가능	*	불가능	*	*
정확	*	부정확	*	*
해결	*	*	미해결	*
완성	*	*	미완성	*
합법	*	*	*	비합법(적)
우호	*	*	*	비우호(적)

6) 부정 접두사 '不-'의 여러 의미에 대해서는 3.2.1.2 참조
7) '비자연(3)-부자연(48)'도 계량의 과정에서 포함되었지만 김창섭(1984)의 지적대로 '비자연'은 실체성을 가지는 '자연1'의 예이고 '부자연'은 상태성을 가지는 '자연2'의 예이면서 반의어도 '비자연-자연적, 부자연-자연스럽'으로 나타나기 때문에 동일 어기를 가진 파생어라고 할 수 없다. 따라서 '不-'과 '非-'가 동일 어기를 가지는 파생어의 예에서 '비자연'과 '부자연'은 제외된다.

〈표5-5〉 '不X'와 '非X' 중 '非X'로만 나타나는 예

연번	빈도	非X	연번	빈도	非X	연번	빈도	非X	연번	빈도	非X	연번	빈도	非X
1	679	비영리	41	9	비협조	81	4	비위계	121	2	비동맹	161	1	비관련
2	105	비정상	42	8	비체계	82	4	비자본주의	122	2	비동일	162	1	비관세
3	97	비서구	43	7	비본질	83	4	비전형	123	2	비문법	163	1	비교과
4	81	비현실	44	7	비생산	84	4	비종교	124	2	비발효	164	1	비교양
5	69	비공식	45	7	비순수	85	4	비처방	125	2	비배제	165	1	비교역
6	59	비효율	46	7	비신속	86	4	비회원	126	2	비범죄	166	1	비교육
7	58	비무장	47	7	비악성	87	4	비흡수	127	2	비보험	167	1	비구미(歐美)
8	52	비정부	48	7	비의도	88	3	비농업	128	2	비부착	168	1	비구상
9	44	비과세	49	7	비인가	89	3	비대표	129	2	비사회	169	1	비근로자
10	44	비포장	50	7	비전향	90	3	비동시	130	2	비상품	170	1	비금속
11	42	비주류	51	6	비경구	91	3	비마약	131	2	비신사	171	1	비금융인
12	37	비인간	52	6	비메모리	92	3	비문서	132	2	비신앙인	172	1	비기사도
13	32	비정규	53	6	비스테로이드	93	3	비범주	133	2	비실체	173	1	비낙농
14	30	비대칭	54	6	비약물	94	3	비상식	134	2	비영합	174	1	비낭만
15	28	비정	55	6	비정통	95	3	비신자	135	2	비의료	175	1	비내구
16	24	비공개	56	6	비타협	96	3	비양심	136	2	비이념	176	1	비네덜란드
17	22	비좌우대칭	57	6	비형평	97	3	비우량	137	2	비인격	177	1	비노동
18	20	비상장	58	5	비문학	98	3	비우호	138	2	비인식	178	1	비농민
19	18	비이성	59	5	비부계	99	3	비인기	139	2	비재무	179	1	비단절
20	17	비민주	60	5	비상업	100	3	비장애인	140	2	비전정	180	1	비대우
21	16	비동기	61	5	비상임	101	3	비조직	141	2	비전통	181	1	비대중
22	16	비전문	62	5	비선원	102	3	비침습	142	2	비제도	182	1	비대치
23	16	비정치	63	5	비언어	103	3	비호남	143	2	비조합원	183	1	비도이머이
24	15	비유럽	64	5	비역사	104	3	비활동	144	2	비주체	184	1	비동거
25	13	비특이	65	5	비위생	105	3	비효과	145	2	비지식인	185	1	비두개
26	11	비경제	66	5	비은행	106	2	비가열	146	2	비지정	186	1	비리얼리티
27	11	비과학	67	5	비일상	107	2	비가족원	147	2	비파업	187	1	비반복
28	11	비윤리	68	5	비자유국	108	2	비개념	148	2	비표준어	188	1	비방추체
29	11	비폭력	69	5	비전투	109	2	비개인	149	2	비핵	189	1	비백색
30	10	비노(非盧)	70	5	비허구	110	2	비경쟁	150	2	비혈관	190	1	비법대(法大)
31	10	비당권	71	5	비혈연	111	2	비계열	151	2	비휘발	191	1	비법적
32	10	비암	72	5	비확산	112	2	비관료	152	1	비감각	192	1	비법칙
33	9	비급여	73	4	비간질	113	2	비교차	153	1	비개성	193	1	비변별
34	9	비논리	74	4	비경련	114	2	비기독교	154	1	비결정	194	1	비병원
35	9	비사실	75	4	비국가	115	2	비기업	155	1	비계급	195	1	비본래
36	9	비실용	76	4	비군사	116	2	비노그룹	156	1	비계좌	196	1	비불교
37	9	비자의	77	4	비대상	117	2	비노무현	157	1	비계층	197	1	비브랜드
38	9	비정전	78	4	비동족	118	2	비능률	158	1	비계획	198	1	비사교
39	9	비정형	79	4	비매품	119	2	비단계	159	1	비고정	199	1	비사업
40	9	비합법	80	4	비숙련	120	2	비단백질	160	1	비공권력	200	1	비상근

연번	빈도	非X	연번	빈도	非X	연번	빈도	非X	연번	빈도	非X	연번	빈도	非X
201	1	비상대	213	1	비알코올	225	1	비유태인	237	1	비정당인	249	1	비탄력
202	1	비상설	214	1	비어민	226	1	비율동	238	1	비정품	250	1	비투쟁
203	1	비서양인	215	1	비억제	227	1	비의식	239	1	비제조	251	1	비폐쇄
204	1	비선출	216	1	비연계사	228	1	비이자	240	1	비주제어	252	1	비학술
205	1	비선형	217	1	비열성	229	1	비인도	241	1	비지분	253	1	비할리우드
206	1	비소비	218	1	비영남	230	1	비인문대	242	1	비진리	254	1	비핵심
207	1	비수익	219	1	비영어	231	1	비인칭	243	1	비차익	255	1	비협약
208	1	비신체	220	1	비원형	232	1	비인후	244	1	비축적	256	1	비호응
209	1	비실천	221	1	비위상	233	1	비일관	245	1	비취업	257	1	비호의
210	1	비심리주의	222	1	비유대인	234	1	비자책	246	1	비친족	258	1	비환경
211	1	비아프리카인	223	1	비유발	235	1	비재래식	247	1	비친화			
212	1	비알츠하이머	224	1	비유창	236	1	비적성	248	1	비침략			

'非-'가 만들어낸 파생어의 종류 266개 중 '不-'과 동일 어기를 취하는 8개를 제외한 258개가 위의 표에 제시되어 있다(3.2.1.2. 참조). 위의 표에는 '非-' 대신에 '不-'이 사용된다면 직관적 판단으로 성립하기 어려운 단어들이 상당수 존재한다. 이는 '不-'이 매우 비생산적이면서 어근적 성격을 띄는 접사이기 때문에 가지게 되는 직관으로 생각된다.

다음은 '不X'와 '非X' 중 '不X'로만 나타나는 예이다.[8]

---

8) '不-' 파생어에서는 '不-'의 의미가 다양하게 나타나는데(2.1.2 참조) 여러 의미 중 '非-'와 같은 의미인 '아님, 아니함'의 의미를 가지는 '不-' 파생어만 제시하였고 '할 수 없음, 못함'과 '-에서 벗어남, -에서 어긋남' 및 기타의 의미를 가지는 '不-' 파생어는 제외하였다.

〈표5-6〉'不-' 파생어와 '非-' 파생어 중 '不-' 파생어만 나타나는 예

연번	빈도	파생어	연번	빈도	파생어	연번	빈도	파생어	연번	빈도	파생어	연번	빈도	파생어
1	1	불가변	18	2	불사용	35	6	불균등	52	22	불성실	69	93	불균형
2	1	불개입	19	2	불유쾌	36	6	부동액	53	22	부조화	70	94	불필요
3	1	불관용	20	2	불음주	37	6	불복종	54	22	부주의	71	106	불확실
4	1	불망언	21	2	불인정	38	6	불신임	55	22	불협화음	72	110	불투명
5	1	불변화	22	2	불체포	39	6	불평형	56	22	불확정	73	120	불안정
6	1	불사음	23	2	불합치	40	9	불기소	57	24	불특정	74	150	불평등
7	1	불살생	24	3	불간섭	41	9	불만족	58	25	부적합			
8	1	불선명	25	3	불균일	42	10	불이행	59	26	불공평			
9	1	불연끽	26	3	불세출	43	11	부적격	60	30	부조리			
10	1	불인자	27	3	부정합	44	12	부정맥	61	32	불일치			
11	1	불입건	28	3	불퇴전	45	15	부자유	62	33	불충분			
12	1	불존재	29	4	불건전	46	17	불명예	63	39	불구속			
13	1	불통일	30	4	불안전	47	17	불명확	64	40	불쾌감			
14	1	불투도	31	4	불포화	48	17	불출마	65	48	불분명			
15	1	부정직	32	5	불실행	49	19	불수의	66	50	불공정			
16	2	불관여	33	5	부적당	50	20	불친절	67	56	부적절			
17	2	불명료	34	5	부적정	51	21	부정확	68	70	불완전			

'不-'이 만들어내는 파생어 105개 중 '非-'와 동일 어기를 취하는 7개와 '不-' 파생어에서 '不-'의 의미가 '아님, 아니함'이 아닌 경우를 제외한 74개가 위의 <표5-6>에 제시되어 있다. '不-' 대신에 '非-'가 쓰여도 직관적으로 크게 이상하지 않은 단어들이 적지 않게 관찰된다. '불개입(1)-비개입, 불선명(1)-비선명, 불관여(1)-비관여, 부정직(1)-비정직, 불명료(2)-비명료, 불사용(2)-비사용, 불균일(3)-비균일, 부적격(11)-비적격, 불명확(17)-비명확, 불확정(22)-비확정, 불특정(24)-비특정, 부적합(25)-비적합, 부적절(56)-비적절' 등이 그 예이다. '不-'에 비해 '非-'의 생산성이 상대적으로 월등히 높기 때문에 갖게 되는 직관인 것으로 생각된다. 이러한 단어는 대체로 '不X' 중 저빈도 단어에서 더 많이 관찰된다.

5.2.2. 'X거리-', 'X대-', 'X이-'

'-거리-', '-대-', '-이-'는 의성·의태어를 어기로 취하여 반복적인 동작을 나타내는 동사를 만드는 접미사이다. 이들 세 접미사의 의미가 세부

적인 측면에서는 다르다고 할 수는 있다. 그러나 그것은 세 접미사의 차이점에 주목했을 때 드러나는 현상일 뿐, 이 셋은 거의 동일한 뜻을 가지는 접미사이고 이들이 각각 형성하는 파생어도 상당히 유사한 의미를 지닌다. 거의 동일한 의미를 가진 파생어들이 상호간의 경쟁 관계를 형성하며 사용되고 있음에도 불구하고 'X거리-', 'X대-', 'X이-'를 저지의 관점에서 면밀하게 관찰하는 연구는 별로 없었다. 이는 세 파생어 사이에서 저지의 전형적인 예들이 관찰되지 않았기 때문이다. 가장 유사한 의미를 가진 파생어들임에도 불구하고 그 사이에서 왜 저지가 일어나지 않는가의 문제는 반드시 검토해 봐야 할 문제라 할 수 있다. 본 절에서는 세 접미사가 만들어낸 파생어들의 경쟁적인 관계를 계량적인 입장에서 기술하고, 유사한 의미를 가진 단어들의 구체적 경쟁 양상을 확인한다.

5.2.2.1. 'X거리-'와 'X대-'

동작 또는 상태를 나타내는 어근을 어기로 취하여 동사를 파생시키는 접미사 '-거리-'와 '-대-'는 거의 비슷한 의미를 가지는 파생어를 만들어내기 때문에 저지를 보일 것으로 예상되지만 실제로는 저지를 보이지 않는 두 접미사로 이해되어 왔다. 채현식(2000:18)에서는 '-거리-'와 '-대-'에 의한 파생어에서 우선 발견할 수 있는 특징으로 이들 사이에 저지가 일어나지 않는다는 점을 들었고, 이익섭·채완(1999)에서는 몇몇 예외가 있긴 하지만 '-거리-' 파생어와 '-대-' 파생어는 거의 모든 경우에 서로 기계적으로 대체되는 관계에 있다고 언급한 바 있다. 아래의 <표5-7>은 '-거리-'와 '-대-'가 동일 어기를 취하여 형성한 파생어를 조사 대상 코퍼스에서 추출한 것이다.

〈표5-7〉 'X거리-'와 'X대-'가 모두 나타나는 예

연번	'X거리-'	빈도	'X대-'	빈도	연번	'X거리'	빈도	'X대'	빈도	연번	'X거리'	빈도	'X대'	빈도
1	중얼거리	398	중얼대	1	41	뒤뚱거리	15	뒤뚱대	3	81	집적거리	5	집적대	1
2	머뭇거리	113	머뭇대	1	42	낑낑거리	14	낑낑대	7	82	쫑알거리	5	쫑알대	4
3	비틀거리	95	비틀대	1	43	흐느적거리	14	흐느적대	1	83	깡충거리	4	깡충대	1
4	투덜거리	94	투덜대	27	44	구시렁거리	13	구시렁대	1	84	끼적거리	4	끼적대	1
5	서성거리	86	서성대	5	45	쿵쾅거리	13	쿵쾅대	2	85	달그락거리	4	달그락대	2
6	기웃거리	78	기웃대	2	46	부스럭거리	12	부스럭대	1	86	덜렁거리	4	덜렁대	3
7	어른거리	76	어른대	4	47	키득거리	12	키득대	2	87	비죽거리	4	비죽대	1
8	꿈틀거리	64	꿈틀대	16	48	흔들거리	12	흔들대	2	88	빙글거리	4	빙글대	1
9	갸웃거리	60	갸웃대	1	49	건들거리	11	건들대	2	89	팔랑거리	4	팔랑대	1
10	휘청거리	55	휘청대	2	50	웅웅거리	11	웅웅대	1	90	흥청거리	4	흥청대	2
11	흥얼거리	43	흥얼대	1	51	지근거리	11	지끈대	1	91	득실거리	3	득실대	1
12	어슬렁거리	41	어슬렁대	3	52	쭈뼛거리	11	쭈뼛대	1	92	바동거리	3	바동대	1
13	웅성거리	38	웅성대	8	53	칭얼거리	11	칭얼대	13	93	복닥거리	3	복닥대	1
14	두근거리	37	두근대	4	54	술렁거리	11	술렁대	3	94	캑캑거리	3	캑캑대	1
15	웅얼거리	37	웅얼대	2	55	글썽거리	10	글썽대	1	95	콜록거리	3	콜록대	1
16	비아냥거리	35	비아냥대	3	56	긁적거리	10	긁적대	1	96	뭉적거리	3	뭉그적대	1
17	버둥거리	31	버둥대	6	57	싱글거리	10	싱글대	1	97	이죽거리	3	이죽대	1
18	우물거리	31	우물대	1	58	너울거리	9	너울대	5	98	겅둥거리	2	겅둥대	1
19	출렁거리	31	출렁대	2	59	달싹거리	9	달싹대	1	99	군시렁거리	2	군시렁대	1
20	번들거리	29	번들대	2	60	징징거리	9	징징대	4	100	굽신거리	2	굽신대	1
21	깔깔거리	25	깔깔대	11	61	찰랑거리	9	찰랑대	3	101	대롱대	2	대롱거리	6
22	낄낄거리	24	낄낄대	7	62	펄럭거리	9	펄럭대	1	102	미적거리	2	미적대	4
23	으르렁거리	23	으르렁대	10	63	넘실거리	7	넘실대	12	103	비비적거리	2	비비적대	1
24	허우적거리	23	허우적대	15	64	오물거리	7	오물대	1	104	비슬거리	2	비슬대	1
25	빈둥거리	22	빈둥대	1	65	주절거리	7	주절대	2	105	왈왈거리	2	왈왈대	1
26	삐걱거리	22	삐걱대	2	66	킥킥거리	7	킥킥대	2	106	조잘거리	2	조잘대	3
27	씩씩거리	21	씩씩대	3	67	킬킬거리	7	킬킬대	3	107	추근거리	2	추근대	5
28	우글거리	21	우글대	2	68	헉헉거리	7	헉헉대	4	108	꺽꺽거리	1	꺽꺽대	1
29	주춤거리	21	주춤대	1	69	윙윙거리	7	윙윙대	1	109	끔뻑거리	1	끔뻑대	1
30	소곤거리	20	소곤대	4	70	끙끙거리	6	끙끙대	10	110	끼끽거리	1	끼끽대	1
31	꾸물거리	19	꾸물대	1	71	날름거리	6	날름대	1	111	너풀거리	1	너풀대	2
32	빈정거리	19	빈정대	9	72	씰룩거리	6	씰룩대	2	112	빨빨거리	1	빨빨대	1
33	수군거리	18	수군대	13	73	우쭐거리	6	우쭐대	1	113	사각거리	1	사각대	1
34	북적거리	17	북적대	19	74	쿵쿵거리	6	쿵쿵대	1	114	식식거리	1	식식대	1
35	깜박거리	16	깜박대	1	75	꿈지럭거리	5	꿈지럭대	1	115	씨근거리	1	씨근대	1
36	후들거리	16	후들대	2	76	바글거리	5	바글대	1	116	질금거리	1	질금대	1
37	거들먹거리	15	거들먹대	1	77	번질거리	5	번질대	1	117	첨벙거리	1	첨벙대	2
38	꼼지락거리	15	꼼지락대	2	78	벌렁거리	5	벌렁대	1	118	촐랑거리	1	촐랑대	1
39	재잘거리	15	재잘대	6	79	서걱거리	5	서걱대	1	119	쌔근거리	1	쌔근대	2
40	허둥거리	15	허둥대	28	80	주물럭거리	5	주물럭대	1					

위의 <표5-7>에 제시된 119쌍의 파생어는 'X거리-'와 'X대-' 사이에 저지가 존재하지 않는 강력한 증거가 된다. 이론상으로는 당연히 출현

하지 않아야 할 단어들이 자연스럽고 활발하게 나타나기 때문이다. 개별 파생어의 빈도를 잘 살펴보면 119개 단어쌍 중 대다수의 'X거리-'의 빈도가 'X대-'의 빈도보다 우위에 있다는 사실과 'X대-'에는 어휘화되었다고 판단할 만한 고빈도 단어가 없다는 사실을 확인할 수 있다.[9] 이는 'X거리-'와 'X대-'가 경쟁의 관계에 있기는 하지만 'X거리-'가 일방적인 양적 우위를 점하고 있음을 의미한다.

　다음은 '-거리-'와 '-대-'가 동일 어기를 취하여 만든 파생어 119쌍의 빈도를 비교하여 나타낸 그래프이다.

〈그래프5-1〉 동일 어기를 취하는 'X거리-'와 'X대-' 쌍의 빈도 비교

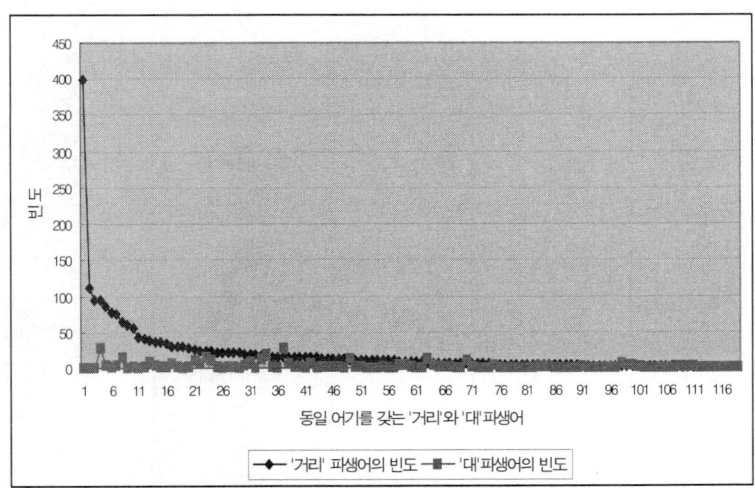

　위의 그래프에서 확인할 수 있는 것처럼 동일 어기를 가지는 'X거리-'와 'X대-'의 쌍에는 'X거리-'가 빈도상의 압도적 우위를 점한 예가 많다. 다음의 <표5-8>은 'X거리-'와 'X대-' 중 'X거리-'로만 나타나는 예이다.

---

9) 음영으로 처리한 부분은 'X대-'가 'X거리-'보다 빈도가 더 높은 경우인데 상대적으로 그 수가 매우 적다.

〈표5-8〉 'X거리-'와 'X대-' 중 'X거리-'로만 나타나는 예

연번	'X거리-'	빈도	연번	'X거리-'	빈도	연번	'X거리-'	빈도	연번	'X거리-'	빈도	연번	'X거리-'	빈도
1	두리번거리	72	45	버석거리	9	89	걸리적거리	5	133	어기적거리	3	177	나풀거리	2
2	만지작거리	49	46	삐죽거리	9	90	홀짝거리	4	134	앙앙거리	3	178	끼룩거리	2
3	들락거리	47	47	시큰거리	8	91	후후거리	4	135	씨근덕거리	3	179	꾸벅거리	2
4	더듬거리	45	48	너덜거리	8	92	헤헤거리	4	136	쑤석거리	3	180	꾸물럭거리	2
5	끄덕거리	42	49	굽실거리	8	93	짤랑거리	4	137	빵빵거리	3	181	까르륵거리	2
6	반짝거리	39	50	두런거리	8	94	어질거리	4	138	히히거리	2	182	그렁거리	2
7	주억거리	38	51	히히덕거리	8	95	어릿거리	4	139	조물락거리	2	183	가르롱거리	2
8	뒤적거리	32	52	수런거리	7	96	스멀거리	4	140	잉잉거리	2	184	중얼중얼거리	2
9	들썩거리	31	53	흘끔거리	7	97	비칠거리	4	141	일긋거리	2	185	지칫거리	2
10	화끈거리	31	54	살랑거리	7	98	반득거리	4	142	이기죽거리	2	186	질겅거리	2
11	이글거리	30	55	떵떵거리	7	99	바삭거리	4	143	얽히락거리	2	187	철벅거리	2
12	헐떡거리	29	56	떠듬거리	7	100	메슥거리	4	144	얼찐거리	2	188	치근거리	2
13	울렁거리	26	57	질척거리	7	101	딸랑거리	4	145	어정거리	2	189	켁켁거리	2
14	다독거리	22	58	움찔거리	7	102	득시글거리	4	146	어석거리	2	190	콩당거리	2
15	덜컹거리	22	59	따끔거리	7	103	뒤척거리	4	147	알짱거리	2	191	쾅쾅거리	2
16	번쩍거리	20	60	가우뚱거리	7	104	느물거리	4	148	슴벅거리	2	192	쿨럭거리	2
17	들먹거리	19	61	간질거리	6	105	끔벅거리	4	149	수근거리	2	193	쿨룩거리	2
18	멈칫거리	16	62	콩닥거리	6	106	깜빡거리	4	150	속닥거리	2	194	키들거리	2
19	뒤뚱거리	15	63	까닥거리	6	107	까르륵거리	4	151	색색거리	2	195	티티거리	2
20	훌쩍거리	15	64	겅중거리	6	108	덜커덩거리	4	152	삑삑거리	2	196	푸르륵거리	2
21	비척거리	14	65	후끈거리	6	109	끄적거리	3	153	삐약거리	2	197	학학거리	2
22	욱신거리	14	66	토닥거리	6	110	거치적거리	3	154	삐거덕거리	2	198	허부적거리	2
23	킁킁거리	13	67	움직거리	6	111	가르랑거리	3	155	뻐끔거리	2	199	허청거리	2
24	힐끔거리	13	68	울먹거리	6	112	딱딱거리	3	156	뻐금거리	2	200	헥헥거리	2
25	히죽거리	12	69	앵앵거리	6	113	말똥거리	3	157	빽빽거리	2	201	흐늘거리	2
26	툴툴거리	12	70	쑥덕거리	6	114	미끈거리	3	158	비양거리	2	202	흐물거리	2
27	아른거리	12	71	덜거덕거리	6	115	미끌거리	3	159	불퉁거리	2	203	흘낏거리	2
28	실룩거리	12	72	끈적거리	6	116	반질거리	3	160	부글거리	2	204	회번득거리	2
29	생글거리	12	73	까딱거리	6	117	비실거리	3	161	버벅거리	2	205	흘긋거리	2
30	노닥거리	12	74	힐끗거리	6	118	홀깃거리	3	162	버글거리	2	206	글글거리	1
31	껌벅거리	12	75	팔딱거리	5	119	할딱거리	3	163	뱅글거리	2	207	히쭉거리	1
32	깜빡거리	12	76	파닥거리	5	120	버르적거리	3	164	뭉글거리	2	208	기신거리	1
33	바스락거리	11	77	털털거리	5	121	한들거리	3	165	물컹거리	2	209	히물거리	1
34	얼쩡거리	11	78	찔끔거리	5	122	푸드덕거리	3	166	멀뚱거리	2	210	회번덕거리	1
35	꼬물거리	10	79	절룩거리	5	123	펄떡거리	3	167	맨들거리	2	211	흠들거리	1
36	퍼덕거리	10	80	으쓱거리	5	124	퉁퉁거리	3	168	똑딱거리	2	212	흠흠거리	1
37	절뚝거리	10	81	시시덕거리	5	125	투닥거리	3	169	딸깍거리	2	213	흐흐거리	1
38	기우뚱거리	9	82	벙긋거리	5	126	탈탈거리	3	170	들썽거리	2	214	휘적거리	1
39	일렁거리	9	83	벌름거리	5	127	쿨렁거리	3	171	동동거리	2	215	훠이거리	1
40	얼씬거리	9	84	덜그럭거리	5	128	주뼛거리	3	172	동당거리	2	216	후룩거리	1
41	근질거리	9	85	달랑거리	5	129	종알거리	3	173	덤벙거리	2	217	후루룩거리	1
42	간당거리	9	86	구불거리	5	130	절름거리	3	174	달가닥거리	2	218	화닥닥거리	1
43	가물거리	9	87	고물거리	5	131	쟁쟁거리	3	175	뉘엿거리	2	219	화닥거리	1
44	하늘거리	9	88	흘긋거리	5	132	옹송거리	3	176	낼름거리	2	220	헤실거리	1

연번	'X거리-	빈도	연번	'X거리-	빈도	연번	'X거리-	빈도	연번	'X거리-	빈도	연번	'X거리-	빈도
221	허정거리	1	261	찡긋거리	1	301	와글거리	1	341	빵긋거리	1	381	널름거리	1
222	허둥지둥거리	1	262	찔뚝거리	1	302	옹알거리	1	342	빙긋거리	1	382	납신거리	1
223	해죽거리	1	263	찍찍거리	1	303	옴직거리	1	343	빈들거리	1	383	날름날름거리	1
224	할랑거리	1	264	찌그렁거리	1	304	오르락거리	1	344	비실비실거리	1	384	나달거리	1
225	할끔거리	1	265	찌그닥거리	1	305	오글거리	1	345	붕붕거리	1	385	끼루룩거리	1
226	하느작거리	1	266	풍얼거리	1	306	엉엉거리	1	346	부시럭거리	1	386	끔적거리	1
227	푸푸거리	1	267	쭈뼛거리	1	307	엉두덜거리	1	347	부르릉거리	1	387	끔벅끔벅거리	1
228	푸실거리	1	268	쭝긋거리	1	308	얼른거리	1	348	벙싯거리	1	388	꿍얼거리	1
229	푸닥거리	1	269	쨈얼거리	1	309	억억거리	1	349	벙글거리	1	389	꿍꿍거리	1
230	포실거리	1	270	짹짹거리	1	310	어물거리	1	350	법석거리	1	390	꿀럭거리	1
231	퍽거리	1	271	째그렁거리	1	311	어룽거리	1	351	벌컥거리	1	391	꿀꿀거리	1
232	퍼뚝거리	1	272	짱짱거리	1	312	야웅거리	1	352	벌벌거리	1	392	꾸역꾸역거리	1
233	팔락거리	1	273	짱알거리	1	313	앙잘거리	1	353	바빗거리	1	393	꾸르룩거리	1
234	파들거리	1	274	질퍽거리	1	314	알랑알랑거리	1	354	발발거리	1	394	꽥꽥거리	1
235	퉁퉁거리	1	275	직직거리	1	315	알랑거리	1	355	바둥거리	1	395	꼼틀거리	1
236	터덜거리	1	276	지직거리	1	316	악악거리	1	356	미식거리	1	396	꼼질거리	1
237	탕탕거리	1	277	지분거리	1	317	아작아작거리	1	357	미루적거리	1	397	꼬들거리	1
238	탁탁거리	1	278	지글거리	1	318	아물거리	1	358	미끈덕거리	1	398	꼬꼬댁거리	1
239	큼큼거리	1	279	종종거리	1	319	아른아른거리	1	359	미끈덕거리	1	399	껍죽거리	1
240	쿨쩍거리	1	280	조물거리	1	320	아기작거리	1	360	뭉실거리	1	400	껄껄거리	1
241	쿨럭쿨럭거리	1	281	절거덕거리	1	321	시부렁거리	1	361	몽실거리	1	401	꺼끌거리	1
242	쿡쿡거리	1	282	쟁그랑거리	1	322	슴뻑거리	1	362	맨질거리	1	402	깽깽거리	1
243	콩닥콩닥거리	1	283	재재거리	1	323	쉑쉑거리	1	363	매끈거리	1	403	깩깩거리	1
244	칼칼거리	1	284	재깍거리	1	324	숙덕거리	1	364	뚝딱거리	1	404	깨작거리	1
245	치칙거리	1	285	잘가락거리	1	325	속살거리	1	365	뚜뚜거리	1	405	깨득득거리	1
246	치렁거리	1	286	자박거리	1	326	소근거리	1	366	또각거리	1	406	깨갱거리	1
247	추춤거리	1	287	자근거리	1	327	선득거리	1	367	떠들썩거리	1	407	깡총거리	1
248	추적거리	1	288	응얼거리	1	328	서걱서걱거리	1	368	딸싹거리	1	408	깍깍거리	1
249	출싹거리	1	289	으드등거리	1	329	새새덕거리	1	369	딸각거리	1	409	기웃거리	1
250	초롱거리	1	290	웽웽거리	1	330	새살거리	1	370	따닥거리	1	410	힝힝거리	1
251	첨벙거리	1	291	웩웩거리	1	331	산들거리	1	371	들락날락거리	1	411	근실거리	1
252	철컹거리	1	292	움직거리	1	332	삭삭거리	1	372	뒤치락거리	1	412	궁시랑궁시랑거리	1
253	철썩거리	1	293	울컥거리	1	333	사그작거리	1	373	덜컥거리	1	413	그렁거리	1
254	철그렁거리	1	294	욱욱거리	1	334	사그락거리	1	374	덜커덕거리	1	414	곰살거리	1
255	철그덕거리	1	295	우지끈거리	1	335	삐쭉거리	1	375	덜걱거리	1	415	궁시렁거리	1
256	철거덕거리	1	296	우적거리	1	336	삐용거리	1	376	댕댕거리	1	416	거드럭거리	1
257	창알거리	1	297	우르르우르르거리	1	337	삐그덕거리	1	377	달각거리	1	417	거렁거리	1
258	찰브락거리	1	298	왕왕거리	1	338	뿔뿔거리	1	378	다독거리	1	418	힐금거리	1
259	찰박찰박거리	1	299	와삭거리	1	339	뺄뺄거리	1	379	능글거리	1	419	갈갈거리	1
260	찰박거리	1	300	와르릉거리	1	340	뺀들거리	1	380	느글거리	1			

'-거리-'가 만들어낸 파생어의 종류 538개 중 '-대-'와 동일 어기를 취하는 119개를 제외한 419개가 위의 <표5-8>에 제시되어 있다(3.3.2.1. 참조). 위의 표에 제시된 단어는 직관적으로 판단할 때, 대체로 '-거리-' 대신에 '-대-'가 사용되어도 의미상의 큰 차이가 없다. 이들은 같은 어기를 갖는 'X대-'의 생성이 가능함에도 불구하고 'X대-'가 출현하지 않는 예들인 것이다. 이는 '-거리-'의 생산성 못지 않게 '-대-'도 생산적이지만 언중들이 'X대-'보다는 기존의 각인되어 있는 형태인 'X거리-'를 압도적으로 선호하기 때문에 나타나는 현상으로 생각된다. 그 결과 상당수의 'X대-'는 어휘부에 잠재어의 형태로만 존재하는 것으로 생각된다.

다음의 <표5-9>는 'X거리-'와 'X대-' 중 'X대-'로만 나타나는 예이다.

〈표5-9〉 'X거리-'와 'X대-' 중 'X대-'로만 나타나는 예

연번	X대-	빈도	연번	X대-	빈도	연번	X대-	빈도	연번	X대-	빈도
1	으스대	17	6	나불대	2	11	보글대	1	16	깨지락대	1
2	나부대	3	7	뻗장대	2	12	쌕쌕대	1	17	까불대	1
3	더펄대	2	8	컹컹대	2	13	는적대	1	18	찔벅대	1
4	쑤군대	2	9	비비대	1	14	낭창대	1	19	찡얼대	1
5	골골대	2	10	간드랑대	1	15	나비대	1	20	빌빌대	1

'-대-'가 만들어낸 파생어의 종류 139개 중 '-거리-'와 동일 어기를 취하는 119개를 제외한 20개가 위의 표에 제시되어 있다(3.3.2.1. 참조). 위의 표에 제시된 단어는 직관적으로 판단할 때 대체로 '-대-' 대신에 '-거리-'가 사용되어도 의미상의 큰 변화가 없어서 'X거리-'의 생성이 가능함에도 불구하고 'X거리-'가 출현하지 않는 예들이다. 그러나 'X거리-'만 나타나는 예들에 비해서 그 수가 매우 작고, 각 단어의 빈도도 매우 낮음을 확인할 수 있다. 빈도가 매우 높으면서 'X대-'형으로만 나타나는 단어가 없다는 사실은 'X거리-'와 'X대-'의 경쟁에서 'X대-'가 매우 수세적인 위치에 있음을 의미하는 것이다.

5.2.2.2. 'X거리-'와 'X이-'

'-거리-'와 '-이-'도 동작 또는 상태를 나타내는 어근을 어기로 취하여 동사를 파생시키는데 두 접미사가 만들어내는 파생어의 의미는 거의 같다. 그러나 이전의 연구에서는 'X거리-'와 'X대-'의 경우와 마찬가지로 'X거리-'와 'X이-'를 저지의 관점에서 접근한 경우가 없었다. 이 둘 사이에서 전형적인 저지로 보이는 예가 쉽게 관찰되지 않기 때문이라 생각된다. 그러나 본 연구에서는 'X거리-'와 'X이-'를 저지의 관점에서 살펴보고, 각 접사가 만들어낸 파생어를 그 빈도와 함께 관찰한다. 아래의 <표5-10>과 <표5-11>은 '-거리-'와 '-이-'가 동일 어기를 취하여 형성한 파생어를 조사 대상 코퍼스에서 추출한 것이다.

〈표5-10〉 'X거리-'와 'X이-'가 모두 나타나는 예
('X거리-'의 빈도가 더 높은 경우)

연번	X거리-	빈도	X이-	빈도	연번	X거리-	빈도	X이-	빈도
1	서성거리	86	서성이	49	24	절룩거리	5	절룩이	8
2	휘청거리	55	휘청이	1	25	파닥거리	5	파닥이	4
3	주억거리	38	주억이	1	26	팔딱거리	5	팔딱이	1
4	들썩거리	31	들썩이	19	27	끔벅거리	4	끔벅이	2
5	헐떡거리	29	헐떡이	29	28	덜렁거리	4	덜렁이	1
6	다독거리	22	다독이	17	29	딸랑거리	4	딸랑이	1
7	삐걱거리	22	삐걱이	3	30	비죽거리	4	비죽이	1
8	북적거리	17	북적이	8	31	팔랑거리	4	팔랑이	1
9	훌쩍거리	15	훌쩍이	10	32	끄적거리	3	끄적이	2
10	흐느적거리	14	흐느적이	1	33	펄떡거리	3	펄떡이	1
11	깜빡거리	12	깜빡이	8	34	할딱거리	3	할딱이	3
12	껌벅거리	12	껌벅이	3	35	들썽거리	2	들썽이	1
13	실룩거리	12	실룩이	3	36	똑딱거리	2	똑딱이	1
14	절뚝거리	10	절뚝이	3	37	속닥거리	2	속닥이	2
15	삐죽거리	9	삐죽이	4	38	철벅거리	2	철벅이	1
16	살랑거리	7	살랑이	1	39	쿨럭거리	2	쿨럭이	1
17	질척거리	7	질척이	4	40	허청거리	2	허청이	1
18	까닥거리	6	까닥이	3	41	희번득거리	2	희번득이	1
19	까딱거리	6	까딱이	6	42	달각거리	1	달각이	1
20	끈적거리	6	끈적이	3	43	삐쭉거리	1	삐쭉이	1
21	씰룩거리	6	씰룩이	1	44	추적거리	1	추적이	1
22	달랑거리	5	달랑이	1	45	팔락거리	1	팔락이	1
23	서걱거리	5	서걱이	1	46	깨작거리	1	깨작이	1

〈표5-11〉'X거리-'와 'X이-'가 모두 나타나는 예
('X이-'의 빈도가 높은 경우)

연번	'X거리-'	빈도	'X이-'	빈도	연번	'X거리-'	빈도	'X이-'	빈도
1	움직거리	6	움직이	993	13	간질거리	7	간질이	28
2	끄덕거리	42	끄덕이	387	14	퍼덕거리	10	퍼덕이	20
3	반짝거리	39	반짝이	155	15	글썽거리	10	글썽이	17
4	울먹거리	6	울먹이	59	16	긁적거리	10	긁적이	14
5	들먹거리	19	들먹이	53	17	술렁거리	11	술렁이	12
6	펄럭거리	9	펄럭이	52	18	달싹거리	9	달싹이	12
7	뒤적거리	32	뒤적이	48	19	찰랑거리	9	찰랑이	12
8	뒤척거리	4	뒤척이	47	20	토닥거리	6	토닥이	11
9	깜박거리	16	깜박이	43	21	홀짝거리	4	홀짝이	8
10	출렁거리	31	출렁이	41	22	껌뻑거리	4	껌뻑이	6
11	번쩍거리	20	번쩍이	41	23	끼적거리	4	끼적이	5
12	일렁거리	9	일렁이	31	24	철썩거리	1	철썩이	3

위의 표에 제시된 70쌍의 파생어는 'X거리-'와 'X이-' 사이에 저지가
존재하지 않는 강력한 증거가 된다. 저지가 나타나지 않는다는 점에서
는 앞서 살펴본 'X거리-'/'X대-'와 같다고 할 수 있는데 몇 가지 면에서
양자가 서로 다른 특성이 있다. 첫째는 'X거리-'와 'X대-'의 경우, 'X거
리-'가 일방적인 양적 우위를 점해서 'X대-'에는 고빈도 단어가 하나도
없었지만 'X이-'에는 완전히 어휘화된 고빈도 단어도 존재한다는 점이
다. 위 표의 오른쪽 상단부에 나타난 '움직이-', '끄덕이-', '반짝이-' 등
이 그 예인데 이는 'X거리-'와의 경쟁에서 우위를 점한 단어의 예라고
할 수 있다. 둘째는 3.3.2.1.에서 확인한 바와 같이 접미사 '-이-'의 생산
성이 '-대-'보다 더 낮다는 점이다.10)

동일 어기를 가지는 파생어 쌍을 잘 살펴보면 대부분의 'X이-'에 대
응하는 'X거리-'가 나타나는 것을 확인할 수 있다. 88개의 'X이-' 중 70
개가 'X거리-'와 동일한 어기를 취했는데 이중 25개는 'X이-'의 빈도가
더 높은 경우이다. 'X거리-'와 'X대-'의 경우에는 대다수의 'X거리-'가

---

10) '-이-'의 생산성은 0.529로 '-거리-', '-대-', '-이-' 중 '-이-'의 생산성이 제일 낮은
   것으로 확인되었다.

'X대-'보다 높은 빈도를 보였고, 'X대-'의 빈도가 더 높더라도 그 차이가 근소했다. 그러나 'X거리-'와 'X이-'의 경우에는 빈도상의 확고한 우위에 있는 몇몇 'X이-'가 존재한다.

다음은 'X거리-'와 'X이-'가 동일 어기를 취하여 만든 파생어 70쌍의 빈도를 'X거리-'의 빈도가 더 높은 경우와 'X이-'의 빈도가 더 높은 경우로 나누어 제시한 그래프이다.

<그래프 5-2> 동일 어기를 취하는 'X거리-'와 'X이-' 쌍의 빈도 비교
('X거리-'의 빈도가 더 높은 경우)

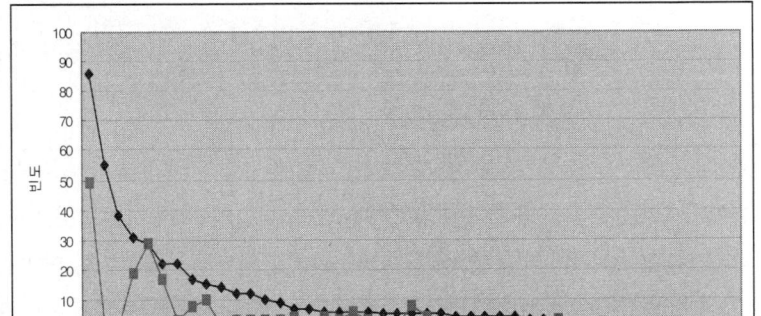

위는 'X거리-'와 'X이-'가 동일 어기를 취하여 만든 파생어 70쌍 중 'X거리-'의 빈도가 더 높은 46개 파생어 쌍의 빈도를 비교한 그래프이다. 'X이-'가 'X거리-'보다 빈도가 낮지만 몇몇 단어는 고빈도로 사용되면서 'X거리-'와 비슷한 빈도로 사용되고 있음을 확인할 수 있다.

아래는 'X거리-'와 'X이-'가 동일 어기를 취하여 만든 파생어 70쌍 중 'X이-'의 빈도가 더 높은 24개 파생어 쌍의 빈도를 비교한 그래프이다.

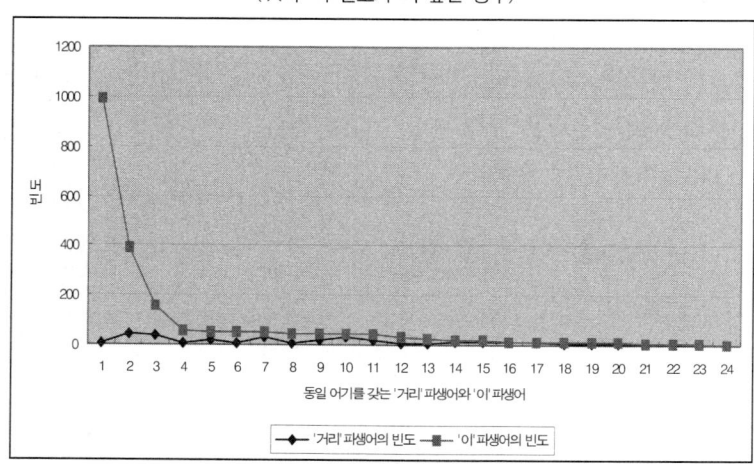

〈그래프 5-3〉 동일 어기를 취하는 'X거리-'와 'X이-' 쌍의 빈도 비교
('X이-'의 빈도가 더 높은 경우)

'X이-' 중에는 매우 높은 빈도로 사용되면서 완전히 어휘화되어 비슷한 의미의 'X거리-'의 사용을 위축시키는 몇몇 단어들이 있음을 확인할 수 있다. '움직이-'(993회), '끄덕이-'(387회), '반짝이-'(155회)가 그 예인데 이에 대응되는 '-거리-'형의 사용 빈도는 상대적으로 매우 낮다. 'X대-'는 'X거리-'에 밀려서 계열체가 전체적으로 위축된 모습을 보이는 반면 'X이-'는 몇몇 고빈도어들의 존재로 인해 'X거리-'에 일방적으로 밀리지는 않는다고 할 수 있다. 그러나 전체적 차원에서는 대체로 'X거리-'가 'X이-'에 대한 양적 우위를 점하고 있다. 이는 접미사 '-거리-'의 높은 생산성과 접미사 '-이-'의 선택 제약에서 비롯되는 현상으로 생각된다.

다음의 <표5-12>는 'X거리-'와 'X이-' 중 'X거리-'로만 나타나는 예이다.

〈표5-12〉 'X거리-'와 'X이-'중 'X거리-'로만 나타나는 예

연번	빈도	'X거리-	연번	빈도	'X거리-	연번	빈도	'X거리-	연번	빈도	'X거리-	연번	빈도	'X거리-
1	398	중얼거리	45	14	낑낑거리	89	7	오물거리	133	4	바삭거리	177	3	홀깃거리
2	113	머뭇거리	46	14	비척거리	90	7	움찔거리	134	4	반들거리	178	2	가르륵거리
3	95	비틀거리	47	14	욱신거리	91	7	윙윙거리	135	4	비칠거리	179	2	겅둥거리
4	94	투덜거리	48	13	구시렁거리	92	7	주절거리	136	4	빙글거리	180	2	군시렁거리
5	78	기웃거리	49	13	쿵쾅거리	93	7	킥킥거리	137	4	스멀거리	181	2	굽신거리
6	76	어른거리	50	13	콩콩거리	94	7	킬킬거리	138	4	어릿거리	182	2	그르렁거리
7	72	두리번거리	51	13	힐끔거리	95	7	헉헉거리	139	4	어질거리	183	2	까르록거리
8	64	꿈틀거리	52	12	노닥거리	96	7	홀끔거리	140	4	짤랑거리	184	2	꾸물럭거리
9	60	갸웃거리	53	12	부스럭거리	97	6	겅중거리	141	4	헤헤거리	185	2	꾸벅거리
10	49	만지작거리	54	12	생글거리	98	6	끙끙거리	142	4	후후거리	186	2	끼룩거리
11	47	들락거리	55	12	아른거리	99	6	날름거리	143	4	흥청거리	187	2	나풀거리
12	45	더듬거리	56	12	키득거리	100	6	대롱거리	144	3	가르랑거리	188	2	날름거리
13	43	흥얼거리	57	12	툴툴거리	101	6	덜거덕거리	145	3	거치적거리	189	2	뉘엿거리
14	41	어슬렁거리	58	12	혼들거리	102	6	쑥덕거리	146	3	덜커덩거리	190	2	달가닥거리
15	38	웅성거리	59	12	히죽거리	103	6	앵앵거리	147	3	득실거리	191	2	덤벙거리
16	37	두근거리	60	11	건들거리	104	6	우쭐거리	148	3	딱딱거리	192	2	동당거리
17	37	웅얼거리	61	11	바스락거리	105	6	콩닥거리	149	3	말똥거리	193	2	동동거리
18	35	비아냥거리	62	11	얼쩡거리	106	6	쿵쿵거리	150	3	뭉그적거리	194	2	딸깍거리
19	31	버둥거리	63	11	웅웅거리	107	6	후끈거리	151	3	미끈거리	195	2	맨들거리
20	31	우물거리	64	11	지끈거리	108	5	고물거리	152	3	미끌거리	196	2	멀뚱거리
21	31	화끈거리	65	11	쭈뼛거리	109	5	구불거리	153	3	바동거리	197	2	물컹거리
22	30	이글거리	66	11	칭얼거리	110	5	꿈지럭거리	154	3	반질거리	198	2	뭉글거리
23	29	번들거리	67	10	꼬물거리	111	5	덜그럭거리	155	3	버르적거리	199	2	미적거리
24	26	울렁거리	68	10	싱글거리	112	5	바글거리	156	3	복닥거리	200	2	뱅글거리
25	25	깔깔거리	69	9	가물거리	113	5	번질거리	157	3	비실거리	201	2	버글거리
26	24	낄낄거리	70	9	간당거리	114	5	벌렁거리	158	3	빵빵거리	202	2	버벅거리
27	23	으르렁거리	71	9	근질거리	115	5	벌름거리	159	3	쑤석거리	203	2	부글거리
28	23	허우적거리	72	9	기우뚱거리	116	5	벙긋거리	160	3	씨근덕거리	204	2	불퉁거리
29	22	덜컹거리	73	9	너울거리	117	5	시시덕거리	161	3	앙앙거리	205	2	비비거리
30	22	빈둥거리	74	9	버석거리	118	5	으쓱거리	162	3	어기적거리	206	2	비슬거리
31	21	씩씩거리	75	9	시큰거리	119	5	주물거리	163	3	옹송거리	207	2	비양거리
32	21	우글거리	76	9	얼씬거리	120	5	집적거리	164	3	이죽거리	208	2	빽빽거리
33	21	주춤거리	77	9	징징거리	121	5	쫑알거리	165	3	쟁쟁거리	209	2	뻐금거리
34	20	소곤거리	78	9	하늘거리	122	5	찔끔거리	166	3	절름거리	210	2	뻐끔거리
35	19	꾸물거리	79	8	굽실거리	123	5	털털거리	167	3	종알거리	211	2	삐거덕거리
36	19	빈정거리	80	8	너덜거리	124	5	홀긋거리	168	3	주뼛거리	212	2	삐약거리
37	18	수군거리	81	8	두런거리	125	5	힐끗거리	169	3	캑캑거리	213	2	삑삑거리
38	16	멈칫거리	82	8	히히덕거리	126	4	걸리적거리	170	3	콜록거리	214	2	색색거리
39	16	후들거리	83	7	갸우뚱거리	127	4	까르륵거리	171	3	쿨링거리	215	2	수근거리
40	15	거들먹거리	84	7	넘실거리	128	4	깡충거리	172	3	탈탈거리	216	2	습벅거리
41	15	꼼지락거리	85	7	따끔거리	129	4	느물거리	173	3	투닥거리	217	2	알짱거리
42	15	뒤뚱거리	86	7	떠듬거리	130	4	달그락거리	174	3	통통거리	218	2	어석거리
43	15	재잘거리	87	7	떵떵거리	131	4	득시글거리	175	3	푸드덕거리	219	2	어정거리
44	15	허둥거리	88	7	수런거리	132	4	메슥거리	176	3	한들거리	220	2	얼찐거리

연번	빈도	'X거리-'	연번	빈도	'X거리-'	연번	빈도	'X거리-'	연번	빈도	'X거리-'	연번	빈도	'X거리-'
221	2	엎치락거리	267	1	꺽꺽거리	313	1	미루적거리	359	1	알랑거리	405	1	짹짹거리
222	2	왈왈거리	268	1	껄껄거리	314	1	미식거리	360	1	알랑알랑거리	406	1	쨈얼거리
223	2	이기죽거리	269	1	껍죽거리	315	1	바둥거리	361	1	앙잘거리	407	1	쯩긋거리
224	2	일긋거리	270	1	꼬꼬댁거리	316	1	발발거리	362	1	야옹거리	408	1	쭈뼛거리
225	2	잉잉거리	271	1	꼬들거리	317	1	바빗거리	363	1	어룽거리	409	1	쭝얼거리
226	2	조물락거리	272	1	꼼질거리	318	1	벌벌거리	364	1	어물거리	410	1	찌그닥거리
227	2	조잘거리	273	1	꼼틀거리	319	1	벌컥거리	365	1	억억거리	411	1	찌그렁거리
228	2	중얼중얼거리	274	1	꽥꽥거리	320	1	법석거리	366	1	얼른거리	412	1	찍찍거리
229	2	지칫거리	275	1	꾸르락거리	321	1	벙글거리	367	1	엉두덜거리	413	1	찔뚝거리
230	2	질경거리	276	1	꾸역꾸역거리	322	1	벙싯거리	368	1	엉엉거리	414	1	찡긋거리
231	2	추근거리	277	1	꿀꿀거리	323	1	부르릉거리	369	1	오글거리	415	1	찰박거리
232	2	치근거리	278	1	꿀럭거리	324	1	부시럭거리	370	1	오르락거리	416	1	찰박찰박거리
233	2	퀙퀙거리	279	1	꿍꿍거리	325	1	붕붕거리	371	1	옴직거리	417	1	찰브락거리
234	2	콩당거리	280	1	꿍얼거리	326	1	비실비실거리	372	1	옹알거리	418	1	창알거리
235	2	쾅쾅거리	281	1	끔벅끔벅거리	327	1	빈들거리	373	1	와글거리	419	1	철거덕거리
236	2	쿨룩거리	282	1	끔뻑거리	328	1	빙긋거리	374	1	와르릉거리	420	1	철그덕거리
237	2	키들거리	283	1	끔적거리	329	1	뻘뻘거리	375	1	와삭거리	421	1	철그렁거리
238	2	티티거리	284	1	끼루룩거리	330	1	빵긋거리	376	1	왕왕거리	422	1	철컹거리
239	2	푸르륵거리	285	1	끽끽거리	331	1	뺀들거리	377	1	우르르우르르거리	423	1	첨범거리
240	2	학학거리	286	1	나달거리	332	1	뾜뾜거리	378	1	우적거리	424	1	첨벙거리
241	2	허부적거리	287	1	날름날름거리	333	1	뿔뿔거리	379	1	우지끈거리	425	1	초롱거리
242	2	헥헥거리	288	1	납신거리	334	1	삐그덕거리	380	1	욱욱거리	426	1	촐랑거리
243	2	흐늘거리	289	1	너풀거리	335	1	삐용거리	381	1	울컥거리	427	1	촐싹거리
244	2	흐물거리	290	1	널름거리	336	1	사각거리	382	1	움지럭거리	428	1	추춤거리
245	2	흘끗거리	291	1	느글거리	337	1	사그락거리	383	1	웩웩거리	429	1	치렁거리
246	2	흘깃거리	292	1	능글거리	338	1	사그작거리	384	1	웽웽거리	430	1	치칙거리
247	2	히히거리	293	1	다독거리	339	1	삭삭거리	385	1	으드등거리	431	1	칼칼거리
248	1	걀걀거리	294	1	덜걱거리	340	1	산들거리	386	1	응얼거리	432	1	콩닥콩닥거리
249	1	거드럭거리	295	1	댕댕거리	341	1	새살거리	387	1	자근거리	433	1	쿡쿡거리
250	1	거르렁거리	296	1	덜커덕거리	342	1	새새덕거리	388	1	자박거리	434	1	쿨럭쿨럭거리
251	1	곰살거리	297	1	덜컥거리	343	1	서걱서걱거리	389	1	잘그락거리	435	1	쿨쩍거리
252	1	궁시링거리	298	1	뒤치락거리	344	1	선득거리	390	1	재깍거리	436	1	큼큼거리
253	1	궁시랑궁시랑거리	299	1	들락날락거리	345	1	소근거리	391	1	재재거리	437	1	탁탁거리
254	1	그렁거리	300	1	따따거리	346	1	속살거리	392	1	쟁그랑거리	438	1	탕탕거리
255	1	근실거리	301	1	딸각거리	347	1	숙덕거리	393	1	절거덕거리	439	1	터덜거리
256	1	글글거리	302	1	딸싹거리	348	1	쉑쉑거리	394	1	조물거리	440	1	통통거리
257	1	기신거리	303	1	떠들썩거리	349	1	슴뻑거리	395	1	종종거리	441	1	파들거리
258	1	기웃기웃거리	304	1	또각거리	350	1	시부렁거리	396	1	지글거리	442	1	퍼뜩거리
259	1	기웃둥거리	305	1	뚜뚜거리	351	1	식식거리	397	1	지분거리	443	1	퍽거리
260	1	깍깍거리	306	1	뚝딱거리	352	1	쌔근거리	398	1	지직거리	444	1	포실거리
261	1	깡총거리	307	1	매끈거리	353	1	씨근거리	399	1	직직거리	445	1	푸닥거리
262	1	깨갱거리	308	1	맨질거리	354	1	아기작거리	400	1	질금거리	446	1	푸실거리
263	1	깨드득거리	309	1	몽실거리	355	1	아른아른거리	401	1	질퍽거리	447	1	푸푸거리
264	1	깩깩거리	310	1	뭉실거리	356	1	아물거리	402	1	짱알거리	448	1	하느작거리
265	1	깽깽거리	311	1	미끈거리	357	1	아작아작거리	403	1	짱짱거리	449	1	할끔거리
266	1	꺼끌거리	312	1	미끈덕거리	358	1	악악거리	404	1	째그렁거리	450	1	할랑거리

연번	빈도	'X거리-'	연번	빈도	'X거리-'	연번	빈도	'X거리-'	연번	빈도	'X거리-'	연번	빈도	'X거리-'
451	1	해죽거리	455	1	화닥거리	459	1	훼이거리	463	1	회뚝거리	467	1	힐금거리
452	1	해둥지둥거리	456	1	화닥닥거리	460	1	휘적거리	464	1	회번덕거리	468	1	힝힝거리
453	1	허정거리	457	1	후루룩거리	461	1	흐흐거리	465	1	히물거리			
454	1	헤실거리	458	1	후룩거리	462	1	흠흠거리	466	1	히쭉거리			

'-거리-'가 만들어낸 파생어의 종류 538개 중 '-이-'와 동일 어기를 취하는 70개를 제외한 468개가 위의 <표5-12>에 제시되어 있다(3.3.2.1. 참조). 위의 표에 제시된 단어에는 직관적으로 판단할 때, 대체로 '-거리-' 대신에 '-이-'가 사용되어도 자연스러운 경우도 있지만 어색한 예들도 적지 않다. 이는 접미사 '-이-'가 가지는 어기에 대한 선택 제약에서 비롯되는 현상으로 생각된다. 접미사 '-이-'는 음절말 자음이 'ㄱ'과 'ㅇ'인 어기와 주로 결합하고 3음절 이상인 어기와는 결합하지 않는 경향성을 가지는데, 위의 표에 나타난 어기 중에서는 이 제약을 충족시키지 못한 예들이 많다.

다음의 <표5-13>은 'X거리-'와 'X이-' 중 'X이-'로만 나타나는 예이다.

〈표5-13〉 'X거리-'와 'X이-' 중 'X이-'로만 나타나는 예

연번	빈도	'X이-'	연번	빈도	'X이-'	연번	빈도	'X이-'	연번	빈도	'X이-'
1	309	망설이	6	17	번뜩이	11	1	껑충이	16	1	복작이
2	234	속삭이	7	2	깐족이	12	1	꼴딱이	17	1	삐꺽이
3	43	지껄이	8	2	질벅이	13	1	꿈벅이	18	1	찰싹이
4	33	허덕이	9	2	흐득이	14		끔쩍이			
5	27	번득이	10	1	꺼덕이	15	1	도닥이			

'-이-'가 만들어낸 파생어의 종류 88개 중 '-거리-'와 동일 어기를 취하는 70개를 제외한 18개가 위의 표에 제시되어 있다(3.3.2.1. 참조). 그 수가 많지 않은데 이는 'X이-'의 거의 모든 단어에 대응하는 'X거리-'가 존재하기 때문이다. 위의 표에 제시된 단어는 직관적으로 판단할 때, 대체로 '-이-' 대신에 '-거리-'가 사용되어도 자연스러운 예가 많다. '망설이-'와 '지껄이-'만 '-거리-'와의 결합이 자연스럽지 않은 것으로 판단되고, 나머지는 'X거리-'의 생성이 가능함에도 불구하고 'X거리-'가 출현

하지 않는 예들이다.[11] 이는 '-거리-'의 생산성이 매우 높기 때문에 가지게 되는 직관으로 생각된다. 'X이-'로 나타나는 예는 'X거리-'로만 나타나는 예들에 비해서 그 수가 매우 작다.

5.2.3. 'X스럽-', 'X롭-', 'X的'

'-스럽-', '-롭-', '-的'은 세부적으로는 각각 조금씩 다른 뜻을 가진다고 할 수 있다. 그러나 이 셋은 대체로 '어기의 속성이 있는'의 비슷한 뜻을 가지는 접미사이고, 이들이 각각 형성하는 파생어도 유사한 의미를 가진다.[12] 유사한 의미를 가진 세 접미사가 만들어내는 파생어들이 상호간의 경쟁 관계를 형성하며 사용되고 있기 때문에 'X스럽-', 'X롭-', 'X的'을 저지의 관점에서 관찰하는 것은 매우 중요한 작업이다. 김창섭(1984)에서는 'X롭-'과 'X스럽-'은 서로 배타적으로 분포하지 않으면서, 즉 저지를 보이지 않으면서 'X的'에 대해서만 저지를 보인다고 언급한 바 있다. 본 절에서는 세 접미사가 만들어낸 파생어들의 경쟁적인 관계를 계량적인 입장에서 기술하고 저지의 구체적 실현 양상을 확인한다.

5.2.3.1. 'X스럽-'과 'X롭-'

김창섭(1984)에서는 아래의 <표5-14>의 예들을 근거로 '-스럽-'과 '-롭-'이 만든 파생어 사이에서는 저지가 나타나지 않는다고 언급한 바 있다.

---

11) 같은 관찰이 이은섭(2004)에서도 확인된다.

　　우리가 추출한 어근의 목록 중에서 '망설-', '지껄-' 등의 어근은 필자의 직관에 의하자면 다음 (12)와 같이 '-거리-'와 결합할 수 없다.

　　　　(12) *지껄거리다, *망설거리다

12) 김창섭(1984)에서는 이들 세 접미사의 의미를 '-스럽-'은 '어기의 특징적 속성에 접근했음'으로, '-롭-'은 '어기의 속성이 많이 있음'으로, '-的'은 '어기의 속성이 풍부히 있음'으로 규정했다. 세 접미사의 의미가 서로 완전히 일치하지는 않지만 상당히 유사한 의미임을 밝혔고 유사한 의미의 파생어 사이에서 저지가 일어남을 밝혔다.

〈표5-14〉 'X스럽-'과 'X롭-'이 모두 나타나는 예(김창섭 1984)

연번	'X롭-'	'X스럽-'
1	번화롭다	번화스럽다
2	한가롭다	한가스럽다
3	신기롭다	신기스럽다
4	공교롭다	공교스럽다
5	경사롭다	경사스럽다
6	예사롭다	예사스럽다

〈표5-15〉 본 연구의 조사 대상 코퍼스에서의 출현 여부

어기	'-롭-'	'-스럽-'
번화	x	x
한가	o	x
신기	x	x
공교	o	x
경사	x	o
예사	o	x

<표5-14>에 나타난 '-롭-'과 '-스럽-'이 같은 어기를 동시에 취하여 만든 파생어의 예들은 모두 직관적으로 타당한 단어로 'X스럽-'과 'X롭-' 사이에서 저지가 일어나지 않는 증거가 된다고 할 수 있다. 그러나 <표5-15>를 보면 이 여섯 개의 단어 중 본고의 조사 대상 코퍼스에서 'X롭-'과 'X스럽-' 모두에서 출현한 단어는 하나도 관찰할 수 없었다. 그러나 이 사실이 김창섭(1984)의 예가 잘못 선정된 것을 의미하는 것은 아니다. 오히려 이는 생산성을 거의 상실한 접미사 '-롭-'이 만들어낸 파생어 중 '번화롭-', '신기롭-', '경사롭-'은 완전히 사어화하여 더 이상 사용되지 않고, 그 어기를 '-하-'(번화하-, 신기하-)와 '-스럽-'(경사스럽-)이 취하여 동일한 의미를 'X하-'와 'X스럽-'으로 표현하게 되었음을 의미한다. 김창섭(1984)와 본 연구 사이에는 20여 년의 시간적 간격이 존재하기 때문에 <표5-15>에 제시된 언어적 사실은 충분히 있을 수 있는 현상이라고 생각된다.

다음은 본 연구의 조사 대상 코퍼스에서 관찰된 '-롭-'과 '-스럽-'이 같은 어기를 취하여 만든 파생어의 예이다.

〈표5-16〉 'X스럽-'과 'X롭-'이 모두 나타나는 예

연번	'X롭-'	빈도	'X스럽-'	빈도
1	자유롭다	517	자유스럽다	21
2	평화롭다	132	평화스럽다	7
3	신비롭다	58	신비스럽다	23
4	권태롭다	20	권태스럽다	3
5	호화롭다	17	호화스럽다	7
6	명예롭다	7	명예스럽다	7
7	수고롭다	6	수고스럽다	6
8	공포롭다	5	공포스럽다	8
9	영예롭다	1	영예스럽다	2

'X스럽-'과 'X롭-'을 모두 가지는 어기는 <표5-16>에 제시된 9개이다. 코퍼스에 기반한 조사에서는 김창섭(1984)에서보다 새롭고 더 많은 어기의 예를 확인할 수 있다. 같은 어기를 취하는 'X롭-'과 'X스럽-'의 의미는 거의 같아서 서로 다른 문맥에서 교체되어 사용되더라도 그 의미차를 확인하기 어렵다. 거의 동일한 의미를 가진 'X롭-'과 'X스럽-'을 모두 성립시키는 어기가 존재하는 것을 보면 김창섭(1984)의 관찰대로 'X롭-'과 'X스럽-' 사이에는 저지가 일어나지 않는다고 할 수 있다.

다음은 'X스럽-'과 'X롭-' 중 'X스럽-'으로만 나타나는 예이다. '-롭-'은 그 기원적 특성상 모음으로 끝나는 명사만을 어기로 취할 수 있기 때문에 'X스럽-' 중 그 어기가 모음으로 끝나는 것들만 제시했다.

〈표5-17〉 'X스럽-'과 'X롭-' 중 'X스럽-'으로만 나타나는 예

연번	빈도	'X스럽-'	연번	빈도	'X스럽-'	연번	빈도	'X스럽-'	연번	빈도	'X스럽-'
1	36	험오스럽	13	10	염려스럽	25	2	치사스럽	37	1	암시스럽
2	31	수치스럽	14	9	경사스럽	26	1	거미스럽	38	1	요기스럽
3	29	의아스럽	15	9	우려스럽	27	1	구태스럽	39	1	우세스럽
4	26	사치스럽	16	9	후회스럽	28	1	기교스럽	40	1	유머스럽
5	18	괴기스럽	17	8	구차스럽	29	1	남사스럽	41	1	자괴스럽
6	18	호사스럽	18	8	바보스럽	30	1	남새스럽	42	1	증오스럽
7	16	죄스럽	19	8	저주스럽	31	1	남세스럽	43	1	치기스럽
8	14	수다스럽	20	5	요사스럽	32	1	남우세스럽	44	1	호랑이스럽
9	13	송구스럽	21	5	창피스럽	33	1	무지스럽	45	1	혼미스럽
10	12	억지스럽	22	4	예스럽	34	1	바웬사스럽			
11	11	불미스럽	23	3	애교스럽	35	1	백치스럽			
12	10	면구스럽	24	2	사위스럽	36	1	성가스럽			

<표5-17>은 '-스럽-'이 만들어낸 파생어의 종류 258개 중 '-롭-'과 동일 어기를 취하는 9개와 자음으로 끝나는 어기와 결합한 '-스럽-'을 제외한 45개를 보여준다(3.3.3.1.참조). 현대 국어에서 '-롭-'의 생산성이 거의 0에 가깝게 약화되면서 기존에 '-롭-'이 취하던 어기를 '-스럽-'이 취하여 같은 의미를 가지는 파생어를 만드는 경우를 <표5-17>에서 확인할 수 있다. '호사스럽-, 경사스럽-, 저주스럽-, 요기스럽-' 등이 그 예이다.[13] 이 네 단어의 어기는 『표준사전』에는 '-롭-'형과 '-스럽-'형 양자가 모두 등재되어 있는데 코퍼스에서는 모두 '-스럽-'형으로만 관찰된다. 이 네 단어의 어기 – 호사, 경사, 저주, 요기 – 도 '-롭-'과 '-스럽-'이 동시에 취하는 어기의 단계를 거쳤다가 '-롭-'의 생산성 약화와 '-롭-' 파생어 중 저빈도 단어의 어휘 강도 약화로 인해 '-스럽-' 형으로만 쓰이게 된 것으로 생각된다.[14] '경사'가 김창섭(1984)에서 '-롭-'과 '-스럽-'이 동시에 취하는 어기로 제시되었는데 본 연구에서는 '-스럽-' 형으로만 관찰된다는 사실도 이러한 가정에 타당성을 부여하는 증거라 할 수 있다.

다음은 'X스럽-'형과 'X롭-' 중 'X롭-'으로만 나타나는 예이다.

---

13) 이 네 단어는 표에 음영으로 표시하여 제시하였다.
14) 99년부터 2005년까지 구축된 형태분석 코퍼스 중 해당 텍스트의 출판연도가 1999년 이전의 텍스트들로만(471개 텍스트, 10,814,408어절) 구성된 코퍼스에서 '호사(-롭-/-스럽-), 경사(-롭-/스럽-), 저주(-롭-/-스럽-), 요기(-롭-/-스럽-)'을 검색해 본 결과는 다음과 같다.

'-롭-' 파생어	출현빈도	'-스럽-' 파생어	출현빈도
호사롭-	2	호사스럽-	28
경사롭-	1	경사스럽-	18
저주롭-	0	저주스럽-	11
요기롭-	0	요기스럽-	1

〈표5-18〉 'X스럽-'과 'X롭-' 중 'X롭-'으로만 나타나는 예

연번	빈도	X롭-	연번	빈도	X롭-	연번	빈도	X롭-
1	176	흥미롭	15	24	여유롭	29	2	은혜롭
2	89	풍요롭	16	22	따사롭	30	2	의미롭
3	77	위태롭	17	17	경이롭	31	1	고요롭
4	58	한가롭	18	17	정의롭	32	1	공의롭
5	53	향기롭	19	12	이채롭	33	1	다사롭
6	52	다채롭	20	12	자애롭	34	1	득의롭
7	45	순조롭	21	10	호기롭	35	1	보배롭
8	43	공교롭	22	9	상서롭	36	1	생기롭
9	40	조화롭	23	5	단조롭	37	1	신이롭
10	39	지혜롭	24	4	의롭	38	1	임의롭
11	33	감미롭	25	4	자비롭	39	1	자재롭
12	33	예사롭	26	4	적요롭	40	1	정교롭
13	32	대수롭	27	3	가소롭	41	1	한유롭
14	26	슬기롭	28	3	영화롭	42	1	화해롭

〈표5-19〉 '-롭-'형 어기와 '-스럽-'의 결합

연번	파생어	연번	파생어	연번	파생어
1	흥미스럽	15	여유스럽	29	은혜스럽
2	풍요스럽	16	*따사스럽	30	의미스럽
3	위태스럽	17	경이스럽	31	*고요스럽
4	한가스럽	18	*정의스럽	32	*공의스럽
5	*향기스럽	19	?이채스럽	33	*다사스럽
6	?다채스럽	20	*자애스럽	34	*득의스럽
7	순조스럽	21	호기스럽	35	보배스럽
8	*공교스럽	22	상서스럽	36	*생기스럽
9	조화스럽	23	*단조스럽	37	신이스럽
10	지혜스럽	24	*의스럽	38	임의스럽
11	*감미스럽	25	자비스럽	39	*자재스럽
12	예사스럽	26	*적요스럽	40	*정교스럽
13	*대수스럽	27	*가소스럽	41	*한유스럽
14	*슬기스럽	28	*영화스럽	42	화해스럽

위의 〈표5-18〉에는 '-롭-'이 만들어낸 파생어의 종류 51개 중 '-스럽-'
과 동일 어기를 취하는 9개를 제외한 42개의 '-롭-' 파생어가 제시되어
있다(3.3.3.1. 참조). 여기에는 고빈도 단어로 각인되어 어휘화된 'X롭-'도
포함되어 있고, 사어화되고 있는 저빈도 'X롭-'도 존재한다. 후자의 일
부는 '-的'과 동일 어기를 취하여 같은 의미를 가진 파생어 쌍을 형성하
기도 한다(5.3.4.2. 참조). 직관적 판단으로는 위의 42개 단어의 어기 중 일

부에는 '-스럽-'이 자연스럽게 결합될 수 있을 것으로 생각된다. <표 5-19>는 '-롭-'형으로만 나타났던 어기를 '-스럽-'과 결합시켜 그 수용성을 확인해 본 예이다.

<표5-19>에 제시된 예들이 완전히 다 자연스럽지는 않지만 '-롭-'형과 거의 동일한 의미를 가지는 예도 적지 않은 것으로 판단된다. 이는 현대 국어에서 '-스럽-'이 매우 생산적이기 때문에 우리가 가질 수 있는 직관이라 할 수 있다. 위의 표에 제시된 파생어에 대해 실제 언중들은 잠재어적 형태인 'X스럽-'보다는 기존 형태인 'X롭-'을 선호하는 것으로 생각된다.

5.2.3.2. 'X롭-'과 'X的'

김창섭(1984)에서는 '평화롭-/평화적', '신비롭-/신비적'의 몇몇 예외가 있지만 '-롭-'과 '-的'은 어기를 배타적으로 취한다고 일반화한 바 있다. 다시 말해서, 이는 'X롭-'과 'X的' 사이에 저지가 존재한다는 것이다. 여기서는 코퍼스에서 추출된 자료를 바탕으로 두 파생어 집합을 비교·대조하여 저지의 존재를 재검토해 보기로 한다. 아래의 <표5-20>은 '-롭-'과 '-的'이 동일 어기를 취하여 만든 파생어의 예들이다.

〈표5-20〉 'X롭-'과 'X的'이 모두 나타나는 예

연번	'X롭-'	빈도	'X的'	빈도
1	평화롭	132	평화적	80
2	신비롭	58	신비적	3
3	조화롭	40	조화적	2
4	경이롭	17	경이적	6
5	의미롭	2	의미적	6
6	임의롭	1	임의적	22
7	화해롭	1	화해적	4

위의 표에 제시된 파생어 어기의 성격이나 쌍을 이루는 'X롭-'과 'X的'의 의미·기능을 고려해 볼 때, '의미적', '조화적'을 제외한 나머지 모든 단어는 '-롭-'과 '-的'이 동일 어기를 취하여 만든 비슷한 의미·기능

을 가진 파생어라 할 수 있다. 조사 대상 코퍼스에서 6회 출현한 '의미적'은 모두 언어학과 관련된 한 텍스트에서 나온 것으로 모두 '형태적, 통사적, 음운적'이라는 짝에 이끌려 나온 경우일 뿐, '의미롭-'과는 의미적 연관성이 없다. 2회 출현한 '조화적'도 모두 '예정 조화적'의 예로 한 텍스트에서만 나타나는 단어로 번역어인 듯하고 '조화롭-'과 같은 의미를 가졌다고 보기는 어렵다. '의미적'과 '조화적'을 제외한 나머지 5개의 'X롭-'과 'X的'은 서로 다른 문맥에서 교체되어 사용되더라도 의미상의 차이를 확인하기 어려운, 그 의미가 상당히 유사한 단어쌍이다. 김창섭(1984)에서는 '평화적'과 '신비적'만을 예외로 들어 '-롭-'과 '-的'은 어기를 배타적으로 취한다고 일반화했지만 실제적인 자료 조사 결과는 '-롭-'과 '-的'이 어기를 배타적으로 취하지 않음을, 즉 'X롭-'과 'X的' 사이에 저지가 존재하지 않음을 보여준다.

다음은 'X롭-'과 'X的' 중 'X롭-'으로만 나타나는 예이다.

〈표5-21〉 'X롭-'과 'X的-' 중 'X롭-'으로만 나타나는 예

연번	빈도	'X롭-'	연번	빈도	'X롭-'	연번	빈도	'X롭-'	연번	빈도	'X롭-'
1	517	자유롭	12	33	예사롭	23	9	상서롭	34	1	고요롭
2	176	흥미롭	13	32	대수롭	24	7	명예롭	35	1	공의롭
3	89	풍요롭	14	26	슬기롭	25	6	수고롭	36	1	다사롭
4	77	위태롭	15	24	여유롭	26	5	공포롭	37	1	득의롭
5	58	한가롭	16	22	따사롭	27	5	단조롭	38	1	보배롭
6	53	향기롭	17	20	권태롭	28	4	의롭	39	1	생기롭
7	52	다채롭	18	17	정의롭	29	4	자비롭	40	1	신이롭
8	45	순조롭	19	17	호화롭	30	4	적요롭	41	1	영예롭
9	43	공교롭	20	12	이채롭	31	3	가소롭	42	1	자재롭
10	39	지혜롭	21	12	자애롭	32	3	영화롭	43	1	정교롭
11	33	감미롭	22	10	호기롭	33	2	은혜롭	44	1	한유롭

'-롭-'이 만들어낸 파생어 51개 중 '-的'과 동일 어기를 취하는 7개를 제외한 44개가 위의 표에 제시되어 있다(3.3.3.1.참조). 직관적으로는 위의 44개 단어 어기에 '-的'이 결합되면 대다수가 비정상적인 단어가 될 것으로 생각된다. 김창섭(1984)에서 '-롭-'과 '-的'이 어기를 배타적으로 취한다고 판단한 근거가 바로 여기에 있다고 할 수 있다. 이는 '-롭-'과

'-的'이 유사한 의미를 가지는 두 접미사이긴 하지만 이 둘이 취할 수 있는 어기에 어떤 의미적인 제약이 있기 때문으로 생각된다.

다음은 'X롭-'과 'X的' 중 'X的'으로만 나타나는 예이다.[15]

〈표5-22〉 'X롭-'과 'X的' 중 'X的'으로만 나타나는 예

연번	빈도	'X的'	연번	빈도	'X的'	연번	빈도	'X的'	연번	빈도	'X的'	연번	빈도	'X的'
1	1220	사회적	21	334	부정적	41	209	임상적	61	158	민주적	81	126	국가적
2	894	정치적	22	312	개인적	42	207	전체적	62	158	지배적	82	125	기능적
3	819	구체적	23	308	정상적	43	207	효율적	63	155	심리적	83	122	의도적
4	757	경제적	24	300	공식적	44	202	인간적	64	146	도덕적	84	122	이데올로기적
5	749	일반적	25	285	합리적	45	191	자율적	65	146	본질적	85	120	성적
6	679	적극적	26	277	직접적	46	190	치료적	66	145	전략적	86	119	독립적
7	578	전통적	27	276	정신적	47	189	지적	67	138	사적	87	119	상징적
8	563	대표적	28	272	결정적	48	184	논리적	68	137	질적	88	118	치명적
9	540	세계적	29	265	법적	49	182	성공적	69	136	대화적	89	118	특징적
10	537	역사적	30	264	실질적	50	177	구조적	70	136	일시적	90	116	간접적
11	465	문화적	31	257	국제적	51	174	체계적	71	134	종교적	91	116	부분적
12	403	본격적	32	254	공적	52	173	비판적	72	134	집중적	92	114	형식적
13	400	비교적	33	248	과학적	53	173	장기적	73	132	의식적	93	113	환상적
14	384	현실적	34	248	자발적	54	173	필수적	74	132	필연적	94	112	군사적
15	377	지속적	35	235	일방적	55	171	전형적	75	131	결과적	95	112	소극적
16	373	긍정적	36	226	보편적	56	171	제도적	76	129	인적	96	112	신경학적
17	373	기본적	37	218	객관적	57	170	독자적	77	129	전문적	97	111	종합적
18	370	효과적	38	215	절대적	58	164	전반적	78	128	지향적	98	110	윤리적
19	343	상대적	39	212	궁극적	59	163	일상적	79	127	기술적	99	110	이상적
20	337	근본적	40	211	이론적	60	160	중심적	80	127	재정적	100	110	전국적

'-롭-'의 생산성이 거의 0에 가깝게 약화되고 동시에 저빈도의 'X롭-'이 사어화되면서 기존에 '-롭-'이 취하던 어기를 '-的'이 취하는 경우가 관찰된다. '순리적, 의외적'이 그 예인데 『표준사전』에는 모두 '-롭-'형으로 등재되어 있지만 코퍼스에서는 '-的'형으로만 나타난다.[16] 이는 '순리롭-', '의외롭-'이 사어화되면서 이 단어의 의미에 대한 명명적 욕구를 비슷한 의미를 가진 생산적인 접미사 '-的'을 통하여 충족시킨 결과로

---

15) '-的' 파생어는 그 유형 빈도가 2000개가 넘기 때문에 빈도순 100위까지의 단어만을 제시한다.
16) 표에는 두 단어가 제시되어 있지 않지만 '순리적'은 2회, '의외적'은 1회 출현한 단어이다.

생각된다. 앞서 '-롭-'과 '-스럽-'에서도 언급한 바와 같이, 사어화된 파생어의 어기를 유사한 의미의 생산적인 접사가 취하여 같은 의미의 새 단어를 만드는 현상이 여기서도 관찰되는 것이다.

5.2.3.3. 'X스럽-'과 'X的'

김창섭(1984)에서는 '평화스럽-/평화적', '신비스럽-/신비적, 야만스럽-/야만적, 열성스럽-/열성적'의 몇몇 예외가 있지만 '-스럽-'과 '-的'은 어기를 배타적으로 취한다고 일반화한 바 있다. 다시 말해서 이는 'X스럽-'과 'X的' 사이에 저지가 존재한다는 것이다. 여기서는 코퍼스에서 추출된 자료를 바탕으로 두 파생어 집합을 비교·대조하여 저지의 존재를 재검토해 보기로 한다. 아래의 <표5-23>은 '-스럽-'과 '-的'이 동일 어기를 취하여 만든 파생어의 예들이다.

〈표5-23〉 'X스럽-'과 'X的'이 모두 나타나는 예

'X스럽-'이 고빈도인 예				'X的'이 고빈도거나 동일 빈도인 예			
연번	'X스럽-'	빈도	'X的'	빈도	연번	'X스럽-'	빈도	'X的'	빈도
1	자연스럽	553	자연적	97	1	평화스럽	7	평화적	80
2	만족스럽	89	만족적	1	2	역설스럽	1	역설적	58
3	신비스럽	23	신비적	3	3	여성스럽	10	여성적	53
4	감격스럽	21	감격적	7	4	감동스럽	12	감동적	49
5	불만스럽	20	불만적	1	5	절망스럽	7	절망적	43
6	치욕스럽	15	치욕적	5	6	남성스럽	1	남성적	39
7	탐욕스럽	13	탐욕적	3	7	야만스럽	2	야만적	17
8	천연스럽	5	천연적	1	8	굴욕스럽	1	굴욕적	14
					9	기교스럽	1	기교적	5
					10	외설스럽	2	외설적	4
					11	관용스럽	1	寬容的	2
					12	코믹스럽	1	코믹적	1

위의 <표5-23>에 제시된 파생어 중 '자연스럽-'/'자연적', '천연스럽-'/'천연적'은 김창섭(1984)에서 지적한 대로 실체성의 의미를 가지는 '자연¹', '천연¹'과 상태성의 의미를 가지는 '자연²', '천연²'이 각각 '자연¹적', '천연¹적'과 '자연²스럽-', '천연²스럽-'을 형성한 것이기 때문에 '-스럽-'과 '-的'이 동일 어기를 취한 예는 아니다. 그러나 나머지 경우는 어

기의 성격이나 쌍을 이루는 'X스럽-'과 'X的'의 의미·기능을 고려해 볼
때, '-스럽-'과 '-的'이 동일 어기를 취하여 만든 매우 유사한 의미를 가
진 파생어라 할 수 있다. 파생어 쌍의 의미가 거의 유사하고 상호 간에
교체되어 사용되더라도 의미적 차이가 거의 없다는 점이 그 근거이다.
김창섭(1984)에서는 몇몇 예외가 있긴 하지만 '-스럽-'과 '-的'은 어기를
배타적으로 취한다고 일반화했다. 그러나 실제적인 자료 조사 결과는
'-스럽-'과 '-的'이 어기를 배타적으로 취하지 않음을, 즉 'X스럽-'과 'X的'
사이에 저지가 존재하지 않음을 보여준다.

　　다음은 'X스럽-'과 'X的' 중 'X스럽-'으로만 나타나는 예이다.

〈표5-24〉 'X스럽-'형과 'X的'형 중 'X스럽-'형으로만 나타나는 예

연번	빈도	'X스럽-	연번	빈도	'X스럽-	연번	빈도	'X스럽-	연번	빈도	'X스럽-	연번	빈도	'X스럽-
1	353	조심스럽	28	28	비밀스럽	55	11	불미스럽	82	8	표독스럽	109	4	예스럽
2	155	고통스럽	29	26	사치스럽	56	10	면구스럽	83	7	경망스럽	110	4	의뭉스럽
3	150	자랑스럽	30	26	원망스럽	57	10	민망스럽	84	7	고생스럽	111	4	천진스럽
4	125	혼란스럽	31	25	고급스럽	58	10	부산스럽	85	7	멋스럽	112	3	경멸스럽
5	87	걱정스럽	32	23	장난스럽	59	10	염려스럽	86	7	명예스럽	113	3	경박스럽
6	87	의심스럽	33	21	자유스럽	60	10	흉물스럽	87	7	신령스럽	114	3	고역스럽
7	84	새삼스럽	34	19	호들갑스럽	61	9	경사스럽	88	7	호화스럽	115	3	공손스럽
8	83	부담스럽	35	18	괴기스럽	62	9	끔찍스럽	89	6	개탄스럽	116	3	권태스럽
9	67	사랑스럽	36	18	호사스럽	63	9	먹음직스럽	90	6	고민스럽	117	3	근심스럽
10	64	다행스럽	37	17	변덕스럽	64	9	믿음직스럽	91	6	수고스럽	118	3	망신스럽
11	59	성스럽	38	17	존경스럽	65	9	불경스럽	92	6	요란스럽	119	3	생경스럽
12	58	당혹스럽	39	16	정성스럽	66	9	불안스럽	93	6	용맹스럽	120	3	소망스럽
13	47	고집스럽	40	16	죄스럽	67	9	우려스럽	94	6	태평스럽	121	3	신산스럽
14	46	통명스럽	41	15	거북스럽	68	9	위험스럽	95	6	게걸스럽	122	3	애교스럽
15	44	짜증스럽	42	15	고풍스럽	69	9	이물스럽	96	5	맛깔스럽	123	3	억척스럽
16	42	유감스럽	43	15	을씨년스럽	70	9	죄송스럽	97	5	망측스럽	124	3	영악스럽
17	42	촌스럽	44	15	한심스럽	71	9	후회스럽	98	5	소담스럽	125	3	짐스럽
18	40	곤혹스럽	45	14	가증스럽	72	8	감탄스럽	99	5	수선스럽	126	3	태연스럽
19	39	소란스럽	46	14	대견스럽	73	8	갑작스럽	100	5	앙증스럽	127	3	한스럽
20	36	실망스럽	47	14	수다스럽	74	8	공포스럽	101	5	야단스럽	128	2	결벽스럽
21	36	혐오스럽	48	14	어른스럽	75	8	구차스럽	102	5	요사스럽	129	2	경악스럽
22	33	당황스럽	49	14	익살스럽	76	8	극성스럽	103	5	우악스럽	130	2	고약스럽
23	32	뻔뻔스럽	50	13	송구스럽	77	8	바보스럽	104	5	창피스럽	131	2	곰살스럽
24	31	수치스럽	51	12	억지스럽	78	8	의문스럽	105	4	과장스럽	132	2	구접스럽
25	31	시원스럽	52	12	영광스럽	79	8	저주스럽	106	4	그악스럽	133	2	궁상스럽
26	31	이상스럽	53	12	유난스럽	80	8	천연덕스럽	107	4	까탈스럽	134	2	극악스럽
27	29	의아스럽	54	11	능청스럽	81	8	충성스럽	108	4	복스럽	135	2	낭패스럽

연번	빈도	X스럽-	연번	빈도	X스럽-	연번	빈도	X스럽-	연번	빈도	X스럽-	연번	빈도	X스럽-
136	2	불량스럽	156	1	경외스럽	176	1	모멸스럽	196	1	시골스럽	216	1	조잡스럽
137	2	사위스럽	157	1	곰스럽	177	1	몰풍스럽	197	1	심란스럽	217	1	좀상스럽
138	2	상냥스럽	158	1	과잉스럽	178	1	무지스럽	198	1	안심스럽	218	1	주접스럽
139	2	색스럽	159	1	괴물스럽	179	1	미심스럽	199	1	액삭스럽	219	1	주책스럽
140	2	앙징스럽	160	1	괴벽스럽	180	1	미안스럽	200	1	야박스럽	220	1	증오스럽
141	2	엉뚱스럽	161	1	괴팍스럽	181	1	밉상스럽	201	1	야속스럽	221	1	지궁스럽
142	2	영예스럽	162	1	구태스럽	182	1	바웬사스럽	202	1	얌시스럽	222	1	지악스럽
143	2	우왁스럽	163	1	귀살스럽	183	1	백치스럽	203	1	오만스럽	223	1	진실스럽
144	2	우직스럽	164	1	급작스럽	184	1	번잡스럽	204	1	외경스럽	224	1	착종스럽
145	2	정갈스럽	165	1	난동스럽	185	1	변란스럽	205	1	요기스럽	225	1	추잡스럽
146	2	질감스럽	166	1	남사스럽	186	1	병신스럽	206	1	요망스럽	226	1	추접스럽
147	2	짐승스럽	167	1	남세스럽	187	1	불통스럽	207	1	우세스럽	227	1	치기스럽
148	2	치사스럽	168	1	남우세스럽	188	1	비탄스럽	208	1	원통스럽	228	1	투박스럽
149	2	통탄스럽	169	1	내숭스럽	189	1	비통스럽	209	1	유머스럽	229	1	한탄스럽
150	1	가공스럽	170	1	다정스럽	190	1	상스럽	210	1	은밀스럽	230	1	허망스럽
151	1	가린스럽	171	1	던적스럽	191	1	생급스럽	211	1	인텔스럽	231	1	호랑이스럽
152	1	간살스럽	172	1	독살스럽	192	1	생뚱스럽	212	1	자괴스럽	232	1	혼스럽
153	1	갈신스럽	173	1	둥글스럽	193	1	성가스럽	213	1	잔망스럽	233	1	휘황스럽
154	1	거미스럽	174	1	뒤퉁스럽	194	1	수상스럽	214	1	재앙스럽	234	1	흉측스럽
155	1	걸신스럽	175	1	맵살스럽	195	1	시골상스럽	215	1	적정스럽	235	1	흡족스럽

‘-스럽-’이 만들어낸 파생어의 종류 256개 중 ‘-的’과 동일 어기를 취하는 21개를 제외한 235개가 위의 표에 제시되어 있다(3.3.3.1 참조). 직관적으로는 위의 235개 단어의 어기에 ‘-的’이 결합되면 대다수가 비정상적인 단어가 될 것으로 생각된다. 김창섭(1984)에서 ‘-스럽-’과 ‘-的’이 어기를 배타적으로 취한다고 판단한 근거가 바로 여기에 있다고 할 수 있다. 이는 ‘-스럽-’과 ‘-的’이 유사한 의미를 가지는 두 접미사이긴 하지만 이 둘이 취할 수 있는 어기에 어떤 의미적인 제약이 있음을 의미한다.

다음은 ‘X스럽-’과 ‘X的’형 중 ‘X的’형으로만 나타나는 예이다.[17]

---

17) ‘-的’ 파생어는 그 유형 빈도가 2000개가 넘기 때문에 빈도순 100위까지의 단어만을 제시한다.

〈표5-25〉'X스럽-'과 'X的' 중 'X的'으로만 나타나는 예

연번	빈도	'X的'	연번	빈도	'X的'	연번	빈도	'X的'	연번	빈도	'X的'	연번	빈도	'X的'
1	1220	사회적	21	334	부정적	41	209	임상적	61	158	민주적	81	126	국가적
2	894	정치적	22	312	개인적	42	207	전체적	62	158	지배적	82	125	기능적
3	819	구체적	23	308	정상적	43	207	효율적	63	155	심리적	83	122	의도적
4	757	경제적	24	300	공식적	44	202	인간적	64	146	도덕적	84	122	이데올로기적
5	749	일반적	25	285	합리적	45	191	자율적	65	146	본질적	85	120	성적
6	679	적극적	26	277	직접적	46	190	치료적	66	145	전략적	86	119	독립적
7	578	전통적	27	276	정신적	47	189	지적	67	138	사적	87	119	상징적
8	563	대표적	28	272	결정적	48	184	논리적	68	137	질적	88	118	치명적
9	540	세계적	29	265	법적	49	182	성공적	69	136	대화적	89	118	특징적
10	537	역사적	30	264	실질적	50	177	구조적	70	136	일시적	90	116	간접적
11	465	문화적	31	257	국제적	51	174	체계적	71	134	종교적	91	116	부분적
12	403	본격적	32	254	공적	52	173	비판적	72	134	집중적	92	114	형식적
13	400	비교적	33	248	자발적	53	173	장기적	73	132	의식적	93	113	환상적
14	384	현실적	34	248	과학적	54	173	필수적	74	132	필연적	94	112	군사적
15	377	지속적	35	235	일방적	55	171	전형적	75	131	결과적	95	112	소극적
16	373	긍정적	36	226	보편적	56	171	제도적	76	129	인적	96	112	신경학적
17	373	기본적	37	218	객관적	57	170	독자적	77	129	전문적	97	111	종합적
18	370	효과적	38	215	절대적	58	164	전반적	78	128	지향적	98	110	윤리적
19	343	상대적	39	212	궁극적	59	163	일상적	79	127	기술적	99	110	이상적
20	337	근본적	40	211	이론적	60	160	중심적	80	127	재정적	100	110	전국적

'-스럽-'이 현대 국어에서 매우 생산적인 접미사이긴 하지만 '-스럽-' 파생어 중에는 사전에만 등재되어 있고 실제로는 사용되지 않는 것들이 많다. 그렇다면 사어화되었거나 소멸의 단계에 있는 '-스럽-' 파생어의 어기를 '-的'이 취하는 경우가 관찰될 것으로 예상되나 실제 코퍼스의 조사 결과 그러한 예는 관찰되지 않았다. 실제로 사용되지 않는 '-스럽-' 형들은 대체로 '-하-'형이 대체한 것으로 생각된다.[18]

---

18) 『표준사전』에 등재된 '-스럽-' 파생어는 총 958개인데 이중 적지 않은 수가 코퍼스에서는 확인되지 않는다. '-하-'형으로 대치되었다고 생각되는 대표적인 예들 중 일부는 아래와 같다.

간교스럽-, 간악스럽-, 거만스럽-, 겸손스럽-, 괴상스럽-, 교만스럽-, 구차스럽-, 비겁스럽-, 소심스럽-, 악독스럽-, 야속스럽-, 얌전스럽-, 오만스럽-, 완고스럽-, 원만스럽-, 위험스럽-, 음탕스럽-, 허접스럽-.

5.3. 빈도 및 생산성의 관점에서 이해한 저지

5.3.1. 저지: 상보적 출현 對 빈도 및 생산성의 문제

　　지금까지 우리는 국어에서 저지와 관련이 있는 현상을 코퍼스에서 추출한 자료에 기반하여 살펴보았다. 면밀한 자료 검토를 통해서 확인한 사실은 저지가 실제로는 일어나지 않는다는 것이었다. 파생어 상호 간 명확한 저지를 보여주는 것으로 이해되는 전형적인 예들이 있기는 했지만 언제나 적지 않은 예외가 발견되었기 때문이다. Scalise(1984: 214)에서처럼 저지를 확고부동한 원칙으로 설명하기보다는 일종의 경향성이라고 느슨하게 이해해야만 한다는 사실을 국어의 동의적 파생어에서도 확인한 것이다. 그렇다면 여기서 우리의 선택은 이 저지를 경향성은 충분히 있지만 좀처럼 설명이 되지 않는 예외를 늘 가지는 현상으로 남겨 두고 설명을 그칠 것이냐 아니면 그 예외까지도 하나의 원리로 포괄하여 설명할 수 있는 방법을 새롭게 찾느냐는 것이라 할 수 있다. 본 연구는 후자의 입장에 서서 저지를 단어의 빈도 및 접사의 생산성과 관련된 양적 현상으로 파악하여 설명해 보고자 한다.

　　국어에서 저지가 일어나지 않는다고 판단한 모든 논의는 경쟁하는 두 파생어가 상보적으로 출현할 경우에만 저지가 존재한다고 판단하는 논리에 근거한 것이었다. 그러나 이 논리에는 단어 사용의 가장 중요한 특성 중 하나인 빈도와 해당 접사의 생산성에 대한 고려가 누락되어 있다. 비슷한 의미를 가졌기 때문에 경쟁 관계에 있는 두 파생어가 모두 실제어로 나타날 것인가 혹은 하나만이 실제어로 나타나고 다른 하나는 잠재어 수준에 머물러 있을 것인가는 실제적인 언어 사용의 문제이다. 그리고 이 언어 사용에는 빈도와 접사의 생산성이 매우 중요한 의미를 가진다. 그러나 저지에 대한 기존의 연구에서는 경쟁하는 단어들 사이에 존재하는 빈도 격차와 접미사 간의 생산성의 차이를 간과하고 동일 어기를 가진 두 파생어가 관찰되면 저지가 발생하지 않는다는 평면적인 결론을 내렸다. 본 연구에서는 Rainer(1988)의 입장을 수용하여 저지와 관련된 국어 파생어를 빈도 및 생산성과 관련된 양적 현상으로 파악하여 새롭게 접근해 보고자 한다.

5.3.2. 빈도 및 생산성의 관점에서 본 '不X'와 '非X'

'不'과 '非-'는 '-이 아닌'의 동일한 의미를 갖는 두 접사인데 부정 접두사 중 '非-'의 생산성은 제일 높은 반면 '不-'의 생산성은 제일 낮아서 이 둘은 현격한 생산성 격차를 보인다. 따라서 '不X'와 '非X'는 저지와 그 예외적인 현상을 빈도 및 생산성의 관점에서 검토해 볼 수 있는 좋은 자료라 할 수 있다. 다음은 부정 접두사 '不-'과 '非-'가 형성한 파생어들 중 동일 어기를 가지는 파생어의 출현 여부를 빈도와 함께 나타낸 표이다.[19]

아래의 <표5-26>을 살펴보면 고빈도의 '不X'의 경우에 동일 어기를 가지는 '非X'가 나타나지 않았고,[20] 저빈도의 '不X'의 경우에만 동일 어기를 가지는 '非X'가 5개 나타난 것을 확인할 수 있다. 고빈도의 '不X'는 같은 의미를 가진 '非X'를 대체로 저지시키는 반면 상대적으로 빈도가 낮은 '不X'는 동일 의미의 '非X'의 출현과 사용을 막지 못하고 있다. 저빈도의 '不X'는 어휘 강도가 약하여 강한 저지력을 갖지 못하는 것이라 할 수 있다.

---

19) 모든 '不X'와 '非X'를 전부 제시하는 것이 의미가 없기 때문에 동일 어기를 가진 파생어 쌍이 존재하는 고빈도와 저빈도에서 일부만을 추출하여 제시하였다.

20) '비합리'와 '불합리'의 경우, '비합리'는 '-的'과의 결합이 대다수(35회 중 28회)이고 '불합리'는 '-하-'와의 결합이 대다수(40회 중 32회)이다. '비도덕'과 '부도덕'의 경우도 '비도덕'은 '-的'과의 결합이 대다수(7회 중 6회)이고, '부도덕'은 '-하-'와의 결합이 대다수(32회 중 19회)로 같은 현상이 관찰된다. 어기 '합리'와 '도덕'은 '非-'형과 '不-'형의 의미가 비슷하긴 하지만 서로 다른 사용이 현격하게 관찰되기 때문에 동일한 기능을 갖는 파생어쌍으로 보기 어려운 측면이 있다.

〈표5-26〉 '不X'와 '非X' 사이의 저지 및 그 예외

연번	어기	피저지어	빈도	저지어	빈도	연번	어기	피저지어	빈도	저지어	빈도
1	평등	*비평등	0	불평등	150	20	신임	*비신임	0	불신임	6
2	안정	*비안정	0	불안정	120	21	평형	*비평형	0	불평형	6
3	투명	*비투명	0	불투명	110	22	적당	*비적당	0	부적당	5
4	확실	*비확실	0	불확실	106	23	건전	*비건전	0	불건전	4
5	필요	*비필요	0	불필요	94	24	안전	*비안전	0	불안전	4
6	균형	*비균형	0	불균형	93	25	포화	*비포화	0	불포화	4
7	완전	*비완전	0	불완전	70	26	정기	비정기	2	부정기	3
8	적절	*비적절	0	부적절	56	27	간섭	*비간섭	0	불간섭	3
9	공정	*비공정	0	불공정	50	28	균일	*비균일	0	불균일	3
10	분명	*비분명	0	불분명	48	29	활성	비활성	1	불활성	2
11	합리	비합리	35	불합리	40	30	관여	*비관여	0	불관여	2
12	구속	*비구속	0	불구속	40	31	명료	*비명료	0	불명료	2
13	충분	*비충분	0	불충분	39	32	체포	*비체포	0	불체포	2
14	도덕	비도덕	7	부도덕	32	33	합치	*비합치	0	불합치	2
15	일치	*비일치	0	불일치	32	34	가역	비가역	3	불가역	1
16	연속	비연속	2	불연속	32	35	개입	*비개입	0	불개입	1
17	가시	비가시	8	불가시	26	36	변화	*비변화	0	불변화	1
18	균등	*비균등	0	불균등	7	37	선명	*비선명	0	불선명	1
19	복종	*비복종	0	불복종	6	38	입건	*비입건	0	불입건	1

　고빈도의 '不X'는 어휘부 내에 확고하게 표상되어 있기 때문에 그 인출이 쉽고 빠르게 이루어진다. 따라서 같은 의미를 가진 '非X'가 활성화되어 인출될 가능성은 매우 낮아진다. 그 결과 해당 '不X'만 지속적으로 사용될 뿐, 같은 의미의 '非X'는 직관적으로만 성립 가능한 잠재어로 남아 있을 수밖에 없다. 반면에 저빈도의 '不X'는 어휘 강도가 약하기 때문에 그 인출이 쉽지 않다. 이 경우에는 '不X'를 인출하는 것보다 생산적인 접미사 '非-'와 해당 어기를 결합시키는 과정이 더 쉽고 빠를 수 있다. 이런 이유 때문에 저빈도의 '不X'는 같은 의미를 갖는 '非X'와 공존하게 되는 것이다.

5.3.3. 빈도 및 생산성의 관점에서 본 'X거리-', 'X대-', 'X이-'

5.3.3.1. 'X거리-'와 'X대-'
'-거리-'와 '-대-'는 거의 비슷한 의미의 접미사이고 이들 접미사 각각

이 형성하는 파생어 'X거리-'와 'X대-'도 그 의미가 거의 같다. 따라서 저지를 지배하는 원리가 언어 경제성이라면 'X거리-'와 'X대-' 사이에서 전형적인 저지의 예를 제일 많이 관찰할 수 있어야 하는 것이 정상이다. 그러나 'X거리-'와 'X대-'는 저지에 해당하는 전형적인 예를 보여주지 않는다. 여기서는 빈도 및 생산성의 관점에서 'X거리-'와 'X대-'를 검토하여 이 둘 사이에서는 전형적인 저지로 보이는 예들이 관찰되지 않는 이유를 밝혀보기로 한다.

다음은 <표5-7>을 다시 가져 온 것으로 '-거리-'와 '-대-'가 동일 어기를 가지는 파생어를 빈도와 함께 나타낸 표이다.

〈표5-27〉'X거리-'와 'X대-'가 모두 나타나는 예

연번	'X거리-'	빈도	'X대-'	빈도	연번	'X거리-'	빈도	'X대-'	빈도	연번	'X거리-'	빈도	'X대-'	빈도
1	중얼거리	398	중얼대	1	28	우글거리	21	우글대	2	55	글썽거리	10	글썽대	1
2	머뭇거리	113	머뭇대	1	29	주춤거리	21	주춤대	1	56	긁적거리	10	긁적대	1
3	비틀거리	95	비틀대	1	30	소곤거리	20	소곤대	4	57	싱글거리	10	싱글대	2
4	투덜거리	94	투덜대	27	31	꾸물거리	19	꾸물대	1	58	너울거리	9	너울대	5
5	서성거리	86	서성대	5	32	빈정거리	19	빈정대	9	59	달싹거리	9	달싹대	1
6	기웃거리	78	기웃대	2	33	수군거리	18	수군대	13	60	징징거리	9	징징대	4
7	어른거리	76	어른대	4	34	북적거리	17	북적대	19	61	찰랑거리	9	찰랑대	3
8	꿈틀거리	64	꿈틀대	16	35	깜박거리	16	깜박대	1	62	펄럭거리	9	펄럭대	1
9	가웃거리	60	가웃대	1	36	후들거리	16	후들대	2	63	넘실거리	7	넘실대	12
10	휘청거리	55	휘청대	2	37	거들먹거리	15	거들먹대	1	64	오물거리	7	오물대	1
11	흥얼거리	43	흥얼대	1	38	꼼지락거리	15	꼼지락대	2	65	주절거리	7	주절대	2
12	어슬렁거리	41	어슬렁대	3	39	재잘거리	15	재잘대	6	66	킥킥거리	7	킥킥대	2
13	웅성거리	38	웅성대	8	40	허둥거리	15	허둥대	28	67	킬킬거리	7	킬킬대	3
14	두근거리	37	두근대	4	41	뒤뚱거리	15	뒤뚱대	3	68	헉헉거리	7	헉헉대	4
15	웅얼거리	37	웅얼대	2	42	낑낑거리	14	낑낑대	7	69	윙윙거리	7	윙윙대	1
16	비아냥거리	35	비아냥대	3	43	흐느적거리	14	흐느적대	1	70	꿍꿍거리	6	꿍꿍대	10
17	버둥거리	31	버둥대	6	44	구시렁거리	13	구시렁대	2	71	날름거리	6	날름대	1
18	우물거리	31	우물대	1	45	쿵쾅거리	13	쿵쾅대	1	72	씰룩거리	6	씰룩대	2
19	출렁거리	31	출렁대	2	46	부스럭거리	12	부스럭대	1	73	우쭐거리	6	우쭐대	1
20	번들거리	29	번들대	2	47	키득거리	12	키득대	2	74	쿵쿵거리	6	쿵쿵대	1
21	깔깔거리	25	깔깔대	11	48	흔들거리	12	흔들대	2	75	꿈지럭거리	5	꿈지럭대	1
22	낄낄거리	24	낄낄대	7	49	건들거리	11	건들대	2	76	바글거리	5	바글대	1
23	으르렁거리	23	으르렁대	10	50	웅웅거리	11	웅웅대	1	77	번질거리	5	번질대	1
24	허우적거리	23	허우적대	15	51	지끈거리	11	지끈대	1	78	벌렁거리	5	벌렁대	1
25	빈둥거리	22	빈둥대	1	52	쭈뼛거리	11	쭈뼛대	1	79	서걱거리	5	서걱대	1
26	삐걱거리	22	삐걱대	2	53	칭얼거리	11	칭얼대	13	80	주물럭거리	5	주물럭대	1
27	씩씩거리	21	씩씩대	3	54	술렁거리	11	술렁대	3	81	집적거리	5	집적대	1

연번	'X거리-'	빈도	'X대-'	빈도	연번	'X거리-'	빈도	'X대-'	빈도	연번	'X거리-'	빈도	'X대-'	빈도
82	쭝알거리	5	쭝알대	4	95	콜록거리	3	콜록대	1	108	꺽꺽거리	1	꺽꺽대	1
83	깡충거리	4	깡충대	1	96	뭉그적거리	3	뭉그적대	1	109	끔뻑거리	1	끔뻑대	1
84	끼적거리	4	끼적대	1	97	이죽거리	3	이죽대	1	110	끽끽거리	1	끽끽대	1
85	달그락거리	4	달그락대	2	98	겅둥거리	2	겅둥대	1	111	너풀거리	1	너풀대	2
86	덜렁거리	4	덜렁대	3	99	군시렁거리	2	군시렁대	1	112	빨빨거리	1	빨빨대	1
87	비죽거리	4	비죽대	1	100	굽신거리	2	굽신대	1	113	사각거리	1	사각대	2
88	빙글거리	4	빙글대	1	101	대롱대	2	대롱거리	6	114	식식거리	1	식식대	1
89	팔랑거리	4	팔랑대	1	102	미적거리	2	미적대	4	115	씨근거리	1	씨근대	1
90	흥청거리	4	흥청대	2	103	비비적거리	2	비비적대	1	116	질금거리	1	질금대	1
91	득실거리	3	득실대	2	104	비슬거리	2	비슬대	1	117	첨벙거리	1	첨벙대	2
92	바동거리	3	바동대	1	105	왈왈거리	2	왈왈대	1	118	출랑거리	1	출랑대	1
93	복닥거리	3	복닥대	1	106	조잘거리	2	조잘대	3	119	쌔근거리	1	쌔근대	2
94	캑캑거리	3	캑캑대	1	107	추근거리	2	추근대	5					

<표5-27>을 보면 두 가지 사실을 확인할 수 있다. 첫째는 'X거리-'에 대응하는 'X대-'가 'X거리-'의 빈도와 상관 없이 고빈도에서부터 저빈도에까지 두루 나타나는 것이다. 둘째는 대응하는 파생어 쌍 중 'X거리-'의 빈도가 대체로 우위에 있다는 점이다. 이는 '不X'와 '非X' 사이에서 관찰할 수 있었던 사실과는 전혀 다른 현상이다. 'X거리-' 와 'X대-' 사이에서 저지의 전형적인 예들이 거의 나타나지 않는 이유는 '-거리-'와 '-대-' 사이의 생산성 격차가 현격하지 않기 때문으로 생각된다. 3.3.2.1. 에서 확인한 바와 같이 '-거리-'가 '-대-'보다 생산성이 높기는 하지만 '-대-'가 생산성을 상실한 접사는 아니다. 약간의 차이는 있지만 두 접사가 모두 생산적이기 때문에 동일 어기를 갖는 같은 의미의 파생어들이 다수 출현할 수 있는 것으로 생각된다.

그러나 자료 중심적 관찰을 해 보면 'X거리-'와 'X대-' 사이에는 저지가 일어나지 않는 위와 같은 경우만 있는 것이 아니라 'X거리-'가 'X대-'의 출현을 막은 것으로 보이는 경우도 있음을 확인할 수 있다. 직관적으로는 'X거리-'와 'X대-'가 모두 가능할 것으로 판단되는데 자료 조사 결과 'X거리-'로만 나타난 419개의 예가 여기에 해당된다. 아래의 표는 <표5-8>을 그대로 가져온 것으로 'X거리-'와 'X대-'가 모두 가능한데 'X거리-'로만 나타난 예이다.

〈표5-28〉 'X거리-'와 'X대-' 중 'X거리-'만 나타나는 예

연번	'X거리-'	빈도	연번	'X거리-'	빈도	연번	'X거리-'	빈도	연번	'X거리-'	빈도	연번	'X거리-'	빈도
1	두리번거리	72	45	버석거리	9	89	걸리적거리	5	133	어기적거리	3	177	나풀거리	2
2	만지작거리	49	46	삐죽거리	9	90	홀짝거리	4	134	앙앙거리	3	178	끼룩거리	2
3	들락거리	47	47	시큰거리	9	91	후후거리	4	135	씨근덕거리	3	179	꾸벅거리	2
4	더듬거리	45	48	너덜거리	8	92	헤헤거리	4	136	쑤석거리	3	180	꾸물럭거리	2
5	끄덕거리	42	49	굽실거리	8	93	짤랑거리	4	137	빵빵거리	3	181	까르륵거리	2
6	반짝거리	39	50	두런거리	8	94	어질거리	4	138	히히거리	2	182	그렁거리	2
7	주억거리	38	51	히히덕거리	8	95	어릿거리	4	139	조물락거리	2	183	가르릉거리	2
8	뒤적거리	32	52	수런거리	7	96	스멀거리	4	140	잉잉거리	2	184	중얼중얼거리	2
9	들썩거리	31	53	흘끔거리	7	97	비칠거리	4	141	일긋거리	2	185	지칫거리	2
10	화끈거리	31	54	살랑거리	7	98	반들거리	4	142	이기죽거리	2	186	질겅거리	2
11	이글거리	30	55	떵떵거리	7	99	바삭거리	4	143	엎치락거리	2	187	철벅거리	2
12	헐떡거리	29	56	떠듬거리	7	100	메슥거리	4	144	얼찐거리	2	188	치근거리	2
13	울렁거리	26	57	질척거리	7	101	딸랑거리	4	145	어정거리	2	189	켁켁거리	2
14	다독거리	22	58	움찔거리	7	102	득시글거리	4	146	어석거리	2	190	콩당거리	2
15	덜컹거리	22	59	따끔거리	7	103	뒤척거리	4	147	알짱거리	2	191	쾅쾅거리	2
16	번쩍거리	20	60	갸우뚱거리	7	104	느물거리	4	148	슴벅거리	2	192	쿨럭거리	2
17	들먹거리	19	61	간질거리	7	105	끔벅거리	4	149	수근거리	2	193	쿨룩거리	2
18	멈칫거리	16	62	콩닥거리	6	106	껌뻑거리	4	150	속닥거리	2	194	키들거리	2
19	뒤뚱거리	15	63	까닥거리	6	107	까르륵거리	4	151	색색거리	2	195	티티거리	2
20	훌쩍거리	15	64	겅중거리	6	108	덜커덩거리	4	152	삑삑거리	2	196	푸르륵거리	2
21	비척거리	14	65	후끈거리	6	109	끄적거리	3	153	뺘약거리	2	197	학학거리	2
22	욱신거리	14	66	토닥거리	6	110	거치적거리	3	154	삐거덕거리	2	198	허덕거리	2
23	콩콩거리	13	67	움직거리	6	111	가르랑거리	3	155	뼈끔거리	2	199	허청거리	2
24	힐끔거리	13	68	울먹거리	6	112	딱딱거리	3	156	뼈금거리	2	200	헥헥거리	2
25	히죽거리	12	69	앵앵거리	6	113	말똥거리	3	157	빽빽거리	2	201	흐늘거리	2
26	툴툴거리	12	70	쑥덕거리	6	114	미끈거리	3	158	비양거리	2	202	흐물거리	2
27	아른거리	12	71	덜덕거리	6	115	미끌거리	3	159	불퉁거리	2	203	흘낏거리	2
28	실룩거리	12	72	끈적거리	6	116	반질거리	3	160	부글거리	2	204	회번득거리	2
29	생글거리	12	73	까딱거리	6	117	비실거리	3	161	버벅거리	2	205	흘긋거리	2
30	노닥거리	12	74	힐끗거리	6	118	흘긋거리	3	162	버글거리	2	206	글글거리	1
31	껌벅거리	12	75	팔딱거리	5	119	할딱거리	3	163	뱅글거리	2	207	히쭉거리	1
32	깜빡거리	12	76	파닥거리	5	120	버르적거리	3	164	몽글거리	2	208	기신거리	1
33	바스락거리	11	77	털털거리	5	121	한들거리	3	165	물컹거리	2	209	히물거리	1
34	얼쩡거리	11	78	찔끔거리	5	122	푸드덕거리	3	166	멀뚱거리	2	210	회번덕거리	1
35	꼬물거리	10	79	절룩거리	5	123	펄떡거리	3	167	맨들거리	2	211	회뚝거리	1
36	퍼덕거리	10	80	으쓱거리	5	124	퉁퉁거리	3	168	똑딱거리	2	212	흠흠거리	1
37	절뚝거리	10	81	시시덕거리	5	125	투닥거리	3	169	딸깍거리	2	213	흐흐거리	1
38	기우뚱거리	9	82	벙긋거리	5	126	탈탈거리	3	170	들썽거리	2	214	휘적거리	1
39	일렁거리	9	83	벌름거리	5	127	쿨렁거리	3	171	동동거리	2	215	훠이거리	1
40	얼씬거리	9	84	덜그럭거리	5	128	주뼛거리	3	172	동당거리	2	216	후룩거리	1
41	근질거리	9	85	달랑거리	5	129	종알거리	3	173	덤벙거리	2	217	후루룩거리	1
42	간당거리	9	86	구불거리	5	130	절름거리	3	174	달가닥거리	2	218	화닥거리	1
43	가물거리	9	87	고물거리	5	131	쟁쟁거리	3	175	뉘엿거리	2	219	화닥거리	1
44	하늘거리	9	88	흘긋거리	5	132	옹송거리	3	176	낼름거리	2	220	헤실거리	1

연번	'X거리-'	빈도	연번	'X거리-'	빈도	연번	'X거리-'	빈도	연번	'X거리-'	빈도	연번	'X거리-'	빈도
221	허정거리	1	261	찡긋거리	1	301	와글거리	1	341	빵긋거리	1	381	널름거리	1
222	허둥지둥거리	1	262	찔뚝거리	1	302	옹알거리	1	342	빙긋거리	1	382	납신거리	1
223	해죽거리	1	263	찍찍거리	1	303	옴직거리	1	343	빈들거리	1	383	날름날름거리	1
224	할랑거리	1	264	쩌그렁거리	1	304	오르락거리	1	344	비실비실거리	1	384	나달거리	1
225	할끔거리	1	265	쩌그닥거리	1	305	오글거리	1	345	붕붕거리	1	385	끼루룩거리	1
226	하느작거리	1	266	쭝얼거리	1	306	엉엉거리	1	346	부시럭거리	1	386	끔적거리	1
227	푸푸거리	1	267	쭈뼛거리	1	307	엉두덜거리	1	347	부르릉거리	1	387	끔벅끔벅거리	1
228	푸실거리	1	268	쫑긋거리	1	308	얼른거리	1	348	벙싯거리	1	388	꿍얼거리	1
229	푸닥거리	1	269	쨍얼거리	1	309	억억거리	1	349	벙글거리	1	389	꽁꽁거리	1
230	포실거리	1	270	짹짹거리	1	310	어물거리	1	350	법석거리	1	390	꿀럭거리	1
231	퍽거리	1	271	쩨그렁거리	1	311	어룽거리	1	351	벌컥거리	1	391	꿀꿀거리	1
232	퍼뜩거리	1	272	쨍쨍거리	1	312	야웅거리	1	352	벌벌거리	1	392	꾸역꾸역거리	1
233	팔락거리	1	273	쨍알거리	1	313	앙잘거리	1	353	바빗거리	1	393	꾸르륵거리	1
234	파들거리	1	274	질퍽거리	1	314	알랑알랑거리	1	354	발발거리	1	394	꽥꽥거리	1
235	통통거리	1	275	직직거리	1	315	알랑거리	1	355	바둥거리	1	395	꼼틀거리	1
236	터덜거리	1	276	지직거리	1	316	악악거리	1	356	미식거리	1	396	꼼질거리	1
237	팅탕거리	1	277	지분거리	1	317	아작아작거리	1	357	미루적거리	1	397	꼬들거리	1
238	탁탁거리	1	278	지글거리	1	318	아물거리	1	358	미끈덩거리	1	398	꼬꼬댁거리	1
239	큼큼거리	1	279	종종거리	1	319	아른아른거리	1	359	미끈거리	1	399	껍죽거리	1
240	쿨쩍거리	1	280	조물거리	1	320	아기작거리	1	360	뭉실거리	1	400	껄껄거리	1
241	쿨럭쿨럭거리	1	281	절거덕거리	1	321	시부렁거리	1	361	몽실거리	1	401	꺼끌거리	1
242	쿡쿡거리	1	282	쟁그렁거리	1	322	슴뻑거리	1	362	맨질거리	1	402	깽깽거리	1
243	콩닥콩닥거리	1	283	재재거리	1	323	쉑쉑거리	1	363	매끈거리	1	403	깩깩거리	1
244	칼칼거리	1	284	재깍거리	1	324	숙덕거리	1	364	뚝딱거리	1	404	깨작거리	1
245	치칙거리	1	285	잘가락거리	1	325	속살거리	1	365	뚜뚜거리	1	405	깨드득거리	1
246	치렁거리	1	286	자박거리	1	326	소근거리	1	366	또각거리	1	406	깨갱거리	1
247	추춤거리	1	287	자근거리	1	327	선득거리	1	367	떠들썩거리	1	407	깡총거리	1
248	추적거리	1	288	응얼거리	1	328	서걱서걱거리	1	368	딸싹거리	1	408	깍깍거리	1
249	출싹거리	1	289	으드등거리	1	329	새새덕거리	1	369	딸각거리	1	409	기웃둥거리	1
250	초롱거리	1	290	웽웽거리	1	330	새실거리	1	370	따따거리	1	410	힝힝거리	1
251	첨범거리	1	291	웨웨거리	1	331	산들거리	1	371	들락날락거리	1	411	근실거리	1
252	철컹거리	1	292	움지럭거리	1	332	삭삭거리	1	372	뒤치락거리	1	412	궁시렁궁시렁거리	1
253	철썩거리	1	293	울컥거리	1	333	사그작거리	1	373	덜컥거리	1	413	그렁거리	1
254	철그렁거리	1	294	욱욱거리	1	334	사그락거리	1	374	덜거덕거리	1	414	곰살거리	1
255	철그덕거리	1	295	우지끈거리	1	335	삐쭉거리	1	375	덜걱거리	1	415	궁시렁거리	1
256	철거덕거리	1	296	우적거리	1	336	삐용거리	1	376	댕댕거리	1	416	거드럭거리	1
257	창알거리	1	297	우르우르르거리	1	337	삐그덕거리	1	377	달각거리	1	417	거르렁거리	1
258	찰브락거리	1	298	왕왕거리	1	338	뿔뿔거리	1	378	다둑거리	1	418	힐금거리	1
259	찰박찰박거리	1	299	와삭거리	1	339	뺄뺄거리	1	379	능글거리	1	419	갈갈거리	1
260	찰박거리	1	300	와르릉거리	1	340	뺀들거리	1	380	느글거리	1			

위의 <표5-28>의 예들은 '-거리-' 대신에 '-대-'가 사용되어서 약간 어색한 경우도 있지만 대체로는 'X대-'가 성립 가능한데도 'X대-'가 출현하지 않은 예들이다. 이는 'X거리-'가 'X대-'를 저지한 예라 할 수 있

다. 'X거리-'와 'X대-'의 어기는 서로 기계적으로 그 대치가 가능하여 저지가 존재하지 않는다는 것이 직관적인 판단이다. 그러나 실제 사용 양상은 'X거리-'의 존재가 직관적으로는 가능한 상당히 많은 'X대-'의 출현을 막은 것으로 나타났다. 직관적으로 가능한 'X대-'가 많다는 것은 '-대-'의 결합 가능성이 공시적으로 살아 있음을 의미한다. 어떤 이유에서 화자들이 'X대-'보다 'X거리-'를 압도적으로 선호하는지는 알 수 없지만 비슷한 의미의 'X거리-'의 존재로 인해 'X대-'의 상당수는 잠재어 수준에 머물러 있다고 할 수 있다.

최형용(2003:272)에서도 'X거리-'와 'X대-' 사이에서 전형적인 저지가 나타나지 않는 원인을 두 접미사의 생산성에서 찾았다. 두 접미사가 모두 높은 생산성을 가진 결과 'X거리-'와 'X대-'는 서로 경쟁적인 관계가 되었고 그래서 잉여적인 단어 형성이 발생한 것으로 설명한 것이 그 예이다. 의미와 기능이 비슷한 유사한 'X거리-'와 'X대-' 사이에 저지가 발생하지 않는 원인을 생산성에서 찾았다는 점에서 최형용(2003)과 본 연구는 같은 입장이라 할 수 있다. 다만 최형용(2003)은 '-거리-'와 '-대-'의 생산성과 각각이 만들어내는 파생어의 양적 특성에 대한 계량적 접근이 아니었기 때문에 직관적으로 파악되는 저지가 나타나지 않는 경우만을 언급할 수밖에 없었다는 한계가 있다.

5.3.3.2. 'X거리-'와 'X이-'

'-거리-'와 '-이-'는 비슷한 의미의 접미사이고 이들 접미사 각각이 형성하는 파생어 'X거리-'와 'X이-'도 그 의미가 거의 같다. 따라서 저지를 지배하는 원리가 언어 경제성이라면 'X거리-'와 'X이-' 사이에서 전형적인 저지의 예를 상당수 관찰할 수 있어야 하는 것이 정상이다. 그러나 'X거리-'와 'X이-'는 저지에 해당하는 전형적인 예를 보여주지 않는다. 여기서는 빈도 및 생산성의 관점에서 'X거리-'와 'X이-'를 검토하여 이 둘 사이에서는 전형적인 저지로 보이는 예들이 관찰되지 않는 이유를 밝혀보기로 한다.

다음은 <표5-10>과 <표5-11>을 하나로 합쳐서 '-거리-'와 '-이-'가 동일 어기를 가지는 파생어를 '-이-' 파생어의 빈도순으로 나열한 표이다.

〈표5-29〉 'X거리-'와 'X이-'가 모두 나타나는 예

연번	'X거리-'	빈도	'X이-'	빈도	연번	'X거리-'	빈도	'X이-'	빈도
1	움직거리	6	움직이	993	36	삐걱거리	22	삐걱이	3
2	끄덕거리	42	끄덕이	387	37	껌벅거리	12	껌벅이	3
3	반짝거리	39	반짝이	155	38	실룩거리	12	실룩이	3
4	울먹거리	6	울먹이	59	39	절뚝거리	10	절뚝이	3
5	들먹거리	19	들먹이	53	40	삐죽거리	9	삐죽이	3
6	펄럭거리	9	펄럭이	52	41	까딱거리	6	까딱이	3
7	서성거리	86	서성이	49	42	씰룩거리	6	씰룩이	3
8	뒤적거리	32	뒤적이	48	43	할딱거리	3	할딱이	3
9	뒤척거리	4	뒤척이	47	44	철썩거리	1	철썩이	3
10	깜빡거리	12	깜박이	43	45	끔벅거리	4	끔벅이	2
11	출렁거리	31	출렁이	41	46	끄적거리	3	끄적이	2
12	번쩍거리	20	번쩍이	41	47	속닥거리	2	속닥이	2
13	일렁거리	9	일렁이	31	48	휘청거리	55	휘청이	1
14	헐떡거리	29	헐떡이	29	49	주억거리	38	주억이	1
15	간질거리	7	간질이	28	50	흐느적거리	14	흐느적이	1
16	퍼덕거리	10	퍼덕이	20	51	질척거리	7	질척이	1
17	들썩거리	31	들썩이	19	52	달랑거리	5	달랑이	1
18	다독거리	22	다독이	17	53	서걱거리	5	서걱이	1
19	글썽거리	10	글썽이	17	54	팔딱거리	5	팔딱이	1
20	긁적거리	10	긁적이	14	55	덜렁거리	4	덜렁이	1
21	술렁거리	11	술렁이	12	56	딸랑거리	4	딸랑이	1
22	달싹거리	9	달싹이	12	57	비죽거리	4	비죽이	1
23	찰랑거리	9	찰랑이	12	58	팔랑거리	4	팔랑이	1
24	토닥거리	6	토닥이	11	59	펄떡거리	3	펄떡이	1
25	훌쩍거리	15	훌쩍이	10	60	들썽거리	2	들썽이	1
26	북적거리	17	북적이	8	61	똑딱거리	2	똑딱이	1
27	깜빡거리	12	깜박이	8	62	철벅거리	2	철벅이	1
28	절룩거리	5	절룩이	8	63	쿨럭거리	2	쿨럭이	1
29	홀짝거리	4	홀짝이	8	64	허청거리	2	허청이	1
30	끈적거리	6	끈적이	6	65	회번득거리	2	회번득이	1
31	껌뻑거리	4	껌뻑이	6	66	달각거리	1	달각이	1
32	끼적거리	4	끼적이	5	67	삐쭉거리	1	삐쭉이	1
33	살랑거리	7	살랑이	4	68	추적거리	1	추적이	1
34	까닥거리	6	까닥이	4	69	팔락거리	1	팔락이	1
35	파닥거리	5	파닥이	4	70	깨작거리	1	깨작이	1

위의 <표5-29>를 보면 동일 어기를 갖는 'X거리-'와 'X이-'가 서로의 빈도와 상관 없이 고빈도에서부터 저빈도에까지 두루 나타나는 것을 확

인할 수 있다. 'X거리-'와 'X대-' 사이에서 일어났던 현상과 비슷한 현상이 여기서도 거의 동일하게 관찰되는 것이다. 'X거리-'와 'X이-' 사이에 저지가 관찰되지 않는 이유는 'X거리-'와 'X대-' 사이에서 저지가 관찰되지 않은 이유와 같은 것으로 생각된다. 즉, '-거리-'와 '-이-' 사이에 생산성 격차가 현격하지 않기 때문인 것이다. '-거리-'가 '-이-'보다 생산성이 높기는 하지만 '-이-'가 완전히 생산성을 상실한 접사는 아니다. 얼마간의 차이는 있지만 두 접사가 모두 생산성을 가지고 있기 때문에 동일 어기를 갖는 같은 의미의 파생어들이 다수 출현할 수 있는 것으로 생각된다.

그러나 'X거리-'와 'X이-' 사이에는 'X거리-'가 'X이-'의 출현을 막은 것으로 보이는 경우도 있다. 직관적으로는 'X거리-'와 'X이-'가 모두 가능할 것으로 판단되는데 자료 조사 결과 'X거리-'로만 나타나는 경우가 적지 않게 관찰되기 때문이다. 아래의 표는 'X거리-'와 'X이-'가 모두 가능한데 'X거리-'로만 나타난 예이다. <표5-30>은 <표5-12>를 그대로 가져오되 '-이-'가 결합할 수 있는 어기 제약인 말음이 'ㄱ'이나 'ㅇ'으로 끝나는 어기만을 선별하여 가져온 예이다.

<표5-30> 'X거리-'와 'X이-' 중 'X거리-'로만 나타나는 예

연번	빈도	'X거리-'	연번	빈도	'X거리-'	연번	빈도	'X거리-'	연번	빈도	'X거리-'	연번	빈도	'X거리-'
1	49	만지작거리	14	16	깜박거리	27	12	키득거리	40	7	윙윙거리	53	5	집적거리
2	47	들락거리	15	15	꼼지락거리	28	11	바스락거리	41	6	콩닥거리	54	5	으쓱거리
3	41	어슬렁거리	16	15	거들먹거리	29	11	얼쩡거리	42	6	덜거덕거리	55	5	벌렁거리
4	38	웅성거리	17	15	허둥거리	30	11	웅웅거리	43	6	쑥덕거리	56	4	달그락거리
5	35	비아냥거리	18	15	뒤뚱거리	31	9	버석거리	44	6	앵앵거리	57	4	바삭거리
6	31	버둥거리	19	14	비척거리	32	9	간당거리	45	6	대롱거리	58	4	걸리적거리
7	26	울렁거리	20	14	낑낑거리	33	9	기우뚱거리	46	6	겅중거리	59	4	까르륵거리
8	23	허우적거리	21	13	구시렁거리	34	9	징징거리	47	6	쿵쿵거리	60	4	메슥거리
9	23	으르렁거리	22	13	쿵쾅거리	35	8	히히덕거리	48	6	꿍꿍거리	61	4	짤랑거리
10	22	덜컹거리	23	13	콩콩거리	36	7	헉헉거리	49	5	시시덕거리	62	4	훌청거리
11	22	빈둥거리	24	12	노닥거리	37	7	킥킥거리	50	5	덜그럭거리	63	4	깡충거리
12	21	씩씩거리	25	12	부스럭거리	38	7	떵떵거리	51	5	꿈지럭거리	64	3	투닥거리
13	19	빈정거리	26	12	히죽거리	39	7	가우뚱거리	52	5	주물럭거리	65	3	복닥거리

연번	빈도	'X거리-'	연번	빈도	'X거리-'	연번	빈도	'X거리-'	연번	빈도	'X거리-'	연번	빈도	'X거리-'
66	3	딱딱거리	107	2	쿨룩거리	148	1	찰박찰박거리	189	1	쿨쩍거리	230	1	깽깽거리
67	3	캑캑거리	108	2	이기죽거리	149	1	와삭거리	190	1	덜컥거리	231	1	댕댕거리
68	3	푸드덕거리	109	2	꺄르륵거리	150	1	삭삭거리	191	1	벌컥거리	232	1	미끈덩거리
69	3	씨근덕거리	110	2	푸르륵거리	151	1	딸싹거리	192	1	울컥거리	233	1	시부렁거리
70	3	쑤석거리	111	2	삑삑거리	152	1	촐싹거리	193	1	퍽거리	234	1	그렁거리
71	3	뭉그적거리	112	2	동당거리	153	1	악악거리	194	1	질퍽거리	235	1	째그렁거리
72	3	버르적거리	113	2	콩당거리	154	1	아작아작거리	195	1	꾸역꾸역거리	236	1	찌그렁거리
73	3	어기적거리	114	2	알짱거리	155	1	깨작거리	196	1	꽥꽥거리	237	1	철그렁거리
74	3	거치적거리	115	2	비양거리	156	1	사그작거리	197	1	다둑거리	238	1	거르렁거리
75	3	콜록거리	116	2	질겅거리	157	1	하느작거리	198	1	찔뚝거리	239	1	궁시렁거리
76	3	이죽거리	117	2	그렁거리	158	1	아기작거리	199	1	후루룩거리	240	1	궁시렁궁시렁거리
77	3	가르랑거리	118	2	군시렁거리	159	1	탁탁거리	200	1	끼루룩거리	241	1	치렁거리
78	3	빵빵거리	119	2	덤벙거리	160	1	깩깩거리	201	1	후룩거리	242	1	첨벙거리
79	3	앙앙거리	120	2	어정거리	161	1	꼬꼬댁거리	202	1	욱욱거리	243	1	엉엉거리
80	3	쟁쟁거리	121	2	물컹거리	162	1	짹짹거리	203	1	해죽거리	244	1	허정거리
81	3	덜커덩거리	122	2	동동거리	163	1	서걱서걱거리	204	1	껍죽거리	245	1	철컹거리
82	3	쿨렁거리	123	2	쾅쾅거리	164	1	덜걱거리	205	1	히쭉거리	246	1	초롱거리
83	3	바동거리	124	2	겅둥거리	165	1	꺽꺽거리	206	1	쿡쿡거리	247	1	종종거리
84	3	말똥거리	125	2	멀뚱거리	166	1	새새덕거리	207	1	쉑쉑거리	248	1	깡충거리
85	3	옹송거리	126	2	불퉁거리	167	1	절거덕거리	208	1	웩웩거리	249	1	통통거리
86	3	퉁퉁거리	127	2	가르릉거리	168	1	철거덕거리	209	1	깨드득거리	250	1	왕왕거리
87	2	딸깍거리	128	2	잉잉거리	169	1	덜커덕거리	210	1	선득거리	251	1	삐용거리
88	2	달가닥거리	129	1	사각거리	170	1	삐거덕거리	211	1	퍼뜩거리	252	1	꿍꿍거리
89	2	엎치락거리	130	1	또각거리	171	1	철거덕거리	212	1	회뚝거리	253	1	바둥거리
90	2	조몰락거리	131	1	딸각거리	172	1	숙덕거리	213	1	꾸르륵거리	254	1	허둥지둥거리
91	2	학학거리	132	1	재깍거리	173	1	희번덕거리	214	1	끼끽거리	255	1	기웃거리
92	2	빽빽거리	133	1	깍깍거리	174	1	미끈덕거리	215	1	미식거리	256	1	어룽거리
93	2	색색거리	134	1	화닥거리	175	1	거드럭거리	216	1	식식거리	257	1	붕붕거리
94	2	삐약거리	135	1	푸닥거리	176	1	부시럭거리	217	1	지직거리	258	1	야옹거리
95	2	삐거덕거리	136	1	찌그덕거리	177	1	움지럭거리	218	1	직직거리	259	1	웽웽거리
96	2	꾸물럭거리	137	1	화닥닥거리	178	1	꿀럭거리	219	1	옴직거리	260	1	으드등거리
97	2	버벅거리	138	1	콩닥콩닥거리	179	1	쿨럭쿨럭거리	220	1	찍찍거리	261	1	와르등거리
98	2	꾸벅거리	139	1	뚝딱거리	180	1	끔뻑거리	221	1	치칙거리	262	1	부르등거리
99	2	슴벅거리	140	1	잘가락거리	181	1	슴뻑거리	222	1	쟁그랑거리	263	1	힝힝거리
100	2	어석거리	141	1	사그락거리	182	1	법석거리	223	1	알랑거리			
101	2	허부적거리	142	1	오르락거리	183	1	떠들썩거리	224	1	알랑알랑거리			
102	2	미적거리	143	1	찰브락거리	184	1	억억거리	225	1	할랑거리			
103	2	비비적거리	144	1	뒤치락거리	185	1	미루적거리	226	1	촐랑거리			
104	2	퀙퀙거리	145	1	들락날락거리	186	1	우적거리	227	1	짱짱거리			
105	2	헥헥거리	146	1	자박거리	187	1	휘적거리	228	1	탕탕거리			
106	2	끼룩거리	147	1	찰박거리	188	1	끔적거리	229	1	깨갱거리			

위의 <표5-30>의 예들은 '-거리-' 대신에 '-이-'가 사용되어서 어색한 경우도 적지 않게 있지만 'X이-'가 직관적으로 가능한데도 출현하지 않은 경우도 있다. 이는 'X거리-'가 'X이-'를 저지한 예라 할 수 있다. 'X이-'형이 어색한 경우가 많은 것은 '-이-'가 '-거리-'에 비해 그 생산성이 상대적으로 매우 낮기 때문으로 생각된다. 실제로는 출현하지 않은 성립 가능한 'X이-'는 모두 잠재어라 할 수 있다.

5.3.4. 빈도 및 생산성의 관점에서 본 'X스럽-', 'X롭-', 'X的'

5.3.4.1. 'X스럽-'과 'X롭-'

5.2.3.1.에서 확인한 것처럼 'X스럽-'과 'X롭-' 사이에서는 저지가 일어나지 않고 같은 의미의 두 단어가 공존한다. 그러나 이 경우에 'X거리-'와 'X대-', 'X거리-'와 'X이-'의 경우만큼 같은 어기를 취하는 다수의 동의적 단어가 존재하는 것은 아니다. 'X거리-', 'X대-', 'X이-'의 경우에 같은 어기를 취하는 다수의 동의적 단어가 존재한 이유는 '-거리-', '-대-', '-이-'가 정도적 차이는 있지만 모두 생산성이 인정되는 접사이기 때문이다. 그런데 '-스럽-'과 '-롭-'의 경우, '-스럽-'은 매우 생산적인 반면 현대 국어에서 '-롭-'은 거의 생산성을 상실했기 때문에 양 접미사의 생산성 격차는 현격하다. 현격한 생산성 격차를 보이는 두 접사가 만든 동의적 파생어들 사이에서 저지의 예외들이 어떤 패턴으로 나타나는지 확인해볼 필요가 있다.

다음은 'X롭-'과 'X스럽-' 중 동일 어기를 갖는 예와 그렇지 않은 예를 'X롭-'의 빈도순으로 나열한 표이다.[21]

---

21) 모든 '-롭-' 파생어와 '-스럽-' 파생어를 전부 제시하는 것이 의미가 없기 때문에 동일 어기를 가진 파생어 쌍이 존재하는 고빈도와 저빈도에서 일부만을 추출하여 제시하였다.

〈표5-31〉 접미사 '-스럽-','-롭-'의 파생어 형성과 저지 현상

연번	어기	피저지어	빈도	저지어	빈도	연번	어기	피저지어	빈도	저지어	빈도
1	자유	자유스럽	21	자유롭	517	20	명예	명예스럽	7	명예롭	7
2	흥미	흥미스럽	0	흥미롭	176	21	수고	수고스럽	6	수고롭	6
3	평화	평화스럽	7	평화롭	132	22	공포	공포스럽	8	공포롭	5
4	풍요	풍요스럽	0	풍요롭	89	23	영화	?영화스럽	0	영화롭	3
5	위태	위태스럽	0	위태롭	77	24	은혜	은혜스럽	0	은혜롭	2
6	신비	신비스럽	23	신비롭	58	25	의미	*의미스럽	0	의미롭	2
7	한가	한가스럽	0	한가롭	58	26	영예	영예스럽	2	영예롭	1
8	향기	*향기스럽	0	향기롭	53	27	고요	*고요스럽	0	고요롭	1
9	다채	다채스럽	0	다채롭	52	28	공의	공의스럽	0	공의롭	1
10	순조	순조스럽	0	순조롭	45	29	다사	*다사스럽	0	다사롭	1
11	공교	*공교스럽	0	공교롭	43	30	득의	득의스럽	0	득의롭	1
12	조화	조화스럽	0	조화롭	40	31	보배	보배스럽	0	보배롭	1
13	지혜	지혜스럽	0	지혜롭	39	32	생기	*생기스럽	0	생기롭	1
14	감미	*감미스럽	0	감미롭	33	33	신이	신이스럽	0	신이롭	1
15	예사	예사스럽	0	예사롭	33	34	임의	임의스럽	0	임의롭	1
16	대수	*대수스럽	0	대수롭	32	35	자재	*자재스럽	0	자재롭	1
17	슬기	*슬기스럽	0	슬기롭	26	36	정교	*정교스럽	0	정교롭	1
18	권태	권태스럽	3	권태롭	20	37	한유	한유스럽	0	한유롭	1
19	호화	호화스럽	7	호화롭	17	38	화해	화해스럽	0	화해롭	1

'-스럽-'과 '-롭-'의 의미가 비슷하기는 하지만 모든 'X롭-'에 대응하는 'X스럽-'이 등장한 것은 아니다. <표5-31>을 보면 고빈도의 'X롭-'에 대응하는 'X스럽-'이 3개 나타났고, 저빈도의 'X롭-'에 대응하는 'X스럽-'은 6개 등장했다. Rainer(1988)에서 예로 든 독일어와 이탈리아어의 경우와는 달리 국어에서는 기존 단어가 저빈도일 경우에만 생산적 접사가 만든 같은 의미의 파생어가 나타난 것이 아니라, 기존 단어가 고빈도임에도 불구하고 생산적 접사가 만든 같은 의미의 파생어가 나타난 것이다.[22] 즉, 고빈도의 '-롭-' 파생어인 '자유롭-, 평화롭-, 신비롭-'은 동일 어기의 '-스럽-' 파생어를 저지하지 못하고, 그 출현을 허용한 것이다.

이런 현상이 발생하는 이유는 '자유롭-, 평화롭-, 신비롭-'의 의미에 대한 표현적 욕구가 자주 발생하고 화자는 이 의미를 단어로 표현하기 위해 다음의 두 가지 선택을 모두 할 수 있기 때문으로 생각된다. 첫째

---

22) Rainer(1988)에서 예로 든 독일어와 이탈리아어에 대한 설명은 5.1.2. 참조.

는 고빈도의 기존 단어를 그대로 인출해서 사용하는 것이고, 둘째는 생
산적인 접사를 이용해서 같은 의미의 새 단어를 만드는 것이다. 가장 손
쉬운 방법은 어휘화된 기존의 고빈도 'X롭-'을 그대로 인출해서 사용하
는 것이다. 그러나 언어 수행의 측면에서 그 인출이 용이하지 않을 경우
에는 생산적인 접미사 '-스럽-'이 해당 어기와 결합하여 명명적 욕구를
해결할 수도 있다. 이 두 가지 방식은 화자가 명명적 욕구를 해결하는
직선로와 우회로라 할 수 있다. 고빈도의 'X롭-'과 같은 의미를 갖는 'X
스럽-'이 존재하는 이유는 명명적 욕구가 자주 발생하는 단어의 경우 화
자가 'X롭-'을 직접 인출하는 직선로만이 아니라 생산적인 접사 '-스럽-'
을 이용하는 우회로까지 만들어 놓았기 때문인 것이다. '자유스럽(21)/자
유롭(517)', '평화스럽(7)/평화롭(132)', '신비스럽(23)/신비롭(58)'의 빈도 격
차에서 확인되듯이, 'X롭-'의 빈도가 훨씬 높은 사실도 이러한 설명을
지지하는 증거가 된다. 생산적인 접미사 '-스럽-'이 만든 파생어는 이런
방식을 통해서 비생산적인 접사 '-롭-'이 만든 고빈도어와 경쟁을 벌이
면서 '-스럽-'의 결합 가능한 어기를 넓혀 가고 있는 것이다.

저빈도의 '-롭-' 파생어군에는 동일 어기를 가지는 '-스럽-' 파생어가
6개 나타났다. 어휘 강도가 약해서 그 인출이 쉽지는 않은 저빈도어의
의미에 대한 명명적 욕구는 두 가지 방식으로 해결될 수 있다. 즉, 저빈
도인 기존의 'X롭-'을 인출하여 해결할 수도 있고, 같은 의미의 생산성
있는 접사인 '-스럽-'이 해당 어기와 결합하여 해결할 수도 있는 것이다.
경우에 따라서는 후자가 더 손쉬운 방법일 수 있다. '영예롭-', '공포롭-',
'수고롭-'은 거의 사어화된 단어로 그 인출이 쉽지 않다. 그렇기 때문에
같은 의미를 지닌 생산적인 접미사와 해당 어기를 결합시키는 보다 용
이한 방법으로 표현적 욕구를 해결하는 과정에서 해당 어기를 가진 'X
스럽-'이 출현하게 된 것이다. 생산성이 높은 접미사 '-스럽-'은 이런 과
정을 통해서 계열체 내부의 잠재어를 실제어로 만들고, 비생산적인 접
미사 '-롭-'이 만든 기존의 'X롭-'과 새로 만든 'X스럽-'을 경쟁시키면서

사어화된 'X롭-'을 대체하는 것으로 생각된다.

저빈도의 모든 'X롭-'에 대응하는 'X스럽-'이 나타나지는 않았다. 이는 저빈도 'X롭-'의 의미에 대한 표현적 욕구가 자주 발생하는 것은 아니어서 생산적인 단어 형성 과정이 작동할 필요가 없기 때문으로 생각된다. 저빈도의 'X롭-' 중에서도 동일 어기의 'X스럽-'을 가지는 대상은 대체로 어느 정도 빈도가 확보된 'X롭-'이다. '영예롭-(1)/영예스럽-(2)'을 제외하고는 전부 'X롭-'과 'X스럽-'의 빈도를 합하여 최소 13회 이상의 빈도를 가졌다. 해당 의미에 대한 명명적 욕구가 일정 수준 이상이어야 동일 어기를 가지는 비슷한 의미의 파생어 쌍이 존재하면서 경쟁 관계가 유지될 수 있기 때문으로 생각된다.

최형용(2003:270-1)에서도 동일 어기를 가지는 'X스럽-'과 'X롭-'의 파생어 쌍의 관계를 생산성의 측면에서 설명한 바 있다. 아래는 최형용(2003:270-1)에 제시된 'X스럽-'과 'X롭-'이 모두 가능한 파생어의 예이다.

(1) 경사롭다/경사스럽다, 낭패롭다/낭패스럽다, 다사롭다/다사스럽다, 여유롭다/여유스럽다, 명예롭다/명예스럽다, 번화롭다/번화스럽다, 보배롭다/보배스럽다, 상서롭다/상서스럽다, 수고롭다/수고스럽다, 신기롭다/신기스럽다, 신비롭다/신비스럽다, 영예롭다/영예스럽다, 영화롭다/영화스럽다, 예사롭다/예사스럽다, 요괴롭다/요괴스럽다, 인자롭다/인자스럽다, 자비롭다/자비스럽다, 자유롭다/자유스럽다, 재미롭다/재미스럽다, 저주롭다/저주스럽다, 초조롭다/초조스럽다, 평화롭다/평화스럽다, 폐롭다/폐스럽다, 풍아롭다/풍아스럽다, 한가롭다/한가스럽다, 혐의롭다/혐의스럽다, 호기롭다/호기스럽다, 호사롭다/호사스럽다, 호화롭다/호화스럽다[23]

(1)에는 본 연구의 코퍼스에서 추출된 예보다 훨씬 더 많은 예가 포함

---

23) 여기에 제시된 '-롭-'파생어 중 적지 않은 수는 사어화되었다고 할 수 있다.

되어 있다.[24] 최형용(2003:271)은 위의 예를 본래 'X롭-'만이 가능했던 것인데 '-스럽-'이 생산성을 늘려가는 과정에서 '-롭-' 파생어들을 침범하고 있는 경우로 설명했다. 이는 저지의 예외가 존재하는 현상을 생산성 격차의 관점에서 설명한 것이라 할 수 있다. 그러나 최형용(2003)은 자료에 대한 계량적 관찰이 아니기 때문에 'X스럽-'이 어떠한 빈도 특성을 가진 'X롭-'부터 잠식해 가는지에 대한 면밀한 관찰의 결과를 제시하지는 못했고, 동의어 경쟁의 현상을 단어의 저장과 인출의 기제에 입각하여 설명하지 못한 한계가 있다.

5.3.4.2. 'X롭-'과 'X的'

5.2.3.1.에서 확인한 것처럼 'X롭-'과 'X的' 사이에서는 저지가 일어나지 않고 같은 의미의 두 단어가 공존하는 예가 있다. 그러나 이 경우에 'X거리-'와 'X대-', 'X거리-'와 'X이-'의 경우만큼 같은 어기를 취하는 다수의 동의적 단어가 존재하는 것은 아니다. 'X거리-', 'X대-', 'X이-'의 경우에 같은 어기를 취하는 다수의 동의적 단어가 존재한 이유는 '-거리-', '-대-', '-이-'가 정도의 차이는 있지만 모두 생산성을 인정할 수 있는 접사였기 때문이다. 그런데 '-롭-'과 '-的'의 경우, '-的'은 매우 생산적인 반면 현대 국어에서 '-롭-'은 거의 생산성을 상실했기 때문에 양 접미사의 생산성 격차는 현격하다. 현격한 생산성 격차를 보이는 두 접사가 만든 동의적 파생어들 사이에서 저지의 예외들이 어떤 패턴으로 나타나는지 확인해볼 필요가 있다.

다음은 'X롭-'과 'X的' 중 동일 어기를 갖는 예와 그렇지 않은 예를 'X롭-'의 빈도순으로 나열한 표이다.[25]

---

24) 본 연구의 코퍼스에서 추출된 예는 '공포롭-/공포스럽-'을 제외하고 (1)에 모두 포함되어 있다.

25) 모든 '-롭-' 파생어와 '-的' 파생어를 전부 제시하는 것이 의미가 없기 때문에 동일 어기를 가진 파생어 쌍이 존재하는 고빈도와 저빈도에서 일부만을 추출하여 제시하였다.

〈표5-32〉 접미사 '-롭-', '-的'의 파생어 형성과 저지 현상

연번	어기	피저지어	빈도	저지어	빈도	연번	어기	피저지어	빈도	저지어	빈도
1	자유	자유적	0	자유롭	517	21	호화	호화적	0	호화롭	17
2	흥미	흥미적	0	흥미롭	176	22	명예	명예적	0	명예롭	7
3	평화	평화적	80	평화롭	132	23	수고	수고적	0	수고롭	6
4	풍요	풍요적	0	풍요롭	89	24	공포	공포적	0	공포롭	5
5	위태	위태적	0	위태롭	77	25	단조	단조적	0	단조롭	5
6	신비	신비적	3	신비롭	58	26	의	의적	0	의롭	4
7	한가	한가적	0	한가롭	58	27	자비	자비적	0	자비롭	4
8	향기	향기적	0	향기롭	53	28	가소	가소적	0	가소롭	3
9	순조	순조적	0	순조롭	45	29	영화	영화적	0	영화롭	3
10	공교	공교적	0	공교롭	43	30	은혜	은혜적	0	은혜롭	2
11	지혜	지혜적	0	지혜롭	39	31	임의	임의적	22	임의롭	1
12	감미	감미적	0	감미롭	33	32	화해	화해적	4	화해롭	1
13	예사	예사적	0	예사롭	33	33	고요	고요적	0	고요롭	1
14	대수	대수적	0	대수롭	32	34	공의	공의적	0	공의롭	1
15	슬기	슬기적	0	슬기롭	26	35	다사	다사적	0	다사롭	1
16	여유	여유적	0	여유롭	24	36	득의	득의적	0	득의롭	1
17	따사	따사적	0	따사롭	22	37	보배	보배적	0	보배롭	1
18	권태	권태적	0	권태롭	20	38	생기	생기적	0	생기롭	1
19	경이	경이적	6	경이롭	17	39	신이	신이적	0	신이롭	1
20	정의	정의적	0	정의롭	17	40	영예	영예적	0	영예롭	1

　고빈도의 'X롭-'의 경우에 동일 어기를 가지는 'X的'이 2개 나타났고, 저빈도의 'X롭-'의 경우에는 동일 어기를 가지는 'X的'이 3개 나타난 것을 확인할 수 있다.[26] 앞서 살펴본 'X롭-'과 'X스럽-'의 경우와 마찬가지로, 'X롭-'과 'X的'에서도 저지의 예외가 'X롭-'의 고빈도어와 저빈도어 양쪽에서 관찰된 것이다.

　고빈도의 'X롭-'에 대응하는 동의적인 'X的'이 등장하는 이유는 'X롭-'과 'X스럽-'의 경우와 같다. 고빈도어인 '평화롭-', '신비롭-'은 그 의미에 대한 명명적 욕구가 자주 발생하는데 화자는 이를 해결하기 위해 다음의 두 가지 방법을 모두 사용할 수 있기 때문이다. 첫째는 기존 고빈

---

　26) '조화적(2)/조화롭(40)', '의미적(6)/의미롭(2)'도 '-的'과 '-롭-'이 동일 어기를 취하는 예이지만 5.2.1.2.에서 양자가 의미·기능상 서로 다른 점이 많아서 동일 어기를 취하여 생성된 비슷한 의미를 지닌 파생어 쌍으로 인정하지 않았다. 따라서 여기서도 동일 어기를 가진 파생어 쌍에서 제외한다.

도어인 'X롭-'을 직접 인출하는 것이고, 둘째는 생산적인 접사 '-的'과 해당 어기를 결합시켜 같은 의미의 새 단어를 만드는 것이다. 화자는 상황적 필요에 따라 이 두 가지 방식을 각각 사용하는데 그 과정에서 이중 단어가 출현하게 되는 것이다. 전자의 방법이 직선로라면 후자의 방법은 우회로라 할 수 있는데, 이러한 사실은 '평화롭(132)/평화적(80)', '신비롭(58)/신비적(3)'의 빈도에도 반영되어 있다.

저빈도의 'X롭-'인 '경이롭-', '임의롭-', '화해롭-'에 대응하는 'X的'도 나타났다. 이는 거의 사어화되고 있는 'X롭-'의 인출이 쉽지 않기 때문에 생산적인 접사가 그 어기를 취하여 동일한 의미의 파생어를 형성한 것이라 할 수 있다. 생산성이 높은 접미사 '-的'은 이런 과정을 통해서 계열체 내부의 잠재어를 실제어로 만들고, 비슷한 의미의 비생산적인 접미사 '-롭-'이 만든 기존 단어들과 'X的'을 경쟁시키거나 그 단어를 대체하는 것이다.

그러나 저빈도의 모든 'X롭-'에 대응하는 'X的'이 나타나지는 않았다. 이는 저빈도의 'X롭-'이 가지는 의미에 대한 표현적 욕구가 자주 발생하지 않아서 생산적인 단어 형성 과정이 작동할 필요가 없기 때문으로 생각된다. 저빈도의 'X롭-' 중에서도 동일 어기의 'X的'을 가지는 대상은 대체로 어느 정도 빈도가 확보된 'X롭-'이다. '화해롭(1)-/화해적(4)-'을 제외하고는 전부 'X롭-'과 'X的'의 빈도를 합하여 최소 23회 이상의 빈도를 가졌다. 해당 의미에 대한 명명적 욕구가 일정 수준 이상이어야 동일 어기를 가지는 비슷한 의미의 파생어 쌍이 존재하면서 경쟁 관계가 유지될 수 있기 때문으로 생각된다.

이처럼 동일한 의미의 파생어 쌍이 존재하는 현상은 접미사의 생산성 및 파생어의 빈도 그리고 단어의 저장 및 인출의 기제와 깊은 관련이 있다. 유사한 의미의 생산적인 접사와 비생산적인 접사가 동시에 존재할 경우, 생산적인 접사는 새 단어를 만들어서 비생산적인 접사가 만든 파생어 중 사어화되는 단어를 대체하거나 비생산적인 접사가 만든 파생어 중 고빈도 단어와는 경쟁을 벌인다. 이는 생산적인 접사가 취할 수 있는 어기의 영역을 넓혀 가면서 자신의 생산성을 더 강화하는 과정이라고 할 수 있다.

5.3.4.3. 'X스럽-'과 'X的'

앞서 살펴본 'X롭-'과 'X스럽-', 'X롭-'과 'X的'의 경우에는 비교되는 양자가 비생산적인 접미사와 생산적인 접미사가 각각 만드는 파생어 집합이었다. 그런데 여기서 다루는 'X스럽-'과 'X的'의 경우는 '-的'의 생산성이 조금 앞서긴 하지만 '-的'과 '-스럽-' 모두가 생산적인 접미사이다. 생산성 격차가 현격한 접사가 만든 'X롭-'과 'X스럽-', 'X롭-'과 'X的'의 경우에는 동일 어기를 갖는 파생어 쌍이 적게 나타난 반면, 모두 생산적인 접사가 만든 'X거리-'와 'X대-'의 경우에는 동일 어기를 갖는 파생어 쌍이 많이 나타났다. '-스럽-'과 '-的'도 모두 생산적이기 때문에 동일 어기를 갖는 파생어 쌍이 적지 않게 나타날 것으로 예상된다. 다음은 'X스럽-'과 'X的' 중 동일 어기를 갖는 예와 그렇지 않은 예를 'X스럽-'의 빈도순으로 나열한 표이다.[27]

〈표5-33〉 접미사 '-스럽-', '-的'의 파생어 형성과 저지 현상

연번	어기	피저지어	빈도	저지어	빈도	연번	어기	피저지어	빈도	저지어	빈도
1	조심	조심적	0	조심스럽	353	11	당혹	당혹적	0	당혹스럽	58
2	고통	고통적	0	고통스럽	155	12	고집	고집적	0	고집스럽	47
3	자랑	자랑적	0	자랑스럽	150	13	통명	통명적	0	통명스럽	46
4	혼란	혼란적	0	혼란스럽	125	14	짜증	짜증적	0	짜증스럽	44
5	걱정	걱정적	0	걱정스럽	87	15	유감	유감적	0	유감스럽	42
6	의심	의심적	0	의심스럽	87	16	신비	신비적	3	신비스럽	23
7	새삼	새삼적	0	새삼스럽	84	17	감격	감격적	7	감격스럽	21
8	부담	부담적	0	부담스럽	83	18	불만	불만적	1	불만스럽	20
9	사랑	사랑적	0	사랑스럽	67	19	치욕	치욕적	5	치욕스럽	15
10	다행	다행적	0	다행스럽	64	20	탐욕	탐욕적	3	탐욕스럽	13

---

27) 모든 '-스럽-' 파생어와 '-的' 파생어를 전부 제시하는 것이 의미가 없기 때문에 동일 어기를 가진 파생어 쌍이 존재하는 고빈도와 저빈도에서 일부만을 추출하여 제시하였다.

연번	어기	피저지어	빈도	저지어	빈도	연번	어기	피저지어	빈도	저지어	빈도
21	감동	감동적	49	감동스럽	12	33	증오	증오적	0	증오스럽	1
22	여성	여성적	53	여성스럽	10	34	지악	지악적	0	지악스럽	1
23	평화	평화적	80	평화스럽	7	35	진실	진실적	0	진실스럽	1
24	절망	절망적	43	절망스럽	7	36	추잡	추잡적	0	추잡스럽	1
25	야만	야만적	17	야만스럽	2	37	추접	추접적	0	추접스럽	1
26	외설	외설적	4	외설스럽	2	38	치기	치기적	0	치기스럽	1
27	역설	역설적	58	역설스럽	1	39	투박	투박적	0	투박스럽	1
28	남성	남성적	39	남성스럽	1	40	한탄	한탄적	0	한탄스럽	1
29	굴욕	굴욕적	14	굴욕스럽	1	41	허망	허망적	0	허망스럽	1
30	기교	기교적	5	기교스럽	1	42	혼미	혼미적	0	혼미스럽	1
31	寬容	寬容的	2	관용스럽	1	43	휘황	휘황적	0	휘황스럽	1
32	코믹	코믹적	1	코믹스럽	1	44	흉칙	흉칙적	0	흉칙스럽	1

<표5-33>을 보면 앞서 살펴본 'X스럽-'과 'X롭-' 그리고 'X롭-'과 'X 的'의 경우와는 달리 동일 어기를 갖는 같은 의미의 파생어가 상당히 많이 출현한 것을 확인할 수 있다. 이는 '-스럽-'과 '-的' 두 접미사가 모두 생산적이기 때문에 나타난 현상이라고 생각된다.[28]

고빈도의 'X스럽-'의 경우에 동일 어기를 가지는 'X的'이 나타나지 않은 반면, 상대적으로 빈도가 낮은 'X스럽-'의 경우에만 동일 어기를 가지는 'X的'이 17개 나타났다. 저빈도의 'X스럽-'에만 대응하는 'X的'이 나타나는 이유는 기존 단어의 빈도가 낮을수록 어휘 강도가 약해서 새 단어를 저지할 가능성이 낮기 때문이다. 저빈도의 'X스럽-'의 의미에 대한 명명적 욕구가 발생했을 때, 화자는 기존 단어인 'X스럽-'을 우선 인출할 수도 있지만 '-的'의 생산성이 월등하게 높기 때문에 해당 어기와 '-的'을 결합시켜서 명명적 욕구를 해소할 수도 있다. 화자는 상황적 필요에 따라 두 과정을 선택적으로 사용하게 되고, 그 결과 동일 어기를 갖는 'X스럽-'과 'X的'이 모두 존재하게 되는 것이다.

그러나 저빈도의 'X스럽-'이 저빈도의 'X롭-'처럼 사어화되는 단어이

---

28) '만족적(1)/만족스럽(89)'도 동일 어기를 취하는 예이지만 양자가 다른 점이 많아서 동일 어기를 취하여 생성된 비슷한 의미를 지닌 파생어 쌍으로 인정하지 않는다. 자세한 내용은 5.2.1.3. 참조.

기 때문에 동일 어기를 갖는 'X的'을 허용하는 것은 아니다. 위의 <표 5-33>에 나타난 'X的'과 동일 어기를 갖는 17개의 'X스럽-'은 모두 자연스러우면서도 그 의미가 명확하게 인식되는 단어들로 소멸의 과정에 놓인 단어는 아니다. 그런데도 'X스럽-'과 'X的'이 이중단어를 형성하는 이유는 '-的'의 생산성이 월등히 높기 때문으로 생각된다. 저빈도의 'X스럽-'의 경우에는 기존 'X스럽-'을 인출하는 과정보다 해당 어기와 '-的'을 결합하는 과정이 더 빠르게 진행될 수 있는 것이다. 이런 이유 때문에 '-스럽-'과 '-的'은 잉여적인 단어 형성의 모습을 보여준다고 할 수 있다.

5.4. 소결: 동의적 파생어의 경쟁 양상

　지금까지 저지를 두 가지 관점에서 살펴보았다. 첫 번째는 저지를 동의적 파생어 쌍의 상보적 출현의 관점에서 이해하는 것이었고, 두 번째는 저지를 동의적 파생어의 빈도 및 접사의 생산성 그리고 단어의 저장과 인출의 관점에서 이해하는 것이었다. 이미 확인한 바와 같이, 전자의 관점에서는 저지에 대한 설명 불가능한 예외가 적지 않게 등장하기 때문에 현상에 대한 일관성 있는 설명이 불가능했다. 반면에 후자의 관점에서는 전형적인 저지와 그 예외가 일관성 있게 설명될 수 있었다. 이는 저지의 예외를 설명하는 것이라기보다는 비슷한 의미의 경쟁하는 접사가 형성하는 파생어 중 동의적 파생어 쌍이 존재할 수밖에 없는 근원적 원인과 그 조건을 밝힌 것이라 할 수 있다.

　본 연구에서 살펴본 저지와 관련된 파생어 쌍 중, 저지의 전형적인 모습은 다음의 두 가지 조건을 만족시킨 예에서 확인할 수 있었다. 첫째는 동의적인 파생어 쌍을 형성하는 두 접사 중 하나가 거의 생산성을 상실한 반면, 한 접사는 매우 생산적이어서 두 접사의 생산성 격차가 현격해야 한다는 것이다. 둘째는 기존 단어가 고빈도이어야 한다는 점이다. 현대 국어에서 생산성을 거의 상실한 '不-'과 '-롭-'이 관계된 '不X'와 '非X', 'X롭-'과 'X的', 'X롭-'과 'X스럽-'의 세 경우에서 고빈도의 '不X'와 'X롭-'이 저지의 전형적인 예를 보여준다.

　반면에 저지의 예외는 다음의 두 가지 조건 하에서 확인된다. 첫째는 동의적인 파생어 쌍을 형성하는 접사의 생산성 격차가 현격해야 한다는 것이다. 둘째는 기존 단어가 저빈도이어야 한다는 점이다. '不X'와 '非X', 'X롭-'과 'X的', 'X롭-'과 'X스럽-'의 세 경우에서 저빈도의 '不X'와 'X롭-'에 대응하는 '非X', 'X的'/'X스럽-'의 출현을 확인할 수 있었다. 저지와 그 예외가 나타나는 경향성을 요약하면 다음과 같다. 기존 단어가 새 단어를 저지할 가능성은 기존 단어의 빈도가 높을수록 높아지고, 기존 단어의 빈도가 낮을수록 낮아지는 것이다.

저지가 확연하게 나타나기보다는 다수의 동의적인 파생어 쌍이 나타나면서도 한 쪽이 양적으로 완연하게 우세한 모습을 보여주는 경우도 있다. 경쟁하는 파생어를 형성하는 두 접사가 모두 생산적일 경우 이러한 잉여적인 단어 형성과 사용의 모습이 나타났는데 'X거리-'와 'X대-', 'X거리-'와 'X이-'가 그 전형적인 예에 속한다.

언어 경제성을 위해 동의적 파생어가 출현해서는 안 된다는 관점에서 저지를 이해하는 방법은 생성 이론적 시각에서 비롯된 것이다. 한 어기는 한 가지 의미의 칸(meaning slot)을 가진다고 가정하고, 여기에는 그 어기로부터 파생된 오직 한 어휘 항목만이 들어갈 수 있기 때문에 저지가 발생한다고 주장한 Aronoff(1976)이 그 대표적인 예이다. 저지가 비슷한 의미를 지닌 단어들 사이에서만 실현되는 현상임을 고려할 때, 저지는 어휘적 관련성으로 인해서 나타나는 형태론적 현상임에 틀림이 없다. 그러나 규칙에 기반한 생성 이론적 접근으로는 단어들 사이의 관련성이나 그 사용과 관련된 언어 수행적 특성을 포착해 주기가 어려웠다. 이런 이유 때문에 생성 이론에서는 저지에 대한 합당한 설명을 제시하지 못한 것이다.

5.3.에서 살펴본 결과, 저지는 단어의 빈도 및 접사의 생산성을 매개로 단어의 저장과 인출의 과정에서 발생하는 현상이라 할 수 있다. 즉, 어떤 의미에 대한 명명적 욕구가 발생하면 화자는 이 욕구를 해소하기 위해 어휘부 내에 저장되어 있는 기존 단어를 검색하는 작업과 어기와 접사를 새롭게 결합시키는 작업을 동시적으로(parallel) 진행시킨다. 이 때 어휘부에 저장된 기존 단어가 고빈도어여서 그 표상이 확고할 경우, 그 단어의 인출이 쉽게 이루어진다면 탐색 작업은 거기서 끝난다. 그러나 기존 단어가 저빈도어라든가 또 수행상의 여러 제약 때문에 인출이 쉽지 않을 경우에는 비슷한 의미의 생산적인 접사와 해당 어기를 결합하여 그 명명적 욕구를 해결할 수 있다. 그리고 이 과정이 기존 단어를 인

출하는 것보다 더 빨리 이루어질 수 있다. 이러한 경우가 실제로 일어났을 때, 같은 어기를 갖는 동의적인 파생어 쌍이 존재하게 되는 것이다.

이 과정은 여러 사람이 동시에 출발하여 서로 다른 경로를 거쳐 먼저 목적지에 도달하는 사람이 있으면 그 즉시 게임이 끝나는 경주(race)에 비유할 수 있다. 명명적 욕구를 해소하기 위한 단어 탐색은 위의 두 방법을 동시에 진행시켜서 먼저 접근되는 단어가 있을 때 이외의 모든 동시적 작업을 멈추는 과정으로 진행되는 것이다. 이 때 비슷한 의미의 단어들 사이에서 먼저 인출될 수 있도록 해 주는 요소가 바로 이전까지의 언어 경험, 즉 단어의 빈도인데 고빈도의 어휘 강도가 높은 단어일수록 먼저 접근된다. 5.3.에서 확인한 바대로 기존 단어가 고빈도어인 경우에는 동의적인 파생어가 별로 나타나지 않은 반면 기존 단어가 저빈도어인 경우에는 다수의 동의적 파생어가 나타난 것도 이러한 이유라 할 수 있다.

고빈도 단어가 먼저 인출되어 명명적 욕구가 해소되면 그 즉시 탐색 작업은 종료된다. 그 결과, 먼저 선택된 단어의 표상은 더욱 강화되는 반면 그 결합이 완성되지 못한 '어기-접사'의 결합은 더욱 약화되어 실제로 등장할 가능성은 점점 낮아진다. 이러한 '어기-접사'의 결합을 잠재어라 할 수 있는데, 그 생성이 가능함에도 불구하고 기존 단어로 인해 잠재어 수준에 머무는 현상을 저지로 이해할 수 있다. 따라서 저지는 단어의 저장과 인출에 대한 빈도에 기반한 기제가 작동한 결과가 언어 현상에 반영된 것일 뿐, 언어 경제성을 추구하기 위해서 동의어 출현을 의식적으로 막고자 하는 신비한 현상은 아니라고 할 수 있다.

이런 입장에서면 이 현상에 저지라는 이름을 붙이는 것도 현상에 대한 정확한 명명(命名)은 아니다. 저지가 비슷한 의미를 지닌 단어들 사이에서 일어나는 의도적 방해 현상도 아니고, 저지라는 이름이 포괄할 수 있는 범위도 동의적인 파생어 쌍 중 고빈도 단어와 쌍을 이루는 새 단어가 실제어로 나타나지 않는 경우뿐이기 때문이다. 사실, 저지라는 명칭은 생성 이론적 시각에서 현상을 관찰했기 때문에 붙여진 이름이다. 그리고 여기에는 하나의 의미칸(meaning slot)에는 오직 하나의 어휘만 담겨야 한다는 생성 이론적 시각이 반영되어 있다. 실제로 관찰되는 현상은 동의적인 파생어 쌍이 이중단어를 형성하며 모두 나타나는 경우와 그렇지 않은 경우의 두 가지이고, 이는 빈도를 매개로 한 단어의 저장과 인출의 관점에서 볼 때 특이한 현상이라기보다는 자연스러운 현상이다.

저지라 불려 왔던 현상은 본질적으로 언어 수행적 특성을 강하게 가지는 양적 현상이다. 그럼에도 불구하고 그동안 이 현상을 언어 능력적 차원과 질적 차원에서 '출현-비출현'의 이분법적 잣대로 파악하려고 했기 때문에 현상에 대한 합리적이면서도 간결한 설명이 이루어질 수 없었다. 늘 적지 않은 예외가 존재했고, 그 예외가 합리적으로 설명될 수도 없었다. 그래서 저지를 일종의 경향성으로 이해해야 한다는 선에서 설명을 그칠 수밖에 없었다. 그러나 본 연구는 경향성을 보이며 나타나는 이 현상에 그 경향성의 원인과 결과를 포착할 수 있는 방법으로 접근하여 저지의 본질이 파생어의 빈도와 접사가 가진 생산성의 문제임을 확인했다.

제6장 결론

6.1. 요약

본 연구에서는 생산성을 특정 시간을 전제한 공시적 개념이자 새로운 단어를 만들어낼 수 있는 가능성이라는 확률적 개념으로 이해하고 생산성 및 그 관련 현상들(생산성의 조건, 저지)에 접근하였다. 생산성과 저지는 언어 수행적 특성을 강하게 갖는 형태론의 두 현상이기 때문에 본 연구는 코퍼스에 기반한 계량적 방법으로 대상을 기술하고 설명하였다. 조사의 대상이 되는 자료의 공시적 균질성을 확보하기 위해, 세종계획 기초자료 구축분과에서 만든 형태분석 코퍼스 중 그 출판 연도가 2000년에서 2005년의 텍스트만으로 연구 대상 코퍼스를 구성하였다. 본 연구는 이 코퍼스에서 생산성과 저지와 관련이 있는 파생어의 빈도를 추출·정리하여 생산성의 조건 및 저지의 본질을 탐구하기 위한 기반으로 삼았다. 본 연구에서 논의된 것을 정리하면 다음과 같다.

1. 본 연구에서는 언어학적으로 합당한 생산성 지표를 얻기 위해 선행 연구를 검토하였다. 특히, 계량적 방법을 사용한 논의들을 면밀하게 검토하여 그 장단점을 파악하였고, Baayen의 방법론이 가지는 맹점을 보완하여 새로운 생산성 산출 방식을 수립하였다. 분자에는 단발어의 총수가 아니라 신어의 총수를 대응시키고, 분모에는 해당 접사가 만든 모든 파생어의 수가 아니라 해당 접사가 만든 파생어 중 어기와 접사의 결합이 살아 있다고 판단되는 단어의 총수를 대응시켰다. 이는 생산성

의 본질에 접근하기 위해 이론 언어학과 심리 언어학의 연구 성과를 계량의 방법론에 결합시킨 것이라 할 수 있다.

2. 본 연구는 총 24개 접두사와 32개 접미사를 대상으로 그 생산성을 측정하여 그 수치를 제시하였다. 이 과정을 통해서 그동안 직관의 차원에서만 언급되었던 생산성의 상대적 속성이 명시될 수 있었다. 또한 계량의 과정에서 2000년에서 2005년까지의 현대 국어에서 실제로 사용되는 접사별 파생어 목록을 그 빈도와 함께 얻을 수 있었다. 이 자료는 각 접사가 만들어 내는 파생어의 구체적인 사용 양상을 확인할 수 있게 해 줌은 물론, 이후의 논의인 생산성의 조건과 저지의 본질을 탐구하기 위한 토대가 된다.

3. 본 연구는 각 접사의 생산성과 빈도를 포함한 파생어 목록을 바탕으로 생산성이 어디에서 근원하는가를 밝혔다. 먼저, 생산성에 대한 직관적인 접근에서 생산성 판단의 근거가 되었던 생산성과 유형 빈도의 상관 관계를 검토하였다. 그 결과, 생산성과 유형 빈도가 무관하지는 않지만 양자가 직접적이거나 결정적인 관계에 있지 않다는 것을 확인하였다. 다음으로는 생산적인 접사가 만들어내는 파생어 집합과 비생산적인 접사가 만들어내는 파생어 집합의 빈도 분포를 검토하였다. 그 결과, 생산적인 접사가 만들어낸 파생어 집합일수록 저빈도 단어의 구성 비율이 비례적으로 높아지는 것을 확인했다. 생산성은 해당 접사가 만든 파생어의 집합에 어기와 접사의 결합 관계가 살아 있는 파생어의 구성 비율이 높을수록 높다고 할 수 있다.

4. 본 연구에서는 저지와 그 예외적 현상을 동의적 파생어의 빈도 그리고 접사의 생산성과 관련된 양적 현상으로 이해하고 설명했다. 경쟁하는 두 파생어가 상보적으로 출현할 경우에만 저지가 존재한다고 판단

한 기존 연구는 저지에 대한 다수의 예외를 설명하지 못했는데, 본 연구는 접사의 생산성 격차 및 어휘 강도에 따른 단어의 저장과 인출의 관점에서 동의적 단어가 왜 중복해서 존재할 수밖에 없는가를 설명했다. 저지의 전형적인 예는 대체로 동의적인 두 접사의 생산성 격차가 현격하면서 기존 단어의 빈도가 높은 경우에 나타난다. 반면에 저지의 예외는 동의적인 두 접사의 생산성 격차가 현격하지만 기존 단어의 빈도가 높지 않은 경우에 나타난다. 또한 동의적인 두 접사가 모두 생산적인 경우에는 전형적인 저지가 관찰되지 않고 다수의 동의적 파생어 쌍이 출현한다. 저지는 언어의 경제성을 추구하기 위한 신비로운 기제라기보다는 단어 빈도와 접사의 생산성에 기반한 단어의 저장과 인출의 기제가 작동한 결과가 언어에 반영된 것이라 할 수 있다.

6.2. 의의 및 한계

본 연구는 언어 수행적 특성을 강하게 가지는 생산성과 저지의 문제를 코퍼스에 기반하여 철저하게 자료 중심적 입장에서 기술하고 설명했다. 그 과정에서 기존의 이론적인 연구가 해결하지 못했던 문제들에 실증적인 결과를 제시할 수 있었다. 직관적 차원에서 '생산적/비생산적'의 이분법적으로만 언급되었던 생산성의 상대성이 명시될 수 있었고, 저지의 실현과 비실현도 이론적인 원칙의 문제가 아니라 접사의 생산성 및 단어 빈도와 관련된 문제임을 밝혔다.

언어는 타고남과 길러짐 양자의 산물이기 때문에 언어 현상도 그 층위에 따라서 선천적인 특성을 강하게 보이는 영역과 후천적인 특성을 강하게 보이는 영역이 있다. 각 현상의 속성에 부합하는 방법론으로 자료에 접근할 때, 가장 효과적인 기술과 설명이 이루어질 수 있는데 본 연구는 생산성과 저지를 그 속성과 정합적인 방법으로 관찰하고 설명했다. 이는 이론 언어학적 고려를 통해 계량의 방법론을 정밀화하면서 얻게 된 성과이고, 이론적 연구와 계량적 연구가 상호 접점을 찾아 새로운 연구의 지평을 연 것이라 할 수 있다.

그러나 본 연구는 몇 가지 한계도 동시에 지닌다. 첫째는 자료적 측면의 한계이다. 본 연구의 자료가 현대 국어의 문어 코퍼스만으로 한정되어 있기 때문에 구어에서 더 활발하게 사용되리라 생각되는 몇몇 접사의 생산성이 정확하게 측정되지 못했다. 생산성은 조사 대상 코퍼스에 따라 조금씩 달리 나타날 수 있고, 그것이 언어 수행적 특성을 가지는 생산성의 본래적 속성이다. 그렇지만 구어 코퍼스가 연구 대상에 포함되지 못한 점은 자료적 측면에서 본 연구가 가지는 가장 큰 약점이라 할 수 있다. 그러나 이는 몇몇 접사의 생산성 순위의 문제일 뿐, 이 문제가 본 연구에서 귀납적으로 일반화한 생산성 조건이나 저지의 원리에 대한 결론에 영향을 미치지는 않는다.

둘째는 방법론 측면의 한계로 생산성 산출 방식을 확정하면서 어기와 접사의 결합 관계가 살아 있다고 판단되는 파생어를 그 출현 빈도가 50회 이하인 단어로 정했다는 점이다. 고빈도어일수록 어기와 접사가 한 단위로 저장되어 단일어처럼 처리될 가능성이 높은 것이 사실이다. 그렇기 때문에 일정 빈도 이상의 단어가 생산성 산출 공식의 분모에서 제외될 필요가 있다. 본 연구에서 그 임계 빈도를 50회 정했는데 이는 자료에 대한 면밀한 분석에 근거한 것은 아니다. 빈도수 50회는 파생어가 몇 회 이상 반복 출현해야 어기와 접사의 결합이 단일어처럼 처리되는가에 대한 연구 결과가 없기 때문에 본 연구에서 임의로 택한 빈도이다. 이는 실증적인 결과를 얻기 위해서는 반드시 재고되어야 할 부분이다. 몇 회 이상이라는 일괄적인 기준보다는 파생어 빈도에 대한 어기 빈도인 상대 빈도의 관점에서 접근한다면 어기와 접사가 분석적으로 인식되는 실제적인 파생어를 확인할 수 있으리라 생각한다.

셋째는 해석적 측면의 한계이다. 본 연구에서는 생산성을 결정하는 제일 중요한 요인이 저빈도어임을 확인했다. 그런데 동일 횟수로 출현하는 저빈도어라도 그 단어가 해당 빈도까지 출현하는 데 관련된 텍스트의 수에 따라 생산성에 기여하는 정도가 다를 것으로 생각된다. 예를 들어 5회 출현어의 경우, 한 텍스트에서만 5회 출현한 단어와 5개 텍스트에서 1회씩 출현하여 총 빈도가 5회인 단어는 생산성 기여의 측면에서 서로 다른 가치를 가질 것으로 예상된다. 그러나 본 연구에서는 자료를 이 수준까지 정밀하게 다루어서 해석하지는 못했다.

참고문헌

강범모(2006), 「계량국어학(코퍼스언어학)의 방법과 실례」, 국어학회 여름학술대회 집중강좌, 국어학회 여름학술대회 발표자료집, 7-14.

강범모·차준경(1996), 「코퍼스, 파생어, 생산성」, 『인지과학』 7-2, 21-37.

고영근(1972a), 「현대국어 접미사에 대한 구조적 연구(1)」, 『논문집』 18(서울대학교), (고영근 1989에 재수록)

고영근(1972b), 「현대국어 접미사에 대한 구조적 연구(2)」, 『아세아 연구』 14-4, (고영근 1989에 재수록)

고영근(1989), 『국어형태론연구』, 서울대학교 출판부.

고영근(1992), 「형태소란 도대체 무엇인가?」, 『형태』, 태학사, 11-23.

고영근(1993), 『우리말의 총체서술과 문법체계』 일지사.

구본관(1990), 「경주방언 피동형에 대한 연구」, 『국어연구』 100, 서울대학교 국어국문학과.

구본관(1998), 『15세기 국어 파생법에 대한 연구』, 태학사.

김규철(1980), 「단어형성에 있어서의 방해에 대하여」, 『육사논문집』 제20집, 15-26. (김규철 2005에 재수록)

김규철(1981), 「단어형성규칙의 정밀화 -방해현상을 중심으로-」, 『언어』 6-2, 한국언어학회, 117-134. (김규철 2005에 재수록)

김규철(2005), 『단어형성과 도상성에 대한 연구』, 박이정.

김동찬(1987), 『단어조성론 -조선어리론문법-』, 고등교육 출판사.

김성규(1987), 「어휘소 설정과 음운현상」, 『국어연구』 77, 서울대학교 국어국문학과.

김정식(1986), 「앞가지 파생어의 생산성 연구」, 『어문학교육』 9, 한국어문교육학회, 91-116.

김정은(1995), 『국어 단어형성법 연구』, 박이정.

김창섭(1984), 「형용사 파생 접미사들의 기능과 의미」, 『형태』, 태학사, 151-181.

김창섭(1995), 「국어 파생 접사와 파생어의 사전적 기술」, 『애산학보』 16, 애산
학회, 165-201.

김창섭(1996), 『국어의 단어형성과 단어구조 연구』, 태학사.

김창섭(1999), 『국어 어휘 자료 처리를 위한 한자어의 형태·통사론적 연구』, 연
구보고서, 국립국어연구원.

노명희(1998), 「현대국어 한자어의 단어구조 연구」, 서울대 박사학위 논문.

노명희(2006), 『현대국어 한자어 연구』, 태학사.

민현식(1984), 「'-스럽다, -롭다' 접미사에 대하여」, 『국어학』 13, 국어학회, 95-118.

민현식·왕문용(1994), 『국어문법론의 이해』, 개문사.

송원용(2002), 「국어 어휘부와 단어 형성 체계에 대한 연구」, 서울대 박사학위
논문.

송원용(2005), 『국어 어휘부와 단어 형성』, 태학사.

송철의(1983), 「派生語 形成과 通時性의 問題」, 『국어학』 12, 국어학회, 47-72.

송철의(1988), 「派生語形成에 있어서의 制約現象에 대하여」, 『국어국문학』 99,
국어국문학회, 309-333.

송철의(1992), 『국어의 파생어형성 연구』, 태학사.

송철의(2001), 『어휘 자료 처리를 위한 파생 접사 연구』, 연구보고서, 국립국어연
구원.

송철의·이남순·김창섭(1992), 『국어사전에서의 파생어 처리에 관한 연구』, 연구
보고서, 국립국어연구원.

시정곤(2006), 「국어형태론에서 '생산성' 문제에 대한 연구」, 『형태론』 8-2, 257-275.

안소진(2004), 「한자어 접두사에 대한 연구」, 『국어연구』 176, 서울대학교 국어
국문학과.

안효경(1994), 「현대국어 접두사 연구」, 『국어연구』 117, 서울대학교 국어국문학과.

윤동원(1986), 「형용사 파생 접미사 {-스럽-}, {-롭-}, {-답-}의 연구」, 서울대 석
    사학위 논문.

이광호(2005), 「연결망과 단어형성」, 『국어학』 46, 국어학회, 125-145.

이광호(2006), 「派生接尾辭의 생산성과 派生語 집합의 빈도특성 -計量的 接近-」,
    『語文研究』 131, 韓國語文敎育硏究會, 219-250.

이병근(1986), 「國語辭典과 派生語」, 『어학연구』 22-3, 서울대학교 어학연구소,
    389-408.

이은섭(2004), 「동작 동사 파생과 동작성: -'-거리-, -대-, -이-'의 동작성 구명을
    중심으로-」, 『정신문화연구』 27-3(통권 96호), 한국학중앙연구원, 115-136.

이익섭·채완(1999), 『국어 문법론 강의』, 학연사.

이현희(1991), 「국어 어휘사 연구의 흐름」, 『국어학 연구 100년사』, 일조각, 529-540.

조남호(1988), 「現代國語의 派生接尾辭 硏究」, 『국어연구』 85, 서울대학교 국어
    국문학과.

조현숙(1989), 「부정접두어 '無, 不, 未, 非'의 성격과 용법」, 『관악어문연구』 14,
    서울대학교 국어국문학과, 231-52.

차준경(1995), 「한국어 파생어의 생산성에 대한 계량적 접근」, 고려대 석사학위
    논문.

채현식(2000), 「유추에 의한 복합명사 형성 연구」, 서울대 박사학위 논문.

채현식(2003), 『유추에 의한 복합명사 형성 연구』, 태학사.

최형용(2000), 「'-的' 파생어의 의미와 '-的'의 생산성」, 『형태론』 2-2, 215-237.

최형용(2003), 『국어 단어의 형태와 통사』, 태학사.

하치근(1989), 『국어 파생형태론』, 남명문화사.

하치근(1992), 「파생법에서 어휘화한 단어의 처리 문제」, 『우리말연구』 2, 우리
    말학회, 33-57.

한영균(2001), 「파생 접사 및 파생어의 사전적 처리와 말뭉치 활용: '반(反)-'과
    '-질'의 경우」, 『국어연구의 이론과 실제』, 태학사, 303-311.

Anshen, F. & M. Aronoff(1981), Morphological productivity and phonological transparency. *Canadian Journal of Linguistics* 26, 63-72.

Anshen, F. & M. Aronoff(1988), Producing morphologically complex words, *Linguistics* 26, 641-655.

Aronoff, M.(1976), *Word formation in generative grammar*, Cambridge: MIT Press.

Baayen R.H.(1989), A Corpus-Based Approach to Morphological Productivity, Statistical Analysis Psycholinguistic Interpretation, Dissertation. Vrije University, Amsterdam.

Baayen, R.H. & A. Renouf(1996), Chronicling The Times: productive lexical innovation in an English newspaper, *Language* 72, 69-96.

Baayen, R.H. & R. Lieber(1991), Productivity and English derivation: a corpus-based study, *Linguistics* 29, 801-843.

Baayen, R.H. & A. Neijt(1997), Productivity in context: a case study of a Dutch suffix, *Linguistics* 35, 565-587.

Baayen, R.H.(1991), Quantitative aspects of morphological productivity. *Yearbook of Morphology* 1991, Geert Booij and Jaap van Marle (eds.), Dordrecht: Kluwer Academic, 109-150,

Baayen, R.H.(1993), On frequency, transparency and productivity, *Yearbook of Morphology* 1992, Geert Booij and Jaap van Marle (eds.), Kluwer Academic, 181-208.

Baayen, R.H.(1994), Productivity in language production. *Language and Cognitive Processes* 9-3, 447-469.

Bauer, L.(1983), *English word-formation*, Cambridge: Cambridge University Press.

Bauer, L.(2001), *Morphological Productivity*, Cambridge: Cambridge University Press.

Bolinger, D.(1948), On defining the morpheme, *Word* 4, 18-23.

Brown, R.(2001), Modifying Baayen: Can a Corpus Count Provide a Reasonable Measure of Morphological Productivity?, http://www.stanford.edu/~rscar/

Bybee, J.L.(1985), *Morphology*, Amsterdam: John Benjamins Publishing Company.

Bybee, J.L.(1988), Morphology as lexical organization, in M. Hammond & M. Noonan (eds.), *Theoretical Morphology*, San Diego: Academic Press, 119-141.

Haspelmath, M.(2002), *Understanding morphology*, London.

Hay, J. (2001), Lexical frequency in morphology: Is everything relative? *Linguistics* 39-4, 1041-1070.

Hay, J. & H. Baayen(2002). Parsing and productivity. In G. Booij & J. van Marle(Eds). *Yearbook of Morphology* 2001, Dordrecht/Boston/London: Kluwer. 203-235.

Katamba, F.(1993)/김경란·김진형(역)(1995), 『형태론(Morphology)』, 한신문화사.

Kiparsky, P.(1982), Lexical morphology and phonology, The Linguistic Society of Korea ed., *Linguistics in the Morning Calm*, Seoul: Hanshin Publishing Co.. 3-91.

Matthew, P.H.(1974), *Morphology: An introduction to the Theory of Word-structure*, Cambridge, Cambridge University Press.

Motsch, W.(1977)/송경안(역)(1980), 어휘부에 기초한 조어법 기술(Ein Plädoyer fur die Beschreibung von wortbildungen auf der Grundlage des Lexikons), 한글 170, 211-230.

Plag, I. (1999), *Morphological productivity*, Structural constraints in English derivation. Berlin/New York: Mouton de Gruyter.

Plag, I. (2003), *Word-formation in English*, Cambridge: Cambridge University Press.

Plag, I. (2004), Productivity, *Encyclopedia of Language and Linguistics 2nd Ed.* Elsevier.

Plank, F.(1981), *Morphologische (Ir-)Regularitaeten*, Tuebingen:Narr.

Rainer, F.(1988), Towards a theory of blocking: Italian and German quality nouns. In Booji, Greet and van Marle, Jaap (eds), *Yearbook of Morphology* 1988. Dordrecht:Foris.155-85.

Scalise, S.(1984)/전상범(역)(1987), 『생성형태론(Generative Morphology)』, 한신문화사.

Siegel, D.(1977), *The Adjacency Condition and the Theory of Morphology*, NELS, 189-97.

Spencer, A.(1991), *Morphological theory: an introduction to Word Structure in Generative Grammar*, Cambridge, Cambridge University Press.

〈부록〉 본 연구의 조사 대상 코퍼스 목록

연번	파일명	어절수	제 목	저 자	연도
1	6BT_085	49,169	식물들의 사생활	이승우	2000
2	6BT_086	30,360	그리운 흔적	이윤기	2000
3	6BT_087	45,073	마이너리그	은희경	2001
4	6BT_089	61,965	한국민속의 세계 1권	고려대학교민연	2001
5	6BT_090	92,644	한국민속의 세계 2권	고려대학교민연	2001
6	7BT_001	20,438	월간중앙 1월호	중앙일보 J&P	2000
7	7BT_002	17,756	월간중앙 2월호	중앙일보 J&P	2000
8	7BT_003	21,591	월간중앙 4월호	중앙일보 J&P	2000
9	7BT_004	24,422	월간중앙 5월호	중앙일보 J&P	2000
10	7BT_005	23,227	월간중앙 7월호	중앙일보 J&P	2000
11	7BT_006	22,922	월간중앙 8월호	중앙일보 J&P	2000
12	7BT_007	19,317	월간중앙 9월호	중앙일보 J&P	2000
13	7BT_008	60,017	조선일보 2001년 기사: 경제	조선일보사	2001
14	7BT_009	48,440	조선일보 2001년 기사: 사회	조선일보사	2001
15	7BT_010	52,224	한겨레신문 2001년 기사:문화	한겨레신문사	2001
16	7BT_016	54,331	냉장고	김현영	2000
17	7BT_017	55,581	가장 멀리 있는 나	윤후명	2001
18	7BT_019	39,733	당진 김씨	우애령	2001
19	7BT_020	50,755	마법성의 수호자, 나의 끼끗한 들깨	복거일	2001
20	7BT_021	57,322	미란	윤대녕	2001
21	7BT_022	36,966	아랑은 왜	김영하	2001
22	7BT_023	58,609	푸른 장미를 찾아서	김태환	2001
23	7BT_024	63,660	경성애사	이선미	2001
24	7BT_025	52,623	오디션	민해연	2001
25	7BT_026	28,822	햄릿의 여인	김지혜	2001
26	7BT_027	45,076	꽃그늘 아래	이혜경	2002
연번	파일명	어절수	제 목	저 자	연도
27	7BT_028	52,314	꿈꾸는 마리오네뜨	권지예	2002
28	7BT_029	48,195	멋진 한세상	공선옥	2002
29	7BT_030	47,596	푸른 수염의 첫 번째 아내	하성란	2002
30	7BT_031	51,820	황만근은 이렇게 말했다	성석제	2002
31	7BT_033	18,298	바다여, 아빠를 돌려줘	김재경	2002

32	7BT_037	40,101	사회를 보는 논리	김찬호	2001
33	7BT_038	72,125	세계관 충돌과 한말 외교사	김용구	2001
34	7BT_039	52,046	글쓰기의 새로운 지평	이화형,유진월	2001
35	7BT_040	40,867	대중화술	김양호	2001
36	7BT_041	64,206	참여로 여는 생태공동체: 어느근본주의자의 환경넋두리	박병상	2003
37	7BT_042	54,798	초민족 시대의 민족정체성	고부응	2002
38	7BT_043	40,120	글로벌 가버넌스와 NGO	주성수	2000
39	7BT_044	26,007	한국의 여성환경 운동: 그 역사,주체, 그리고 운동유형들	문순홍	2001
40	8BT_001	28,701	조선일보 2002년 기사: 문화	조선일보사	2002
41	8BT_002	31.256	조선일보 2002년 기사: 오피니언	조선일보사	2002
42	8BT_003	29,196	조선일보 2002년 기사: 경제	조선일보사	2002
43	8BT_004	30,900	조선일보 2002년 기사: 문화	조선일보사	2002
44	8BT_005	26,688	동아일보 2002년 기사: 경제	동아일보사	2002
45	8BT_006	23,719	동아일보 2002년 기사: 사회	동아일보사	2002
46	8BT_007	23,286	동어일보 2002년 기사: 오피니언	동아일보사	2002
47	8BT_008	34.672	중앙일보 2002년 기사: 종합	중앙일보사	2002
48	8BT_009	29,903	중앙일보 2002년 기사: 경제	중앙일보사	2002
49	8BT_010	13.031	중앙일보 2002년 기사: 생활	중앙일보사	2002
50	8BT_011	31,698	중앙일보 2002년 기사: 종합	중앙일보사	2002
51	8BT_012	48,640	한겨레 신문 2002년 기사:종합	한겨레 신문사	2002
52	8BT_013	39,991	한겨레 신문 2002년 기사:종합	한겨레 신문사	2002
53	8BT_014	23,510	한겨레 신문 2002년 기사: 문화	한겨레 신문사	2002
54	8BT_015	5,612	한겨레 신문 2002년 기사: 방송	한겨레 신문사	2002
55	8BT_016	35.416	한겨레 신문 2002년 기사: 종합	한겨레 신문사	2002
56	8BT_023	30,693	좋은생각 2000년 2월호	좋은생각	2000
57	8BT_024	28,401	좋은생각 2000년 4월호	좋은생각	2000
58	8BT_025	30,788	좋은생각 2000년 6월호	좋은생각	2000
59	8BT_026	30,535	좋은생각 2000년 8월호	좋은생각	2000
60	8BT_027	30,472	좋은생각 2000년 10월호	좋은생각	2000
61	8BT_028	30,770	좋은생각 2000년 12월호	좋은생각	2000
62	8BT_029	65,742	펭귄의 날개	오정은	2002
63	8BT_030	61,589	사람들은 자기 집에 무엇이 있는지도 모른다	이승우	2001
64	8BT_031	44,739	세상밖으로 난 다리	신장현	2001
65	8BT_032	43,857	우리는 만난 적이 있다	조경란	2001
66	8BT_033	52,698	그대의 차가운 손	한강	2002

67	8BT_034	47,488	발로자를 위하여	송영	2003
68	8BT_035	15,782	하루에 한 가지씩	김우경	2002
69	8BT_036	5,903	믿거나 말거나 동물이야기	김서정	2001
70	8BT_037	59,913	차 한 잔의 사상	이어령	2003
71	8BT_038	35,286	두부	박완서	2002
72	8BT_039	57,177	퓨전 시대의 새로운 문화읽기	김성곤	2003
73	8BT_040	42,879	역사는 이상의 현실화 과정이다	강만길	2002
74	8BT_041	58,236	NGO와 현대사회	박상필	2001
75	8BT_042	27,000	한국시민사회와 지식인	주성수	2002
76	8BT_043	45,958	문학의 영감이 흐르는 여울	문혜원	2003
77	8BT_044	43,889	조선일보 2003년 기사: 스포츠	조선일보사	2003
78	8BT_045	91,073	동아일보 2003년 기사: 문화	동아일보사	2003
79	8BT_046	51,035	동아일보 2003년 기사: 국제외신	동아일보사	2003
80	8BT_047	68,458	한겨레신문 2003년 기사: 사회	한겨레신문사	2003
81	8BT_048	51,076	한겨레신문 2003년 기사: 생활여성	한겨레신문사	2003
82	8BT_049	6,507	종이 먹는 개 로로	김주현	2003
83	8BT_050	49,853	랍스터를 먹는 시간	방현석	2003
84	8BT_051	75,217	이상한 나라에서 온 스파이	최인석	2003
85	8BT_052	40,456	꼭두의 사랑	이명훈	2004
86	8BT_053	38,899	날마다 축제	강영숙	2004
87	8BT_054	22,265	다영이의 이슬람 여행	정다영	2003
88	8BT_055	50,799	유재현의 역사 문화 기행	유재현	2003
89	8BT_057	40,228	의료체계와 법	이상돈	2000
90	8BT_058	21,853	호스피스·완화의학	최윤선	2000
91	8BT_059	69,242	한국건축사	주남철	2000
92	8BT_060	51,529	메멘토 모리, 죽음을 기억하라	김열규	2001
93	8BT_061	47,550	벤처산업의 미래전략	김병균	2001
94	8BT_062	40,983	고객과 경쟁하라	박낙원	2002
95	8BT_063	34,246	하리하라의 생물학 카페	이은희	2002
96	8BT_064	53,400	발견으로서의 소설 기법	송하춘	2002
97	8BT_065	34,719	신화속의 한국정신	이어령	2003
98	8BT_066	16,254	이공계 대학 연구경쟁력 살리기	송충한	2003
99	8BT_067	25,029	여성시대에는 남자도 화장을 한다	최재천	2003
100	8BT_068	80,094	한국식품학 입문	이철호·권태완	2003
101	8BT_069	75,871	임상신경학-총론	이대희	2003
102	8BT_070	34,403	세상에서 가장 아름다운 집	서윤영	2003
103	8BT_071	43,070	한국어 의미론	박영순	2004

104	8BT_072	28.073	서른 다섯, 행복한 도전자들	김광주	2004
105	8BT_073	28,520	유전자가 세상을 바꾼다	김훈가	2004
106	8BT_075	25,033	야마토마치에서 만난 노인들	김동선	2004
총합		4,383,285			

이광호

· 충북 음성 출생
· 서울대학교 인문대학 국어국문학과 졸업(1998)
· 서울대학교 인문대학 대학원 국어국문학과 문학석사(2000)
· 서울대학교 인문대학 대학원 국어국문학과 문학박사(2007)
· 서울대 조교, 이화여대 박사후 연구원, 가톨릭대, 인천대, 서울여대, 동덕여대 강사 역임
· 현 아주대학교 기초교육대학 강의교수

주요 논저

· 코퍼스를 활용한 반의어 사전 편찬 방법론 (출간예정)
· 한국어 연상어 사전 구축을 위한 시험적 연구 -코퍼스 안의 인접 단어를 이용한 계량적 접근-(2009)
· 파생어와 그 의미의 도출 -2개 이상의 갈래뜻을 가진 파생어를 중심으로-(2008)
· 상대빈도를 이용한 생산성 측정에 대한 연구(2007)

國語學叢書 65

국어 파생 접사의 생산성과 저지에 대한 계량적 연구

초판 제1쇄 인쇄 2009년 11월 20일   초판 제1쇄 발행 2009년 11월 30일
지은이 이광호
펴낸이 지현구 **펴낸곳** 태학사 **등록** 제406-2006-00008호
주소 경기도 파주시 교하읍 문발리 파주출판도시 498-8
전화 마케팅부 (031) 955-7580~2 편집부 (031) 955-7584~90 **전송** (031) 955-0910
홈페이지 www.thaehaksa.com **전자우편** thaehak4@chol.com

ISBN 978-89-5966-323-1 94710
ISBN 978-89-7626-147-2 (세트)

國語學 叢書 目錄

① 李崇寧　　　　(근간)
② 姜信抗　　　　한국의 운서
③ 李基文　　　　國語音韻史研究
④ 金完鎭　　　　中世國語聲調의 研究
⑤ 鄭然粲　　　　慶尙道方言聲調研究
⑥ 安秉禧　　　　崔世珍研究
⑦ 남기심　　　　국어완형보문법 연구
⑧ 宋　敏　　　　前期近代國語 音韻論研究
⑨ Ramsey, S. R.　Accent and Morphology in Korean Dialects
⑩ 蔡　琬　　　　國語 語順의 研究
⑪ 이기갑　　　　전라남도의 언어지리
⑫ 李珖鎬　　　　國語 格助詞 '을/를'의 研究
⑬ 徐泰龍　　　　國語活用語尾의 形態와 意味
⑭ 李南淳　　　　國語의 不定格과 格標識 省略
⑮ 金興洙　　　　현대국어 심리동사 구문 연구
⑯ 金光海　　　　고유어와 한자어의 대응 현상
⑰ 李丞宰　　　　高麗時代의 吏讀
⑱ 宋喆儀　　　　國語의 派生語形成 研究
⑲ 白斗鉉　　　　嶺南 文獻語의 音韻史 研究
⑳ 郭忠求　　　　咸北 六鎭方言의 音韻論
㉑ 김창섭　　　　국어의 단어형성과 단어구조 연구
㉒ 이지양　　　　국어의 융합현상
㉓ 鄭在永　　　　依存名詞 'ᄃ'의 文法化
㉔ 韓東完　　　　國語의 時制 研究
㉕ 鄭承喆　　　　濟州道方言의 通時音韻論
㉖ 김주필　　　　구개음화의 통시성과 역동성 (근간)
㉗ 최동주　　　　국어 시상체계의 통시적 변화 (근간)
㉘ 신지연　　　　국어 지시용언 연구
㉙ 權仁瀚　　　　조선관역어의 음운론적 연구
㉚ 구본관　　　　15세기 국어 파생법에 대한 연구
㉛ 이은경　　　　국어의 연결어미 연구
㉜ 배주채　　　　고흥방언 음운론

國語學 叢書 目錄

㉝ 양명희 현대국어 대용어에 대한 연구
㉞ 문금현 국어의 관용 표현 연구
㉟ 황문환 16, 17세기 언간의 상대경어법
㊱ 남윤진 현대국어의 조사에 대한 계량언어학적 연구
㊲ 임동훈 한국어 어미 '-시'의 문법
㊳ 김경아 국어의 음운표시와 음운과정
㊴ 李浩權 석보상절의 서지와 언어
㊵ 이정복 국어 경어법 사용의 전략적 특성
㊶ 장윤희 중세국어 종결어미 연구
㊷ 신선경 '있다'의 어휘 의미와 통사
㊸ 신승용 음운 변화의 원인과 과정
㊹ 양정호 동명사 구성의 '-오-' 연구
㊺ 최형용 국어 단어의 형태와 통사
㊻ 채현식 유추에 의한 복합명사 형성 연구
㊼ 석주연 노걸대와 박통사의 언어
㊽ 박소영 한국어 동사구 수식 부사와 사건 구조
㊾ 노명희 현대국어 한자어 연구
㊿ 송원용 국어 어휘부와 단어 형성
(51) 이은섭 현대 국어 의문사의 문법과 의미
(52) 鄭仁浩 平北方言과 全南方言의 音韻論的 對比 研究
(53) 이선영 국어 어간복합어 연구
(54) 김 현 활용의 형태음운론적 변화
(55) 김의수 한국어의 격과 의미역
(56) 박재연 한국어 양태 어미 연구
(57) 이영경 중세국어 형용사 구문 연구
(58) 장경준 『瑜伽師地論』 點吐釋讀口訣의 解讀 方法 研究
(59) 이승희 국어 청자높임법의 역사적 변화
(60) 신중진 개화기국어의 명사 어휘 연구
(61) 이지영 한국어 용언부정문의 역사적 변화
(62) 박용찬 중세국어 연결어미와 보조사의 통합형
(63) 남경완 국어 용언의 의미 분석
(64) 소신애 음운론적 변이와 변화의 상관성

國語學 叢書 目錄

⑥⑤ 이광호   국어 파생 접사의 생산성과 저지에 대한 계량적 연구
⑥⑥ 문숙영   한국어의 시제 범주